芸術表現教育の授業づくり

音楽、図工・美術におけるコンピテンシー育成のための研究と実践

編◉時得 紀子

三元社

目次

はじめに──芸術教科の豊かな表現活動を探って（時得 紀子）……………… 7

◉ 理論編

芸術教育におけるピアノ指導の役割 …………………………………………… 9
平野 俊介

自己理解・自己受容を深めるための美術教育計画モデルの検討 ………… 21
清田 哲男

芸術表現教育の評価に関する一考察 ……………………………………… 39
永田 智子

K.H. エーレンフォルトによる音楽を聴くことの教育 ……………………… 43
生の地平における対話と合意を促す仲介
小山 英恵

兵庫県小学校音楽教育研究大会の公開授業にみる
授業研究の動向 …………………………………………………………… 61
河邊 昭子

大学生と児童・生徒が共に学べる環境での芸術教育 …………………… 73
小林 田鶴子

音楽との相互関係を結ぶ力を育てる …………………………………… 81
アフォーダンス理論による音楽科教育「転回」の視点と実践の展望
内海 昭彦

中学校美術科における表現と鑑賞を一体化した
単元モデルの構築 99
 赤木 里香子／森 弥生

◉ 実践編 ─────

ことば・音・動きによる表現を取り入れた
音楽づくりの実践への一考察 121
自己表現力育成を目指して
 西沢 久実

芸術表現教育における打楽器の活用と展望 143
 飯村 諭吉

創作学習の有効性 165
声によるふしづくりの実践から
 桐山 由香

音楽の知覚と感受を呼び起こす器楽合奏指導の工夫 175
ワークシートによる言語活動を手立てとして

音楽の探究を促す教師の言語活動 187
小学校6年器楽アンサンブルの実践を通して

郷土の音楽を教材とした音楽学習の展開 197
5年単元「阿波踊りプロジェクトを成功させよう」
 島田 郁子

再編教科「表現創造科」の取り組みについての再考 209
上越教育大学附属中学校のミュージカルづくりの実践から
 遠藤 好子

アクティブ・ラーニングの学習プロセスによる習得学習 215
 今成 満

中学校音楽科のマネジメント 221
「音楽の多様性に触れる」教材開発と「生徒のこれからに生きる」授業づくりを目指して
　　　小町谷 聖

子どもが造形活動の意味や価値に気付く授業づくり 239
個のよさを実感できる題材から
　　　高橋 英理子

音楽科における社会に生きて働く思考力・判断力・表現力の育成を目指した授業の創造 245
　　　上原 祥子

音楽鑑賞教育における音楽の視覚化の活用 265
　　　小島 千か

「総合的・領域横断的な芸術表現教育」の指導者養成に関する実証的研究 277
　　　初田 隆／木下 千代

初等教育における身体表現活動を取り入れた実践の試み 287
上越及び兵庫教育大学附属小学校の事例から
　　　時得 紀子

芸術教育を取り巻く状況と今後の展望 299
　　　時得 紀子

おわりに（時得 紀子）.. 303

執筆者紹介　305

はじめに
芸術教科の豊かな表現活動を探って

時得 紀子

　新学習指導要領において、小・中学校音楽科では、生活や社会の中の音や音楽、音楽文化と豊かにかかわる資質・能力の育成、そして、図画工作科・美術科では、生活や社会の中の形や色、美術、美術文化と豊かにかかわる資質・能力の育成が、いずれも教科の目標の冒頭に掲げられる見通しとなった。

　この育成すべき資質・能力の三つの柱の中核とされる、「どのように社会・世界と関わり、よりよい人生を送るか」を受けて、子どもたちの未来を豊かなものに導くために、芸術表現活動を通じて育みたいさまざまな感性、気づき、感動を伴う体験活動等から、どのように資質・能力を引き出し、育んでいくのか。その為に授業の中で教材と子どもをどう向き合わせ、どのような関係を構築するのか、等々、授業者の創意工夫に多くが委ねられており、その授業づくりに寄せられる期待にははかりしれないものがある。

　本書は、小学校はもとより、教科担任制である中学校においてさまざまな教科に携わる先生方、そして、将来学校教育にかかわることを目指している教員養成課程の大学、大学院などに学ぶ方々にも広く活用していただくことを願って企画、出版されている。

　加えて本書は、芸術教科のみならず、広くさまざまな教科専門に携わる方々にも役立てていただきたいという趣旨を併せもっている。

　今日、我が国における音楽科、図画工作科・美術科の授業は、初等・中等教育ともに極めて限られた時数であり、十分な技能の習得を子どもに保障することが難しい状況となって久しい。現在、アジア諸国において音楽科が単独で存在するのは日本やマレーシアを含めてごくわずかとされ、教科の存在がおびやかされている。英語や情報教育などの新しい教科・領域の導入による教科過密化に伴う背景からも、芸術教科は著しく縮減の一途をたどっている。

　筆者が昨年度、授業観察を行う機会を得た豪州でも、アジア諸国と同様に教科の統合が急速に進められ、わずか1時間の枠の中で音楽・美術・舞踊・演劇などの複数の芸術領

域を一人の教員が担当することを余儀なくされる例が見られた。筆者と共著論文[1]を執筆した豪州の大学教員（Russell-Bowie 博士）は、既に芸術科目の再編統合を見越した新しいカリキュラム[2]を構築し、豪州国内外に提案する研究を数年前から推進している。

この国際的な潮流にあって、本書に携わる筆者らは、我が国における芸術教科の安易な再編統合を何としても回避していかなければならないと考えている。

その一方で、学校教育全体に向けた世界的な動向として、学校教育がコンテンツ（内容）の習得を優先してきたことを改め、コンピテンシー（資質・能力）を軸とした学びへの転換がはかられている。これを受け芸術教科においても、文化的なコンテクスト（文脈）の中で子どもが自らの体験を通じて、共感、感動を伴いながら習得できるようなカリキュラムの開発が一層強く求められてきている。

こうした背景からも、新たな授業づくりでは、各学校や地域の独自の伝統や文化を生かした特色ある取り組みが鍵となり、重要になっていくものと筆者らは捉えている。

折しも新学習指導要領の実施を目前に控えたこのタイミングにおいて、本プロジェクトの研究員である音楽と美術の教員が一丸となって、このような国内外の新しい動向を意識し模索しながら、本書の執筆に取り組んできた。そして、現状に活路を見出す授業づくりの手立てとなるよう、最新の研究動向などを含む理論編、執筆者が自身の実践事例をもとに考察し論じた実践編の2つの構成で本書にまとめた。

理論と実践の両輪から構成されるこの本書を足がかりとして、多くの方々から授業づくりに幅広く活用していただけるならば幸いである。

前述したように、我が国においても、既に「表現」領域への再編統合が模索されて久しく、今後、芸術教科の在り方が大きく変わる可能性を含んだ危機的な状況に置かれている。こうした中で先生方、学生の皆さんが、本書を活用した授業づくりのプロセスにおいて、改めて芸術教科の意義、必要性、役割を問い直し、積極的に活路を探る契機となることを願ってやまない。

● 参考文献
1 Comparison of Integrated Study Situation in Japan, Australia, Switzerland and Finland. Tokie,N., Russell-Bowie, D., Marjanen, K., Cslovjecsek, M., Bull. Joetsu Univ. Educ., Vol. 32, pp.409-418. 2013
2 MMADD (Music, Media, Art, Dance, Drama) About The Arts, An Introduction to Primary Arts Education (Pearson Original Edition) Russell-Bowie, D. 2014. 豪州研究協力者による、音楽・メディア・アート・美術・ダンス・演劇（芸術5領域）の統合カリキュラムのための実践手引書

芸術教育におけるピアノ指導の役割

平野 俊介

1　音楽作品を演奏する意義

　過去の音楽作品を演奏することに対して、私たちはどのような意義や意味を見出し、そこから何を学ぶことができるのだろうか。既存の楽曲を演奏する際にも、音楽が奏でられるまさにその瞬間に新しく音楽が生まれる感動を味わいたいと思う。そのためには、演奏者はその作品と真剣に向き合い、どのように表現したいのかを明確に意識するべきである。言うまでもなく演奏は創造的な行為と言えるが、楽曲を創作する作曲とは異なり、演奏者個人の感覚や趣味で本来の曲の価値を歪めてしまうことは避けなければならない。演奏に取り組む際に原典となる楽譜を最大限に尊重して作品の真値を引き出すことに演奏者は純粋に奉仕する姿勢を貫き、作曲者の意図を何よりも優先するべきである。一方、作曲家の意図がすべて楽譜に表記されていることは現実にはあり得ず、音楽は実際に音を奏でたときに生まれ、ここに再現芸術と言われる演奏領域にも、演奏者の創造性や独創性を発揮する場が存在する。過去の演奏家たちが残してきた優れた録音や楽曲の解釈に関する楽譜や文献などに触れて表現に関わる多くのことを吸収することは、これまでの演奏史に刻まれたその楽曲の演奏解釈における伝統を理解することに繋がり、自身の表現を深めるためにも大切なことである。その上で、演奏法や作品解釈における様々な方法や範例を学ぶことで演奏者自身の演奏におけるスタンダートを確立し、それを十分に消化しながら演奏者個人の創造性を生かして、現代の私たちにとって共感できる演奏表現を導き出し提示することが求められる。これは、演奏領域に限ったことではなく、今日、私たちが社会の中で活動していく多くのことにあてはまる。広い見地から音楽教育が人材育成にどのような影響を与えているのかを考えても、学ぶ者にとり理論を学び演奏技術を発展させる修練がどのようにその人の理解力や忍耐力を発達させて、現在、或いは将来の活動に有益となって人間的な幅を広げることに繋がる

のか、指導する立場の者は常に心を配らないといけない。教師が技術と知識を一方的に与えるだけでは指導側の自己満足や自己顕示に終わるだけで、このような一方通行は好ましくない。演奏行為も全く同様で、演奏者個人の感情が前面に出すぎると自己顕示欲の強いバランス感覚を欠いた表現になりがちで、聴き手の共感を得ることが難しい。

バロック期から近代現代までの多様な鍵盤楽曲の真価を正しく伝えるためには、歴史の中でどのように音楽様式が変化して演奏技術の変遷があったかを知ることも大切である。ひとえに演奏のスタンダードといってもピアノ音楽のレパートリーは過去300年に渡って、その時代ごとに演奏様式の上でも大きな変革を遂げてきた。例えば、バロック期のバッハ、ヘンデルとその後のハイドン、モーツァルトでは異なった様式、音色、運指が要求される。ベートーヴェンではさらに楽器の発展も含めて表現の幅が著しく飛躍する。このようにピアノ演奏を通して、時代の推移と共に表現が様々に変化してきたことに触れ、体得することで、作曲家たちが作品に込めたその時代の生の感情や表現、そして熱意を感じ取ることができる。これらの表現の多様性に適応できる柔軟性を身に付けることが、芸術教育における重要な役割の一つとも言える。この音楽様式への的確な対応は、ピアノ演奏の本質的な評価や価値に大きく影響することがあるため、後の項目で再度取り上げることにする。

ピアノを学ぶ過程で様々な楽曲に取り組むことになるが、演奏者が作品の意味を汲み取り読解したうえで表現するには、個性や創造性が欠如していては成り立たない。楽曲の構成や構造と表現意図を理解することが、その曲の価値を引き出すような的確な解釈による演奏表現に繋がっていく。この的確な解釈の中には、その曲に求められる演奏技術面での鍛錬と習得も含まれる。作曲家の真意を探究して曲の価値を生かすためにも、演奏者が自発性と能動的な意識を働かせ、演奏者の個性と創造性が加わることで芸術的にも意味があり説得力ある演奏表現に到達することができる。ピアニストで教育者でもあるボリス・ベルマンは「演奏は受身の行為ではなく、再現という積極的な行為なのであるから、多くの演奏者が曲の内面を自分のものにし、作曲者の感情に一体化したいという衝動を感じるのは当然である。楽譜を作曲者の心中に起きた変化や隆起、噴火を記録した一種の地震記録として見ることもできる。しかし、楽譜は目に見える氷山の一角に過ぎない。そこで演奏者は当然、目に見えない部分を構成し直し、作曲者がどうやって現在の私たちが知っている形でその曲を書くに至ったのかという経緯を発見するために努力することになる」[1]と述べているが、作曲者の創作過程での感情や意図に寄り添い、それに最も相応しいと思う作品の解釈を探求することは充分に創造的な行為であると断言できる。

私たちがおよそ300年に渡って受け継いできた作品を取り上げるには、その楽曲が作曲された経緯や曲の構造を知識として知るだけでは充分ではない。その時代と作曲者の創作時期の中で、その作品がどのように意味づけられて社会の中で評価されたのか、それが今日の私たちにとっていかなる精神的な或いは心の糧として作用しうるのか、演奏者には現在の私たちが求める価値を探り続ける使命が託されている。勿論演奏するには、その楽器で思い通りの表現を成就するための技術の習得も課せられる。これらのピアノを通した一連の学びは知識の習得を超えて、知力の活用や発展そのものと言える。これこそ、大学教育の中で演奏

領域の研究が人間教育の一環として取り組むに値し、音楽専門大学のみならず、一部の総合大学でも、教育の現場だけでなくコミュニティーや一般社会の中で生かすことができる実践力や知力の涵養に有効だとして、音楽の実技科目が取り入れられている理由である。近年のアメリカでも「リーダーシップ育成」だけでなく様々な課題に対して独創性や創造性に富んで考え解決できる「アントレプレナーシップ」[2]の育成に力を入れている大学も多い。昨今のアメリカの大学でも、楽器を演奏することが単に生活の糧を得るという受身の考えではなく、演奏することが人や社会に対しどのような関わりを持つのかを学生たち自らに強く意識させるような方向付けが顕著である。楽器を演奏することも広い意味でのリベラルアーツ教育の一部と捉えるなら、演奏行為が他の領域や分野に積極的に働きかけるような横断的、学際的な取り組みが今後ますます社会の中で必要となろう。このような方向性は大学教育の中で、特に教育大学での芸術教育では重視されなければいけない。

ここで思い出されるのが義務教育の中での教育活動ではないが、南米のベネズエラで驚くべき成果を見せている「エル・システマ」[3]という音楽教育システムである。世界的に見ても犯罪率の非常に高い国情の中、社会的貧困層の子どもを含む青少年や少女たちを、次世代の社会の担い手として正しい方向に導き育てるために、国内の多くの地域に学校外で音楽教育システムを整備し30数年が過ぎ、今や世界で活躍する音楽家を輩出するまでになっている。勿論、エル・システマはプロフェッショナルな人材を育成するためだけに組織されたわけではなく、ここで音楽を学び経験を積んだ若者たちの多くが、成長後は音楽に関わる仕事につく者もそうでない者も、社会の中で国の将来を支える構成員の一人となっていくのである。彼らが音楽を学んで演奏に真剣に取り組んだ体験は、その後社会で活動していく中での様々な分野の仕事に対しても、直接的に作用することはなくとも必ず有益である、というエル・システマを推進してきた人々の強い信念があるからこそ、この活動がこれまで継続し、成功を収めてきたと考えられる。この取り組みも広い意味で「アントレプレナーシップ」の育成に貢献する活動と見做すことができる。

このような事例を念頭に置きながら、大学では学生たちが卒業後に社会の中で何らかの仕事に携わることを踏まえて、そこで行われているピアノ教育は、常に社会とのかかわりを持った取り組みとなるよう意識することが指導する側にも学ぶ者にも求められている。

次節では演奏の具体を取り上げての考察を試みてみたい。

2 大学でのピアノ教育

2-1　教材選択に関して

教育大学で音楽を専攻する学生にとって、相応しいピアノ教材とはどのようなものであろう。これに対する回答には、非常に多くの選択肢が考えられる。専門大学であれば、入学試験でそれぞれの大学で定められた基準をクリアしてきているため、学生たち全員がある一定レヴェルに達していることは確かであり、教材も自ずと特定しやすい。それに対して筆者の所属する教育大学では、2年次から専門のコースに分かれるシステムをとっている。従って、ピアノの初心者もいれば上級レヴェルの者もいて、初めから特定の教材に絞る

ことが困難である。バイエルの初心者からベートーヴェンやロマン派などの作品に取り組む者まで、様々な段階がある。その様々なレヴェルの学生たちも、卒業後は等しく教育現場で音楽指導に携わることになり、ピアノの独奏だけでなく歌唱のピアノ伴奏にも適応できる技能を培わなくてはいけない。そのために半期にわたる授業開始の最初の段階で、一人ひとりの技量と資質を注意深く観察して、学生からの希望を考慮しながら個々の学生の技能を発展させ、ピアノ学習を通して音楽そのものの学びを深めるのに寄与する教材を選ぶことが非常に重要である。学生にとり有益な学習内容になるか否かは、教材選定にも左右されるため指導者には大きな責任がかかってくる。

筆者が教育大学に籍を置き指導に携わってきた、およそ30年に渡る学部学生たちのピアノ演奏における技能レヴェルの変遷をみると、現在ではピアノ教室に通っている子どもたちが以前よりもかなり減っており、その結果、ピアノの未経験者が以前より増えている。音楽コース学生を対象に絞ってみると、音楽大学のピアノ専攻生のレヴェルに匹敵するごく少数の学生はいるものの、ピアノの経験がない者も含めて、大多数は初級、中級程度の学生たちである。従って、現在でも依然としてソナチネ、ツェルニー30番などに取り組む学生が多く、20年、30年前と比べて演奏技能が向上しているとはいえない。初級、中級の教材であろうと難易度の高い教材であろうと、その作品にとり理想的な表現を志向することは、芸術教育の根幹に関わることである。学生も指導者も共に作品に相応しい本質的な演奏表現を追究する姿勢で取り組まなければならない。指導内容の充実は大切であるが、教師側から全てを教え込むような一方的な教示に終わらないように、学生が自ら考えて演奏実践できる土台作りや基礎固めを支援する姿勢で臨むことが肝要であると考える。

2-2　音とタッチのこと

始めに、音楽を表現する上で、その基となる音そのものについて考えてみたい。ピアノでは指が鍵盤を打鍵することで音が創られる。この音の連続や積みかさねで、旋律、リズム、ハーモニーが奏でられる。指を鍵盤に触れて音を出す動作・行為が、一般的にタッチと認識されている。音楽的な演奏とは、その曲の性格や様式に相応しい音を奏者がタッチによって創り出せるかどうかが鍵になる。ピアノ演奏では初歩から上級にいたるどの段階であっても、その曲の表現に最も相応しい音質を演奏者自ら創り出そうとする気持ちや姿勢が非常に重要であり、その思いを強く持つことが、様々なタッチによる音色の変化や使い分けに繋がる。モーツァルトやベートーヴェンのソナタでなく、たとえソナチネであっても芸術教育の一環としてピアノ教育を捉えるからには、平易な曲でも充分に音楽的表情に満ちた表現へ導くために、早い段階から音質の良否に意識を向けることの重要性を筆者は感じている。ここで押さえておかなければいけないことは、演奏者（学生）自身が、自ら表現しようとする音のイメージを持つことが前提となる。そのようなことを全く考えずに弾いている学生には、その曲の場面がどのような表現上の役割を果たしているのか示唆を与えて、音のイメージを想像できるように導くことも必要である。演奏者が表現しようする音質と、実際に響いている音が一致しているのか、或いは隔たりがないかを判別するのも、第一義的には演奏者の聴覚によるが、その判断が正しくない場合は指導者が適宜助言することで正しい方向へ導かなくてはいけな

い。このこともピアノ教育の全ての段階で重視されなければいけない。つまり、奏者が主体的、積極的に音のイメージ創りを行って、自らの耳で実際に鳴っている音を判別できる技能を養い発展させることが、様々なタッチの習得と音楽的な演奏表現を達成する上で前提となる。

ここで、初歩の段階を終えた学習者が取り組むことの多いクーラウ《ソナチネ Op.20-1》の第1楽章の主題提示部を例として、音とタッチの関わりについて探ってみたい（**譜例1**）。1小節から8小節の第1主題の旋律は右手で奏でられる。当然レガートを意識したカンタービレに満ちた音色が相応しい。「p」が指示されているが、輪郭を暈すことのない明るい響きが適っている。旋律の各音に対し強いアタックを伴ったタッチではなく、手の重みを指先に感じながら、鍵盤を打鍵する衝撃による打撃音をできるだけ抑えて、高い位置から指を落下させないタッチが望ましい。この第1主題を支える左手のアルベルティバス音形の役割も重要である。楽譜の指示通りに左手もレガートを意識して第1主題の表情を阻害しないように適切なバランスに保たなければならない。勿論、伴奏のアルベルティバスの安定したリズムが厳守されていることが前提となる。続く9小節

譜例1　クーラウ《ソナチネ Op.20-1》第1楽章　主題提示部

から16小節までの第1主題の確保及び第2主題に至る推移部分では、第1主題部分と左右の手の役割が交替するため、両手のバランスも逆転する。第2主題の17小節から20小節も第1主題と概ね同様の表情が求められているが、「dolce」の指示を生かした音色のイメージを演奏者が予め感じていることが大切である。続く21小節から提示部終わりの第2主題の確保以降の推移部分は、音階を軸として16分音符による動きが主体となる。ここではレガートを保ちながら、リズムを安定させて一つ一つの音階音の明瞭な発音が要求される。このように表現しようとする音のイメージを明確にすることが、音楽的な演奏表現を可能にするタッチの習得と不可分である。

　タッチと音の関わりを探っていくと、重音や和音の連続をレガートで演奏する際に、指だけではレガートにならずにペダルの助けを借りなければならないことも多い。ボリス・ベルマンも「たとえば、legatoを作るのに必ずしも物理的にlegatoで弾く必要はない。むしろ物理的に音をつなげる努力をするよりも、non legatoで（もちろんペダルで補助しながら）弾いたほうが滑らかなメロディのラインになることがある」[4]として、ドビュッシーの《亜麻色の髪の乙女》の和音パッセージを例に挙げ、ピアノ演奏で錯覚を作り出す必要性を説いている。この錯覚を作りだすことには、ピアノ曲の演奏の際に、どこまでオーケストラ的な音色をイメージするべきかという問題も含まれる。本来ピアノの音色は単色であり、その中で音の強弱や音量の様々なグラデーションの表出によって、擬似的にオーケストラの楽器の音色や音響を喚起させることが作品のスタイルによって求められることもある。しかしバッハの鍵盤曲のように、感情と論理の絶妙なバランスのもとで秩序立てて構築された多声部の楽曲で、オーケストラの特定の楽器をイメージした音創りを行うと、かえって表現の本質を歪めてしまうことにも繋がりかねない。

　一方、リストのオペラのトランスクリプションやオーケストラ作品の編曲などでは、様々な楽器や声をイメージすることは有効であるし、表現の本質に適っている。つまり、ひとえに作品、或いは作曲者がそのような表現を志向していたかどうかに、帰せられるべきであろう。前述のボリス・ベルマンの著書の中で、高名なピアニストのブレンデルがオーケストラの特定の楽器をイメージした音作りをする際、オーボエ、フルート、バスーンなどの音色を模倣する時のタッチの使い分けについて述べていることが紹介されているが、演奏家であればピアノから様々な楽器の音色や色彩を表出したいと思うし、個々にその方策を日々試行錯誤しながら試みているはずである。このように音色を描き分ける感覚は、上級者だけの問題ではなく初歩の段階から意識させてこそ、音のパレットが広がると考えられる。初級の学生が取り組むことが多いブルグミュラーの《25の練習曲》を例にするなら、曲のタイトルである「素直な心」「アラベスク」「牧歌」「子どもの集会」等から音色のイメージを喚起させることもできるし、楽曲中の強弱記号や、「dolce, cantabile, grazioso, leggiero」などといった言葉からも、当該部分の性格や表情を生かした音色表現の大切さを意識させることができる。楽器演奏、歌唱を問わず、音楽を奏でるには初級、上級の全ての段階で、表現しようとする音のイメージを持って演奏することで、ピアノであればより多彩なタッチの使い分けを会得することに繋がる。指導者は、自然にその方向へ導いていくように個々の学生の適性や意識を見抜いて、学生自らが向上しようとする意思や

気持ちを後押しするように、的確なヒントやアドヴァイスを与えることが望ましい。

2-3　フレージング

　フレージングとは、楽句の区切り方を意味するが、旋律や和声の流れを自然な抑揚と音楽の流れに則って区切ることはピアノ演奏では蔑ろにされやすい。その理由を色々とあげることができるが、管楽器や声のように息を使う場合には発音する際にフレーズを意識したブレスが不可欠であるし、弦楽器ではフレーズを無視して弓の返しをすることはできない。一方、ピアノは指による打鍵で簡単に音が出てしまうことが大きな要因と考えられる。またピアノは精密なアクション機構を何段階も経て音が出る仕組みになっているため、たとえば弦楽器のように楽器に働きかけた動作がダイレクトに音に作用するのとは異なっている。フレーズのことをまったく意に介さなくても、このようにピアノでは簡単に音を鳴らし、弾くことができてしまう。ここに、ピアノの利便性と同時に怖さが潜んでいる。無意識に音を出してしまっては、感情や思いを伝える生きた音楽表現にはなりえない。会話の中でも、話し手は伝えたい内容を理解してもらえるように重要な名詞や動詞を場合によっては強調して、助詞や句読点を意識して話すのと同様に、音楽の旋律や和声の流れの中にも楽譜には記されていなくとも、確実に句読点は存在する。その音楽の流れの中で句読点を意識できる力は、フレーズを感じることと一体である。フレーズ構成を演奏者が自ら感じ取り、適切なフレージングを施して演奏できる技能の育成も、大学を含めてピアノ教育のなかで重視しなければいけないことである。フレーズを感受することには、音楽の旋律や和声構造を把握して、ある音形や動機の意味づけに伴うその場面に相応しいアーティキュレーションやデュナーミクの表出に関わることも含まれる。こうした細部の適切な表現の積み重ねが、より大きなフレーズを掌握する際にも生きてくる。

　では、どうしたら自然なフレージングが実践できるのだろう。歌詞を伴う歌曲では楽曲の区切りやブレスは、旋律の抑揚と言葉の表出を合わせて感じ取ることができるため、器楽作品に比べると分かりやすい。一方、バッハの鍵盤楽曲などでは旋律を自然な抑揚をつけて歌ってみても、どこにフレーズの区切りを置いたらよいのか、判断しづらいケースが多くある。《インヴェンション第4番》（譜例2）を例にするなら、テーマが2小節にわたる16分音符の上行・下降によるため、小節線で区切りを感じるのが適切なのか、5小節から10小節の高音部でテーマが延々と3回繰り返される個所では第7小節や第9小節の第2音目からテーマが開始されるのか、判断しづらい。第2音からをテーマ開始と捉えた場合、小節の第1音と第2音の間にブレスのような区切りを意識することになる。楽曲の構造上からの根拠がたとえ明白でも、この場面で楽句の区切りを明確に示すためのブレスを意識しすぎると、16分音符による音階を主体とした自然で心地よい音楽の流れが阻害されてしまう。このように曲の中での区切りを演奏者が把握し、意識することは必要であるが、フレーズの区切りの間、つまり声楽や管楽器ではブレスに相当する間を実際にどのように表出するのかは、その楽曲の様式やテンポ、或いは曲想によって様々に変化する。音楽的なフレージングの実践には、このように柔軟な対処が欠かせない。フレーズとフレーズの間には、一律に音の切れ目を置くという理解ではなく、あくまでも自然

譜例2　バッハ《インヴェンション第4番》1小節－15小節

な音楽の流れを阻害しないように演奏者は心得て、その作品の表現に相応しい間（ブレス）を自ら感じ取り、表現できるようにならなければいけない。学生にこうした意識を定着させるためにも、初歩の段階から指導者はフレージングに関心や注意を向けさせるように働きかけることが、大切である。バッハの作品から例を示したが、一般にベートーヴェン以降のロマン派の作品では、フレーズがスラーで示されることが多く、演奏する際にスラーの意味を感じて入念に扱えば、自ずからフレーズ構造に適した表現を達成しやすい。ここで特に問題となるのはハイドン、モーツァルトなどの古典派や、それ以前のバッハやヘンデルの作品におけるフレージングである。モーツァルトなどの古典派の曲では短いスラーが指示されていることが多く、小節線に跨がってスラーがかけられることが比較的少ない。これは当時の記譜上の習慣から長いスラーがあまり使われなかったことにも起因している。この場合は、スラー＝フレーズではない訳で、スラーの意味と役割をよく吟味して、自然な流れを心がければ、音楽的なフレージングに帰着する。しかしバッハなどのバロック後期の時代になると曲の性格や表情に関する指示はほとんどないため、演奏者が譜面からフレージングを含めた音楽的な表情を表出しなければ、納得できる表現にはならない。たとえ楽譜に音符だけの情報しかなくとも、音譜の行間から表情に富んだ表現を引き出す力を養うことも、芸術教育の中で特に重視して取り組まなければいけないことである。

フレージングに関して、ボリス・ベルマンは次のように的確に要約している。「より長い音楽の提示に対しては『フレージング』という用語が用いられる。そして、まさしくこのフレージングこそは、表情豊かな音楽演奏の魂とみなされなくてはならない。フレージングはダイナミクスとタイミングを微妙に組み合わせたものであり、音楽家はこれを本能的に感じ取る。しかしこの本能は明らかに訓練によって身につけ伸ばすことができるものであり、またそうしなくてはならないのだ。

フレーズに生命を吹き込むために最も大切なこ

とは、おそらく、メロディの自然な抑揚を感じ取るということだろう。演奏者がフレージングに対する良い感性を養うのに役立つ方法はいろいろある。その中でもピアニストにとって最も一般的で、最も効き目のある方法のひとつは、フレーズを歌い、ダイナミクスの自然な上昇・下降とタイミングの小さな変化を観察し、次にピアノで再現してみることだ」[5]。

上記のことはピアノ演奏だけでなく、歌唱やあらゆる楽器演奏、また小学校、中学校の歌唱や器楽演奏にも適用できることである。フレージングに対する感性を磨くことを、ピアノ演奏を通して学ぶことは、教育現場で音楽指導に携わる教師にとっても指導力の向上に大変有益である。そして、音楽を学ぶ学生は勿論、音楽指導に携わる教師たちにとっても、自身が演奏への取り組みを継続することで、楽曲に対する鋭敏な感受力の発展とフレージング感覚を研ぎ澄ませることに繋げてもらいたい。

2-4　音楽様式への理解

私たちがピアノで演奏するレパートリーはバッハやスカルラッティなどのバロック後期から現代に至るまでおよそ3世紀にわたっている。その間に音楽様式は、鍵盤楽器の発展と共に著しく変化して進展を遂げてきた。作曲様式に対する理解と共感は、ピアノだけでなく楽器でも声楽でも全てのジャンルの音楽作品を演奏する上で不可欠である。学生がその作品の音楽様式に相応しい演奏スタイルを的確に掴んで演奏するよう導いていくことも、ピアノ指導における重要事項である。演奏する作品に適した演奏様式を考える際に、演奏技術上の問題は演奏様式と密接な関わりあいがあるため、演奏テクニックと切り離しては考えられ

ない。しかし、この小論では個々の作品の演奏テクニックの内容まで取り上げることが難しいため、音楽様式への共感を伴った演奏とはどういうことなのか、総論的な立場から述べてみたい。

初めにバッハの鍵盤楽曲について考えるなら、大部分が教育用に書かれ、公開演奏を目的とした作品ではなかった。そしてチェンバロでの演奏を想定すると、レジスターの交代による音色の変化は可能であるが、タッチによる強弱に変化は付きにくく、ピアノのように特定の声部の強調ができないため、全声部の響きが融合した一体感のある響きになる。その中での表情変化の鍵は、アーティキュレーションの多様な扱いにかかっている。しかし、現代のピアノでバッハをこのスタイルで弾くと、著しく魅力に欠いた表現に終わってしまう。今日ではフーガ演奏は、各声部やテーマを独立させて、声部間の絡み合いをあたかも写真でも見ているように鮮やかに表現することが、優れたバッハ演奏として評価される傾向が強い。やはり現代の私たちは、バッハの時代とは異なりより広い公の空間で聴衆に音楽的内容を伝える観点から、現代の趨勢に適した表現法を探求していくことも理に適っているし必要と思われる。かつてはテーマの強調やダイナミックスの対比が比較的抑えられていたとしても、歴史的に正しい奏法と今の私たちの求める表現とを、どのようにバランスを取って現代人に音楽的意味や価値を伝えていけるのか、それぞれの時代に求められてきた表現の変化を受け入れながら、現代に要求される表現法への探究心を持ち続けたい。

同じようにハイドン、モーツァルトの場合にも、歴史的に正しい奏法と今日の私たちの表現法とのくい違いがしばしば問題になっている。例えばペダルの問題を考えるなら、この二人の鍵盤楽曲に

はほとんどペダル指示はなく、わずかにハイドンの後期のピアノソナタにペダルの指示が見られる程度である。しかしこの両者が使っていたピアノフォルテには膝で操作するペダル機能が備わっていたのは事実であり、この時代の楽器に対する誤解があるにしても衒学主義者たちの主張するペダルが不要とする考えには同意できない。ペダルの頻度は制限されるにしても、18世紀後半の音楽様式に適したペダル効果を取り入れた表現を志向するのが正しい姿ではないだろうか。

ペダルと同様に、音楽様式の理解にはスラーの扱いも重要である。この時代にはアーティキュレーションを表す短いスラーが多く使われ、小節線を跨ぐことが少ない。言い換えるとスラーによってフレージングを示していることが、本当に少ない。楽譜の指示に厳格に従おうとするあまり、スラーごとに音楽の流れを寸断してしまうことは避けなければいけない。勿論スラーの箇所はレガートを意識して、音の強弱のニュアンスや抑揚、また重い響きと軽い響きを弾き分けることが求められる。このように音のニュアンスや表情をアーティキュレーションの範疇として捉えることは、様式の理解に基づいて演奏する上でも重要だと考えられる。

続いてベートーヴェンの時代になり、楽器の著しい発展と共にピアノフォルテでの表現力も一段と高まった。ベートーヴェンの功績は間違いなくロマン派や19世紀全般の音楽に影響を及ぼしていて、その中でもレガート奏法の役割を一段と高めたことが重要である。これに関してショーンバーグは、「ベートーヴェンは新しい効果を生み出し、あらゆる法則を打破し、極めて広くダイナミックなパレットを用いた。演奏は極めて表現力豊かだった。ベートーヴェンはロマン派ピアニストへ直接つながっていく人だった。よく訓練を受けていたモーツァルトやクラマーとちがって、彼は古典的な弾き方ではなく、間違った鍵であろうが何であろうが、自分が感じる通りに弾いた」[6]。さらにシントラーのベートーヴェンの演奏に関する観察の中でも「彼の手にかかると、あらゆる音楽が新しく創りかえられた。このすばらしい効果は、大抵彼の終始変わらぬレガート奏法によって生み出され、それは彼の演奏の際だった特色のひとつであった」[7]ことが述べられている。これに関して、チャールズ・ローゼンはより踏み込んで、「ベートーヴェンはモーツァルトよりレガートを多用したが、スタッカート気味の昔風のノン・レガートなタッチをもちいることもよくあった。(中略) ベートーヴェンのスタイルは幅が広く、モーツァルトほどの優雅さに欠けることもあるが、テンポはそれほど厳格でない場合が多いばかりか、手の位置もずっと多様で、新しい音色を出すために必要な、異なるタッチを弾き分けることを可能にしている。ベートーヴェンのレガートは、各音が重なるところからいい効果が得られるが、モーツァルトの場合ははっきりした歯切れ良さが必要である。この歯切れ良さについての伝統的なルールがベートーヴェン作品でも幅を利かせていることに現代のピアニストはなかなか気づかない。十八世紀の記譜法はベートーヴェンでも有効で、休符の前の音は記譜されている音よりも一般的に短く弾くのが正しく、記譜されているより長く弾くことはありえない」[8]と述べ、ベートーヴェンの音楽様式に対する正しい判断を促している。

その後今日まで続くピアノ技法は、19世紀始めの1810年前後に生まれたメンデルスゾーン、シューマン、ショパン、リストに端を発するとい

える。ここではピアノで表現できる強弱や音色の変化、非和声音や異なった和音間での音の混ざり合い、明暗の様々な段階でのグラデーションの変化などをタッチとペダル技法を駆使して、ピアノ独自の表現技法を発展させてきた。世紀の変わり目から20世紀初頭のドビュッシーはグラデーションの表出面で新たな可能性を切り開いたし、バルトークやプロコフィエフは打楽器的表現の側面から独自のピアニズムを開拓しているが、基本的には前世紀から受け継いだピアノ技法に新たな要素を加えることでピアニズムを発展させていて、今日に至るまでその流れは続いている。20世紀半ばになり、現代音楽シーンでプリペアード・ピアノ[9]や内部奏法などのように、伝統的なピアノ技法と全く別の角度からピアノ奏法が案出されて試みられているが、ピアノ演奏における主流の技法にはなっていない。

音楽様式に対する理解が演奏に影響を及ぼす一例として、休符の扱いについて考えてみよう。ベートーヴェン時代の古典派までとそれ以降のロマン派の作品では休符の扱いや捉え方も異なっている。古典派までの作品では休符の箇所は原則的に前の音の響きが残ってしまうのを避けるべきで、ハイドン、モーツァルトは例外なくこのスタイルで演奏されるのが適正である。しかしロマン派以降になると、原典版に記されたショパンのペダル記号のように、休符にも関わらずペダルが持続されて音の余韻が響いている場面が見られる。勿論、ロマン派以降でも休符を厳格に遵守して全く無音としなければいけない作品や場面もある訳で、このように楽譜上の音符の音価や休符の長さが、演奏時のそれと一致しないこともしばしば起こる。要は、演奏者がその作品の性格や様式を見極めて、その場に相応しい表現を自ら選び出せるような作品の音楽様式に対する理解が不可欠で、この面からの学生の成長や発展を手助けすることも、大学の芸術教育の中で課せられた指導者の大切な役割である。

3　今後の展望

前節で取り上げたことは、ピアノ指導の一部の視点からであり、ハーモニーやリズム、ピアノ奏法におけるテクニック面の内容にはこの小論の中では触れていない。しかし、学生を指導する際は、総合的な見地から、今その学生に対して優先して指摘し伝えなければならないことを、的確な判断に基づき助言していくことが肝要である。学生たちが自ら考えて先に進むためにも、微に入り細をうがつような指摘や全てを教え込むことは、慎むべきである。

現在、社会での多様な音楽活動やニーズの中で、今後クラシック音楽を取り巻く社会環境がどのように変化していくのか予測しがたいが、学校教育の中でクラシック音楽の役割が衰退することは考えられない。先人たちが築きあげた音楽技法や奏法を理解して、長期にわたる修練を通して演奏技術や表現法を自分のものとするために努力すること、このような楽器の奏法を習得する学習過程だけをとっても、教育的意義と価値が充分に感じられる。しかし、音楽を学ぶ本来の目的は、学んで獲得し蓄積したものを、どのように今後の音楽活動や表現に活用していくのかにかかっている。学校現場では、歌唱教材のピアノ伴奏や鑑賞授業で音楽ソフトが使われることも多い。これらの教材ソフトは子どもたちの理解を促す上で勿論有効であり、適切に活用されるべきである。しかし、一方でこのような現状だからこそ、音楽の教師を目

指す学生たちには、楽器を弾きこなす技術面だけでなく音楽を理論的に把握することも含めて音楽を総合的に捉える技能を、ピアノ学習を通して高めていくべきである。将来にわたって、教育現場や社会の中で身につけた技能を存分に活用できるように、指導者は教育現場と社会に目を向け、教授する内容が形骸化しないように努めなければならない。教材曲ひとつとっても、ピアノの独奏曲だけでなく、器楽、声楽、合唱などのピアノ伴奏も含まれ、小学校、中学校で取り上げられる合唱作品などは年代とともに絶えず変化している。こうした非常に広範囲で多岐にわたる楽曲から教材を選択する際には、学生が卒業後の社会との接点を見据えていることも考慮されるべきである。このように教材曲をひとりひとりの発達にあわせて的確に選びだし、指導内容も各人の資質と技能に合わせて柔軟に組み立てることが求められる。大学でのピアノ教育をマニュアル通りに進めようとしてもうまく機能しないことも多く、できる限り個の違いを尊重しながら、人間理解と人間観察に基づいて、指導内容を常に刷新していくことが求められている。

● 注 ─────

1 ボリス・ベルマン（2009）『ピアニストからのメッセージ』阿部美由紀訳、音楽之友社、p.172.
2 「アントレプレナーシップ」とは、菅野によれば「創造的に考えること。アイディアを生み出し、それを社会や世界に創造的に伝えること、またはそのスキルをさす」と定義づけられている（菅野恵理子［2015］『ハーバード大学は「音楽」で人を育てる』アルテスパブリッシング、pp.282-283）。この著書では、近年のアメリカの大学でのリベラルアーツ教育で音楽が果たす役割が詳述されている。
3 エル・システマについては、山田真一（2008）『エル・システマ──音楽で貧困を救う 南米ベネズエラの社会政策』（教育評論社）で、この音楽教育システムが成立した背景から現在の活動状況まで詳述されている。
4 ボリス・ベルマン、前掲、p.20.
5 ボリス・ベルマン、前掲、p.79.
6 ハロルド・C・ショーンバーグ（1977）『ピアノ音楽の巨匠たち』中河原理・矢島繁良・共訳、芸術現代社、p.78.
7 ハロルド・C・ショーンバーグ、前掲、pp.78-79.
8 チャールズ・ローゼン（2009）『ピアノ・ノート』朝倉和子訳、みすず書房、pp.192-193.
9 ジョン・ケージらによって提案され、ピアノの弦にゴムや様々なものをはさむことで独特な音色を引き出す。

自己理解・自己受容を深めるための美術教育計画モデルの検討

清田 哲男

1　はじめに

　現代の児童・生徒が抱える集団の画一化とコミュニケーションの希薄化の問題は、他者に対する個の尊厳だけでなく、自然環境や、社会構造への想像力の貧困化として顕現することが危惧される。また、自ら課題を見出し、解決に向けて思考し、実践できる力を培うためには、多様な他者と自分自身の個性や価値を認めあう教育活動が肝要である。一方、2000年より総合的な学習の時間が始まり、課題発見・解決型学習が学校教育現場で実践されて久しい。その実践にあたっては、教員が、数十年後の社会をイメージしつつ、児童・生徒一人ひとりが生涯にわたり、世界や地域社会の一員としてよりよい社会をめざし、主体的、創造的に何に取り組めるかを踏まえ、学習のめあてを考えることが必要になろう。

　地域社会(Community)、あるいは世界をより包括的（Holistic）な目で捉えるようなデザインの領域を有する図画工作科、美術科教育の学びでも同様である。しかし、このような力は、一回の題材で培えるものではなく、計画性を伴った長期的な授業の組み立てが必要となる。

　そこで、美術教育を中核として、学校教育内での連携、地域学習活動との連動によって、児童・生徒が「課題を解決するために必要な思考力、判断力、表現力その他の能力をはぐくみ、主体的に学習に取り組む態度を養う」ための学習カリキュラムの構築を目指すこととした。小学校から高等学校までを含めた長期間にわたる学習カリキュラムの構築とその妥当性、教育現場での有効性を検討し、更に汎用性を高めたカリキュラムに組み替え、広く教育現場で活用できることが重要である。

　本研究でのカリキュラムでは、児童・生徒に培わせたい四つの力とそれに伴う二つの力で構成している。四つの力とは、児童・生徒自身が「自己理解・自己受容」、「共感性」、「深く見ること（観察）」、「社会参画意識」を高める力である。特別教科「道徳」における児童・生徒の道徳性を分類

整理する四つの視点に呼応させている。四つの視点とはそれぞれ、主として「自分自身に」、「他の人とのかかわりに」、「自然や崇高なものとのかかわりに」、「集団や社会とのかかわりに」に関することである。これらの呼応の理由は、他教科や、異校種間での連続した学びを実践するための、共有項目としての機能が期待できると考えたからである。

図1は、逆円錐の底面が共感性の幅を示しており、この幅が広がるほど、自己理解・自己受容が深まることを示している。また、丸い球体が、社会への課題や参画意識を表しており、共感性の幅が広がるほど、より遠く、より大きな課題に繋がることを示している。さらに、逆円錐と球を結んでいるのが、観察を通して得た、自然や環境への意識の広がりであり、この広がりが包括的な視点で社会や共同体を見つめる力をつける。本カリキュラムを検討し、実践する研究チームは「創造性が社会と出会う美術教育（The Art Education : Nurturing Creativity Through Encounters with Society［ANCS］）」として、研究を進めている。

本稿では、児童・生徒の活動の姿等から、育まれた成果が見え難い「自己理解・自己受容」を自己肯定感として捉え、「共感性」と共に育成の基軸としてカリキュラムの検討を行いたい。

2　高校生の自己肯定の姿

美術の授業において、自分の作品に対して自信を持てない生徒が多い。

筆者が11年間勤めていた総合学科高等学校の入学時に、「芸術Ⅰ」で美術Ⅰを選択した生徒に行っていた例年の調査では、「美術が楽しいですか」との質問に2000年から2009年の平均で83.8％の生徒が「とても楽しい」または「楽しい」と回答している。高等学校入学時の芸術三科（音楽、美術、書道）選択時では、第一希望の科目が履修できることもあり、美術選択者においても苦手、嫌いという生徒は少ない。しかし、その一方で「あなたの作品を学校で展示してもよいか」という質問に対して、10年の平均で18.3％の生徒が「展示してほしい」または「展示しても構わない」「どちらでも構わない」と回答し、81.4％の生徒が「できれば展示してほしくない」「展示してほしくない」と回答している（図2）。理由については、自由記述で大きく二種類の回答が確認できた。「作品に自信がない」「まわりの人から評価されるのが怖い」「友だちの方が良い作品だと思う」などの、自己作品に対しての自信のなさに起因する理由と、「美術の作品は自分だけで楽しむためのものだから」「見せたくない人がいる」などの、学校での作品展示に対しての是非に関する主張に起因する理由であった。自由記述のため、全員が理由を書いていないので明確には把握できないが、記述した生徒の中でポジティブ

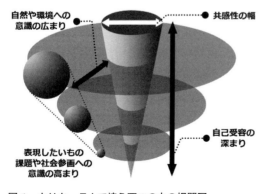

図1　カリキュラムで培う四つの力の相関図

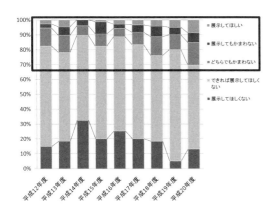

図2 自己作品を展示することへの意識
（2000年〜2009年　1年次への4月調査の結果）

な理由で展示したくないと回答した生徒は数名であり、ほとんどが自己作品の自信のなさに起因する回答である。

　一方、自分の作品の満足度については、授業の後での振り返りシートから、作品ごとの自己採点として「満足している」「ほぼ満足している」を合わせると常に70％を超える。先のアンケートでは約81.4％の生徒が展示してほしくないと回答しているのに対し、美術の授業の満足度に関しては高い。入学時のデータと制作後のデータでは比較が難しいが、入学時、83.8％の生徒が楽しいと回答していることからも、「作品には満足しているが、自分の作品を展示してほしくない」生徒が少なからずいることになる。ここで注目したいのは、自己作品に満足しているが、「他者の前に展示されると自信がないために」展示してほしくないと考えている生徒である。

　このような状況において、自己作品への肯定感を高めながら、同時に制作活動自体の満足度を上げるための手立てを核に美術教育計画を立てることが自己肯定感を高める美術教育に繋がる可能性があると言えよう。自己作品に自信がなかった生徒が、自己受容をとおし、個人の意欲として他者や社会に向けた作品展示を求めるのであれば、高校生の「自己の在り方・生き方」を考える一助にもなる。社会や地域で自分の作品を発表し、作品を介した他者とのコニュニケーションなどによる社会との繋がりが、生涯にわたり美術を愛好する豊かな心へと、よい発展スパイラルを描きながら成長させると考えた。そこで筆者の勤務校であった総合学科高校において、二段階にわけて自己評価維持モデルをベースにおいた「自己肯定感を育む美術教育モデル」を作成し実践にあたった。同モデルは3年間にわたり、生徒に培わせたい力を段階的に展開する。

　同モデルについて段階ごとの説明および成果から主に論じ、段階ごとの組み合わせ方については、第一期、第二期モデルともマトリックスを利用して、その相互作用を示す。

3　自己肯定感を高めるための美術教育計画モデルの考え方

3-1　自己理解・自己受容とは

　自己理解を「自己の優れている面などの発見につとめ、自己との対話を深めつつ、さらに伸ばしていく」こととし、自己受容を「自己の欠点や短所に偏ることなく、かけがえのない自己をまずは肯定的にとらえる」こととした。これは、学習指導要領解説道徳編での「主として自分自身に関すること」の中で示されている。さらに、同要領では、これらの自己の捉え方を、生徒相互の信頼関係の中で高めていくことが示されている。因みに、

小学校では、「自分の特徴に気づくこと」と表現されている。

ここで示されている自己受容は、高垣の述べる「共感的（共生的）自己肯定感」とほぼ同義である。高垣は「自分が世界に二つとない、かけがえのない人生と生きていることに基づく自己肯定感であり、そのかけがえのなさに共感しあえる自己肯定感」[1]と述べている。「身近な人間」に「苦しみを共感され、ありのままを受け入れられるような共感的な人間関係」[2]の中でこそ共感的自己肯定感は育まれるため、次の細項目で述べる他者との共感が自己受容に大きく関わることとなる。

一方、自己理解・自己受容と表現活動との関係を、デルフト工科大学のデシュメットがエモーショナルデザイン（Design for Emotion）の模式図として示している（図3）。「I am USEFUL（私は有益）」から「I am PLEASURABLE（私は楽しい）」に感情が膨らみ、その相関として「PLEASURABLE PRODUCT（楽しい制作）」へ向かうことの模式である。彼は制作者の適切で感情的な三つの刺激（アイデンティティ、活動、作品または製品）と制作者の三つの価値（目標、価値基準、嗜好）の組み合わせが、作品が引き起こす感情の要因であるとして制作の方向性を決めると述べている[3]。

このことからも、児童・生徒が「楽しい」と感じられるための意欲の高まりや、私は有益であると感じられる自己受容と制作とが相関していることが理解できる。

3-2　共感性との関わり

澤田によれば、人間には「他者の感情の理解を含めて、他者の感情を共有する」能力が「生得的に備わって」[4]おり、共感（empathy）と呼ばれて

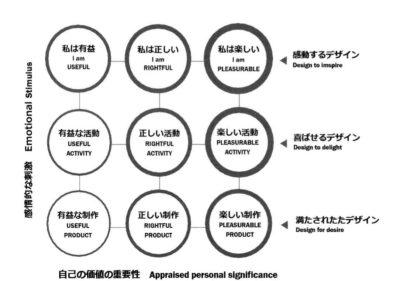

図3　エモーショナルデザインの模式図
Desmet が示した図をもとに筆者が作成

いる。また、前述のように共感は自己受容と相関している。

共感の発達について、ホフマンは次のように説明している[5]。発達初期は、自他意識が未分化であり、自分中心に苦痛を軽減しようとする自己中心的な共感で、他者の内的状態を自分のものと同一であると考えてしまう傾向がある。認知的な発達に伴い、相手の立場になって相手の感じ方を想像するといった「役割取得」によって、他者の苦痛を軽減しようとするような他者志向的な共感へと質的に変化すると述べている。

さらに、ホフマンらの定義をデイヴィスは、共感性の構造を多元的に捉え、共感性を測定する尺度として「対人的反射性指標（Interpersonal Reactivity Index：IRI）」[6]を開発した。この尺度は共感性の下位次元として以下の4次元を取り上げている。

一つ目は、「不運な他者への同情や関心（concern）という他者志向の気持ち」と定義されている「共感的関心（Empathic Concern：EC）」[7]で、日本では「思いやり」という概念に反映しているとも言われる[8]。

二つ目は、「他者の苦痛に対して、動揺など自己志向の感情反応が起こる」とされている「個人的苦痛（Personal Distress：PD）」[9]である。

三つ目は、他者の心理的視点を採用する「視点取得（Perspective Taking：PT）」である。

四つ目が、「本や映画や演劇の架空の人物の気持ちや行動のなかに自分自身が想像的に移行する傾向」と定義されている「ファンタジー（Fantasy：FS）」である[10]。

大橋は、幼児期の描画表現時、保育者の働きかけに対しての反応について、共感性の多元的視点からの対話記録を分析し、その析出より、美術教育活動における表現と共感を相関させることで、多次元的視点を持って教育することの重要性を論じている[11]。

児童、青年期では、しだいに、自己の内面に関心が向き、他者への関心が薄れ、他者と距離を置く傾向があるため、共感的態度が停滞する。澤田は、その原因として「青年前期における自己中心性」「他者感情の分かりにくさに関する信念」「個人的苦しみの感情」「自己への関心」の四つを挙げている[12]。

首藤も、共感的関心である思いやり行動の発達の支援として、複数生徒が共通の目標を目指して協力し合う「協同」を挙げ、学校教育課程内での必要性を説いており[13]、学習指導要領道徳編では、「思いやり」は、「主として他の人とのかかわりに関すること」の中の観点として各発達段階で示されている[14]。同様に、相手の立場で思考する視点取得や、次項でふれる「SEM」に見られる相互理解も観点として示されている。

3-3　テッサーの自己評価維持モデルから考える美術教育

生徒にとって、美術の授業で自己肯定感を高める自己高揚動機につながる評価は主に二種類ある。一つは周りの友人からの評価、もう一つは教師からの評価である。まず、友人であるが、美術の授業の中において、自分がまわりから、「どう評価されているか」から自己評価を行う。友人との間で生じる自己評価についての心的メカニズムを、テッサーは1988年に、児童期からの図画工作科や美術科の授業における、「自己評価維持モデル（Self-Evaluation Maintenance model：SEM）」を用いて、他者への共感と自己評価の関連性として明らかにしている[15]。

SEMでは、集団での表現活動自体に、共感と自己肯定など、他者と自己との心の関係のバランスを保つ構造が含まれていることを示唆する。**図4**のように、児童・生徒は、友人と自己との心的距離（CLOSENESS）、友人と自己との作品の比較による主観的優劣や遂行レベル（PERFORMANCE）、作品への思い入れの強さなど作品と自己に関連する度合い（RELEVANCE）の関係のバランスをとりながら、ストレスの回避や、共感によって自己肯定感を高める。

　例えば、友人A君が自分の作品よりも優れた作品を制作した場合、周りからのA君の評価が高いことで起こる脅威について、どのように心の中でA君の存在を処理し、自己評価を高めるかを解決するモデルである。その場合解決する過程を二つ想定している。自分と他者とを比較する比較過程（comparison prosess）と他者と自分を結びつけ同一視化する反映過程（reflection prosess）である。比較過程の場合、A君との心理的距離が近ければ近いほど、自己評価は脅威にさらされる。そのため、授業で同じ課題として制作している自己作品への自己関与の度合いを変化させる（この場合は自己関与の度合いを下げる）ことで、脅威を避ける過程を示す。その際、自己作品への思いとA君の作品の評価のバランスが重要になる。つまり、仲の良い友人の作品が自分の作品より良い作品であると感じるほど、自分の作品への意識は低くなるのである。もし、この比較過程で自己作品に自信が持てないのであれば手立ては見えてくる。「自己作品を良いと評価してくれる友人の存在を確保する」ことと、「客観的に自己作品を良いと思える授業を組み立てること」の二つの要素を高めることで、A君との心理的距離が近くても、作品に対しての自己関与度を上げることが可

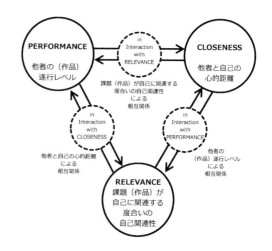

図4　自己評価維持モデル（SEM）
Tesserが示した図をもとに筆者が作成

能であると考えた。一方、反映過程では、優れた作品を制作しているA君と心理的距離が近ければ近いほど、A君と同じ場所に所属している仲間であることが自己評価を高める。

　そして、教員の評価つまり学業成績であるが、東洋大学の下田によると「学業成績では、自己評価を維持できるような友人を選択していることが示されたが、成績の主観的評定では、自己にとって重要な領域においても友人をより過大評価する傾向が示されている」[16]ことから、教員の評価を考慮しながらも、主に友人や他者との関係を中心に美術教育計画モデルを考える。

3-4　SEMを基軸にした美術教育計画モデル

　前掲のとおり、比較過程による自己評価維持のために「自己作品を良いと評価してくれる友人の存在を確保する」ことと、「客観的に自己作品を

良いと思える授業を組み立てること」の二つ手立てと、反映過程のために「友人との仲間意識を保てること」の手立てが含まれる教育モデルの要素を考える。

　生徒の二つの自己評価過程において、授業として形成しやすいのが、比較過程からのアプローチである。反映過程は友人への心理的距離が近い場合や、集団への所属意識が明快な場合において手立ては考えられるが、週に数時間しかない美術の時間で集団を対象にモデルとして考えるのは難しかった。

　まず、作品への自己関与度を高めるために、制作にあたって、生徒が苦手としている要素を挙げる。毎回、制作の際に使用する「振り返りシート」の中から、生徒たちからの「困った点」を抜き出すと、以下の五つに分類される。

①発想・経験値（自己関与型）
　アイデアが浮かばない。
　意味が分からない。
②他者意識評価（心理的距離型）
　自分の考えに自信がないので表現できない。
　評価に納得いかない。
　貼り出されるのが嫌い。
③技法選択・表現（自己関与型）
　○○を表現するのにどのようにすればよいかわからない。
④素材抵抗（自己関与型）
　○○のにおいが嫌い。
　絵の具の準備が面倒だ。
　服が汚れた。
　切る、彫るのがしんどい。
⑤所属意識評価（心理的距離型）
　だらだらした感じが嫌い。

　ただし、素材抵抗は、生徒のこれまでの素材との出会いの経験に起因するものが大きいと考えるため、本稿での教育計画としては除外する。

　五つに分類された生徒の「困った点」を発生する順に時系列に並べ、それぞれの段階で、自己肯定感の醸成に必要な手立ては以下のようになる。

①第一段階　発想・経験値段階
　自由にアイデアを発想したり、過去の記憶から導きだせる工夫ができること。
②第二段階　他者意識評価段階
　アイデアを他者と共有して認知されること。
③第三段階　技法選択・表現段階
　アイデアを具現化できる技術を持つ可能性を感じること。
④第四段階　所属意識評価段階
　制作の際に共に表現してみたいと思える集団と認めること。

　第一段階（発想・経験値段階）においては、他者ではなく、「過去の自己」の存在が不可欠となる。さまざまな発想の方法があるが、過去から現在までの自分自身の経験をどのように組み合わせるかを基本に考える。今まで出来なかった新しい経験の組み合わせができたとき、一定の解決ができたとして自己評価を維持できる。

　第一段階を自己評価したときに、評価しきれない、または判断しきれない要素が多分にあるときに、不安感や自己肯定に関して脅威を感じる。そのため必要なのが、第二段階（他者意識評価段階）の他者からの評価となる。個人内での発想の不安や脅威は他者からの評価によってある程度緩和される。これが班活動における討議や、「アイ

デアを手紙にする」などの実践にあたる。この段階で、比較する人物よりも自己の方が優れていたと思う状況（Self Better 条件）、および自己よりも比較する人物の方が優れていたと思う状況（Partner Better 条件）に応じて、対話により心理的距離をとる。ただし、生徒が明確な上下関係を意識している他者（教師、先輩など）や、恋人・親子など特別な感情を持っている他者は、第二段階で除外する。教師などがネガティブな評価を生徒に与えた場合、第一段階の自己評価を覆すほど自己評価維持ができなくなるためである。

　第三段階（技法選択・表現段階）では、鑑賞や社会人との交流会など、他者との出会いによって、その良さを感じ取るだけでなく、アイデアを言葉以外の具体的な表現に置き換えることができるという可能性を生徒に感じさせることが必要である。自己の発想やアイデアに基づいての制作が、生徒自身の「成功モデル」「成功体験」に結びつくことを、鑑賞活動で作家、または社会人との交流をとおして知ることである。

　第四段階（所属意識評価段階）は表現技術を高められる社会に所属していることの実感である。この実感は自己評価過程の反映過程として培われることが望ましいと考える。

4　第一期自己肯定感を育む美術教育モデルの実践

4-1　実践校（高等学校・総合学科）について

　筆者の勤務したA高等学校は、平成9年に総合学科へ移行した。移行当時は6クラス240名であるが、平成19年度から一つの学年が5クラス200名である。総合学科へ移行する前の普通科、保育科、被服科の流れもあり、例年入学者の約70％が女子である。1年次では、全員がほぼ同じカリキュラムであるが、2年次から「緩やかなコース制」と呼ばれる学びのクラスタである系列に分かれる。平成16年度より、新しく6系列を始めた。総合進学系列、情報ビジネス系列、医療看護系列、児童保育系列、健康福祉系列、そして芸術文化系列である。ただし、芸術文化系列はさらに音楽、美術、書道の三つに分かれており、狭い領域としての学びのクラスタを考えている。生徒は1年次の秋頃に、希望の系列に分かれるが、例年20名前後の生徒が美術を選択する。

4-2　第一期自己肯定感を育む美術教育モデル実施の背景

　図5のとおり、四つの段階を学年ごとに繰り返すことによって、自己肯定感が高まると同時に、

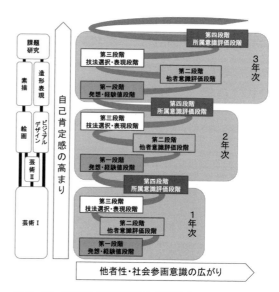

図5　第一期自己肯定感を育む美術教育モデル

社会性や他者性も連動して広がる発展的スパイラルを描くことを念頭にモデルを作成し、実践した。ただし、自己肯定感を高めるための指針としてとらえたモデルであり、1年間の年間指導計画のガイドラインではない。主に平成12年度から平成14年度にかけての入学生について、このモデルを使用した。総合学科に移行後の4期生から6期生にあたり、高等学校としても総合学科のシステムが定着した頃である。この二つの学年以外にも必然的に前後それぞれ二つの学年が1年から2年間このモデルによる実践の移行期間に入る。授業科目は「芸術Ⅰ」「芸術Ⅱ」「絵画」「ビジュアルデザイン」「素描」「造形表現」「課題研究」の7科目である。うち、「芸術Ⅰ」は選択必修で、あとの科目は自由である。前述した「芸術文化系列」がまだ設置されていない頃であるので、生徒は自由に選択している。したがって残りの6科目については、各科目とも受講生は固定せずに変動している。概ね各科目の受講生は15名程度である。

4-3　第一期モデル使用による実践例と各段階の顕著な効果

①第一段階（発想・経験値段階）

アイデアの切り貼り（アイデア・コラージュ）や、言葉のみで連想を繋げるなど発想・構想を促すタイプのワークシートを使用し、これまでの経験や知識を形にしたものを紙面や空間で再構築する授業をくり返した。1年次の終わりの頃には、考えがまとまらない生徒はほとんどいなくなった。2年次、3年次と学年が上がるに従って、アイデアに顕著な二つの効果が見られた。アイデアスケッチの量が増えるタイプの生徒と、一つのアイデアを何度も作りなおすタイプの生徒である。ほとんどが前者である。

②第二段階（他者意識評価段階）

第一段階で出てきたアイデアを、グループ班や仲間に説明する。高校生にとって、はじめのうちは抵抗があったが、話のしやすい題材を使用するなどの結果、積極的に自分の考えを他者に伝える時間が増えた。予想通り、この時間を利用して、比較する生徒との心理的距離を調整する。場合によっては、作品への自己関与の度合いを下げなければならず、その際は次のアイデアへと移るなど、本制作へ入る前に、比較過程による自己評価維持をする様子が窺えた。そして、想定外の大きな成果として、作品に物語性が高まってきた。特に課題の最後のプレゼンテーションでは作品として明快なテーマに結びついている。

③第三段階（技法選択・表現段階）

さまざまな作家とその作品を紹介し、同じ手法で制作する流れを作る。生徒は「これならば制作可能である」との認識を持ち、有名な作家と同じプロセスを経験することで意識の中に作家性を持つ。この段階で、放課後に自主制作を行いたいと申し出る生徒が出る。その生徒たちが後述する課外活動としての部活動を動かし始める契機となった。3年次の課題制作で、大きな絵画や彫刻にも挑戦できる素地がこの段階で生まれるものと考える。

④第四段階（所属意識評価段階）

制作途中と課題修了時に、三回程度の相互鑑賞を行う。途中段階では、クラスの生徒全員から作品のタイトルをつけてもらう相互鑑賞、言葉だけで作品を語り、どの作品についての発言かを当て

る「ゲーム相互鑑賞」などを行う。これによって、互いに、自分の表現を再発見できる。

自分が優れていると思った作品の作者の生徒にコメントをもらう鑑賞会などを通じて、できるだけ生徒の反映過程における自己評価維持に努めた。その結果、放課後に残って制作をする生徒や、休日も学校で制作をする生徒が増えてきた。

4-4　第一期モデルによる実践における生徒の反応と考察

「振り返りシート」の中に、「早く持って帰りたい」「早く○○さんに見せたい」「鑑賞会の時に並べた時とてもきれいだった」など、明らかに展示に対して前向きな表現が増える。

例えばこのモデルの2年目に玄関から校長室、職員室にかけて、約15メートルの展示用パネル（有孔ボード）を常設した。この展示パネルに現在制作中の作品を掲示したくない意思を示した1年次生徒は85名中17名である。この学年は総合学科5期生で、入学時の作品の展示可否についてのアンケートでは「できれば展示してほしくない」「展示してほしくない」が70名だった。作品展示に否定的な意思をもった生徒の数値を考慮しても、第一期モデルの2年目で展示活動への効果が表れてきた。

しかし、放課後に大きな作品を制作し始めた生徒はまだ、校内展示まで自分の作品に自己肯定は高まっていない。各学年6名から10名が制作を行っているが、文化祭などの時期を見計らって促せば展示を行うが、積極的な活動には至らない状況であった。考えられる原因は二つある。

一つは第三段階で大きな制作に入った生徒たちにとって、比較過程による自己評価維持のために比較する相手がいないことである。つまり「Partner Better条件」にあった仲間が少ないことと、それに伴い、反映過程の流れに沿った、帰属意識を持てる集団がないことがあげられる。

二つ目はこの教育モデルの不足部分であるが、地域社会に向けた動きが取りにくいことがあげられる。モデルとしては、学年が上がるに従って、より広い社会性を培うスパイラルを描いてはいるが、実際には、校内での活動ですべてが収束するしくみである。しかし、作品を通じて、「高校の美術を学ぶ仲間集団」が、より広い他者エリア（地域）との比較過程により評価がなされなければ、反映過程で自己評価維持ができないと考えられる。

5　第二期自己肯定感を育む美術教育モデル（第一期修正モデル）の考え方

第一期モデルでの一定の成果を受け、このモデルの中に帰属できる集団をつくることと、社会や地域へ意識が向くよう、検討を加えた修正モデルを第二期自己肯定感を育む美術教育モデル（図6）として構築した。

5-1　第四段階（所属意識評価段階）

第一期モデルの第四段階では「（集団に属する）他者を認知し、集団全体を高い評価に結びつけること」と同時に「（集団に属する）他者から、認知され、高く評価される」ことを目的に「相互評価」によって自己肯定感を高めた。授業では「相互鑑賞」などの手法を用いた。本来、この第四段階は、学級経営や部活動などの学びの帰属集団として機能させることが有効である。ところが、美術の授業だけでは帰属集団の構成が難しい。そこで、筆者の場合、高等学校の総合学科の特性の一

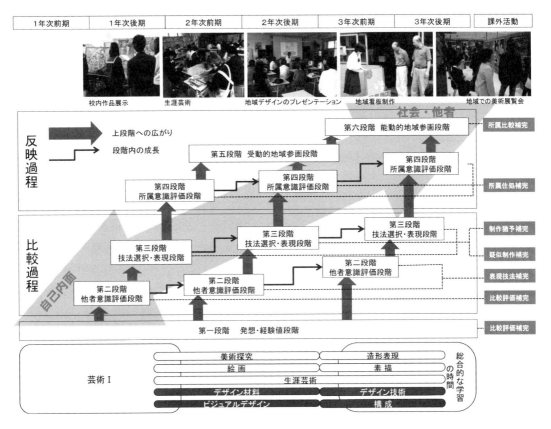

図6　第二期自己肯定感を育む美術教育モデル

つである、「系列」を学校裁量によって新たに作ることで帰属集団の形成を試みた。結果として芸術文化系列が平成16年度より設置された（平成15年度より試行）。総合学科8期生から該当する。2年次から、系列としての授業が始まるが、同じメンバーが毎日2時間から4時間程度、美術室で授業を受ける。総合学科であるため、芸術文化系列の指定された以外の授業は、別の教室で別々に受ける。そのことで、美術室における芸術文化系列の所属集団としての意識が強くなると考えた。また、自己選択によって芸術文化系列が形成されるので、美術の表現力や技能の長けた生徒が集ま

る可能性は高いが、実選択者は、中学校美術から高校美術Ⅰにかけて、美術の成績が低評価の生徒も多かった。それでも、芸術文化系列を選択する要因は、多くの生徒が美術Ⅰ（1年次）の授業の中で、第四段階つまり反映過程として自己評価維持を行い、今後も自己肯定を続けたい欲求からであると考える。入試によって芸術文化系列の生徒を募集すれば、「もともと美術が得意であるから」「他の教科よりは成績が良いから」などの理由による選択が予想されるが、自己肯定感が保たれるという理由が主体的な選択の理由となっているのは総合学科のシステムの特徴でもあると考える。

実際、一回目の芸術文化系列を選択した16名の選択理由には「進路のため」「美術が好き」「何となく」などが多いが、美術系への進路希望がここまで増えることは普通考えにくい。これは1年次の美術の授業における自己肯定感がベースにあるからだと考える。

5-2　第五段階（受動的地域参画段階）

第五段階では所属集団により大きな自己評価の反映を促すことと、より広く意識できる範囲の他者との比較過程による評価をしやすい環境を学校の中につくるため、地域・社会の要素を授業の中で提供する。そのことで所属集団内で評価しきれない部分について第二段階と、第三段階で、地域や社会を使って比較過程によって評価する。

具体的な実践としては、さまざまな年齢の地域の方に授業に参加していただいて一緒に制作を行う。ここでは、一人の生徒と一人の地域の方との「一人と一人」のコミュニケーションによって、より広い範囲の他者と第二段階の比較過程における評価を行う。同時に、高校生集団と一人の地域の方との「集団と一人」のコミュニケーションである第五段階の比較過程が二重に発生する。この重層構造で高まるためには、第二段階の自己評価の経験だけでなく、これまでの第四段階すべての経験が必要である。さらにこの第五段階を遂行するために二つの手立てが必要になる。地域の方を招くためのシステム設定と、そのシステムを実践する授業の設置である。

前者の手立ての一つとして、教育委員会の施策「ユニーク講座」を利用した。地域から、高校生と一緒に学びたい方を募集し、一緒に授業に参加していただく。受講料無料で、材料費のみかかる。応募される方は例年5名程度で、これまで美術などの作品制作を行ったことのない方がほとんどである。授業の題材は、主に絵画、版画である。静物画、空想画などの題材で制作を行い、地域の方との普段とは違う相互評価を行う。地域の方からの意見や感想を聞く一方、地域の方の作品についても述べる。作品の前では立場や年齢や経験に関係なく、相互に評価し合う。

また、校内に在籍する聴覚障がいのある生徒や、車椅子による生活を送っている生徒とのプロジェクトや、町の中での題材「対話と写生会」、修学旅行を利用した調査を元にしたデザイン学習などを取り入れた。

後者の授業設置は、「ユニーク講座」を前提とした講座「生涯芸術」および、調査、コンセプトメイキング、制作、発表の流れを学び、デザイン領域の発展としての授業を工業科の教員と相談し、講座「デザイン材料」となった。

5-3　第六段階（能動的地域参画段階）

第六段階については、第五段階でのプログラムを地域の中で展開する。第五段階では、地域参加者は高等学校教育や芸術文化系列を認知しているのに対して、第六段階では認知していない他者との間で、生徒は自己肯定感を保つ。地域の方との会話によっては、自己評価を下げる可能性がある。その保障として、所属集団である芸術文化系列に対して、反映過程による自己評価維持ができることが効果的に運用できる条件となる。地域へ参画することで第二段階、第三段階、第四段階の重層構造での自己評価を維持できる力が求められる。

第六段階の具体的な授業として、地域のユニバーサルデザインを調査、デザインしたり、地元の商店の店舗主を仮想クライアントとして看板をデザインしたりする。さらに、美術館、博物館など

の公共施設と協力し、新しいブランディングを提案する。社会や地域の方の意見などを取材し、授業に取り入れる講座「デザイン技術」を設置し、「造形表現」および「総合的な学習の時間」で制作計画、地域との関わりについて学ぶ。

6　第二期自己肯定感を育む美術教育モデルの実践と成果

6-1　第五段階（受動的地域参画段階）と芸術文化系列としての効果

総合学科8期生の2年次から実質的に芸術文化系列の授業が始まると、所属集団の意識が明確になり、反映過程としての自己評価維持が顕著になされるようになった。

6月頃になると、授業「生涯学習」では、制作した作品をどのような方法で展示、展覧するのかが、授業中の会話の中から生まれる。地域参加者からの発案が多い。地域参加者も、高校生と共に作品を制作し、時には「Self Better 条件」「Partner Better 条件」の関係ができる。その際には自宅で相当の時間をかけて作品を制作してこられる。したがって、作品の完成によって、積極的に作品を展示してほしいと感じる方が多い。結果として、生徒と共に公民館での展覧会開催に至った。

6-2　第六段階（能動的地域参画段階）としての効果と生徒の反応

駅から高校までの商店と話をして、店舗の看板を制作する題材では、店舗の要望と生徒の表現意欲について生徒自身がうまくバランスをとり、懸念されていた「自己肯定感を損なうこと」もなく制作が進んだ。看板は90センチ×60センチ程度の大きさで、クライアントである店舗主の意向と生徒の感じる店舗のイメージとのバランスをとりながらイラスト化するものである。制作後、美術室で協力店舗主に看板の合同プレゼンテーションを行う。授業後、ほとんどの店舗先に生徒の描いた看板が設置されていた。

数名の生徒は、店舗主の「ありがとう」ということばが単にうれしいだけでなく、他者による客観的な評価であることに気づいている。これまでの表現技術や発想の質や量に対してだけでなく、「感謝」という行為による評価である。これは作品への自己関与度とクライアントである店舗主との心理的距離のバランスをとっていた生徒が、想像していた以上に店舗主の心理的距離が近かったことへの気づきであり、この気づきは自己評価第六段階と第二段階の多重構造の効果である。この時の生徒の店舗主との関係満足度の高さが作品への自己関与度を上げ、店舗先に並んでいる校外の自己作品は生徒の自己肯定感を高めたことになる。

7　課外活動としての成長

7-1　活動補完としての課外活動

2年次から系列として、集団への所属意識が高まるにつれ、次第に放課後の課外活動も必要となってくる。授業という与えられた環境や、はじめから課題が設定された活動から、生徒の自主的な活動への移行である。

さらに、系列そのものも便宜的に所属集団を「与えられた」と感じている生徒もいる。したがって、すべての生徒が第四段階において所属集団に対する反映過程による自己評価維持を行っていない。自己肯定感の醸成にも個人差が生じる。よ

り自主的な活動へと移行するために生徒の意思による集団が発生する。いわゆる部活動である。もともと、美術部が存在していたが、授業中での自己肯定感が高まってくると、放課後に自主的な制作空間を求めることが多い。結果的に平成17年には、ほぼ芸術文化系列生全員による自主運営組織としての活動となった。したがって、授業のシステムを補完するものと位置付けられる。授業を補完する領域は以下の7項目である。

①自己対峙補完（第一段階）
　自己の経験との対話で、アイデアが出ない場合、図書館や取材をとおしてテーマに即した経験を広げる。
②比較評価補完（第二段階）
　他者からの評価を、先輩や、信頼できる友人など授業での仲間以外の他者から受ける。
③表現技法補完（第二段階）
　他者から高い評価を受けるための技能を高める時間として使用する。
④疑似制作補完（第三段階）
　これから制作する作品に近い作品のプロの作家の作品や、近隣の美術館、ギャラリーで常駐する作家と出会うことで、自己の生き方と作家の考え方とを重ね、より近未来の自己に具体性を与える。
⑤制作猶予補完（第三段階）
　具体的な制作にあたって、授業内では不可能な領域や時間的制約があり、そのための時間に充てる。
⑥所属住処補完（第四段階）
　所属集団の「場」を確保する。特に総合学科の場合、すべての授業が選択制であるので、芸術文化系列があっても、ホームルームの機能性や生徒の帰属意識が普通科や美術科等の専門学科と比較して希薄である。
⑦所属比較補完（第五段階）
　所属集団の評価を高め（反映過程）、高まった集団に所属することによって自己肯定（第二の比較過程）を高めることをくり返す。

以上の7項目は、授業で行うことも運営方法によっては可能である。特に総合的な学習の時間において、制作計画を作り、制作を行う際には7項目は必要になる。

7-2　所属比較補完による展覧会の運営

　所属比較補完は第四段階から第六段階の反映過程と連動し、それぞれの学年における地域と関わりのある活動や展示活動を展開する。授業と違い、所属集団として考えるため、企業が目的達成のために広汎的に使用しているマネジメントサイクル

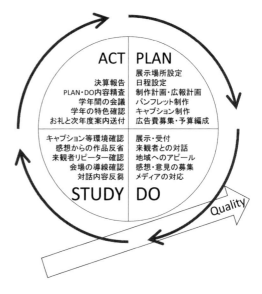

図7　PDSA(PLAN—DO—STUDY—ACTION)サイクルを利用した自主展覧会の構造

の一つである PDSA（PLAN—DO—STUDY—ACTION）サイクルを使用する。学校現場で使用するため、学年を譲りながらの回転を行う。そのため、第五段階、第六段階において高まった地域の中での展示についての自己肯定感を、課外活動における作品展示に結びつけるために、目標とする先輩を包括した所属集団について反映過程による自己評価維持が必要になる。先輩については、高い率で「Partner Better 条件」としての評価対象となる。

図7のように PDSA サイクル、計画（PLAN）、実行（DO）、検証・考察（STUDY）、次年度に向けた動き（ACT）に沿って展覧会の運営が行われる。PLAN の中の広告料についても生徒で計画をたてる。展覧会を行うためには運搬や、会場賃貸料、パンフレット制作費等さまざまな費用が必要であるが、これらは地域での活動の際に知り合った方からの広告料で賄った。

7-3　自主展覧会での生徒と来観者の反応

第二期モデルを経て、地域の中で作品を通した自己肯定感を持つことが出来た生徒は、展覧会の運営も、自己作品のみに執着することなくほぼ全員が、図7にある全体の運営にあたっていた。特に顕著だったのは、来観者に対して積極的に話しかける姿である。展示されているどの作品に対しても、自己作品として自己関与度を高めるように扱い、かつ、来観者と心理的距離を近づけながらバランスをとり、自己評価を積極的に高める。その姿勢に、来観者も反映過程によって自己肯定感を高めるというスパイラルで成長している。

そのことで来観者のリピーターも増え、会期中には 14,000 人を超える来館者を迎えるなど、地域全体で高い評価を受ける展覧会へと成長した。図8 にも見られるように、来観者数が第二期モデルの実践で急激に伸びているのがわかる。

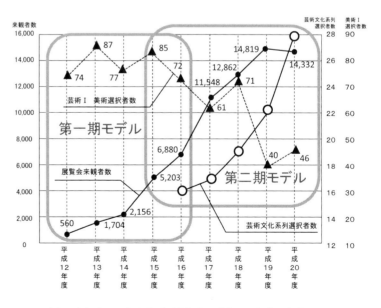

図8　展覧会の来観者、芸術文化系列選択者、美術I選択者の変移

8　おわりに

　生徒の自己作品に自己肯定感を持たせることを目標に、A高等学校の実態に合わせて高等学校総合学科における系列を対象とした美術教育の一つの可能性として「自己肯定感を育む美術教育モデル」を構築した。

　転勤するまでの約10年間継続してきた教育活動は、地域から支えられる美術教育活動として評価できると考える。保護者からの意見もポジティブで、すべての活動に協力的である。芸術文化系列の選択者も年を追うごとに増え、生徒は全員自主的な発展をくり返している。このことは、第二期モデルの第六段階まで機能し、生徒の自己肯定感の成長が能動的な地域参画意識を高めた結果であると考える。

　しかし、一方で年々芸術三科における美術Ⅰの選択者が減少しているのがわかる。第二期モデルでは、第一期モデルの時の半分まで数値が落ち込んでいる。特に平成19年度の落ち込みは激しい。次の問題はこの部分にある。

　勤務校以外の近隣の高校でも押し並べて芸術Ⅰの美術選択者が減少している。原因として、小・中学校の美術教育、音楽教育体験によるものや、生徒の教科に対するイメージの問題や、教材費などの価格設定など、さまざま考えられる。しかし、それらはここ数年に限ったことではなく、第一期モデル期間も同じ条件であった。ところが、第一期モデル期間に比べ、美術選択希望者が半分に減少している。第二期モデル以降は非常に広いエリアで、観覧者の多い展覧会に成長していった。同時に地域との関わりも増え、中学生にもA高等学校の美術についての活動内容はある程度知られるようになっている。その上で、半数までの減少は、A高等学校で美術を受けたいと思う生徒をこのモデル自体が減らしていることに関係している可能性も考えられる。つまり、系列選択者が増える一方で、全体が減るということは、第二期モデルが美術の専門性に特化し、特別に美術の学習を考えている生徒以外は近づきにくい印象を与えてしまい、結果的に美術教育の裾野を狭めた可能性もある。

　ただ、少なくとも、長期的なカリキュラムでの学びが生徒を成長させたことについては大きな成果である。創造性が社会と出会う教育をより長期的にカリキュラム構築することで、より高い成果が期待できよう。今後も、四つの「自己理解・自己受容」、「共感性」、「深く見ること（観察）」、「社会参画意識」の力を高めるカリキュラムを「創造性が社会と出会う美術教育」として小、中、高校の教員のチームで検討し、実践と理論の往還を深めつつ、研究を進めたいと考えている。

● 注

1　高垣忠一郎（2004）『生きることと自己肯定感』新日本出版、pp.206-212.

2　高垣忠一郎、前掲

3　Pieter Desmet (2002) *Designing Emotions*, Delft, the Netherlands: Delft University of Technology, pp.105-122.

4　澤田瑞也（1992）『共感の心理学』世界思想社、pp.9-14.

5　Martin L. Hoffman (1975) "Developmental Synthesis of Affect and Cognition and Its Implications for Altruistic Motivation", *Developmental Psychology*, Vol. II, No.5, pp.607-622.

6　Mark H. Davis (1980) "A multidimensional approach to individual differences in empathy", *JSAS Catalog*

7 *of Selected Documents in Psychology*, 10, p.85.
7 Mark H. Davis, *op.cit.,* p.85.
8 出口保行・斎藤耕（1989）『思いやりに関する基礎的研究東京学芸大学紀要1部門』40、pp.1-22.
9 Mark H. Davis, *op.cit.,* p.85.
10 Mark H. Davis, *op.cit.,* p.85.
11 大橋功（2014）「幼児の想像的描画表現活動における共感性の働きについて――共感性の多次元的視点からの考察」『美術教育』No.298, pp.16-24.
12 澤田瑞也（1995）『人間関係の発達心理学1　人間関係の生涯発達』培風館
13 首藤敏元（1994）「思いやり行動の発達心理」『児童心理』48（1）、pp.16-22.
14 文部科学省（2008）『小学校学習指導要領解説道徳編』
15 Abraham Tesser (1988) "Toward a self-evaluation maintenance model of social behavior", *Advances in experimental social psychology*, Vol 21, pp.181-227.
16 下田俊介（2009）「友人関係における自己評価維持傾向――拡張自己評価維持モデルからの検討」『社会心理学』第25巻、第1号、p.52.

芸術表現教育の評価に関する一考察

永田 智子

1　芸術表現に関する教科とその目標

　本稿は学校教育における芸術教科としての、小・中学校「音楽」と小学校「図画工作」、中学校「美術」に関する評価について、芸術に関する門外漢の立場から一考するものである。

　評価について論じるためには、それぞれの教科の目標をまず明らかにする必要がある。平成20年に告示された学習指導要領（文部科学省2008a, 文部科学省2008b）によると、音楽は「表現及び鑑賞」の活動を通して、「音楽を愛好する心情」「音楽に対する感性」「音楽活動の基礎的な能力」「豊かな情操」を養うことを目標としている。一方、図画工作、美術は「表現及び鑑賞」の活動を通して、「つくりだす喜び／美術の創造活動の喜びを味わい美術を愛好する心情」「基礎的な能力」「豊かな情操」を養うことを目標としている。

　音楽も図画工作・美術も、音楽や美術といった芸術を「愛好する心情」を育て、芸術表現のための「基礎的な能力」を培い、「豊かな情操」を養うことを目標としている点と、「表現及び鑑賞」という活動を通して、これらの目標を達成しようとしている点に共通性が見られる。また、音楽も図画工作・美術も、学習内容として「表現」と「鑑賞」が主たる領域として設定されており、「表現」及び「鑑賞」は、学習の目的であり方法であることが確認された。

2　芸術教科における「表現」

2-1　音楽における「表現」

　学習指導要領に基づき作成された「評価規準の作成、評価方法等の工夫改善のための参考資料」（国立教育政策研究所、教育課程研究センター 2011）では、小・中学校音楽における「評価の観点及びその趣旨」が示されており、それらを

まとめると表1のようになる。「表現」と「鑑賞」ではそれぞれ異なる観点が示されており、「表現」に関してはさらに、「音楽表現の技能」と「音楽表現の創意工夫」という二つの観点が設けられている。「音楽表現の技能」については、多くの実践・研究があることから他稿に譲り、本稿では「音楽表現の創意工夫」に着目する。「評価規準の作成、評価方法等の工夫改善のための参考資料」における「音楽表現の創意工夫」の趣旨を読むと、どんな表現を工夫したかという結果のみならず、どのように表現するか「思いや意図」を持っていることが評価のポイントとなっていることがわかる。

2-2　図画工作・美術における「表現」

音楽同様に、平成20年に告示された学習指導要領（文部科学省 2008a, 文部科学省 2008b）では、小学校図画工作、中学校美術でも、主として「表現」と「鑑賞」を学習内容とすることが示されている。そして国立教育政策研究所、教育課程研究センターが作成した「評価規準の作成、評価方法等の工夫改善のための参考資料」によると、小学校図画工作、中学校美術における「評価の観点及びその趣旨」は表2のようにまとめられる。小学校図画工作では「自分の思い」「表したいこと」という言葉がでてきている。中学校美術では「意図に応じて」といった言葉がでてきている。音楽ほど明確に書かれているわけではないが、図画工作・美術においても表現の「技能」にとどまらずに「思いや意図」を持っていることが評価のポイントとなっているといえよう。

2-3　芸術表現における「思いや意図」

音楽および造形・美術における「表現」の評価の観点を概観したところ、表現の工夫はもちろんのこと、その前提として何を表したいのかという「思いや意図」を持っていることが重視されていることがわかった。中学校美術の観点からであるが、福本（2012）が「主題と表現工夫が絡み合ってこそ表現の意味が生成される」と述べているように、音楽を含め芸術表現においては、表現の工夫と「思いや意図」が絡み合うことで豊かなものになると考えられる。

3　「思いや意図」の評価

表現のための「思いや意図」を評価するには、まず、表現のために思考したり判断したりしたことを言語や記号等で外化させることが必要である。授業としては、クラス全体を一つのまとまりとしてとらえ、数人の発表・発言等で把握することでも十分であろう。しかし、個に応じた指導や信頼性の高い評価を行うためには、個々人の思いや意図を、学習カード等に記述させ、外化させ、それと演奏や作品における表現工夫とを照らし合わせる必要がある。子どもの発達段階や言語能力、時間的な制約などにより、きちんとした文章で記述させることが難しければ、楽譜や作品の写真に工夫した箇所を印付させ、その理由を一言口頭で説明させるなどが考えられる。

言語等によって外化された「思いや意図」は、客観テストのように○×で評価をすることは困難である。教師による質的で専門的な判断が必要となる。主観的な評価とならないように、ルーブリックと呼ばれる質を評価するための評価基準表を用いることが必要となる。ルーブリックとは、成功の度合いを示す数段階の尺度と、それぞれの段階に見られる認識や行動の質的特徴を示した記述

表1　評価の観点及びその趣旨（音楽）

	音楽への 関心・意欲・態度	音楽表現の創意工夫	音楽表現の技能	鑑賞の能力
小学校	音楽に親しみ、音や音楽に対する関心をもち、音楽表現や鑑賞の学習に自ら取り組もうとする。	音楽を形づくっている要素を聴き取り、それらの働きが生み出すよさや面白さなどを感じ取りながら、音楽表現を工夫し、どのように表すかについて思いや意図を持っている。	音楽表現をするための基礎的な技能を身に付け、歌ったり、楽器を演奏したり、音楽をつくったりしている。	音楽を形づくっている要素を聴き取り、それらの働きが生み出すよさや面白さなどを感じ取りながら、楽曲の特徴や演奏のよさなどを考え、味わって聴いている。
中学校	音楽に親しみ、音や音楽に対する関心をもち、主体的に音楽表現や鑑賞の学習に取り組もうとする。	音楽を形づくっている要素を知覚し、それらの働きが生み出す特質や雰囲気を感受しながら、音楽表現を工夫し、どのように表すかについて思いや意図を持っている。	創意工夫を生かした音楽表現をするための技能を身に付け、歌唱、器楽、創作で表している。	音楽を形づくっている要素を知覚し、それらの働きが生み出す特質や雰囲気を感受しながら、解釈したり価値を考えたりして、よさや美しさを味わって聴いている。

アンダーラインは著者による

表2　評価の観点及びその趣旨（図画工作・美術）

	造形（美術）への 関心・意欲・態度	発想や構想の能力	創造的な技能	鑑賞の能力
小学校 図画 工作	自分の思いをもち、進んで表現や鑑賞の活動に取り組み、つくりだす喜びを味わおうとする。	感じたことや材料などを基に表したいことを思い付いたり、形や色、用途などを考えたりしている。	感覚や経験を生かしながら、表したいことに合わせて材料や用具を使い、表し方を工夫している。	作品などの形や色などから、表現の面白さをとらえたり、よさや美しさを感じとったりしている。
中学校 美術	美術の創造活動の喜びを味わい、主体的に表現や鑑賞の学習に取り組もうとする。	感性や想像力を働かせて豊かに発想し、よさや美しさなどを考え心豊かで創造的な表現の構想を練っている。	感性や造形感覚などを働かせて、表現の技能を身に付け、意図に応じて表現方法などを創意工夫し創造的に表している。	感性や想像力を働かせて、美術作品などからよさや美しさなどを感じ取り味わったり、美術文化を理解したりしている。

アンダーラインは著者による

語からなる評価基準表のことである。また、これに各段階の特徴を示す典型的な演奏や作品事例を添付することで、教師や学習者がルーブリックの記述語を具体的に理解する一助となる（石井2015）。

こうしたルーブリックを用いた評価を、学習の最終段階でのみ行うのではなく、形成的評価として学習プロセスの途中段階に位置付けることで、表現の充実につながるとともに、芸術を愛好する心情を育てることにもつながると考えられる。

現行学習指導要領で求められている評価は「目標に準拠した評価」である。「目標に準拠した評価」とは、指導目標に照らし、その実現状況を評価するものである。教科の学習であることを考えると「目標に準拠した評価」を行うことは必要である。しかし「芸術」という特性を考えるとそれだけでは十分とはいえない。芸術系教科は言葉にできない思いがあるから音楽や色形という手法で表現することもある。そのため「ゴールフリー評価」という目標にとらわれない評価方法についても併せて考える必要もあるだろう。そのためには教師は子どもの作品や様子から、言語化されないその思いや意図を組んで評価することも同時に必要となるだろう。

● 参考文献

福本謹一（2012）「教育的想像力をもとにした学習評価と指導の改善に向けて（美術）」『中等教育資料』平成24年7月号、pp.38-43.

石井英真（2015）『今求められる学力と学びとは——コンピテンシー・ベースのカリキュラムの光と影』日本標準

国立教育政策研究所、教育課程研究センター（2011）「評価規準の作成、評価方法等の工夫改善のための参考資料、小学校、音楽」

国立教育政策研究所、教育課程研究センター（2011）「評価規準の作成、評価方法等の工夫改善のための参考資料、中学校、音楽」

国立教育政策研究所、教育課程研究センター（2011）「評価規準の作成、評価方法等の工夫改善のための参考資料、小学校、図画工作」

国立教育政策研究所、教育課程研究センター（2011）「評価規準の作成、評価方法等の工夫改善のための参考資料、中学校、美術」

文部科学省（2008a）『小学校学習指導要領』

文部科学省（2008b）『中学校学習指導要領』

K.H. エーレンフォルトによる音楽を聴くことの教育

生の地平における対話と合意を促す仲介

小山 英恵

はじめに

　学校において音楽を聴くことの教育の意味はどこにあるのだろうか[1]。音楽を聴くことの教育は、やがて学校を巣立ち、この世界で生きていく子どもたちに何をもたらすことができるのだろうか。

　音楽を聴きながら、ただ全身でその音にひたり、味わい、至福の時を過ごすことで、音楽を聴くことの価値を自然に感じている子どももいるだろう。一方で、ただ聴いているだけではよくわからないという子どももいる。いずれの子どもたちにも、それぞれの経験を深める契機として、意図的なはたらきかけとしての教育が行われる。そして、それが意図的なはたらきかけである限り、どのように子どもたちを導くのか、その焦点と方向性によって、子どもたちにもたらされるものは大きく異なってくる。

　そもそも音楽を聴くことといっても、当然のことながら音楽には様々な聴き方、音楽理解の仕方がある[2]。音楽のつくりに着目した聴き方と理解、音がもたらす感覚的な味わい、感情的な味わい、精神的な味わい……。音楽を聴くことのあり方の多様性は、音楽のもつ次元の重層性を示すものともいえる。また、これらの多様な聴き方や理解それぞれについて、いわゆる鑑識眼をともなうものと、各人独自のものといった相違も生まれてくるであろう。言うまでもなく、日常において、音楽をどのように聴くのかということや、音楽を聴くことの魅力をどこに感じるのかということは、聴き手個人に任されている。

　しかしながら、これらの多様な聴き方のなかで、私たちが音楽にどうしようもなく惹きつけられ、そこから逃れられないような絶対的な音楽の価値を感じるときとは、音楽を聴いて深く感動するときではないだろうか。そして、そのような感動の経験は、音という媒体を越えた一人ひとりの人間の生全体に関わっているものであろう。

　音楽を聴くことにおいて、生の地平に徹底して焦点を合わせ、その教育のあり方を追究した

人物が、ドイツの音楽教育学者エーレンフォルト（Karl Heinrich Ehrenforth, 1929- ）である[3]。エーレンフォルトは、音楽作品を聴く、受容する、理解するといったことを、人間の生の地平における音楽作品と聴き手の対話の営みのプロセスとして捉える。そのうえで、このプロセスにおいて、他者としての音楽作品と聴き手の心からの合意（Verständigung）を目指し、その教育方法としての仲介（Vermittlung）を提唱する。本稿では、音楽を聴くこと、そして音楽を聴くことの教育を人間の生の地平から捉えなおすこのようなエーレンフォルトの主張を検討することによって、音楽を聴くことの教育が子どもたちにもたらすものについて考察したい。

エーレンフォルトの主張については、これまでの研究において、彼が1970年代に提唱した「音楽の教授学的解釈（Didaktische Interpretation von Musik）」の理論の詳細が明らかにされている[4]。この理論は、音楽を聴くことだけでなく演奏する場合も含めて、音楽作品の了解（Verstehen）を促すことを目指すものである。エーレンフォルトは、この「音楽の教授学的解釈」の理論を提唱して以降2000年をこえるまで、多くの著書や論文等において一貫した内容を多様な視点から補強しつつ執筆し、その論理を展開している。ただし、このエーレンフォルトの理論については、その実践的展開がみえにくいという批判もなされてきた。近年、エーレンフォルトは、とくに音楽を聴くことに焦点をあわせ、その教育方法や楽曲へのアプローチの実践的な例を含めて、これまでの主張をさらに発展させている[5]。本稿では、先行研究において検討がなされていないこの近著の内容もふまえた上で、エーレンフォルトによる音楽を聴くことの教育の理論とその実践的方法を明らかにすることを目的とする。

以下、まずエーレンフォルトの「音楽の教授学的解釈」の理論について、これまでの研究からその背景と位置づけを確認したうえで、近年の著書をふまえてエーレンフォルトによる音楽を聴くことの教育に関する主張を検討する。そのうえで、音楽を聴くことの教育における教育方法としての仲介、および仲介による楽曲へのアプローチの実践的な例を取り上げて検討していく。これらの検討をふまえ、音楽を聴くことの教育が子どもたちにもたらすものについて考察したい。

1　エーレンフォルトによる音楽を聴くことの教育

1-1　「音楽の教授学的解釈」の提唱とその背景

エーレンフォルトは、1970年代に、音楽作品の適切な了解（Verstehen）を言葉によって導く「音楽の教授学的解釈」の理論を提唱する[6]。エーレンフォルトがこの理論を提唱する背景には、音楽を聴いたり演奏したりする子ども自身の生が関与せず、音楽の専門的な内容の客観的理解を学習目標とするような当時の学校音楽への批判があった。1970年代初頭のドイツにおける学校音楽は、20世紀初頭の青少年音楽運動に端を発し、体験や情動といった非合理的な力を強調するミューズ教育的な傾向から、学問的分析や合理性を強調する傾向へと転換を遂げていたのである。その根底には、体験的か分析的か、非合理性か合理性かといった、デカルト（René Descartes, 1596-1650）の二元論に由来する主観－客観二元論の問題があった。

「音楽の教授学的解釈」の提唱によって、エーレンフォルトは、当時の学校音楽の根底にあったこの主観－客観二元論の問題を存在論的に克服することを試みる。それは、フッサール（Edmund Husserl, 1859-1938）の現象学（Phänomenologie）における「生活世界（Lebenswelt）」の概念や、主にハイデッガー（Martin Heidegger, 1889-1976）による存在論的な解釈学的現象学（hermeneutische Phänomenologie）に影響を受けたガダマー（Hans-Georg Gadamer, 1900-2002）の哲学的解釈学（Hermeneutik）を基盤とするものである。

1970年代のドイツ学校音楽における客観的な音楽認識に基づく教育へのオルタナティヴとして提唱された主な理論としては、「音楽の教授学的解釈」の他に、行動志向の音楽授業を目指す理論[7]がある。しかしながら、それは、畢竟ミューズ的な教育への回帰を示す音楽の授業となった。それに対して、「音楽の教授学的解釈」は、主観－客観二元論を克服することによって、音楽と子どもの融合への扉をひらくものであったといえる。エーレンフォルトによる「音楽の教授学的解釈」は、今世紀にいたってなおドイツにおける音楽教育の理論と実践のなかに生き続けており[8]、また、1970年代以降のドイツ音楽教育学の基本的特徴を構成する要素の一つとみなされている[9]。

1-2　音楽を聴くことの教育の主張

①音楽作品と聴き手との対話

音楽教育においては、「音楽よりも人間を求めなければならない」[10]とエーレンフォルトは述べる。なぜなら、音楽作品は、「交換不可能な感情の状態、精神の独自性」[11]をもった人間のメッセージであるからである。超感性的な意味の背景が、鳴り響く形成物のなかに構築されることを求めざるを得ない、それが音楽であり、それゆえ音楽は単に美しく響くだけでなく、響きの意味を問題とするという[12]。たとえば、フーガのように構造的に秩序づけられた組織であっても、音楽は技術的な構成としてではなく、世界秩序の反映として聴かれることを意図するものであるとする。このように、音楽において、音それ自体ではなく、音の形成物として表現せざるを得ない人間の感情や精神といった意味に焦点を合わせる点に、エーレンフォルトの主張の根幹があるといってよいであろう。それは、音楽を音の形成物とその内容として二元的に捉えるのではなく、音楽をその根源としての人間の超感性的な意味から一元的に捉える音楽観であるといえる。

ただし、エーレンフォルトは、音楽作品がメッセージであるといっても、そのメッセージは決して音楽作品に固定されたものではなく、その真理は聴き手の生が関わって初めて生まれるものであることを強調する。そして、音楽作品の生と聴き手の生の両方によって真理を生みだすプロセスこそが、両者の対話（Dialog）であるとする。エーレンフォルトは、ガダマーの哲学的解釈学をもとに、音楽作品の了解の構造を、音楽作品とその作品の聴き手との対話的循環（dialogischer Zirkel）に見出す[13]。

エーレンフォルトの主張において、音楽作品は理解すべき客観的対象ではなく、真理を分かち合う対話のパートナーとしての「君」として理解される。そのようにして、音楽作品の了解の真理は、音楽作品のなかだけでなく、むしろその作品に関与する人間（聴き手）の生のなかにあるとされる。

ここで注目したいのは、「音楽よりも人間を求める」というエーレンフォルトの言葉を反映する

ように、この音楽作品と聴き手との対話が音の地平というよりむしろ人間の生（Leben）の地平で行われることである。エーレンフォルトは、本当の「音楽による陶冶（Musikalische Bildung）」とは、「音楽が、私たち自身が生きている生のなかに現れること」[14]であると述べる。

生の地平における対話は、両者の歴史性の邂逅を意味する。音楽作品は、その作品が生まれた時代の「地平（Horizont）」に立っていると同時に、時代を越えた今日までの様々な影響のなかで変化する「地平」に立っている。それはガダマーのいうところの「影響作用史（Wirkungsgeschichte）」の「地平」である。一方、聴き手は、同時代の社会的文化的影響を受けた個人的な生の経験の「地平」に立っている。了解とはまさに、異なる歴史性を背景とする「地平」をもつ音楽作品と聴き手との対話を意味する。そのようにして、音楽作品の意味内容は、そのアイデンティティを失うことなしに、常に新たなものとなるのである。

このように、エーレンフォルトの音楽を聴くことの教育は、音楽作品とその音楽作品に関与する人間との対話としての了解を促すことによって、音楽作品だけでなく、それに関与する子ども個人の生をもその教育内容として視野に入れるものである。

②音楽を聴くことの教育が目指す合意

音楽作品と聴き手との対話の起点は、聴き手の「地平」に基づいた「先行判断（Vor-Urteil）」となる。そこから、音楽作品へ共鳴することと音楽作品の事柄を批判的にみることとの間を行き来することで「先行判断」が打ち破られ、修正を繰り返す。このようにして、対話的循環は螺旋状に高まっていくものとされる。このモデルは、ガダマーの「解釈学的循環（hermeneutischer Zirkel）」にある。対話的循環のなかでは、音楽作品の事柄に無関係な主観性と、音楽的な共鳴に結びつかない音楽作品の事柄に関する客観的洞察が阻止されるという。

この螺旋状に高まる対話において目指されるのは、合意（Verständigung）である。それは、音楽作品と聴き手の「地平」の融合である。このような対話における合意のモデルは、ガダマーのいう「地平融合（Horizontverschmelzung）」にある。エーレンフォルトによれば、インタビュー、ディスコース、ディスカッションといった他の会話の形式と異なり、対話は本来、合意の性質を持つという[15]。すなわち、対話は、協調に目を向け、「共通の意味」を経験する取り組みであり、その根底には、「私」がもつ、「私たち」への本来的な憧れがあるとされる。エーレンフォルトは、このような人間存在の基本的な対話が美的な対話に適用されるとする[16]。

たとえなじみのない人間どうしであってもこのような合意を目指すことができるのは、人々のなかに文化をこえて人類学的に共通の生の経験が存在するからであるとエーレンフォルトは述べる[17]。それは、「ソナタやフーガのような専門的概念ではなく、（生活世界における）愛や慰めのような経験概念」（括弧内筆者）[18]である。そのような経験が、合意のための対話において、「音楽のメッセージと、聴き手のこれまでの生の経験とが互いに共通するポイント」[19]となる。

もちろん、音楽作品と聴き手の異なる「地平」が完全に融合せず、了解する人がどこか納得できない場合もある。また、音楽作品と聴き手との対話は、一度の合意で完結するものではなく、再び解きほどかれ、ふたたびまた新たに融合する。そ

のようにして螺旋的に高まっていく対話的循環に、エーレンフォルトは、世界と自己の対話を通した自己形成のプロセスとしての対話的陶冶（dialogische Bildung）の意味を見出している。

③自己内対話

エーレンフォルトは、音楽作品と聴き手との対話が、聴き手が音楽作品に耳を傾けるだけでなく、そこに聴き手自身をも捉えるときにはじめて生まれるとする[20]。したがって、この対話には、聴き手の自己内対話（Selbstgespräch）が含まれる。音楽を聴くことは、聴き手の内面における対話である自己内対話によって私たちに何かしらの作用を及ぼすことになるという。

自己内対話とは、「自己（Selbst）」と「私（Ich）」との対話である。「自己」は、音楽のメッセージを受け取る「私」を訂正し、「私」に対して異議申し立てをする権利をもつ内面の声である。自分自身に距離を取ること、そして相手の中に自分を置くこと（感情移入）の準備ができて初めて、「君」としての音楽における他者が了解されるとする。

自己内対話によって、たとえなじみのない音楽作品でも、「この人（作曲者、演奏者）は私たちに何を言いたいのだろうか」（括弧内筆者）、「この人がこのような音楽を私たちと分かち合おうとするとき、彼のなかでなにが起こっているのだろうか」、「なぜ彼はそのように作曲し、違うように作曲しなかったのか」と繰り返し問うことができる。このように音楽を聴くとき、私たちは話しかけられたように感じることが可能になるという。

さらに、このような音楽作品と聴き手との対話のパースペクティブは、一緒に同じ音楽作品を聴いた他者との対話においても有効であるとされる。

音楽作品と聴き手個人との対話の後で、その音楽について、教室（集団）における対話と合意、多様性の認識が目指される[21]。こうした他者理解もこの教育の射程に入ることになる。

以上のように、エーレンフォルトによる音楽を聴くことの教育においては、まず、音楽を音自体の向こうにある人間のメッセージとして捉える。そのうえで、音楽を聴くことの教育において、音楽作品と聴き手との生の地平における対話を促し、両者の合意を目指す。それは、聴き手の自己内対話を含んで初めて生まれるものである。つまり、この教育は、対象としての音楽を理解することではなく、音楽作品と聴き手の生とが音楽の真理を常に新たにつくりだしていくという音楽作品の了解を求めるのである。また、その後で、同じ音楽作品を一緒に聴く他者との対話と合意を重視する。そのようにして、この教育は、音楽を聴くことを通して、世界と自己の、また人間どうしの対話と合意を促し、自己形成をもたらそうとするものであるといえよう。

2　音楽と聴き手の対話を促す仲介の理論

2-1　仲介とは何か

客観的対象の習得や理解だけではなく、音楽作品とそれに関わる子ども自身の生によって生み出される対話としての了解を求める教育において、その方法的な取り組みとはどのようなものだろうか。音楽作品の了解の真理を音楽作品と聴き手との対話として捉え、その対話において生の地平を問題とするとき、必然的に、そこでは対象としての音楽を客観的に理解する授業とは異なる方法が

必要となる。そこに、音楽教育学の方法論的意識における根本的転換が描かれるとエーレンフォルトは述べる[22]。その新たな方法が、対話を促す仲介である。

一般に、ドイツにおいて音楽の仲介（Musikvermittlung）という言葉は、主に子どものためのコンサートやファミリー・コンサートなど、音楽家らが教育的意図をもって学校の内外で開く、ときにレクチャーを含むコンサートやワークショップ等の活動を指すものとして広く用いられている。学術的には、1998年にデトモルト音楽大学において、学校での授業に関わる音楽教育学とは異なるコンサート教育学の教育課程として、音楽の仲介という分野がはじめて導入された。その後、この言葉は徐々に、コンサート教育学の領域のみではなく、学校音楽を含む音楽教育学や音楽ジャーナリズム等の領域においても用いられるようになる[23]。

本稿で検討するのは、一般的な音楽の仲介の取り組みではなく、あくまでエーレンフォルトが主張する仲介の方法であることを予め断っておきたい。エーレンフォルトが主張する仲介は、解釈学に基づいて音楽作品と聴き手との対話を促すという意図を強調する点において、どちらかというと音楽聴衆の育成による文化振興の意味をもつ一般的な仲介という言葉と一線を画すものと捉えられる。

それゆえ、エーレンフォルトは、音楽家によるファミリー・コンサートのような仲介の取り組みであっても、聴き手の生が関与しないような教育的取り組みを批判する[24]。彼は、学校音楽における授業かコンサートによる仲介かを問わず、聴き手の生が関与しない客観的な音楽理解をもたらす教育の取り組みを批判するのである。エーレンフォルトによる仲介の主張は、学校内外における音楽の教育的な取り組みを射程に入れるものである[25]。これらのことをふまえたうえで、ここではエーレンフォルトによる仲介の理論についてとくに学校教育の教室におけるその取り組みを念頭に置いて論じていくこととする。

エーレンフォルトにおいて、仲介の取り組みとは、個々の音楽の了解への道を提供するものである[26]。そこでは、対象としての音楽作品を提示するのではなく、はじめから音楽作品と聴き手との「関係」が築かれなければならないという[27]。

エーレンフォルトは、このような仲介を「方法上の計画されたプロセス」としているが、教科のカリキュラムとしての連続性や、能力や学歴の指標としての到達度測定を視野に入れていない点において、暫定的に一般的な授業と区別している[28]。教室における対話と合意のためには、教師（仲介者）による調整が必要不可欠であるが、あるスタンダードへと導いてはならない[29]、とするのである。

エーレンフォルトによれば、一般に教授学（Didaktik）が、授業のための教授と学習の体系を求めるのに対して、仲介は、そのような教授学と、家庭において促される陶冶（自己形成）を結ぶ橋を提供するようなものであると述べている[30]。つまり、仲介とは、授業と同様に意図的計画的なものである。しかしながら、それは、設定された目標に到達するための教授と学習の過程としての授業とは異なり、そのプロセスが子ども一人ひとりの自己形成と密接に関わることを強調するものであることがわかる。

2-2　仲介の基盤となる言葉による像としての隠喩

対話を促す仲介において大きな役割を果たすのは、言葉による像（Sprachbild）[31]としての隠喩である。まず、エーレンフォルトはなぜ言葉を選ぶのだろうか。仲介のためには、言葉の他にも聴き手自らが音楽すること、身振りすること、絵を描くことなどを含め様々な非言語的なアプローチがあることをエーレンフォルトはふまえており、また音楽に言葉で橋をかけようとすることの難しさも自覚している[32]。しかしながら、たとえ非言語的なアプローチを用いたとしても、それらはすべて結局のところ言葉を必要とするという。というのも、ある身振りや絵が何を意味するのかということが言葉で説明され共有されて初めて非言語的なアプローチが可能となるであろうし、また2人以上で音楽するときには言葉によってその意味をやりとりすることになるからである[33]。

　ただし、言葉といっても、すべての言葉が音楽にふさわしいわけではないという。ここで着目したいのは、エーレンフォルトが、音楽の専門用語を使用することを仲介において不適切なものとみなしている点である。とくに、機能的に分析された四六の和音、転調、再現部といった言葉による説明は、その決定性により音楽を聴くことの扉を閉ざすという[34]。構造分析によって説明される骨組みは、「音楽の魂」について話すことはないし、音楽の実態を捉え得ないからである[35]。

　一方で、エーレンフォルトは、専門用語ではなく主観的な比喩を用いるとき、その言葉が、この音楽は悲しく響くといった決まり文句になり下がることも懸念する[36]。そこでエーレンフォルトは、言葉による像である隠喩を用いたアプローチをとる。ここで問題とされる隠喩は、音楽における言葉のテキスト（標題や歌詞等）に関係するものではなく、いわゆる絶対音楽との対話をもたらすための隠喩である。

　エーレンフォルトによれば、この隠喩の機能は、「音楽が運ぶメッセージを眼前に彷彿とさせる」[37]ことにある。この隠喩の機能を、エーレンフォルトは「接地（Erdung）」[38]と呼ぶ。「接地」とは、「以前は精神的な何かであったものが具体的で意味を捉えることのできる形成物へと転換されること」[39]である。隠喩は、音の向こうにある人間のメッセージを具体化する役割をもつのである[40]。ただし、エーレンフォルトが強調するのは、メッセージの具体化といっても、それはあくまで聴き手が受け取り、具体化するものだということである。言葉による像は、「主観による直観のみずみずしさを、隠喩的に固定された像の輪郭と結びつけるもの」[41]であるとされる。したがって、言葉による像としての隠喩は、決して固定された内容ではなく、同じ楽曲においても様々な隠喩の可能性が開かれている。

　音楽への隠喩によるアプローチは、専門的な形式分析（たとえば動機を確認する等）や音楽史の描写といった三人称による受容ではなく、「音楽を聴く人の生を言葉にすることが出来るような提案……音楽における生を発見する道」[42]となる。もし、楽曲の構造的基盤が重要であるときには、専門用語は後で登場させるという[43]。

　言葉による像としての隠喩は多様である。たとえば、ブルックナー（Josef Anton Bruckner, 1824-1896）の交響曲における「高地の力強く、純粋な空気」、ストラヴィンスキー（Igor Strawinsky, 1882-1971）の音楽において「人々は、いわゆる都会における孤独になる」といったもの[44]、また、ロマン主義のハーモニーにおける和音を「響き」でなく「衝動」として捉えたクルト（Ernst Kurth, 1886-1946）の「エネルギー論

（Energetik）」も隠喩的なものであるとされる[45]。このように、隠喩によるアプローチは多様であるが、その根底に共通して存在するのは、「音楽は私たちに何を伝えるか？」という問いであり、それは心だけが答えられる問いであるとする[46]。

このような隠喩によるアプローチは、実証主義的記述（定義や測定）や構造的客観主義（分析）と対極にある、音楽への言葉によるアプローチのパースペクティブであるとされる[47]。それは、エーレンフォルトの主張をふまえれば、人類学的に結びつきうる（合意されうる）音楽作品の生と聴き手の生とを、言葉による像としての隠喩によって結びつけようと試みるものということができよう。

音楽作品を聴いた体験を言葉にする際に、比喩を用いることは一般的であるといえるであろう。そのようななかでエーレンフォルトの主張の特徴は、対象の印象を表すような「〜〜のようだ」「〜〜感じ」といった言葉ではなく、音楽作品「そのものの特徴を直接他のもので表現する方法」[48]である隠喩を用いることによって、音楽作品における精神や感情といった意味としての深い生（メッセージ）を具体化し、意識させることにあるといえる。また、音楽の専門用語を、音楽への扉を閉ざすものとして避けることを強調する点もエーレンフォルトの主張の特徴であり、それは、「音楽よりも人間を求める」とする彼の理念の現れとして捉えることができる。

2-3　対話の出発点をつくる実践的なポイント

エーレンフォルトは、仲介の実践的な手順や型を決して示さない。それは、彼が徹底して、教師の尊厳を尊重する立場をとるからである[49]。また、より本質的な問題として、音楽作品の了解は個人によって多様であるために様々な仲介が必要となるからでもある[50]。しかしながら、エーレンフォルトの主張を検討すると、そこから、教室において対話の出発点をつくるためのいくつかのポイントを抽出することができる。以下、筆者が抽出した3つの点を検討していく。ただし、それらは授業プロセスではないことに留意する必要がある。

①教師から聴き手への転換

まず1つは、教師（仲介者、以下同様）の立ち位置を、いわゆる専門性をもった教師から一人の聴き手へと転換することである[51]。まず、教師は、音楽の専門家としてではなく、素朴な聴き手として、一人の人間としての自分を提供するべきであるとされる。それは、自らが音楽作品との対話を発見的に行う態度をもつことである。教師が、専門的な知識を後ろに置き、主観的な判断を持ち込む勇気を持ち、よく知っている音楽作品であっても新たな発見への好奇心をもって音楽作品と対話する。このような態度だけが、他者に好奇心をもたせることができるという。この教師の立ち位置に関わって、対話という会話の性質にふさわしいように、たとえば皆が円状に座る等の空間的環境も重要であるとされる。さらに、当然のことながら、教室における権威性を排除し、子ども個人の自由な了解や発言が認められる雰囲気をつくることも肝要となる。

また、教師が評点づけることをやめること、そして、子ども（聴き手）の発言に対する寛容な応答をすることが不可欠であるとする。よくみられるような、教師による専門的な判定は避けるべきであるとされる。したがって、その応答においては、一般的な授業よりも、より多くの繊細さが要

求されるという。対話と合意のために教師が忘れてはならないことは、たとえどんな小さな子どもであっても、音楽を聴く主体は個人的に音楽を享受する自由の権利をもつということである[52]。

一般に、音楽作品に対する自分なりの感じ方をもつことを子どもたちに求める授業であっても、そこで教師自身が同じ姿勢をもって音楽作品と対話することは少ない。その意味において、このような教師の立ち位置は、一般的な授業におけるそれと異なるものといえる。このように、教師が自らをさらけ出し、音楽作品を了解する姿勢をもつことを強調する点に、エーレンフォルトの主張の独自性があろう。

②音楽に何を聴くか

2つ目は、子どもたちに聴き手としての態度を育成することである。ここで態度とは、いわゆる心構えといった意味のみならず、それを越えて、音楽において何を聴くかという問題をその中核に内包するものである。

エーレンフォルトは、聴き手としての態度を3段階で説明している[53]。まず、耳を傾けること（Hinhören）であり、それは、静寂とともに相手（音楽作品）の方を向く心構えである。そうすることではじめて相手はそこに存在する。その意味で、音楽を聴くことの教育は、人間の尊厳の教育にもつながるとする。次に、注意深く聴くこと（Zuhören）は、相手に集中し専念する態度であり、忍耐を必要とする。それは、あるときはなじみのなさを辛抱するために、またあるときは非常になじみ深いものを美しいものとしてのみ受け取らないために、注意深く聴く忍耐である。そして一番重要であるのは、音の向こうを感じること（Durchhören）であり、ハーモニーやメロディ、リズムといった音の響きの出来事の背後に、聴き手自身にとってのメッセージを発見する態度である。また、これらの3段階の態度の内容に関わって、エーレンフォルトは、教師が、よくあるように音楽が終わった後ですぐに子どもたちに所感を問うのではなく、むしろ音楽が鳴り響いた後で沈黙を保つことの重要性も強調する[54]。

音楽を聴く際に、耳を傾けることや注意深く聴くということは、一見、聴取態度に関する一般的な注意事項のようにみえる。しかしながら、エーレンフォルトの主張を精読するとき、それらは、音楽作品に耳を傾けるということが人間のメッセージに耳を傾けることを意味すること、また、注意深く聴くということが、音楽作品の構造や要素を聴き取る（知覚する）ためではなく、「君」としての音楽作品を理解するための、言いかえればなじみのない他者を理解したり、なじみのある他者をさらに深く理解したりするための尽力を意味するものであることがわかる。そしてそれらは、音楽を聴くときに音の向こうにあるメッセージを発見することへ子どもたちを方向付けることにつながるものである。このような方向付けの機能をもった態度の育成に、エーレンフォルトによる主張の特徴をみることができる。

③隠喩の例示と対話のための問いの提示

3つ目は、教師が隠喩による楽曲へのアプローチの例を示し、また自己内対話および他者との対話のための具体的な問い（テーマ）を子どもたちに提供することによって子どもたちを生の地平へと導くことである。まず、既述のように、本来隠喩は主観的なものであるのに例示してよいのかという疑問がわき起こるかもしれない。しかし、エーレンフォルトは、教育的な場において、適切に

選択された隠喩によってアプローチしていく必要を説いている[55]。

そして、この隠喩の例示と密接に関連して提示されるのが、自己内対話と他者との対話のための問いである。隠喩の例と対話の問いを提供するためには、教師が、ある音楽作品における生をみつけることが必要となる。それはたとえば、その音楽が生まれる契機、歴史的文脈、流行、作曲者の伝記的背景、また音楽のなかに反映して現れる規則性、対話性、多様な時間の水準、対比、規範と変奏など、楽曲によって多様である[56]。隠喩と自己内対話のための問いを考えるこの作業は、音楽のメッセージと、聴き手のこれまでの生の経験とが互いに共通するポイントをみつけ出すことを意味する。

以上のように、音楽作品と聴き手の対話を促す仲介とは、文化を越えて共通な生の地平において、音楽作品の生と聴き手の生に橋をかけようとする取り組みである。言葉による像としての隠喩を用いて音楽の背後にある聴き手にとってのメッセージを具現化することによって、両者の生を仲介しようとする。その実践においては、教師は一聴き手としての立ち位置において、他者としての音楽作品に耳を傾けるなかで音の向こうにあるものを聴くことへと子どもたちを導く。そして、隠喩の例示と対話のための問いの提示によって子どもたちを生の地平における対話へと導こうとする。このようにして、仲介は、意図的なはたらきかけでありながら、目標の到達を目指す一般的な授業とは異なる方法によって子どもたちを導くことを目指すのである。

3 生の地平へと導く実践的な例の検討

本節では、前節において検討した隠喩の例示および対話のための問いの具体例について検討していく。エーレンフォルトは、生の地平へと導く例として複数の楽曲へのアプローチを提案している。そのなかには、隠喩によるアプローチが基礎学校（Grundschule）の子どもたちにも有効であるとする言及もみられるが[57]、それらは授業レシピではないため対象学年等は書かれていない。また、アプローチの例のすべてが対話のための問いとともに提案されているわけではない。そこで、以下、隠喩の例とともに対話のための問いについても示されている例の中から、仲介の実践的多様性を示すためにふさわしいと考えられる2つの例を取り上げることとする。

3-1 ベートーヴェン作曲 交響曲第5番 ハ短調 作品67 第1楽章の例

まず、ベートーヴェン（Ludwig van Beethoven, 1770-1827）作曲交響曲第5番作品67の第1楽章へのアプローチの例を検討しよう[58]。周知のとおり、この楽曲は日本の音楽科教育における中学校の教科書においても取り上げられており、ソナタ形式を学習するための典型的な教材曲として知られている[59]。しかしながら、エーレンフォルトは、この曲が客観的内容の目標を指向する音楽の授業において、交響曲やソナタ形式、動機の学習のために頻繁に扱われることを批判する。なぜなら、先にも論じたように、それらの専門的な概念は音楽についてなにも話さないからである。この

ような批判には、生の地平を強調するエーレンフォルトによる仲介の独自の立場が表れていよう。

このアプローチにおいて、エーレンフォルトは、「流れ」と「島」という隠喩を例示することを提案している。これらの隠喩は、この曲の劇的な核心を捉え、同時に、一つの局面に焦点をあわせるものであるという。この楽章は、冒頭からアウフタクトの反復によって抗しがたい高揚をうみ、聴き手を刺激する（譜例1）。興奮させるダイナミックな様は、「流れ」という隠喩と結びつけられる。それは、息をのむ速さの「流れ」であるとされる。

楽曲が進み、再現部が終わったすぐ後の268小節目において、オーボエによるカデンツが入る（譜例2）。この局面にエーレンフォルトは着目する。この箇所は、隠喩的に「流れのなかの島」と呼ばれる。ここは、楽譜を見ずとも、聴いているだけで誰もがみつけることができる箇所であるとされる。多くの分析は、この箇所について、ダイナミックさと対比される静かなポイントを指摘するか、あるいはオーボエのカデンツが挿入されることを指摘するに留まるという。しかし、このような内容のない指摘によってこの箇所の意味は明らかにされ得ないとエーレンフォルトは述べる。ここで重要なのは、「何がおこっているか」だけではなく、「なぜそれがおこっているか」であるという。

ここで、対話の問いとなるのは、まず、この

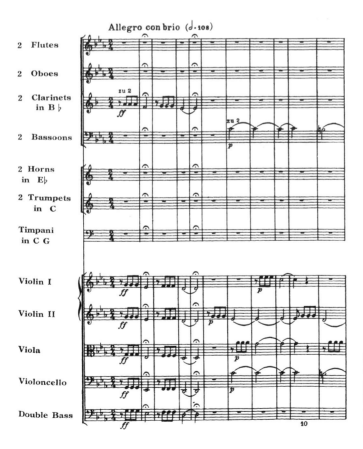

譜例1
ベートーヴェン作曲
交響曲第5番作品67
第1楽章の冒頭部分
出典：『ベートーヴェン　交響曲第五番「運命」ハ短調』音楽之友社、1987年、p.1.

箇所を聴くときに聴き手に何がおこるのかということである。求められるのは、「流れのなかの島」のイメージを拡げることではなく、「私」（聴き手）に何がおこるのかを創りだすことであるとされる。「私」が激しい「流れ」から「降り」、「島」において思いがけない静けさをみつけるとき、「私」に何がおこるのか、を問う。このような聴き手の自己内対話の問いは、「この箇所で作曲家は何を考えたのか」という問いに置き換えられるものでもある。このようにして私たちは、作曲家のアイディアだけでなく、自己について問うことになるという。

このように、音楽と結びついた隠喩にもとづく対話によって、多様な感情や状況が音楽から少しも離れることなしに明らかになり、音楽が生き生きとしてくるという。エーレンフォルトは、たとえば、「流れ」のなかで広がる不安やそこからの救出としての「島」、あるいは興奮させる「流れ」を中断させる障害としての「島」、また、「流れ」によって生の内面的な呼吸と魂のリズムが攻めたてられ続けるためにこの「流れ」から「私は降りたい！」という叫びとしての「島」、といった対話の広がりの可能性を示している。いずれにしても、エーレンフォルトが強調するのは、このような対話が「流れ」と「島」という隠喩によって音楽自体から決して離れずに私たちの生に密接に結びつくということである。

このように、この楽章の仲介によるアプローチにおいては、「流れ」と「島」という隠喩とともに、「流れ」のなかにある異質な「島」の意味が問われる。そのことによって、聴き手である子どもたちは、交響曲やソナタ形式、動機といった概念によってではなく、日常の生活世界におけるそれぞれの経験、すなわち自らの生から、この楽曲を了解すると考えられる。

3-2　メンデルスゾーン　交響曲第4番　イ長調　作品90-2「イタリア」　第2楽章の例

次に、メンデルスゾーン（Jakob Ludwig Felix Mendelssohn Bartholdy, 1809-1847）作曲の交響曲第4番作品90-2「イタリア」の第2楽章の例である[60]。この例において、エーレンフォルトは、「メモリアル（Denkmal）」という隠喩を用

譜例2　ベートーヴェン作曲
交響曲第5番作品67
第1楽章　268小節目
（Adagio.の指示のある小節）
出典：『ベートーヴェン　交響曲第五番「運命」ハ短調』音楽之友社、1987年、p.15.

いる。この隠喩は、メンデルスゾーンにとっての2人の偉大な心の父である音楽家ツェルター（Carl Friedrich Zelter, 1758-1832）と文豪ゲーテ（Johann Wolfgang von Goethe, 1749-1832）の死に関わるものである。

メンデルスゾーンの音楽教師であったツェルターは、ワイマールの友人ゲーテ（当時72歳）を訪問する際、まだ12歳のメンデルスゾーンを一緒に連れていき、紹介したという。そこでゲーテは、メンデルスゾーンに、自らの2回のイタリア旅行について語った。イタリア旅行は当時、ヨーロッパの北の方に住む多くの芸術家の陶冶計画に含まれていた。というのも、イタリアは、古代の文学や造形の記念碑的な土地であり、そこではヨーロッパの精神の誕生を、古代文化とキリスト教から学び、追体験することができたからである。ゲーテは、このイタリア旅行から、『イタリア紀行』、『ファウスト』の重要な場面、『ローマの哀歌』といった作品を生み出している。

成人したメンデルスゾーンは、ゲーテがイタリア旅行の体験から文学を生みだしたように、自分もイタリア旅行の体験から音楽を作曲しようとした。イタリアを旅行し、そのなかで交響曲「イタリア」を作曲し、旅の帰途につくことを計画したのである。しかし、実際の旅の途中では作曲のための時間はわずかしかなく、出発から2年後にベルリンにもどったときは、この交響曲のほんの少しの草稿があるだけであった。それゆえ、エーレンフォルトは、この交響曲が「イタリア」という、いわば予告されたタイトルを今日まで持ち続けることがふさわしくないことを指摘している。

何よりこの帰郷は、2人の偉大な心の父の死の影で覆われた。ツェルターとゲーテは、メンデルスゾーンが旅から帰る少し前、1832年のはじめに2ヶ月差で亡くなっていたのである。悲しみはイタリアの体験の前でひしめきあい、それゆえ、この悲しみが1833年に完成するこの交響曲のなかに表れていることは、その証拠がなくとも、単なる推測として等閑視できるものではないとエーレンフォルトは述べる。それが、「イタリア」を伝えることを意図したものであったとしてもなお、この第2楽章が、2人の心の父の鳴り響くメモリアルに値することは疑いがないとする。

そのことを示すように、この楽章の冒頭の旋律（譜例3）は、ゲーテの初期の物語詩にツェルターが曲をつけた「トゥーレの王」の旋律（譜例4）

譜例3　メンデルスゾーン作曲　交響曲第4番「イタリア」作品90-2　第2楽章の冒頭部分の旋律
出典：音楽之友社編『最新名曲解説全集　第1巻　交響曲　I』音楽之友社、1986年、p.388.

譜例4　ゲーテ作詞・ツェルター作曲「トゥーレの王」の冒頭部分の旋律
出典：Volkslieder-Buch von Carus und Reclam. Stuttgart: Carus-Verlag, 2010.

に驚くほど似ていることをエーレンフォルトは指摘する。ゲーテは、この物語詩を、『ファウスト初稿』においてグレートヒェンの歌として書き、出版している。ツェルターは、その物語詩に曲をつけたのである。メンデルスゾーンによる編曲（言葉のない追悼文）のなかで、ゲーテとツェルターは一緒になっているという。

　エーレンフォルトは、メンデルスゾーンが作曲したこの楽章と、彼の心の父であるツェルターとゲーテによる音楽とのこのような関わりをもとに、対話をはじめることを提案する。物語詩というものは、それだけで過去への視野をひらき、「メモリアル」の性質を強めるものでもあるという。

　「トゥーレの王」におけるゲーテの物語詩とツェルターの音楽を説明したうえで、最初の対話の問いとして提案されるのは、「メモリアル」の意味を問うことである。それは、「メモリアルとは何か、どのような種類があるか」、「私たちはいったいなぜ、亡くなった人にメモリアルをつくるのか」といった問いである。これらの問いに応えるなかで、フォトアルバム、絵画、手紙、あるいは家具等、多様な「メモリアル」がありうること、そして音楽も「メモリアル」としてありうるということに言及される可能性をエーレンフォルトは示している。また、「トゥーレの王」の素朴なメロディがメンデルスゾーンの個人的な「メモリアル」となっていることから、「メンデルスゾーンは『トゥーレの王』から何を創りだしたのか」と問うこともできるという。

　エーレンフォルトは、この同じ楽章に対して、「廃墟としてのメモリアル」という隠喩とともにアプローチする例も示している[61]。それは、メンデルスゾーンがイタリア旅行の際にポンペイの遺跡から受けた衝撃的な体験をよりどころとするものである。このことは、既述のように、エーレンフォルトが提案する隠喩が決して音楽の固定された内容ではなく、多様でありうることを示している。いずれの例においても、このような仲介は、音楽作品の生と聴き手の生を、「メモリアル」という隠喩を通して結ぼうとする取り組みであり、聴き手である子どもたちは、自らの生の経験から過去の人や過去の時代への思いの碑としてこの楽曲を了解すると考えられる。

　以上のように、本節で取り上げた生の地平へと導く２つの例は、一見それぞれまったく異なるようにみえる。しかし、そこには生の地平において音楽作品と聴き手とが互いに人間として合意できる可能性をもつことを前提として、隠喩の例示と対話の問いの提示によって音楽における人間の生に迫ろうとする共通点がある。一方、聴き手である子どもたちの立場でこれらの例をみれば、生の地平へと導く仲介は、子どもたち自らの生によって了解するための重要な手がかりの提供として受け止められることになろう。その手がかりは多様であるが、いずれも生の地平において音楽への扉を開く契機を含んでいる。それをもとに、自己内対話によって音楽の意味を探究することで、子どもたちは、自らの生の経験に基づく直観によって、主観的に音楽における深い生を生き生きと甦らせ、了解にいたることが目指されているといえよう。

　一方で、これらの例からは、エーレンフォルトによる音楽を聴くことの教育の理論におけるいくつかの課題もみえてくる。そのひとつは、教師が隠喩を示し、問いを提示することによって、楽曲における特定の生へと子どもたちを強く方向付けるのではないかという懸念である。とくに、メンデルスゾーンの作品の例のように、その例が作曲

家の伝記的背景に深く結びついたものである場合には、物語的な内容の親しみやすさと分かりやすさによって方向付けが一層強まることが考えられる。

　もちろん、エーレンフォルトは、「私」を主語にする対話の問いによって、子ども一人ひとりの生における了解の可能性を開いている。また、楽曲を聴いてまったくわからないと感じる子どもにとって、このような仲介は、少なくとも音楽作品の向こうに人間としての何かを感じ、共感し、了解するための大きな手がかりになると考えられる。しかしながら、子ども自身が音楽を自由に享受する権利をもち、教師も一聴き手としての立場をとるというエーレンフォルトの主張を実現するためには、子どもの心理や音楽性の発達をふまえた、慎重な取り組みが必要となろう。

　また、音楽自体から離れずに生の地平における対話を進める場合、そこには必ず、音楽作品の生のみならず、音楽作品を演奏する演奏者（指揮者）の生も関わってくる。ときに、演奏者の生は、もっとも強く聴き手に語りかけてくるものである。しかしながら、エーレンフォルトの例においては、この点が考慮されていない。

　さらに、そもそも音楽の了解のために、隠喩であれ何であれ、言葉を用いることに疑義を抱く見解もあろう。たとえば、ベートーヴェンの作品の例において、この楽曲の冒頭部分の響きを全身で受け止め、その響きに圧倒されているような子どもは、「流れ」と「島」という隠喩が与えられることに違和感を覚える場合もあると考えられる。これらの点は、エーレンフォルトによる主張の課題といえよう。

おわりに

　以上の検討をまとめながら、エーレンフォルトによる音楽を聴くことの教育の特色として以下の4点を挙げたい。

　1点目は、音楽よりも人間に焦点を合わせる音楽を聴くことの教育のあり方である。エーレンフォルトは、音楽を、その根源としての人間の交換不可能な感情や精神といった超感性的な意味から一元的に捉える。音楽を人間の生としてみるこのような音楽観を基盤として、音楽を聴くことの教育において、音楽の学問的、専門的地平というよりむしろ、生の地平において音楽作品と聴き手が通じ合う対話をもたらそうとする。そこでは、「〜〜のよう」といった対象の印象が問題にされるのではなく、自己内対話を通して音楽の精神や意味を自らの生によって了解することが目指される。そこには、音楽作品の了解の深さが生まれると考えられる。それゆえ、この対話は、螺旋状に高まっていく世界と自己の対話としての自己形成過程の意味をもつのである。

　2点目は、そのような対話が、人間と人間との合意を目指すことである。エーレンフォルトは、対話が本来もつ合意の性質に着目する。それは、私たち人間が本来もっている、共通の意味を経験することへの欲求であるとするのである。このような合意へ向けられた対話を、他者（「君」）としての音楽作品と聴き手の間において、また同じ音楽を聴く他者との間において求める。人間どうしの合意を目指すこのような教育は、自己理解と他者理解の視点を内包するものといえる。

　3点目は、音楽を聴くことにおいて、客観的内容を理解することではなく、子ども自身の生が関

与する個人的了解を創り出すことを内容とするこの教育が、目標到達のための教授と学習の過程や到達度の測定を内包する授業方法とは異なる方法を必要とすることを主張している点である。エーレンフォルトは、個々の音楽の了解の道をひらくために、子どもの生と音楽作品の生との関係を結ぶことを意図する仲介の方法を採る。このことは、人間の生を問題とする教育における、新たな教育方法の可能性と必要性を示唆するものといえる。

4点目は、音楽において何を聴くのかという問題を示唆している点である。エーレンフォルトの主張からは、音楽を聴くことにおいて、音楽の分析的な専門用語を用いて音自体や音楽のつくり自体に耳を傾けることと、音の向こうに耳を傾けることの2つがあることが浮かび上がる。もちろん、エーレンフォルトの主張において、音楽のつくりや専門用語にまったく触れられないということはない。しかしながら、検討してきたように、エーレンフォルトは、音楽の諸要素に目をむける専門用語が音楽への扉を閉ざすのだと明言する。それは、音楽作品を聴くときに、同じ音を聴いていても何に焦点を合わせて耳を傾けるのかによって子どもたちの経験が異なってくるということを意味すると同時に、この2つの耳の傾け方が、場合によっては相克関係になることを示唆している。このことは、昨今の音楽科教育においてみられるような、音楽を聴いて感じたことの証拠として、専門的な用語を用いて物質的な音を示すことを求める学習のあり方の再考を迫るものと捉えられる。

これらの特色の他方で、音楽よりも人間に重点を置くこの教育は、音楽的な側面の学習についておろそかになるといった批判もあろう。また、本稿で検討してきたようないくつかの課題もある。これらの特色と批判的視点をふまえながら、音楽を聴くことの教育のあり方をさらに追究していくことが私たちの課題となろう。

最後に、上述の特色をふまえて、音楽を聴くことの教育が子どもたちにもたらすものについて考えたい。まず、音楽を聴くことの教育において、子ども一人ひとりの生における深い了解が求められるとき、世界と自己の対話を通した自己形成のプロセスがもたらされるであろうことである。また、そこで音楽作品と子どもとの生の地平における合意が目指されるならば、音楽作品を聴くことが、音楽の理解や知覚や感受を越えて、自己理解、他者理解といった人間理解をもたらし、そのなかで人間と人間の文化間の差異とそれを越えた共通感覚や、そのような人間どうしの普遍的なつながりを求める価値を育むことをもたらすと考えられる。

急いで断っておきたいのは、これらのことが、音楽を聴くことに「付け足されて」もたらされるものではなく、むしろ音楽を聴くことの中核に迫ることによってもたらされるものだということである。エーレンフォルトは、自らを導いたものが「直接音楽でないもの、すなわち、古城、絵画、自然の快活さ」[62]といったものにあると述べている。この言葉は、「作曲家としての自分を形成しているもの」は、音楽的な知識よりも「自分が読んだ一冊の本、また出会った友人、あるいは一枚の絵画」[63]であるとする作曲家故武満徹（1930-1996）の言葉を思い出させる。武満は、音楽は「それぞれの人の命の響き」[64]を持つものであり、それゆえ、「私たちを生かしている力というものがあるわけです。私たちを否応なく生というものにおもむかせている、その力に対して敬虔であれば、音楽はほんとうは自然にわかるはずです」[65]と述べる。音楽を生の地平で捉えなおすとき、音

楽が、人間が生きていくことや、子どもたちの人間形成に対して持ちうる意味がひらかれてくるのではないだろうか。

◉ 注

1 本稿では、多様な音楽の聴き方のあり方を考慮して辞書的に定義可能な「鑑賞」という言葉の使用を避けるとともに、エーレンフォルトによる「Musik hören」という言葉を念頭におき、「音楽を聴くこと」という言葉を用いることとする。
2 音楽を聴くこと、音楽理解の次元についてはドイツにおいて多くの研究蓄積がある。稿を改めて論じたい。
3 エーレンフォルトは、約16年間にわたり、ハンブルクのギムナジウムで教員を勤めた後、デトモルト音楽大学で講座をもった人物である。
4 小山英恵「K.H. エーレンフォルトの『音楽の教授学的解釈』——対話的陶冶の概念がもたらす意義」『教育学研究』82（3）、2015年、pp.389-401.
5 Karl Heinrich Ehrenforth, *Hinhören – Zuhören – Durchhören, Musik als Einladung zum Dialog.* Hannover: Institut für musikpädagogische Forschung Hochschule für Musik, Theater und Medien Hannover, 2014.
6 以下、本節の内容については、小山、前掲論文、2015年に基づく。
7 H.Rauhe, H.P.Reinecke, W.Ribke, *Hören und Verstehen - Theorie und Praxis handlungsorientierten Musikunterrichts.* München: Kösel, 1975.
8 W.Gruhn, *Geschichte der Musikerziehung.* 2.Auflage, Hofheim: Wolke, 2003, S.350.
9 W.Fischer, "Didaktische Interpretation von Musik" und "Handlungsorientierter Musikunterricht". In: H.C.Schmidt (Hg.), *Geschichte der Musikpädagogik.* Kassel: Bärenreiter, 1986, S.297.
10 Ehrenforth, 2014, S.48
11 a.a.O., S.236.
12 a.a.O., S.13.
13 以下、対話的循環と、そこに含まれる歴史性の邂逅、「先行判断」、「解釈学的循環」、「地平融合」、および対話的陶冶については、小山、前掲論文、2015年に基づく。
14 Ehrenforth, 2014, S.13-14.
15 a.a.O., S.102-105.
16 a.a.O., S.244.
17 エーレンフォルトは、人類学的に共通する概念を通して人間どうしが他者を理解する原理を説明するために、人々が行き交う市の意味をもつ理論上の場所としてのトポス（Topos）の概念を提唱している（a.a.O., S.261）。
18 a.a.O., S.264.
19 Karl Heinrich Ehrenforth, Musik zwischen Kunst, Wissenschaft und Leben – Didaktische Interpretation und Unterrichtspraxis, Vortrag. Innsbruck 22.6.1989. In: Karl Heinrich Ehrenforth - Vorlass - C02.02.（ハノーファー音楽演劇メディア大学附属音楽教育研究所所蔵）
20 自己内対話については Ehrenforth, 2014, S.241-245.
21 a.a.O., S.247-248.
22 a.a.O., S.240.
23 Ingrid Allwardt, Musikvermittlung. ドイツ音楽情報センター（Deutsches Musikinformationszentrum in der Kulturstadt Bonn.）のホームページより。http://www.miz.org/static_de/themenportale/einfuehrungstexte_pdf/01_BildungAusbildung/allwardt.pdf（2016年11月6日確認）
24 Ehrenforth, 2014, S.77-83.
25 エーレンフォルト自身も、近年までデトモルト音楽大学において解釈学の立場から学校音楽や学校外のコンサートにおける仲介について教鞭を執っている。
26 Ehrenforth, 2014, S.100.
27 a.a.O., S.83.
28 a.a.O., S.100.
29 a.a.O., S.258.
30 a.a.O., S.97-98.
31 a.a.O., S.211.
32 a.a.O., S.207-209, S.184.
33 a.a.O., S.207-209.
34 a.a.O., S.189.
35 a.a.O., S.271-272.
36 a.a.O., S.272.
37 a.a.O., S.231.

38 a.a.O., S.230.
39 Ebd.
40 エーレンフォルトは、「接地」の機能を、目に見えぬ神の托身であるイコンのもつ機能に例えて、「言語によるイコン的な接地」(Ehrenforth, 2014, S.230) とも呼んでいる。
41 Ehrenforth, 2014, S.225.
42 a.a.O., S.22.
43 a.a.O., S.272.
44 エーレンフォルトは、ブルックナーの楽曲についてはハルム（August Halm, 1869-1929）、ストラヴィンスキーについてはリーム（Wolfgang Rihm, 1952-）による言葉を隠喩的な言葉として引用している（Ehrenforth, 2014, S.218, 225）。
45 Ehrenforth, 2014, S.218. エネルギー論とは、音楽を聴いたり演奏したりする際に、私たちの内面の自然の力（心理的エネルギー）が音（物理的エネルギー）と共に動くとするものである。そこで音楽作品の進行を規定するのは、心理的なエネルギーの動きである内面的な力の動き（内面的な緊張の変化）の方であるとされる（V. カルブスィッキー・井上正訳「エネルギー論」S. ヘルムス、R. シュナイダー、R. ウェーバー編著『最新音楽教育事典』開成出版、1999 年、p.50）。
46 Ehrenforth, 2014, S.271-273.
47 Karl Heinrich Ehrenforth, Proseminar WS87/8, Musik und ihr "Sitz im Leben" als Vermittlungsaspekt. In: Karl Heinrich Ehrenforth - Vorlass - C11.06.（ハノーファー音楽演劇メディア大学附属音楽教育研究所所蔵）
48 小学館『デジタル大辞泉』より。
49 Ehrenforth, 2014, S.56.
50 a.a.O., S.101.
51 以下、教師から聴き手への転換については、a.a.O., S.248-250.
52 a.a.O.,S.249.
53 以下、3 段階の態度については、a.a.O., S.12, S.237-238.
54 a.a.O., S.249.
55 a.a.O., S.211.
56 Ehrenforth, Vorlass - C11.06.
57 Ehrenforth, 2014, S.298.
58 以下、この楽章の例については、a.a.O., S.231-234.
59 たとえば、『中学生の音楽　2・3 上』教育芸術社、2016 年においては、曲の構成に注目して曲想の変化を味わうことが目指され、繰り返す動機やソナタ形式、オーケストラの響きについて学習するようになっている。
60 以下、この楽章の例については、Ehrenforth, 2014, S.275-278.
61 a.a.O., S.303-305.
62 a.a.O., S.7.
63 武満徹「私の受けた音楽教育」『武満徹著作集 2』新潮社、2000 年、p.229.
64 同上書、p.235.
65 同上書、p.232.

兵庫県小学校音楽教育研究大会の公開授業にみる授業研究の動向

河邊 昭子

1　研究の目的と方法

　本研究の目的は、兵庫県下の小学校における音楽科授業の現状を考察することにある。2008年8月に発行された『小学校学習指導要領解説音楽編』では、音楽科改訂の要点として7項目[1]が挙げられた。このうち、新設された〔共通事項〕の指導に関すること、音楽づくりの指導に関すること、言語活動の充実に関することは、音楽科の授業のあり方を見直す上で重要であると考える。筆者は年間10～15回程度兵庫県内の小学校で実施される音楽科の研究授業を参観している。授業後の協議会では、とりわけ前述の3項目に関する質問を受けることが多い。その内容から、これらの項目について十分な理解や適切な解釈がされているとは言い難く、音楽科教師は未だ授業改善に対する不安や戸惑いを抱えている。折しも新学習指導要領に関する中教審教育課程特別部会「論点整理」(2015)が公表された。第8次(2008)学習指導要領に基づく音楽科授業の実践上の課題を解決しきれないまま、音楽科教師は新学習指導要領への対応を迫られる状況に陥りつつある。

　その最たるものが、音楽科教育におけるアクティブ・ラーニングとは何か、である。既に、音楽科教育関連の雑誌では、特集テーマとしてアクティブ・ラーニングが取り上げられるようになっている[2]。兵庫県内の音楽科授業研究会においても、アクティブ・ラーニングの視点を取り入れた授業改善を促す動きがみられるようになっているが、言葉が一人歩きするのは時間の問題となりそうである。例えば本時の学習展開を設定する際に、アクティブ・ラーニングの「場」としてグループ活動が必須であるといった、本筋とは異なるとらえ方が拡大することになれば、問題の矮小化が懸念される。佐藤(2015)は教師教育の視点から、授業において教師が機能させている実践的知識の開発と伝承が容易ではないことを指摘している[(1)]。例えば歌唱の授業において、高い音を出しにくい児童に対し適切な助言や練習を行い、歌

えるようにする時に働いているのが実践的知識である。グループ活動がこのような児童の変容を保障する、あるいは変容の一助となるのであれば、グループ活動を設定することには意味がある。また、石井（2016）は、教科固有の学びを通して教科本来の魅力を追求することにより、アクティブ・ラーニングを超えた「教科する授業」が確立し、内容への知的興味を実感する主体性が育まれるとしている[(2)]。来る学習指導要領改訂に向けて、音楽科における「教科する授業」の具体像を明らかにすることが急務であると考える。

本研究では、兵庫県の公立小学校音楽科担当教員が所属する最大組織である兵庫県小学校教育研究会音楽部会が主催する、兵庫県小学校音楽教育研究大会（以下、兵小音研と記す）の公開授業に着目する。現在の教育課程による音楽科授業が実施され始めた2011年度から2016年度までの6年間に公開された授業の学習指導案の記述内容から、兵庫県の小学校で行われている音楽科授業研究の現状や傾向について示唆を得るとともに、授業研究の成果と課題の一端を明らかにしたい。なお、本研究では学習指導案から授業を概観しよ

うとするため、前掲の3項目のうち、言語活動の充実に関する検討は困難である。したがって、〔共通事項〕と音楽づくりの指導に関する授業内容を中心に考察を行うこととする。

2　兵小音研について

兵小音研を主催しているのは、兵庫県小学校教育研究会音楽部会である。同音楽部会の組織は、兵庫県教育委員会の各教育事務所に所属する市町により編成された各地区を母体としている（**表1**）。兵小音研は、主管となる地区が持ち回り、毎年6月に開催されている。

研究体制は、地区によって若干の違いがある。研究部が中心となって研究テーマを設定するとともに、授業研究の運営にも携わっている地区、音楽科担当教員が歌唱分野、器楽分野、音楽づくり分野、鑑賞分野のいずれかに所属し、該当する分野ごとに授業研究を進めている地区がある。後者の場合、市町ごとにまとまって決められた分野に所属する、あるいは地区全体で4分野に分かれて所属する方法のいずれかによって運営している。

表1　兵小音研の地区編成

地区	所属する市町	地区	所属する市町
阪神	神戸市	中播磨	姫路市、神河町、市川町、福崎町
阪神南	尼崎市、西宮市、芦屋市	西播磨	相生市、たつの市、赤穂市、太子町、上郡町、佐用町
阪神北	伊丹市、宝塚市、川西市、三田市、猪名川町	但馬	豊岡市、養父市、朝来市、香美町、新温泉町
東播磨	明石市、加古川市、高砂市、稲美町、播磨町	丹波	篠山市、丹波市
北播磨	西脇市、三木市、小野市、加西市、加東市、多可町	淡路	洲本市、南あわじ市、淡路市

大会当日の日程は、午前が公開授業、午後は、開会行事、研究演奏・総括助言・記念講演（または研究演奏・記念講演）、閉会行事としている。閉会行事の中で、次年度の主管地区の紹介も行われる。なお、2013年度神戸大会は、全日音研全国大会と兼ねていることから、全日音研と同じく二日間にわたり開催されている。

3　学習指導案にみる提案授業の概要

兵小音研の各大会では、大会当日に『公開授業学習指導案集』[3-7]が配布されている。2011年度、2012年度、2014年度、2015年度、2016年度は、A4用紙に印刷された学習指導案を綴じた冊子となっている。2013年度神戸大会は、過去の全国大会の書式にならって編集された大会冊子に、幼稚園の保育指導案及び小学校、中学校、高等学校の学習指導案が掲載されている[8]。

3-1　学習指導案の構成

『公開授業学習指導案集』に示された各学習指導案の主な項目をまとめたものが表2である。学習指導案のページ数は、2011年度、2013年度、2014年度、2016年度が各4ページ、2015年度が各5ページである。2012年度については、4ページの学習指導案が1、6ページの学習指導案が2、7ページの学習指導案が1となっている。

いずれの年度においても、題材および主たる教材、題材の目標（ねらい）、「指導にあたって」などと記された題材の趣旨、評価規準、指導計画、本時の学習など、主な項目は同じである。本時の学習における展開部分の名称は、2011年度中播磨大会では「展開」とあり、2012年度阪神北大会以降は「本時の展開と評価」となっているが、

いずれも評価規準や評価方法が示されており、内容自体が変更されたのではない。次に、記述の仕方や内容について変更された箇所を2点挙げる。

(1) 評価に関する記述

2011年度北播磨大会および2012年度阪神北大会の学習指導案の第4項目「題材の評価規準と学習活動における具体の評価規準」は、第7次学習指導要領の一部改正が行われた2003年度以降、その重要性が指摘されるようになった評価の改善に対応している[3]。表2は、評価の観点とそれに該当する学習分野、題材の評価規準と本時の学習活動における具体の評価規準、および評価の方法を記したものである。2013年度神戸大会の学習指導案では、第4項目「評価規準」において、評価の観点と具体の評価規準に絞って示されている。以降、2014年度淡路大会、2015年度但馬大会、2016年度西播磨大会も同じである。2013年度以降、評価に関する項目については、2011年に国立教育政策研究所教育課程研究センターが作成した『評価規準の作成、評価方法等の工夫改善のための参考資料』[9]の内容に即した記述内容となっていることから、同資料を活用した評価活動が浸透しつつあることがうかがえる。

(2) 〔共通事項〕に関する記述

2011年度北播磨大会、2012年度阪神北大会では、関連する〔共通事項〕と思われる記述が「指導にあたって」や「本時の学習」の一部に見られるものの、独立した項目として位置付けられてはいないため、その記述が〔共通事項〕そのものであると判断するのは難しい。

学習指導案に、関連する〔共通事項〕を明記す

表2 『公開授業学習指導案集』の主な項目

年度	地区	学習指導案の項目
2011	北播磨	1題材名・主たる教材、2題材の目標、3指導にあたって（題材観及び教材観、児童観、指導観）、4題材の評価規準と学習活動における具体の評価規準、5指導計画、6本時の学習（目標、準備物、展開）
2012	阪神北	1題材名・主たる教材、2題材の目標、3指導にあたって（児童観、題材観、教材観、指導観）4題材の評価規準と学習活動における具体の評価規準、5指導計画、6本時の学習（目標、学習の展開と評価）
2013	神戸	下記の項目とは別に、ページの先頭に題材名と教材名 1題材のねらい、2題材について（児童の実態と目指す子ども像、大切にしたい学び〜研究主題との関連〜、学習指導要領との関連）、3教材について、4評価規準、5指導と評価の計画、6本時の学習（ねらい、学習の展開と評価、本時の評価について）
2014	淡路	1題材名・教材名、2題材のねらい、3指導にあたって（児童観、題材観、教材観、指導観）4学習指導要領との関連、5指導と評価の計画、6題材の評価規準、7本時の学習（ねらい、学習の展開と評価）8本時の評価について
2015	但馬	1題材名・教材名、2題材のねらい、3題材について（児童の実態とめざす子ども像、大切にしたい学び〜研究主題との関連〜、学習指導要領との関連）、4教材について、5評価規準、6指導と評価の計画、7本時の学習（目標、学習の展開と評価） ★初発の発問（a）学力差を見えなくする工夫（b）見える化の手立て（c）つまずきの支援（d）活動継続の手がかりの提示（e）学習の共有化の手立て（f）全員の活躍の場の設定
2016	西播磨	1題材名・教材名、2題材のねらい、3指導にあたって（児童観、題材観、教材観、指導観）4関連する〔共通事項〕5題材の評価規準、6指導計画、7本時の学習（本時のねらい、本時の展開と評価）、8本時の評価について

る書式は、第8次（2008）学習指導要領への移行期であった2010年頃には、少しずつみられるようになっていた[4]。2013年度神戸大会の学習指導案において「学習指導要領との関連」の項目が新設されたことにより、〔共通事項〕に関する記述は大きく変更されている。「学習指導要領との関連」では、小学校学習指導要領音楽科の「各学年の目標および内容」に示された各分野の指導事項（歌唱イなど）[5]のうち題材に該当する事項、および本時の学習内容と関連する〔共通事項〕（リズムなど）、それぞれの〔共通事項〕に関する具体的な指導内容をまとめ、表として示している。この項目は、2014年度淡路大会および2015年度但馬大会でも「学習指導要領との関連」となっているが、2016年度西播磨大会では「関連する〔共通事項〕」と改称され、〔共通事項〕のみが挙げられている。

　2011年度北播磨大会の本時の学習における「展開」の右側部分「指導上の手だて」は、2012年度阪神北大会では「教師の働き」、2013年度神戸大会では「教師のかかわり」、2014年度淡路大会以降では「教師の働きかけ」となっている。「教師の働き」以降、予想される児童の反応に対する教師の具体的な指導・支援の内容や、指導上の留意点が書き込まれていることから、授業の重要な局面における教師の意図が、参観者に一層伝

わりやすくなっていると言える。

なお、2015年度但馬大会の学習指導案では、「7本時の学習」における「学習の展開と評価」の左側に「導入」「わかる」「できる」「楽しむ」「まとめ」の各項目が設定され、対応する学習活動等が記されている。これは、ユニバーサルデザインの視点を取り入れた但馬大会独自の表記となっている。また、表2に示した（a）から（f）に該当する各発問が「学習の展開と評価」の中に明記されている。

3-2　題材名について

2011年度から2016年度までの兵小音研の開催地区及び会場所在地、公開授業の学習指導案に示された本時の学習分野、学年、題材名、題材に設定された学習分野について、表3にまとめた。

音楽科においては、学習内容のまとまりを題材として設定するのが一般的である。2011年度以降の指導内容に〔共通事項〕が新設されたが、表3の題材名をみると、〔共通事項〕に示された音楽を形づくっている要素（音楽を特徴付けている要素、音楽の仕組み）を用いて表しているものが多い。2011年度大会から2016年度大会において、各地区が使用している教科書は『小学生の音楽』（教育芸術社）である。『小学生の音楽』は、学習内容に関連する〔共通事項〕を用いた題材名が多いのが編集の特徴であるため、これをそのまま用いた題材名がみられる。「いろいろなひびきを味わおう」「拍の流れにのろう」「曲想を味わおう」「旋律のとくちょうを感じ取ろう」などがこれにあたる。一方、設定した学習内容に対応するよう、独自に付けられた題材名もある。その場合でも、「箏を使ってA-B-Aの音楽づくり」は〔共通事項〕のうち反復と変化、「ドミソとファラドとソシレで音楽をつくろう」は〔共通事項〕のうち音階や調および和声の響きを取り上げており、題材における学習内容を明確に示す表現の工夫がみられる。

以上のことから、題材名に関しては、学習の中心となる内容を明確にし、焦点化した表現が定着してきつつあると考える。これに対し、「音楽とイメージをつなげよう」「伝えよう！私たちの心のうた」などは、学習内容そのものよりもキャッチフレーズとしての意味合いを強くしている感があり、今日の授業研究では殆どみられなくなったと言えるだろう。

3-3　学習分野について

2010年度に姫路市を会場として開催された兵小音研中播磨大会では、計6本の公開授業の内訳が、歌唱2、器楽2、鑑賞2であった[10]。表3をもとにして2011年度以降の6年間を概観する。公開授業の数が3本であった2015年度では、音楽づくりの授業はなく、歌唱、器楽、鑑賞の授業が公開された。それ以外の年度においては、歌唱、器楽、音楽づくり、鑑賞のすべての分野についての公開授業が行われている。2011年度から2016年度の公開授業は、歌唱分野が10本、器楽分野が8本、音楽づくり分野が8本、鑑賞分野が7本である。兵小音研全体として、特定の分野に偏ることなく、バランスのとれた授業研究が展開されていることがわかる。

次に、各題材に対して設定された指導分野についてみると、2011年度の公開授業1本を除き、いずれも複数の学習分野が設定されていることがわかる。表現領域と鑑賞領域の学習分野を組み合わせた公開授業は、全33本のうち27本となっている。このうち、歌唱、器楽、音楽づくり、鑑

表3　公開授業の題材名と学習内容の分野

年度	地区(会場)	本時の学習分野	学年	題材名	題材に設定された学習分野
2011	北播磨(三木市)	歌唱	2	拍を感じ拍に合わせて歌おう	歌唱、鑑賞
		音楽づくり	3	わらべうたに親しもう	歌唱、器楽、音楽づくり、鑑賞
		鑑賞	4	音楽とイメージをつなげよう	鑑賞
		器楽	5	いろいろなひびきを味わおう	歌唱、器楽、鑑賞
		音楽づくり	6	箏を使ってA-B-Aの音楽づくり	器楽、音楽づくり、鑑賞
2012	阪神北(川西市)	音楽づくり	3	いろいろな音色をかんじとろう	歌唱、器楽、音楽づくり、鑑賞
		歌唱	4	拍の流れにのろう	歌唱、器楽、鑑賞
		鑑賞	5	旋律の特徴に気づき、曲想とその変化を味わおう	歌唱、器楽、鑑賞
		器楽	6	曲の仕組みや旋律の特徴を感じ取って、曲想を生かした表現をしよう	歌唱、器楽、鑑賞
2013	神戸(神戸市)	音楽づくり	1	いろいろなおとをみつけよう	歌唱、音楽づくり
		歌唱	2	音のたかさに気をつけてうたおう	歌唱、器楽
		器楽	2	音を合わせるっておもしろい	器楽、音楽づくり
		器楽	3	音色に気をつけてリコーダーをふこう	器楽、鑑賞
		音楽づくり	3	「まねっこ遊びのかるたうた」をつくろう	歌唱、器楽
		歌唱	4	せんりつのとくちょうを感じ取ろう	歌唱、器楽、鑑賞
		鑑賞	4	さぐろう！曲の感じを変えるひみつ	器楽、鑑賞
		歌唱	5	曲想を味わおう	歌唱、鑑賞
		器楽	5	ひびけ！ぼくらの祝い太鼓！	器楽、鑑賞
		音楽づくり	5	ドミソとファラドとソシレで音楽をつくろう	音楽づくり、鑑賞
		鑑賞	6	感じよう！味わおう！日本の伝統音楽の響き	歌唱、器楽、鑑賞
		歌唱	6	伝えよう！私たちの心のうた	歌唱、鑑賞
2014	淡路(洲本市)	音楽づくり	2	いろいろな音にしたしもう	歌唱、器楽、音楽づくり、鑑賞
		鑑賞	3	いろいろな音色をかんじとろう	歌唱、器楽、音楽づくり、鑑賞
		歌唱	4	拍の流れにのろう	歌唱、器楽、音楽づくり、鑑賞
		歌唱	5	曲想を味わおう	歌唱、器楽、鑑賞
		器楽	6	和音の美しさを味わおう	器楽、鑑賞
2015	但馬(朝来市)	歌唱	3	せんりつのとくちょうをかんじとろう	歌唱、鑑賞
		鑑賞	4	日本の音楽に親しもう	器楽、鑑賞
		器楽	6	いろいろな音のひびきを味わおう	器楽、音楽づくり、鑑賞
2016	西播磨(たつの市)	器楽	2	音のたかさのちがいをかんじとろう	歌唱、器楽、音楽づくり、鑑賞
		音楽づくり	3	拍のながれにのってリズムをかんじとろう	歌唱、器楽、音楽づくり
		歌唱	4	せんりつのとくちょうを感じ取ろう	歌唱、器楽、鑑賞
		鑑賞	5	曲想を味わおう	歌唱、器楽、鑑賞

賞を設定した公開授業が6本、歌唱、器楽、音楽づくりのうちの1分野あるいは2分野と鑑賞を組み合わせた公開授業が21本である。2008年1月の中央教育審議会答申において示された音楽科の改善の基本方針、ならびに改善の具体的事項の一つに、音楽づくりの指導の充実に関することが挙げられている[11]。また、第7次学習指導要領小学校音楽科の改訂の要点には、鑑賞活動に関する内容がある。第7次学習指導要領以降では、とりわけ創作に関する授業研究の改善[12]や、それに伴い表現と鑑賞の関連を図る実践的研究が進められるようになり、現在に至っている。表3に示した、各題材に対して設定された指導分野から、兵小音研においても、この流れに即した授業研究が行われているとみてよいであろう。

表現領域の学習分野のみで構成された公開授業5本の内訳は、歌唱と器楽の組み合わせが2本、歌唱と音楽づくりの組み合わせが1本、器楽と音楽づくりの組み合わせが1本、歌唱、器楽、音楽づくりの組み合わせが1本となっている。現在は主題による題材構成が一般的であるが、2013年度神戸大会器楽分野第2学年の「音を合わせるっておもしろい」は、1つの楽曲から器楽分野と音楽づくり分野の学習を設定した、楽曲による題材構成に近い授業である。

なお、2013年度神戸大会の第6学年鑑賞、2015年度但馬大会の第4学年鑑賞の公開授業では、ゲストティーチャーによる教材曲の演奏をとおして、鑑賞活動が行われている。

3-4　教材と〔共通事項〕について

(1) 教材

表4は、公開授業の学習指導案に示された、教材曲（教材）および関連する〔共通事項〕をまとめたものである。教材曲はすべて教科書に掲載されている楽曲である。

独自の教材による公開授業も複数ある。2011年度北播磨大会第2学年の「音楽遊び・わらべうた」は、歌唱分野の学習内容である。複数のわらべうたを取り上げ、拍打ちや拍に合わせた動作と合わせて行う歌唱活動が設定されている。2013年度神戸大会第5学年の「祝い太鼓」は、第4学年の学習を発展させて児童が創作した太鼓、笛、鉦による作品を、器楽分野の教材曲として扱っている。

独自の教材が最も多く取り上げられているのは音楽づくり分野である。2011年度北播磨大会第3学年「すてきな多可のうた」は、いくつかのわらべうたを参考にして、5音音階を用いたわらべうたを創作する。同大会では、第6学年「平調子による旋律創作」の公開授業も行われている。2013年度神戸大会第3学年「まねっこ遊びのかるたうた」は、わらべうた《らかんさん》から発想を得た教材であるとしている。同大会第5学年の「$I-IV-V_7-I$の和音進行による旋律創作」は、既習の和音の連結による旋律創作と複数の旋律を重ねた即興的表現が学習内容となっている。2014年度淡路大会第2学年の「楽器による音遊び・リズム創作」および2016年度西播磨大会第3学年の「手拍子によるリズム創作」は、教科書に掲載されている類似の学習内容を組み直し、公開授業の教材としている。音楽づくり分野においては、全く新しい学習内容を設定するというよりも、児童の実態に即して従来の音楽づくりの活動の一部に組み込み、学習者である児童の意図や学習集団の持ち味を生かす教材開発の可能性が期待できる。

表4 公開授業の教材曲(教材)と関連する〔共通事項〕

年度	地区（会場）	分野	学年	本時の《教材曲》または教材	関連する〔共通事項〕
2011	北播磨（三木市）	歌唱	2	音楽遊び・わらべうた	
		音楽づくり	3	すてきな多可のうた	
		鑑賞	4	《ペール ギュント》	
		器楽	5	《リボンのおどり》	
		音楽づくり	6	平調子による旋律創作	
2012	阪神北（川西市）	音楽づくり	3	《おかしのすきなまほう使い》	
		歌唱	4	《風のメロディー》	
		鑑賞	5	《ハンガリー舞曲第5番》	
		器楽	6	《風を切って》	
2013	神戸（神戸市）	音楽づくり	1	《きらきらぼし》	音色、強弱、反復、問いと答え
		歌唱	2	《ドレミであそぼ》	旋律、フレーズ
		器楽	2	《あえてよかった》	リズム、拍の流れ[6]
		器楽	3	《小鳥》	音色、旋律
		音楽づくり	3	まねっこ遊びのかるたうた	リズム、旋律、フレーズ、問いと答え
		歌唱	4	《ゆかいに歩けば》	リズム、旋律、強弱、音の重なり
		鑑賞	4	《白鳥》	音色、旋律、反復
		歌唱	5	《カリブ夢の旅》	速度、旋律、音の重なり
		器楽	5	祝い太鼓	音色、リズム、速度、強弱、問いと答え
		音楽づくり	5	Ⅰ－Ⅳ－V$_7$－Ⅰの和音進行による旋律創作	旋律、調、音の重なり、和声の響き、音楽の縦と横の関係
		鑑賞	6	平調《越天楽》	音色、旋律、音の重なり
		歌唱	6	《ふるさと》	旋律、強弱、フレーズ、音の重なり
2014	淡路（洲本市）	音楽づくり	2	楽器による音遊び・リズム創作	音色、リズム、強弱、拍の流れ
		鑑賞	3	《トランペットふきの休日》	音色、強弱、反復、変化
		歌唱	4	《友達シンドバッド》	リズム、拍の流れやフレーズ
		歌唱	5	《だれかが口笛ふいた》	旋律、音階と調、変化
		器楽	6	《星の世界》	旋律、音の重なり、和声の響き、音楽の縦と横の関係
2015	但馬（朝来市）	歌唱	3	《帰り道》	リズム、旋律、強弱、反復、変化
		鑑賞	4	《さくらさくら》	音色、リズム、旋律
		器楽	6	《ラバース コンチェルト》	音色、リズム、速度、旋律、強弱、音の重なり、拍の流れやフレーズ、反復、問いと答え、変化、音楽の縦と横の関係
2016	西播磨（たつの市）	器楽	2	《かえるのがっしょう》	音色、旋律、フレーズ、問いと答え
		音楽づくり	3	手拍子によるリズム創作	リズム、拍の流れ、反復、変化
		歌唱	4	《ゆかいに歩けば》	旋律、フレーズ、強弱
		鑑賞	5	《威風堂々第1番》	リズム、速度、旋律、強弱、反復、変化

(2) 本時に関連する〔共通事項〕

表4にある〔共通事項〕をみると、取り上げられた「音楽を特徴付けている要素」については、旋律が最も多く、以下強弱、リズム、音色、フレーズ、拍の流れ、音の重なり、和声の響き、音階と調の順となっている。「音楽の仕組み」は、反復、変化、問いと答え、音楽の縦と横の関係の順となっている。

本時で取り上げる〔共通事項〕の内容は、教材曲（教材）の特性との関連から選定されるため、すべての〔共通事項〕をバランスよく扱うことは困難である。とは言え、偏りが生じることは否めない。河邊（2015）が、音楽科教育の月刊誌『教育音楽小学版』2013年4月号から2015年3月号までに掲載された授業実践計144例において取り上げられた〔共通事項〕の数を調査したところ、「音楽を特徴付けている要素」では音階や調が4回、和声の響きが5回であり、「音楽の仕組み」に至っては、音楽の縦と横の関係は一度も取り上げられていなかった[13]。兵小音研においてもそれに似たような傾向がみられるが、音楽の縦と横の関係については計3回取り上げられている。そのうち2013年度神戸大会の音楽づくり分野第5学年と2014年度淡路大会器楽分野第6学年では、音楽の縦と横の関係と合わせて、和声の響きも扱われている。和音を構成する音による縦の重なりと、和音の進行に伴った旋律の横の動きからなる、楽曲の構造に着目した学習内容を設定した結果として、適切な選択が行われていると考える。

3-5　本時の学習について

本時の学習展開の傾向として、2点挙げる。まず、ペアまたはグループによる活動が多用されている点である。全33本の公開授業のうち20本において、学習指導案の記述内容から、ペアまたはグループによる何らかの活動が設定されており、そのうちペア学習が2本ある。残りの18本のうち16本では、グループを単位とする活動を学習の柱としている。また、本時の終末部分でグループ活動を設定しているのが2本ある。グループ活動について学習分野ごとにみると、歌唱分野では10本のうち5本、器楽分野では8本のうち5本、音楽づくり分野では8本のうち7本、鑑賞分野では7本のうち1本において行われている。とりわけ、音楽表現の創意工夫をめざす学習において、互いのグループ内で意見交換をしたり、互いのグループの発表を聴き合ったりする活動が多くみられる。兼平（2009）は、児童の音楽的思考を促進させるためには、相互作用を伴う言語活動が有効であるとしている[14]。その手段として、音楽科授業ではグループ活動が重用されていると思われるが、その多くは形骸化されていると言わざるを得ない。

次に、多くの授業が題材の中盤から終盤を本時としている点である。題材の導入である第1時を公開したのは、2014年度淡路大会第3学年と2016年度西播磨大会第5学年の、いずれも鑑賞分野の授業しかない。その他の公開授業は、第二次の終盤か第三次の終盤にあたる。教材曲（教材）に出会う場面や教材曲（教材）の特徴を知る場面よりも、これらの学習をふまえて音楽表現を工夫する場面を本時とする授業が殆どを占めている。

4　今後の課題

これまでに概観した内容をふまえ、兵小音研の

みならず音楽科授業全般にあてはまるであろう、以下の2点について述べる。

4-1　音楽科の学力と〔共通事項〕

2013年度以降の学習指導案には、本時に関連する〔共通事項〕が明記されている。しかし、本時の学習展開において、学習活動における位置付けが明確でない学習指導案、あるいは学習活動の本質と結び付いていないと思われる学習指導案が散見された。例えば、〔共通事項〕にリズムを挙げているが、学習活動では拍の流れを感じ取ることに重きが置かれている、などである。

また、音楽を特徴付けている要素の意味を取り違えていると思われる学習指導案がある。学習指導要領では、〔共通事項〕そのものを学習の対象とするのではなく、表現領域および鑑賞領域の学習内容を通じて指導すべきとされている。〔共通事項〕は楽典的知識とは異なるものであり、〔共通事項〕を手がかりとして音楽に対する理解を深め、表現の質を高めることが求められている。しかし、すべての音楽学習に〔共通事項〕を設定する必要はない。八木（2010）は〔共通事項〕の扱いに関する実践上の課題として、教材曲（教材）の本質を決定付けるほどの影響力をもたないのに、特定の要素を取り上げて音楽表現を工夫させることは、単なる試行錯誤に過ぎず、本末転倒にならないようにするためには、要素や仕組みそのものを学習内容としてその意味を学ぶという発想の転換が求められると指摘している[15]。

〔共通事項〕に示された個々の要素が、音楽的な概念としての理解をしないまま扱われている授業も少なからずある。〔共通事項〕のうち最もよく取り上げられるのは旋律であるが、筆者は大学の授業で学生から「旋律って何ですか？」と質問されることがある。概念的には「楽音がいろいろな高さとリズムをもちながら、連続的につながっているもの」[16]を指しているが、児童には「音の高さと長さを連ねてできていて、それを聴いたらすぐに○○の曲だ、とわかるのが旋律」と説明するほうがわかりやすいかもしれない。また、拍→拍子→リズムの順に派生する音楽の原理を生かすならば、音楽科の授業で「リズム」「拍子」「拍」に関する発言が混乱して意見交流の収集がつかなくなる事態は避けられるであろう。

上記に関連して、音楽科の学力について触れておきたい。三村（2015）は、安彦（1994）の学力観に基づいて、音楽科の学力構造を示した[17]。それによると、聴覚力（強−弱、高−低など）内的聴覚力（サイレントシンギングなど）、音楽的記憶、音楽的感覚（均等な基本拍、拍節感、リズムなど）、音楽的語彙（ドレミシラブルなど）は「基礎」に、視唱力、視奏力、発声法、楽器奏法、楽典的知識等は「基本」に、思考力・表現力・判断力は「表現・鑑賞」にあたる。すなわち、〔共通事項〕に示された要素は、音楽的感覚など「基礎」に該当するものが多い。これらは、自然に身に付くとは限らないので、楽曲の特徴を音楽の姿としてとらえさせるためには、音楽的感覚を獲得できるような、独立した学習活動を設定することが必要であると考える。兵小音研の学習指導案では、低学年の音楽づくりのなかに、「二本立て方式」に近い活動が組み込まれた学習展開が複数みられたが、主たる学習内容を充実させることが期待される。

4-2　学習形態と参観者のニーズ

前述した、音楽科授業におけるグループ活動の意義と問題点についてはある程度共有されている

としても、それを解決するための具体的な議論が起こりにくいのが音楽科授業研究の現状である。片上（2011）は、教科教育に求められるのは協働する学びと挑戦する学びであり、それらを軸に授業が展開されることよって、教科の固有性も明確になると述べている[18]。このことからグループ活動を検討するならば、グループ活動を成立させるためのスキルを身に付けさせるという発想と、グループ活動に至る前段階での活動をどう設定するかが重要となる。例えば、本時でグループ活動を行うのであれば、それまでにペア活動を十分行って、相手とかかわりあいながら練習を進めることに慣れさせる活動が考えられる。また、本時ですべてのグループに発表させるのではなく、全体で共有すべき成果や課題が顕著にみられるグループの演奏をモデルとして抽出し、全体で意見を出し合いながらそのグループの音楽表現を検討する活動をとおして、自分のグループの音楽表現を工夫・改善する手がかりを見つけたり、話し合いにおける相手の意見の受け止め方がわかったりする機会となる。

最後に、公開授業でグループ活動が取り入れられることの多い器楽分野や音楽づくり分野であるが、参観者が活動の詳細を把握することは、殆どできないのが現実である。これは、指導計画の中盤や終盤が本時に設定されていることと関連している。参観者は、できあがったグループ発表を鑑賞するよりも、それまでに教師がどのような働きかけをして学習を成立させているかどうかに関心を寄せている。この点から考えると、グループ活動に入る直前の授業を公開することにより、題材全体を見通した指導のあり方について協議することができるようになる。また、多くの地区で起こっている教師の世代交代に伴い、経験豊富なベテラン教師の指導の意図を若い世代の教師に伝える場にもなる。本研究を契機として、授業研究の改善の具体について検討を進めることを、今後の課題としたい。

◉ 注

1　以下の7項目である。(1) 目標の踏襲、(2) 内容構成の改善、(3)〔共通事項〕の新設、(4) 歌唱共通教材の充実、(5) 音楽づくりの内容、(6) 鑑賞教材における我が国の音楽の充実、(7) 言語活動の充実

2　以下の教育雑誌の特集テーマは「音楽科教育におけるアクティブ・ラーニング」である。『音楽鑑賞教育』季刊第27号、公益財団法人音楽鑑賞振興財団、2016年。

3　以下に、参考となる書式が掲載されている。川池聰『小学校・中学校　新しい音楽科の指導と評価』教育芸術社、2003年、pp.99-104.

4　2010年度に開催された第17回全日本管楽器教育研究大会西日本大会（於：広島市）の学習指導案には、本時に関連する〔共通事項〕が明記されている。

5　文部科学省『小学校学習指導要領解説　音楽編』の「各学年の目標及び内容」には、歌唱イ（歌詞の表す情景や気持ちを想像したり、楽曲の気分を感じ取ったりし、思いをもって歌うこと。）のように、具体的な指導事項が示されている。

6　学習指導案には、「模倣」と記されている。〔共通事項〕に「模倣」がないため、記述内容から判断して、「拍の流れ」とした。

◉ 参考文献

(1) 佐藤学『専門家として教師を育てる ── 教師教育改革のグランドデザイン』岩波書店、2015年、pp.76-78.

(2) 石井英真「アクティブ・ラーニングを超えて『教科する』授業へ」『学校教育』第1188号、2016年、p.63.

(3) 『平成23年度兵庫県小学校音楽教育研究大会北播

磨大会　公開授業学習指導案集』2011 年
(4) 『平成 24 年度兵庫県小学校音楽教育研究大会阪神北大会　公開授業学習指導案集』2012 年
(5) 『平成 26 年度兵庫県小学校音楽教育研究大会淡路大会　公開授業学習指導案集』2014 年
(6) 『平成 27 年度兵庫県小学校音楽教育研究大会但馬大会　公開授業学習指導案集』2015 年
(7) 『平成 28 年度兵庫県小学校音楽教育研究大会西播磨大会　公開授業学習指導案集』2016 年
(8) 『平成 25 年度兵全日本音楽教育研究会全国大会兵庫大会』2013 年
(9) 国立教育政策研究所教育課程研究センター『評価規準の作成、評価方法等の工夫改善のための参考資料【小学校　音楽】』教育出版、2011 年
(10) 『平成 22 年度兵庫県小学校音楽教育研究大会中播磨大会　公開授業学習指導案集』2010 年
(11) 文部科学省『小学校学習指導要領解説　音楽編』教育芸術社、2008 年、pp.3-5.
(12) 文部省『小学校学習指導要領解説　音楽編』教育芸術社、1999 年、p.6.
(13) 河邊昭子「小学校音楽科における〔共通事項〕に関する研究──『教育音楽小学版』にみる実践内容を中心に」『教育学研究紀要』(CD-ROM 版) 第 61 巻、中国四国教育学会、2015 年、p.502.
(14) 兼平佳枝「日本の学校教育における『音楽的思考』の展開過程」『北海道教育大学紀要　教育科学編』第 60 巻第 1 号、2009 年、pp.47-54.
(15) 八木正一「音楽科における授業構成の可能性──〔共通事項〕の検討を中心として」『埼玉大学紀要』第 59 巻第 1 号、2010 年、pp.34-35.
(16) カワイ音楽企画編『すぐに役立つ音楽用語ハンドブック──音楽・教育・保育に携わる人々に』カワイ出版、1999 年、p.21.
(17) 日本教科教育学会編『今なぜ、教科教育なのか──教科の本質を踏まえた授業づくり』文溪堂、2015 年、pp.64-65.
(18) 片上宗二「学校でしかできない『教科教育』の再構築を──『教科』の固有性をどう発揮させるか」『学校教育』第 1125 号、学校教育研究会、2011 年、p.13.

大学生と児童・生徒が共に学べる環境での芸術教育

小林 田鶴子

　本書は、小、中学校のさまざまな教科に携わる先生方や、教員養成課程の大学や大学院などに学ぶ方々に広く活用していただくことを願って企画、出版される（「はじめに」より）ものであるが、本稿では、その中でも教員養成課程に学ぶ学生と児童が共に学べる環境での取り組みを紹介する。実践の内容は創造的な音楽学習でもよく取り上げられている「手作り楽器」と「音（の出る）地図作り」である。これらの実践から、児童生徒の感想等を踏まえながら芸術教育におけるその意味を考える。また、「音の出る地図」では、音楽専門の教員ではなく中学校の数学教諭の実践であったことの意味も考える。

1　「手作り楽器」作成の実践

　手作り楽器の実践は様々なところで行われているが、ここでは、地域と大学が連携したプロジェクトで児童が大学にやってきて行う活動と、大学生が児童の住んでいる地域に出かけて行う活動を取り上げる。

(1)〈事例1〉「子ども大学」（2015年）の試み

　「子ども大学」とは埼玉県教育委員会が2002年から推進している事業で、県内の各市町にある大学が核となり、地域の企業、NPO、市町の教育委員会が連携して、子どもの知的好奇心を刺激する学びの場を提供する目的で行われている取り組みである[1]。

　講義内容は「はてな学」（ものごとの原理やしくみを追求）、「ふるさと学」（地域を知り郷土を愛する心を育てる）、「生き方学」（自分を見つめ、人生や将来について考える）の3つと「その他」（各大学が自由に設定できるもの）の内容になっている。

　筆者が勤務していた共栄大学のある春日部市では、「子ども大学かすかべ」が実施され、2012年度から開催されている。

　ここでは、2015年に筆者が担当した活動について触れる。

実施概要は以下の通りである。

実施日時：2015年10月12日、10時30分〜12時15分
実施場所：共栄大学岡野記念会館5階、中庭
参加児童：春日部市内の小学4〜6年生、50人
テーマ「音の不思議を知って身のまわりの音を楽しもう」（はてな学）
実施内容：
　楽器の音の出る仕組みを知り、身のまわりのもので手作り楽器を作成し、アンサンブルをする。

本講義では筆者を中心として、ゼミ学生、教育学部の有志学生が以下のようなワークショップを行った。

・楽器の音の出る仕組み…グランドピアノの音の出る仕組みの説明や、チューバの倍音を聴く
・身の周りのもので手作り楽器を作成…牛乳パックを丸めて吹き口にストローを使用した笛・プラスチックカップと竹ひごを使ったクィーカー・容器の中に中庭で拾ってきた木の実を入れたマラカス
・手作り楽器を使った演奏…ゼミ生が演奏するジャンベのリズムに合わせて、簡単なオスティナートを演奏

(2)〈事例2〉宮代町里山自然体験プロジェクトでの試み

本プロジェクトは、埼玉県宮代町教育委員会が町内の里山で展開している自然体験活動[2]であり、2014年から毎年1回、筆者の勤務していた共栄大学教育学部の田中卓也ゼミと筆者のゼミ生が、企画から携わって実施しているものである。手作

写真1　学生に手伝ってもらいながら竹を切る児童

り楽器は毎回活動内容のメイン項目として位置付けられている。

以下に2014年度の概要を示す。

活動名称：「里山を通した自然体験活動」（あそべんちゃーわーるど）
活動日時：2014年8月28日、9時〜14時
活動場所：新しい村・山崎山
活動の目的：
　①子どもの主体的な集団活動による社会性の育成
　②自然体験、創作体験を通した情操教育
　③達成感を通した自尊感情の育成
　④身近にある自然や人々とのふれあい、郷土に対する愛着心の育成
活動内容：
　①あいさつ、諸注意
　②山崎山のお話（さいたま緑のトラスト協会宮代支部代表者による）
　③チームワークラリー（山崎山の中を散策）
　④手作り楽器づくり（宮代町で育った竹を使った太鼓の製作）・おもちゃ作り

写真2　完成した竹太鼓（左）とバチの枝を選ぶ児童（右）

写真3　竹筒を腕に通して叩く児童（右）

⑤流しそうめん（宮代町の竹を切って利用）
参加学生：共栄大学教育学部（田中ゼミ10名、小林ゼミ1名、有志学生1名）計：12名
参加児童：宮代町内在住の小学生30名

「手作り楽器づくり」は上記の④の活動で行われたが、これは2015年度も2016年度も同様である。

具体的な作成楽器は次のようなものである。

2014年度（1種類）
・竹太鼓（節の部分が鼓面になるように竹筒を切り、首からかけられるようにして、竹枝をバチにして叩く）（**写真1～3**）

2015年度（5種類）
・竹太鼓・ギロ（竹筒の表面に溝を入れて竹枝で擦る）・バンブーフルート（2種類の長さにして切った細い竹筒を吹く）・シェィカー（プラスチックの容器に竹片等を入れて振る）・クィーカー（プラスチックのカップに竹枝を差して枝を擦る）

2016年度（4種類）

・竹太鼓・ギロ・マラカス（竹筒の中に石を入れ、画用紙で蓋をして振る）・スリットドラム（竹の太い部分を節が中心になるように切り落とし、両側から切り込みを入れてドラムにし、細い竹筒でマレットを作って叩く）

3年間を通して、竹太鼓は続けて作っているが、2年目からは楽器の数を増やし、2016年度は「自然の素材」ということに的を絞り、プラスチック等は使用しないようにしている。

(3) 2つの実践による、子どもたちと学生の反応
①完成した「作品」について

まず、「子ども大学かすかべ」では、どういう楽器を作るかについては、学生のアイデアによって決定したが、作成過程は、完成品の「見本」に近付けるような手順が示されていた。そのため、出来上がったものはほぼ「見本」に近いものであった。

一方、「里山を通した自然体験活動」では、完成品の「見本」は示されていたものの、材料そのものが「竹」という自然物なので、「見本」通り

にできないものもあったが、そこで、児童はオリジナルのもの（奏法を含む）を作り出した。

もともと「見本」として示されたものは、竹筒に紐を通して（片方が節になっているもので、その部分は学生がドリルで穴を開けた）首にかけ、枝のバチで叩いて演奏するものであった（**写真2**）。ところが、ある児童は節と節の間の貫通した部分を使い、首からかけずに腕に通してバチで叩いた時にミュートしたような音を出したのである（**写真3**）。

こうした、児童の様子を見て、学生は「貫通している竹を腕にはめてバチで叩いている姿や、竹の中にバチを入れカチャカチャ鳴らしている姿、バチの先端にビニールの紐を巻いて演奏している姿、落ちている木の枝を何本も束ねてバチ代わりにする姿がみられた。それらの工夫を、自分一人で完結するのではなく、チームの中で互いに見せ合い、真似し合い、楽しむ姿も多く見られた」[3]と言っている。

また、「子ども大学かすかべ」では、参加者の感想文に「ばいおんというものがあることがわかった」や「ふえの長さで音の高さがかわることがわかった」などの物理的な事項に関する感想もみられた。これについて、チューバを演奏した学生は、「子どもの耳の良さに驚いた」と感想を述べている。

2　「音の出る地図」作り

「音地図」とは、「音マップ」とも言われるが、教育現場でこの言葉が初めて使われたのは、東京学芸大学附属竹早小学校の星野圭朗の実践による「音地図を作ろう」であろう[4]。これは、校舎内で探した音を白地図に記入させ、オノマトペで表現させ、その後図形楽譜へ発展させるというものであった。

筆者は「音地図」の考え方を元に2001年からパソコンを使って録音した音を聴くことができる「音の出る地図」の作成に取り組んだ。「音の出る地図」では録音した音をその場所で撮影した写真にパソコンを使ってリンクさせ、地図上に写真を貼り付け、写真をクリックするとその音が聞けるように設定するものである。

ここでは「音マップ」作りの例として、先に触れた「子ども大学かすかべ」の取り組みを紹介し、「音の出る地図」作成の例としては、公立学校での最初の実践となった「笹川中学校の音環境地図」作りを以下に示す。

(1)〈事例3〉「子ども大学かすかべ」（2013年）の試み

実施日時：2013年9月7日、10時30分〜12時15分

参加児童：春日部市内の小学4〜6年生、50人

テーマ「音を感じる、音を楽しむ」（はてな学）

実施内容：大学内を探索して「音マップを作成する」

本稿で前述した2015年と同様に、筆者とゼミ学生、教育学部の有志の学生によって、サウンドエデュケーションの手法を取り入れた以下のようなワークショップを行った。

- 音クイズ…ペットボトルの蓋や卵の殻、クリップなど身の周りのものをガーゼにくるんで音を鳴らし、何が入っているかを当てる
- 音のイメージ図…大太鼓やフレクサトーンの音を聴いてイメージ図を描く

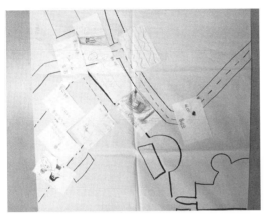
写真4　出来上がった「音マップ」

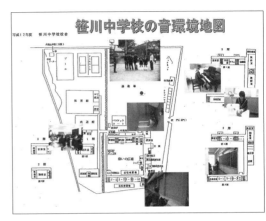
写真5　「笹川中学校の音環境地図」

・音探検とマップ作り…グループごとに大学内を探検して発見した音を、文字やイメージ図で付箋に書き、それを模造紙に書かれた地図上の音の鳴っていた場所に貼り付ける（**写真4**）。

ここには次のような音が絵や図、擬音語で表現されている。

　・せみの鳴き声・石の転がる音・子どもたちの声・足音・ラケットに当たるテニスボールの音

(2)〈事例4〉「笹川中学校の音環境地図」作成の試み

2002年に四日市市立笹川中学校の1年生を担任している数学の教諭によって担任クラスの総合的な学習の時間に実施されたもので、学校内の音の録音とその場の写真撮影を行い、それをパソコンを使って校内地図に貼り付け「音の出る地図」として仕上げた（**写真5**）。

ここに貼り付けられた音は次のようなものである。

　・グランドで部活動をしている音・音楽室のピアノの音・家庭科室でミシンを動かす音・理科実験室で先生が説明する声・駐輪場に来たバイクの音・授業中の教室の音・トイレの水を流す音

(3)「音マップ」作成による子どもたちの様子と学生の反応

「子ども大学かすかべ」では、音を絵図で表し、模造紙に貼り付けるものであったが、こうした活動そのものが初めての体験だったため、以下のような身のまわりの音に気付いた感想が見られた。

・身の周りに色々な音があることが分かりました。
・音探しと音探検が心に残った。
・色んな音が好きになった。
・身の周りの音を聴いて楽しかったし、サウンドスケープのこともわかってためになったし、すごく面白かったです！
・今日、はじめて音の学習をやり、音の大切さが分かりました。楽しかったです。

この感想を見て学生は「普段意識していなかった音を認識し始め、興味を持った様が見て取れる。

今回は、1回だけの活動であったが、継続していけば、子ども達の音に対する感受性は高まっていくことが予想される」としている[5]。

笹川中学校の実践では、学校の音環境を地図上に示すという目的で作られたので、生徒たちは学校で音がする場所に行き、録音等を行った。そのため、音そのものはその環境にあったもので生徒による手は加えられていない。しかし、後に東京都北区立八幡小学校で行った実践では、テープレコーダーの回転数を変えて録音することにより、変調のかかった音を使用するなどの工夫が見られた。**写真6**がその作品である。

ここに貼り付けられている音は、(上から順に)・雪どけ水がしたたる音・ミシンをかける音・水道から落ちる水の音・印刷機が回る音・セロハンテープをはがす音であるが、これらの音は全て変調がかけられており、実際に聞こえる音とは違っている。

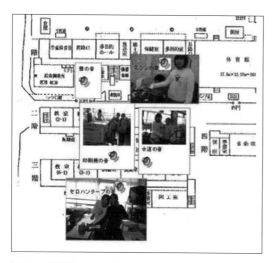

写真6 「学校の不思議な音」

3　これらの実践が意味すること

手作り楽器や、音マップ作りはこれまで様々な場面で実践されてきたが、どういう位置付けでそうした活動を行うかが重要になる。同じ手作り楽器でも〈事例1〉は音の仕組みなど、科学的な目を養うことがその目標に掲げられている。〈事例2〉は野外での活動ゆえに引き起こした子どもの創意工夫が見られる。しかし、どちらも「音に耳を澄ます」という感性を研ぎ澄ます活動が入っていることに変わりは無い。

これらの活動を子どもたちと共に体験した、学生も然りである。学生は子どもたちの様子を見ることで、その活動の大切さを感じ、子どもの創意工夫に驚きと同時に自分自身の視野を広げることに繋がっていくのである。

〈事例4〉については、冒頭でも述べた数学の教員によって実践されたことに目を向けたい。パソコンというメディアを使ったことが理科系の教員の興味をひくきっかけとなったが、実は、音楽は〈事例1〉に見られるように、科学的な視点が必要な教科である。これはもちろん、音楽に限ったことではないが、楽器の音の仕組みなど、「音」そのものに着眼することによって、こうしたことが具体的に見えてくるのである[6]。

前述した星野圭朗は既に1980年代に理科と図工と音楽の合科的な実践「自作の弦楽器で音楽会を開こう」を実践している[7]。こうした実践からも、音楽を含めた芸術は決して他教科と無縁のものではないことが示される。

そして、こうした活動は、児童・教員だけでなく学生を含めた様々な世代が関わることが可能である。

今後、芸術教科が「孤立」しない為に、こうした視点を持った教育が行われる必要性を痛感する。

● 注

1　「子ども大学は、2002年にドイツのチュービンゲン大学で始まり、ヨーロッパに広がりました。2009年（平成21年）3月には、日本で初めて『子ども大学かわごえ』が誕生しました。埼玉県では、この取組をモデルとして平成22年度から、子供の学ぶ力や生きる力を育むとともに、地域で地域の子供を育てる仕組みを創るため、子ども大学の開校を推進しており、現在は県内各地に広がっております。」（埼玉県教育委員会のホームページより引用）http://www.pref.saitama.lg.jp/f2216/kodomodaigaku/index.html（2016年10月）

2　このプロジェクトは共栄大学と宮代町の連携事業の一つとして位置付けられ、2011年12月の包括協定が基盤になっている。連携事業は次のようなものである。
1. 地域の安心・安全の推進　2. 地域資源を活用した経済・産業・観光の振興　3. 地域振興・まちづくり　4. 学校教育支援　5. 健康増進　6. 芸術文化・スポーツの振興　7. 人材の育成
「大学と地域との協定状況（平成26年度）－埼玉県」https://www.pref.saitama.lg.jp/a0102/daigakurenkei/documents/26kyoutei.pdf

3　栗原まりい（2014）「子どもの感性を育む『音』を使った活動について」、共栄大学教育学部卒業論文、p.17.

4　星野圭朗（1993）『創って表現する音楽活動──音の環境教育の視点から』音楽之友社、pp.125-137.

5　栗原まりい、前掲、p.39.

6　八幡小学校の実践では、テープレコーダーの回転数を変化させることにより、直感的に音の物理的性質を感じ取っている。

7　星野圭朗、前掲、pp.76-94.

音楽との相互関係を結ぶ力を育てる

アフォーダンス理論による音楽科教育「転回」の視点と実践の展望

内海 昭彦

はじめに

　昨今、学校教育のグローバル化への対応が教育現場にも迫られている。既に、外国語活動は初等教育の中学年段階への前倒しが決定しており、日本の子どもたちの周辺でも、アジア諸国や中国、韓国、アメリカ等の国々から日本に来ている人々との交流が日常化してきている。筆者の周辺でも、外国出身の両親をもつ子どもが入学して来たり、オーストラリアやカナダ等の諸外国から「体験入学」で日本に来る海外在住の子どもたちと接する機会が増えたりして、地方においてもグローバル化の波が押し寄せてきていることが実感できる。

　福本はこうした日本を取り巻く社会的な変化の現状に対して、教育に携わる者が「グルーバルな視野で活躍するために必要な資質・能力を同定して子どもたちが未来形成を有意味なものとして実現できるようにしなければならない」として、このような事態に対応する資質・能力の育成は、具体的な方略と重ね合わせて実践化されなくては意味をなさない、と指摘している[1]。福本の指摘は、社会の変化に対応したグローバルな視野で活躍するための資質・能力を明確にしたうえで、それらに即応できる体制づくりが学校教育には求められているということの示唆に他ならないと考える。

　芸術教育においてもこうしたグルーバル化に対応した教育の方略の見直しが急務である。文部科学省の中央教育審議会においては、OECDにおける3つのキー・コンピテンシーとして、

①社会・文化的、技術的ツールを相互作用的に活用する能力
②多様な社会グループにおける人間関係形成能力（自己と他者との相互関係）
③自律的に行動する能力（個人の自律性と主体性）

が示されている[2]。

　この中でも特に、現行の音楽科教育の内容の中

で見直しが必要な部分として、①の「社会・文化的、技術的ツールを相互作用的に活用する能力」の育成における問題を指摘したい。つまり、現在の学習指導要領下での音楽科教育では、果たして社会のグローバル化に対応するための、「音楽」という社会・文化的、技術的ツールを「相互作用的に」活用する資質・能力を育てることが可能な内容となっているのであろうか、という問題である。

　中央教育審議会の指摘にもあるように、こうした、社会・文化的、技術的ツールを相互作用的に活用する能力の育成には、「変化」「複雑性」「相互依存」に特徴づけられる、刻々と変化する世界への対応が求められる[3]。音楽的文化、技術の「変化」や、多様な文化的背景をもつ複雑な音楽文化への対応、そして、多様な音楽的文化を受け止め、そうした異なる音楽的文化と相互作用的に関係を結ぶことのできる資質・能力こそが、芸術表現教育に求められるコンピテンシーの中心となってくると考える。そして、これらの芸術表現に求められるコンピテンシーを身に付けさせることのできる教育の実現は、多様な社会グループにおける人間関係を形成する能力や、アクティブラーニングに代表される自律的に行動する能力を身に付けさせることのできる教育の実現とも密接につながってくるものと考えるのである。

　こうした、「グローバリズムに対応できる音楽科教育の方策」の転換への問題は以前から指摘されている。

　伊野は、現行の学習指導要領で強調された「日本の伝統的な音楽」の指導の充実に対して、授業者の側から出てくる疑問として「旋律や強弱といった要素から音楽を捉えていく方法は、日本の伝統音楽の学習になじむもの」か、という疑問を呈している[4]。伊野は一方で〔共通事項〕に示された音楽を形作っている要素で音楽を捉えることは、日本の伝統音楽を世界の様々な音楽と同じ土俵にあげ、共通の視点から捉えることを可能にし、その結果多様な音楽を構造的に見ることができるようになるとしながらも、西洋音楽を聴き取り、理解を深めていくように音楽の「構造」を分析していく手法を日本の伝統的音楽に適用しようとすると困難に遭遇する、と主張する。そして、「日本の伝統的音楽の学習においては、『二つに分かれてから基礎として考え進む』のではなく『その反対で、二つに分かれるさきから踏み出す』認識や思考法がまずは重視されるべきではなかろうか」とし、日本の伝統的な音楽の指導に関しては、音楽を「どのように捉えるか」という「認識」や「捉えた音楽をどのように聴きとっていくか」といった「思考法」の転換が必要であることを指摘している。伊野の指摘は、西洋の音楽文化を中心として捉えてきた日本の音楽科教育の方法論の位置づけに対する疑問として受け取ることができよう。同時に、日本の音楽科教育がもつ、グローバル化、多様な文化への対応の問題点の一つであることの指摘とも捉えられるのである。

　また、音楽という芸術表現に対して「受け身」の姿勢で臨ませようとする現行の音楽教育観に対しても疑問の声が聞かれる。今田は、日常にあふれる音楽的な情報によって、人々が、何が音楽なのか、音楽とは何なのか、に関して思考する必要が無くなっていることを憂慮している。そして、積極的に音楽を聴き、「自らの耳と身体で音楽を聴き、見立てていく活動」の重要性を指摘する[5]。今田は、学校現場の音楽科の存在意義が常に問われていることを鑑み、これからの音楽科教育が課題として取り組むべき内容として、音楽が言葉

によって解釈される以前に立ち返り、「音楽」と「言葉」が生まれた軌跡を探らせることの重要性を説いている。今田が主張する「サウンドプロジェクト」による音楽教育は、音楽を頭で考えさせ、受け止めさせるのではなく、全身を使って音楽の有様全体を探り、身体に取り込ませること、そして、音楽を〈創り、演奏し、聴く〉身体の力、本来の隠喩力のために貢献する[6]ものとして提案されているのである。今田の主張は、音楽に対して身体全体で積極的に働きかけ、その瞬間、その瞬間を相互作用的に「探し」「捉えさせる」活動の重要性の指摘とも受け取ることができよう。

これら、現行の音楽科教育が抱える問題点のうち、芸術表現教育としての音楽科教育におけるコンピテンシー育成の課題を整理すると、次のようにまとめることができよう。

①様々な音楽的文化に対応できるような音楽科教育の内容の見直しを図ること
②様々な音楽的な環境との相互関係を構築することができる能力を育成するための音楽科教育の在り方を模索すること

しかし、社会の変化に伴って変化する教育をめぐる情勢に対応するために、音楽科教育の改善の模索を標榜する一方で、上位下達的な方法論の改編は、現場の教員である筆者にとって、やはり違和感がある。そうした、子どもを取り巻く周囲の状況の変化の圧力に加え、子どもの実態のつぶさな観察から来る「改編」の圧力も無視すべきではないと考える。小学校の一教員として、筆者が強く感じている音楽科教育の「改編」につなげるべき課題の多くは、子どもの実態と制度やカリキュラムとの齟齬に起因する。特に、筆者が指摘した

い食い違いは、現行の音楽科教育のベースとなる心理学に関するものである。

そこで本論では、こうした音楽科教育を取り巻く内外からの「コンピテンシー育成」のための改編に向けた圧力に対応しうる方策として次の2点を中心に論を展開することにする。

①様々な音楽的文化や音楽的環境の変化に対応しうる音楽科教育の内容を支える心理学的背景のパラダイムシフトの可能性
②音楽科を支える心理学的背景のパラダイムシフトによって見えてくる実践の方向性

本論では、本書のテーマである「芸術表現教育におけるコンピテンシー育成」の理論的背景を、昨今の認知理論研究におけるパラダイムシフトの原動力として注目されている「相互作用論」の中でも特に、アメリカの生態心理学者、J.J.ギブソンの「アフォーダンス理論」に求めることにする。アフォーダンス理論研究の知見は、人間を含む動物と環境との関係性について、これまでの認知理論とは一線を画す優れた説明を展開する理論であると筆者は確信しているからである。

そこでまず、ギブソンの「アフォーダンス理論」について概観する。ここでは、これまでの認知理論との違いや動物と環境との関係性についての「アフォーダンス理論」独自の考え方を紹介する。次いで、「アフォーダンス理論」の知見によって見えてくる、子どもの音楽の知覚の仕方と、認知や表現との関係について実際の子どもの音楽的行為（小学校1年生の児童の様子）にもとづいてまとめる。そして、アフォーダンス理論を実践の基盤として位置付け、「変化に対応し、音楽との相互関係を構築しうる」能力を育てるという

方向で計画した実践の一部を紹介する。その上で、これからの音楽科教育の方向性について展望を行い、芸術表現教育としての音楽科で育てて行くべきコンピテンシーについて独自の提案をしたいと考えている。

1 生態心理学による「アフォーダンス理論」との出会い

　筆者は、小学校の教員として日々音楽科教育に携わりながら、子どもの音楽を知覚する能力について、旧来の心理学の説明では理解しきれない部分があると常々考えていた。子どもたちの音楽的な活動の様子をよく観察していると、音楽を受け身で捉えさせる場合よりも、身体を動かさせて、能動的に音楽の「様」を探らせる活動をさせた場合の方が、より表現の自由度が増し、豊かな表現が生み出されるのである。子どもたちは、耳で音楽を聴き、頭で音楽を分析的に「知覚する」というよりは、まずは身体全体を使って音楽の「様」を探索しようとしているとした方がより正確ではないかと思われる知覚の仕方をするのである。

　また、音楽的な要素を聴き取らせ、分析的にその構造を捉えさせたり、歌詞に表現された心情を考えさせたりした後に「どう歌うか」と考えさせる従来の手法をとる場合よりも、音楽を聴いて思い描いたイメージや、歌詞を読んで湧き上がってくる感情をどう表現するか、ということを意識させ、考えさせる活動を展開する手法をとる場合の方が、子どもの表現が生き生きと変化するのも事実である。

　しかし、これまで私たちが当たり前のように捉えてきた音楽の認知に関する心理学のパラダイムは、音楽は耳を中心に使って聴くもので、その耳という感覚器官を使って捉えた音を脳で処理することによって、「大きい音だ」や「細かいリズムの構成になっている」というように「知覚」し、その「知覚」した内容について、「いい音だ」とか「優しい感じがする」とか「激しく迫ってくる感じ」というように「感受」するというような流れで説明されるものである。現行の学習指導要領を見ると、「児童が音楽を全体にわたって感じ取っていくためには、体のあらゆる感覚を使って音楽を捉えていくことが必要となる」という一文がある[7]。しかし、その後には「児童が<u>身体全体で音楽を感じ取ること</u>を通して、音楽学習の基礎となる想像力がはぐくまれていくのである[8]」となっており、やはり、音楽に対して「受け身」の「知覚」の立場による説明となっているのである。

　こうした説明は、先の、筆者の子どもの観察にもとづく「子どもの音楽の知覚の仕方のみとり」とは異なる。子どもは受動的に音楽を知覚する場合もあるが、全身の感覚を使って音楽を探りに行くような機会をもった時に、音楽の有様を身体全体の動きを通してダイナミックに捉え、自分の身体に取り込むのである。

　このように、実際の子どもの音楽の「知覚」の仕方や「学習」、「表現」へのつながり方と、旧来の心理学をもとにした「知覚」と「感受」そして「表現」への説明には、どうも食い違いが見られるのでは、と感じていた時に、筆者はアメリカの心理学者J.J. ギブソンの提唱した生態心理学による「アフォーダンス理論」に出会ったのである。

　アメリカの生態心理学者、J.J. ギブソン（James Jerome Gibson, 1904-1979）は、マサチューセッツ州のスミス・カレッジにおいてゲシュタルト心理学の権威であるクルト・コフカ（Kurt Koffka,

1886-1941)の影響を強く受けた心理学者の一人である。しかし、コフカらのゲシュタルト心理学には傾倒せず、「知覚」についての独自の理論を打ち立てていく[9]。

ギブソンは「知覚」を、心の作用あるいは脳の中の出来事とする考えを捨て、生態と環境との相互作用の結果として捉える考えを表明している。つまり「知覚」を、世界を探索する知覚者と、知覚者の接している環境までを含めたひとつの全体としての「知覚システム」として考えていたのである[10]。その上でギブソンは、そうした環境が私たちに提供する、あるいは与える知覚者にとっての「意味や価値」を含む情報を「アフォーダンス」という言葉を創って説明している。

「アフォーダンス」とはギブソンの造語で、環境が人や動物に与える「行為の可能性」のことである[11]。ギブソンは、人間をはじめとする生物の「知覚」を、情報を直接手に入れる活動と捉え、人間が認識のためにしていることは、自身を包囲している環境に情報を探索することだ、とする考えをもっていた[12]。そして、環境の中にある「アフォーダンス」をピックアップするための身体の動きを「知覚システム」と呼び、人間は、「知覚システム」を使って「知覚するために動き」また「動くために知覚する」存在であるとした[13]。このように、ギブソンの「生態心理学」からのアプローチによって、「動く」ことを通して「知覚」し、環境とのつながりを探索する子どもの姿が見えてくるのである。

また、「イメージ」の効用については、ギブソンの考えをもとにした佐伯の説明が明確である[14]。佐伯は、イメージは、そのイメージを思い浮かべて表明した人にとっての存在であるばかりではなく、そのイメージを共有した人や、その周辺の事物を「それに向かう行為」にアフォード(afford:提供する。与える)するという。そのことによって、認識者やそのイメージを共有した人が外界のリアリティーを的確に、また新たに知ることになる。つまり、イメージを思い浮かべた人とそのイメージを共有した人は、外界のアフォーダンスを抽出する能力が覚醒され、対象のみならず、周辺の状況に対しても認識が開かれたものになるという。これを、佐伯は「表象主義」つまり従来の心理学をベースとした考え方ではできなかった「イメージの創造的作用」だと説明しているのである。佐伯の考え方を適応させると、音楽の学習においてもイメージを明確にしていくことはそのプロセスの中でアフォーダンスを抽出する能力を高め、新しいことを発見し、学ぶ力を育てることに有効であるということが示されるのである。加えて、こうした力は、これからの社会を生き抜くうえで、子どもたちにとって重要なコンピテンシーの一部となっていくと確信するのである。

ギブソンのアフォーダンス理論においては「知覚」とは、環境に対してアクティブに動く知覚者が作り出すものである。この考え方は、実際の子どもの音楽の知覚の仕方の説明としてよりリアルなものであることが分かるであろう。そこで、次節では、ギブソンの生態心理学によるアフォーダンス理論を概観し、今後の音楽科教育に応用できる要素をピックアップしていきたい。

2　アフォーダンス理論の概略

生態心理学では、「アフォーダンス」の他に、「不変項」「ダイナミック・タッチ」等の、独自の概念が示されている。これら独自の概念は、膨大な量の実験を通して得られた、従来の心理学の定

説に対してのギブソンの疑問から発した斬新な知覚理論から生まれている。

その中でも、動物の「知覚」に関する考え方には、「知覚」を感覚器からの感覚情報を基に、脳を中心とする中枢系の処理過程と捉える考え方とは異なる見解が示されている。以下にその特徴的な「知覚」の捉えについて、4点挙げることにする。

2-1　環境の中に「意味」が存在する

ギブソンは、その著書『生態学的視覚論（The Ecological Approach to Visual Perception）』の中で、次のように述べている。

> アフォーダンスは、観察者の要求や知覚するという行為によって対象に付与されるのではない。対象は、それがどのような対象であるかによって、それがなるところのものを提供するのである[15]。

ギブソンによれば、環境が動物に提供するその動物にとっての意味や価値は、良いものであれ、悪いものであれ、知覚者側の要求や行為によって、対象に対して意味づけられるのではなく、その動物との関係の中で、すでに用意されていたり、備えられていたりする性質のものだということである[16]。つまりギブソンは、知覚者をとりまく環境の中に、その知覚者にとっての意味や価値が存在するとしているのである。これは、従来の心理学における「知覚者にとっての環境の意味は、知覚者の感覚刺激を統合し、判断し、推論するなどの思考活動によってつくり出されるもの」というモダリティーに対して一線を画するものであると言える。

2-2　能動的な情報の探索

生態心理学ではまた、知覚者は、環境から能動的に情報を探索することによって自らに必要な意味を環境のうちに発見するという立場をとる。

ギブソンは、能動的に探索する知覚者は、環境の中に一定の仕方で変化する情報を捉えるが、「そうした可変的な情報の中に、自身と環境との変わらない関係性を直接に知覚する[17]」と考えたという。そして、こうした、ものの状態の変形から明らかになる不変なものをギブソンは「不変項」と呼んでいる。ギブソンの「知覚」に対する考えの中核をなすものは、このように、環境中の変化から、不変なもの、「不変項」を直接に発見することである。

このことを説明するのに、ギブソンは航空機のパイロットを例に挙げている。パイロットは着陸の際、機体を安定させるために、周りの景色という「変化するもの」と「地面」という「変化しないもの」を見分け、着陸のために必要な情報という「意味」を環境の中に発見しながら安全に着陸させるという。つまり、着陸のために能動的に「変化するもの」と「変化しないもの」を見分け、地面に対して滑らかに接近するという行為を行っている、というのである[18]。

このように、生態心理学では、知覚者が対象に自分から能動的にアクセスし、対象の中に意味や価値を見出していくことの重要性を指摘する。これは、対象からの刺激を受けることで、脳が受身の形で感覚作用を形成する、とする従来の心理学の感覚モダリティーを踏襲する捉えではない。

2-3　環境と知覚者との相互依存関係

生態心理学では、身体の各部位間のつながりや

相互補正関係を中心とする「知覚システム」間の協調関係を「コーディネーション」と呼ぶ。これは、佐々木が『『コーディネーション（協調）』とは、身体の力のインフォメーションが多種の空気の中のインフォメーションと関係して発見される単位[19]」と述べているように、アフォーダンスを提供する環境と人間の行為とその変化を含んだ「知覚システム」としての人間同士のつながりや協調関係としても捉えることができる。

丸山は、オーケストラと指揮者は「関係を協調させながら、ある楽曲の表現の可能性を実現するために運動して[20]」いるとし、楽曲の演奏をつくりあげていく上で、指揮者と同様にオーケストラ側も、指揮者に対してアフォーダンスを提供することによって演奏の変化が起こり、楽曲の表現の可能性を広げていると、指摘している。ここではまさに、オーケストラという環境によって指揮者とオーケストラ団員相互につながった知覚システムが作られている。つまり、オーケストラでは楽曲を仕上げるという行為を洗練させていく「コーディネーション」の探求が行われているのである。

2-4　生態心理学における「学習」

伝統的な心理学に基づく考え方では、「知覚学習」を感覚印象と脳に貯蔵された記憶との間に新しい連合をつくりあげること、すなわち脳が新しい刺激を解釈し、分類しなおすこと[21]と捉えてきた。しかし、生態心理学においては、ギブソンが「世界の情報を選択し抽象する能力は、子どもの成長とともに発達する[22]」と述べているように「知覚学習」を「知覚システム」の「分化」や「精緻化」の過程と捉えている。つまり、生物の個体が誕生する時点でもって生まれた各感覚器の機能を使い、はじめはわずかな情報しか捉えることができなかったものが、環境との接触によって環境中に様々な情報を発見できるようになること、すなわち「知覚システムの動作を洗練し、分化していくこと[23]」と捉えているのである。

こうした、生態心理学によるアフォーダンス理論に基づく音楽教育へのアプローチ（以下「生態心理学的アプローチ」とする）は、音楽的行為における「学習」を根本的に捉え直す機会を与えていると考える。すなわち、音楽を聴く、奏でるという行為によって、感覚器からの情報をもとに脳が認識を形づくり、そこから知識や技能のもとになる情報を生成し、脳が表現への指令を出していく、という従来の「学習」の捉えから、「知覚システム」を使って私たちを包囲する環境から音や音楽の情報をピックアップする行為として捉え直す必要があることを知らせていると考えるのである。こうした生態心理学の立場にたつと、演奏の上達とは、楽器や声によって組織化した音を出すための身体の働きを生む「知覚システム」の成長として捉えることができる。つまり、音楽的行為における「学習」とは、これらの「音を聴き、音を奏でる」ための「知覚システム」を、より精緻化し、洗練させていくことであると捉えることができるのである。

3　生態心理学的アプローチにおける音楽の知覚者

これまで述べてきたように、生態心理学的アプローチでの音楽の知覚者とは、能動的に音楽の中に意味のある情報を探索することによって、自らに必要な音楽的な意味を発見する存在であるということができよう。では、生態心理学的アプローチにおける音・音楽を聴くことや、演奏として表

現する行為は、これまでの心理学の捉えと具体的にどう違うのであろうか。

3-1　音楽を「聴く」ということ

丸山は「音楽作品とは作曲家が各人各様の仕方で音のレイアウトを改変し、他のレイアウトとは異なった音楽的な内容を実現する可能性が埋め込まれたものであると考えられる[24]」と述べている。そして、音楽を聴くということは、作曲家が改変した音のレイアウトの可能性を、オーケストラ等の演奏家たちが音楽として実現した音の情報について、耳を中心とした聴覚システムによって能動的に探索することにより、その音のレイアウトの中に「意味」を発見する行為であるとしている。

伝統的な心理学に基づく考え方では、音楽は感覚器に対しての一方向的な刺激として認識される。そこでは、音や音楽を刺激として捉え、感覚器に入ってきたこうした刺激を、神経の中枢で処理することが音楽の知覚である、と説明されるであろう。しかし、生態心理学的アプローチでは、音楽作品とは、「他のレイアウトとは異なった音楽的な内容を実現する可能性が埋め込まれたもの」という丸山の言葉に代表されるように、音楽に埋め込まれた音のレイアウトの中に、聴く側が聴きとる「意味」が存在し、そうした音のレイアウトの意味を能動的に発見する行為が「音楽を聴く」ということである、と説明されるのである。つまり、一方向的な音の刺激の感受から、能動的な「聴く」という行為への感覚モダリティーの転回が図られるのである。

3-2　「演奏する」ということ

生態心理学的アプローチでは、身体の運動を、身体の外の環境との関係性と、身体の内部の感覚器や運動器官を含めた、トータルな「知覚システム」の働きとして捉える。そこでの身体の動きのコントロールは、従来の心理学的な背景で捉えられるような、中枢からの指令に基づく情報伝達型の運動モデルを否定し、知覚システムを使った感覚器や運動器官の相互協調、協応関係によるとする。このような知覚と運動、すなわち、知覚と行為との協調・協応関係を、生態心理学では「知覚と行為のカップリング[25]」と呼んでいる。そして、その行為の習熟は、知覚システムを使った運動制御の精緻化と洗練の結果であるという。

ベルンシュタインは「音楽家」は聴覚系の自己受容感覚を使って運動コーディネーションを作り上げるということに触れている。ベルンシュタインの考え方に従うと、楽器の演奏とは、聴覚という感覚と、骨格と連結した筋などの自己受容器系が、演奏者の意図のもとに協応関係をうまく調整しながら、構造化された音を外界に対して放ちつつ、また、外界に放たれた音をもとに、感覚調整をしながら全知覚系（特に聴覚系及び筋―骨格運動系）が相互にその動きの組み合わせを調整していくことである、と説明できるのである[26]。

つまり、生態心理学的アプローチによって、「演奏する」という行為は中枢からの指令に基づく線的な運動モデルから離れ、環境との相互協調、協応関係の構築に基づく「知覚システム」の働きとして捉えられるのである。そして演奏の上達とは、こうした演奏の為の「知覚システム」の相互協調、協応の精緻化と洗練の結果として捉えることができよう。

3-3　音楽の知覚者同士のコーディネーション

丸山は、オーケストラの指揮者が、その動きを通して楽曲に固有な音楽のアフォーダンスを楽団

員に伝える、ということを指摘している。丸山はまた、指揮者の井上道義とその率いるオーケストラの観察を通して「リハーサルの進行に伴ってオーケストラとの同期性を高めていったことからも示唆されるように、井上とオーケストラは次第に相互の関係を変化させていったのである[27]」と述べている。つまりこのことは、指揮者とオーケストラは、片や身体の動きを通して、一方は演奏を通して相互の関係を協調させながら、ある楽曲の表現の可能性を実現するために運動している、ということを示しているという。

　生態心理学的アプローチにおけるアンサンブルとは、このように音楽の知覚者同士が、互いに発見している音楽のアフォーダンスについて知りあい、運動協調によって影響し合う場である、ということができよう。

3-4　生態心理学的アプローチにおける音楽的発達

　佐伯は、複雑な技能の習得とは、自己の周囲の環境と行為者との間にできあがってくる「アフォーダンスと活動の膨大な連携関係の流れ」の形成によるものだとみなすことができる、とする。そのうえで、「『技能が熟達する』ということは、『身体をどう動かすか』を『頭のなかの知識』として獲得するのではなく、外界の操作対象のどこに、どう働きかけようとして、身体全体でどう向かわせるかを習得する[28]」ことだという。音楽的技能の習熟に置き換えると、音楽という外界の操作対象に対して、例えば、音が発生する源である楽器の操作をどうするか、或いは身体の動きに変換可能な音楽的な要素にどう働きかけて、身体全体でどう向かわせるかを習得することである、ということができよう。

　工藤による研究によれば、ストリートダンサーの動きのキレは、「獲得した行為パターンからの『逸脱』に対する適応力の高さ[29]」から生まれる、という。ダンスの非熟練者は、音楽のビートと自分の足の曲げ伸ばしの運動とを結びつけて動く力が限定的なため、音楽の拍と足の曲げ伸ばしという運動の位相関係によっては、自分の意図通りの運動ができない。つまり、「熟達化」とはできるようになったことの制約からの自由を獲得し、同時に多様で洗練された表現への自由を獲得することである、という。

　音楽の学習に転じて考えると、ここでいう学習とは、繰り返し練習することによってある一定のパターンができるようになることではない。感覚情報と運動がシンクロする「協応関係」をつくるプロセスと考えることによって、予期せぬ新奇な状況に置かれても、その状況に適した新たな動作をその場で創造する力を育てることこそが「学習」と言えるのであろう。更に、工藤は「自由度間の機能的な協応関係（協応構造）の形成によって、様々な変動に対して柔軟なふるまいができるようになる、とも述べているのである。

　これは、従来の心理学的な背景によって私たちが当たり前と考えてきた、美学的な知識や、奏法に関する知識、楽曲を分析した結果に関する知識などの音楽的な知識を使い、さらにいわゆる教則本に書かれているような細分化された演奏技能を身に付けることによって上達する、という線形の音楽的発達の捉え方とは違う。知識や記憶は行為に向かう身体の動きを制御する複雑な「知覚システム」の一部なのである。音楽を聴くという行為も、演奏という行為もそうした音楽的な環境と一体となった知覚システムの働きによる行為である。更に、音楽のアンサンブルという活動を鑑みれば、

自己内の全知覚系のコーディネーションに加えて、音楽という環境を媒介とした、「人―環境」のみならず、他者とのコミュニケーションによる「人―人」の協応関係の形成が重要でもあろう。教育の仕事は、そうした個々の「知覚システム」同士の協応関係の形成と熟達化を支援していくことである、と捉えることができるのである。

このように、生態心理学的アプローチにおける音楽的発達とは、音楽のアフォーダンスと知覚者相互の協調関係を利用し、音楽に対して能動的に働く知覚システムを使い、音楽的な行為の精緻化、洗練化、熟達化が図られることである、と捉えることができる。

4　生態心理学による子どもの音楽的な行為の捉え直し

これまで述べてきたように、生態心理学的アプローチによって子どもの鑑賞や演奏などの音楽的な行為を見直す視点が提供されている。つまり、子どもの音楽的な活動という行為を、エコロジカル（生態学的）な視点から見直し、その行為の実態から子どもが環境の中に見出している意味や価値を推測し、子どもの音楽的な発達の姿を捉え直していく、ということである。

本節ではその一端として、小学校1年生を対象とした音楽科授業での実践場面の分析を紹介する。ここでは、子どもが音楽を聴いて自ら音楽の特徴に合わせて動きをつくる際の思考過程とその結果としての音楽的な表現との関係を生態心理学的アプローチによって捉え直し、従来の心理学的背景では見えてこなかった、身体の動きと音楽的な表現との有効な関係について考察する。

4-1　動きで音楽のアフォーダンスを発見する子どもたち

教材：《シンコペーテッド・クロック》アンダソン作曲

対象：小学校1年生児童（男子10名、女子14名）

学習のねらいは「音楽を聴き、身体を動かすことによって曲想の変化を感じ取る」ということである。

《シンコペーテッド・クロック》は、A-B-Aの複合三部形式の楽曲である。児童には「はじめ」「なか」「おわり」という言葉でこの楽曲の形式を示した。

授業では、はじめに「曲の感じが変わったと思うところで手を上げましょう」と働きかけ、Aのウッドブロックの音色が特徴的な部分から、Bのトライアングルが聴こえる部分への変化を捉えさせた。その後「なかの部分の動きを工夫しよう」と働きかけ、「なか」の部分すなわちBの部分のリズムの特徴や楽器の音色の特徴、Bの部分の特徴的な旋律等の、楽曲の音楽的な特徴を捉えて、それに合わせた身体の動きを工夫するよう促した（**表1**）。

この活動でS男ははじめ、楽曲の中間部のトライアングルが鳴る部分で手をたたいていた。これは、旋律の変化という音の時系列的変化に反応した動きであると推測される。その後、トライアングルの音色とリズムに反応して首を振る、音に合わせて面白い顔をする、両手を激しく振る、肩を上げ下げする、立ちあがってジャンプしながら1回転する、手を振ってジャンプする、というように行為を変化させていった。その後の、友だちの動きのよいところを見つける話し合いを経て、

学習活動	○具体的な活動　◆教師の働きかけ
楽器の音色に気をつけながら聴く	○「シンコペーテッド・クロック」を聴く ◆どんな音が聴こえてきましたか？
曲想の変化を感じ取って聴く	○曲想が変化したと思う部分で手を上げる ◆曲の感じが変わったと思うところで手を上げよう
「なか」の部分の動きを工夫する	○「なか」の部分の動きを工夫する ◆曲の感じに合わせて動きを工夫しよう ◆友達の動きのよいところを見つけて話そう ◆見つけたよさをもとにもっと動きを工夫しよう

表1 《シンコペーテッド・クロック》の授業展開

最終的には、トライアングルが鳴っている間は「手を振って1回転する」という動作をすることに落ち着いた(**写真1**)。

この動きの変化のプロセスでは、①楽曲に特徴的な旋律への反応、②トライアングルの音色の発見、③リズムやトライアングルの音色等の音楽の要素の次元に合わせた動きの探求、④音楽の要素に合わせた動きとして「手を振って一回転する」という動きに固定化、といった行為の変化・洗練が見られている。

このS男の音楽に対する身体の動きによる反応の変遷は、《シンコペーテッド・クロック》の「なか」の部分のトライアングルが鳴る部分について、自分なりの音楽の捉えにぴったりの動きを追究するという目的をもった行為と考えられる。

ここでは、丸山が、指揮者の「多義的な身振りは、彼の身体が彼独自の仕方で楽曲の構造と結び付いていたことを示している[30]」と述べているように、S男もまた、自らの身体の動きを音楽の要素を基にして変化させ、音楽との協調関係(コーディネーション)をつくりあげていった、と考えられるのである。つまり、小学校低学年の児童は、音楽の要素の次元に合わせた自らの動きをつくることで、音楽の中の「動き」に変換することので

写真1

きるアフォーダンスを発見し、自身の「知覚システム」を使って音楽を直接的に知覚し、そのことによって音楽を深く感じ取ることができる存在である、ということができよう。

4-2　動きで表現しながら「コーディネーション」を高めていく子どもたち

本実践では、音楽を聴いて身体の動きで表現する活動において、児童同士が音楽に合わせて互いの身体の動きを協応させる行為も見られた。

R子は、なかの部分のトライアングルの音を聴

いて、最初は音と共に手を頭上に挙げる動作をしていた。2回目に聴いた時には、トライアングルの音が出てくるまで、手を使って近くにいた2人の子と別々に時計の針に模した動きを行っていたが、トライアングルの音が鳴ると同時に、互いに眼で会話するようにしながら近寄り、一瞬相手の動きをうかがう様子を見せた後、「しゃがむ」という動作を行い始めた（**写真2**）。

その後、3人は互いに動きで会話するように、動作を合わせることを始めた。最終的には時計の針を模した動きの代わりに、楽曲のリズムに合わせて足踏みをしながら、手をつないでくるくる回る動作をしたのちに、トライアングルの部分でつないだ手を揺らしながらしゃがむ、という動作に落ち着いている。注目すべきことは、児童の動きの詳細を見ると、初めは各児童が固有のリズムの捉えや速度感覚で動きを創っていたにもかかわらず、協応行為の終末段階では、3人のリズムと速度の捉えがそろってくることである。互いの身体全体の動きと手を引っ張る力等にコーディネーションが生まれることで、3人の動きが一体となった表現となるのである。こうした動きの同期は、知覚者同士の運動協応の結果から生まれていると考えることができる。

こうした子ども同士の動きの協応という行為は、音楽に合わせた動きを生成する、という状況下において、同じ状況下で動きを生成しようとしている周囲の友だちの動きの知覚と、自身の身体の動きとの協調によって生じると考える。つまり、身体的相互作用によって「同期に向かう動き」という新しいアフォーダンスの生成と、自身の動きのコントロールの循環という身体的循環過程が生まれた結果、他者と「同期した動き」が生成されている、と考えられるのである。また、こうした動

写真2

きは、他者とのコミュニケーションの中で、音楽的に意味のある動きを、自らの知覚システムの中に取り込んでいく行為であるとも考えることができる。

4-3　仮想的な「読み」の姿勢で歌詞のアフォーダンスを発見する子どもたち

教材：《夢みるジャンプ》林直次郎作詞・作曲
対象：小学校1年生児童（男子11名、女子12名）

今月の歌として全校で歌っている《夢みるジャンプ》という歌唱曲について、歌詞の意味から身体の動きを創りだし、そのことによって歌詞の意味内容を仮想的に捉えさせ、歌唱表現の工夫に活かしていく活動を行った。

この歌唱曲には、中間部で「おおきくなりたくてせいいっぱいジャンプする」という歌詞が出てくる。この部分で児童の多くは手を大きく頭上に挙げた後、一瞬でしゃがみ、その後ジャンプする、という動作を行った。これは、低学年の児童にはよく見られる、歌詞の内容をもとに動きを創りだ

し、歌いながら身体で反応する行為である。

歌唱曲《夢みるジャンプ》には、「大きな世界の真ん中で、一番になりたくて」という歌詞がある。T男は、その部分の身体の動きを以下の表のように表現した（**表2**）。

これらのT男の動きは、歌唱曲の歌詞に表現された世界を仮想的に捉える過程で生成したものと考えられる。

生態心理学的アプローチによって、こうした歌詞に合わせて動きを創りだす子どもの行為を、歌詞の内容を身体の動きのダイナミクスをもとにして知覚するための「目的のある行為」なのではないかという視点で捉えることができる。

石黒は、人が物語を読む際の姿勢に「第3の読み」というものがあることを指摘する。「第3の読み」とは、物語の「作者の意図した世界を再構築するという閉じられた読み」ではなく「読者自身の世界を構築するという開かれた読み」だという[31]。この「第3の読み」の姿勢によって仮想的な世界を構築し、行為を通して詩を読み深めていく読者の姿と、歌詞のある音楽を聴き、それに応じて身体を動かす子どもたちの様子には、通じるところがあると考える。

佐伯は、言語は社会的な活動や外界のアフォーダンスの予期的な抽出の「道具」であるという[32]。例えば、敵を見つけて発する「ギャーッ」という叫び声は、実際に敵の姿を見なくとも、その叫び声によって知覚者に「逃げる」という行為をアフォードする。人間はそうした「アフォーダンスを誘発するもの＝現物の代用」つまり「言語」を積極的に「道具」として利用してきたことで、言語体系を生み出してきたのではないかという[33]。この考えに沿うと、歌の歌詞は、知覚者にとって、単に歌詞の意味内容を伝えるものだけではなく、「身体を動かす」という「行為」を誘発することによって仮想的な世界を構築する「道具」ともなり得ると考えられる。T男の歌詞に合わせて動きを創る、という行為も、この動きを誘発する「道具」としての言語のアフォーダンスを捉えることによって生成されているのであろう。つまり、T男は、「夢みるジャンプ」の歌詞が表す世界を仮想的に創造する「第3の読み」の姿勢によって、例えば「大きな世界の真ん中で、一番になりたくて」の歌詞に合わせた動きを誘発するアフォーダンスを発見し、その意味に合わせた動作を創ることによって、歌詞の表す世界を独自に構築し、自らの「読み」を深めていたと考えられるのである。

歌詞	T男の身体表現
大きな世界の	両手を大きく2回まわしながら身体を左右に揺らす
真ん中で	右手の人差し指を左手の広げた手のひらに押し付ける
一番に	左手を引いて腰の所に構えながら右手を前に思い切り出し、人差し指を突き出す
なりたくて	右手の指を突き出したまま音楽のリズムに合わせて上下させる

表2　T男の歌詞に対する動きでの反応

5　生態心理学的アプローチに基づく音楽との関係づくりを重視した実践の取組

5-1　仮想的な「読み」の姿勢で発見したアフォーダンスを歌唱表現に活かす子どもたち

教材：《大切なもの》山崎朋子作詞・作曲
対象：小学校1年生児童（男子11名、女子12名）

　歌詞の意味をもとに身体の動きを創る経験を積ませた後に、動きを止めて歌に集中するよう指示すると、歌唱表現が劇的に変化することがある。
　H子は、12月の「今月の歌」、《大切なもの》（山崎朋子作詞・作曲）の歌詞の、「ずっと忘れることはない」という部分を以下の表のような身体の動きで表現した（表3）。
　授業で、動きを創らせながら数回歌った後に、「身体の動きをやめて今度は歌に集中しよう」と働きかけた。そして、「ずっと忘れることはない」の部分を「どのように歌うか」と発問したところ、H子は以下のように歌での表現を交えながら発言した。

H子：「ずっと」の部分に気持ちを込めて歌う。
T：どのように？　歌ってみて。
H子：♪**ずっと**わすれることはない
C1：わかる。
C2：それいいね。

　H子の歌唱は「ずっと」の「ず」の部分にアクセントが付き、「わすれることはない」の「わ」にアクセント、「ことはない」に向かって自然なクレッシェンドがついたものであった。それに加え、H子は「ず」の音を発音する際に口元に力を入れ、顔の表情全体で「ずっと」という言葉の意味を表現した。それは、その声の質感や声の音色等から、H子が表現したかったと思われる「決して」や「永遠に」といった表現上のニュアンスを含むものと感じられた。このH子の表現は、身体の動きを創った際の「ずっと」の部分での動き、「両手のひらを握りながら胸の前に引き寄せ、力を込める」という動作によって導き出されたものと推測される。つまりH子は、歌詞の意味を仮想的に動きに変換することによって、そのダイナミクスを歌唱表現に反映させていたと考えられるのである。また、「わすれることはない」という部分の歌い方の変化についても、動きによって仮想的に捉えた世界によって生み出された「決し

表3　H子の歌詞に対する動きでの反応

歌詞	H子の身体表現
ずっと	両手のひらを握りながら胸の前に引き寄せ、力を込める
わすれる	両手を開いて顔の前で花が開くようにする
ことはない	首を左右に振ると同時に右手を振る

て忘れない」というH子の思いが込められたのであろうと推測される。これら、H子の発言と歌の表現に対しては、周囲の児童から「わかる」「それいいね」との発言が出て、H子の歌い方の工夫が学級全体に広がった。

この実践では、楽曲の他の部分についても、学級の多くの児童に歌詞のニュアンスを表現する歌い方の工夫が見られた。

小山は、演奏者はスタッカート一つについても、いろいろな思いを込めて弾き分けるという。強弱の表現に関しても「音量が小さくても、強い意志をもつ音、芯のある音があります。小さい音だから単に弱い音ということではない[34]」と述べ、「音楽の質感」を子どもが豊かに感じとることの重要性を指摘している。

また、丸山は生態心理学的アプローチによる「声の肌理」、すなわち音に内在する多次元性、それゆえの身体の運動を基礎にした音の探求の必然性について、「声を適切に制御するための協調とは、まさに課題環境に定位した身体のアフォーダンスを捉え、それを利用することの結果であると推測される[35]」としている。これは、音楽をその要素のパラメータの変化によって表現するのみならず、「音の質感」や「声の肌理」等の「音に内在する多次元性」を表現する可能性が生態心理学的アプローチによってもたらされることの示唆であると考える。つまり、H子をはじめとする学級の児童は、歌詞の内容を捉えた身体の動きを創りながら歌詞のアフォーダンスを発見し、その歌唱表現の中に「音の質感」や「声の肌理」をも表現する力を発揮していたのではないかと推測できるのである。

6　生態心理学による「アフォーダンス理論」からの示唆

これまで見てきたように、生態心理学による「アフォーダンス理論」を応用したアプローチによって、従来の心理学を基盤とした子どもの行為の見方とはちがう角度からの捉え方や、授業展開の可能性が見えてくることが分かる。終節として、これからの音楽科教育の方向性について展望を行い、芸術表現教育としての音楽科で育てて行くべきコンピテンシーについての提案をしたい。

6-1　生態心理学的アプローチによって子どもの行為を見直す

4節で示したように、小学校低学年の児童においては、音楽に対して能動的に身体の動きを創りだし、身体の動きによって、音楽の特徴を直接的に捉えるような行為が生まれている。

こうした、動きながら考え、考えながら動くといった、対象との双方向的なやり取りによる思考の仕方は、感覚受容器への刺激をもとに脳で思考し、運動指令に変換して動きを生む、という従来の心理学では説明しきれない。

ギブソンは、思いどおりに手を動かして、対象に「能動的」に触れることを「アクティブ・タッチ」と呼んだ[36]。生まれたばかりの赤ちゃんは、こうした「アクティブ・タッチ」を繰り返しながら、環境と持続的に、反復して接触することで、それまでは発見できなかった情報を特定できるようになるという[37]。4節の児童の事例が示すように、子どもが音楽に反応し、その旋律や歌詞の内容等の音楽の特徴に合わせて身体を動かす行為も、

対象に能動的に働きかけて、音楽という環境の中に旋律の時系列的変化のダイナミクスや歌詞に含まれる動きの要素等の「意味」を見出すという点で、ギブソンのいう「アクティブ・タッチ」に相似した行為であると考える。子どもは、身体を動かすことによって音楽のアフォーダンスを発見し、その「意味」を豊かに見出しているのである。そうして発見した「意味」の中には、音楽の要素のパラメータ変化の知覚だけでは捉えきれない「音の質感」や「声の肌理」等の細かな表現のニュアンスも含まれる。子どもはこうした多様な音の「意味」を音楽の中に見出しているのである。

これまでの音楽科教育においては、このような、子どもが身体を直接的に使って思考するという行為は、津守が指摘するように、子どもの「ロマンティックな主観の産物[38]」として見逃がされてきていたのではないだろうか。音楽を身体全体で捉える子どもの行為を見直す。こうしたところに、これからの音楽教育の在り方を見出す「窓」が存在すると考える。

そして、こうした音楽との「相互交流」「相互関係構築」を試みる子どもへの視線の転換は、音楽を受け身で感じ取らせることを中心としてきたこれまでの音楽科教育の在り方を「様々な音楽的な環境との相互関係」を構築することのできる能力の育成を目指した方向に転換する基盤となるものと考えている。また、そのことによって、様々な音楽的環境の変化に対しても対応できる存在を育成することにもつながっていくと考えるのである。

6-2　身体性に目を向けた音楽科教育の方向性への示唆

平成20年に改訂された学習指導要領の〔共通事項〕に見られるように、これまでの音楽教育の方向性は、音の高さや音の大きさ、旋律の時系列的な変化等の音楽の諸要素のパラメータ変化を捉え、それらと感覚を往還させながら分析的に捉えていくということを中心としていると考える。伊野は、現行の学習指導要領を基とする音楽科教育の方向性の背景には、西洋芸術音楽に対する表現や鑑賞の学習を中核とする思想を背景とした、音楽を身体から切り離して自律的に扱う発想がうかがえるという。そして、こうした身体性を切り離すような音楽教育の方向性によって、「舞の唱歌」のような舞を舞うために唱えられる身体の動きと密接に関係した音楽は、音楽教育の対象から見放されているという[39]。

生態心理学においての「学習」の内容とは、エレノア・ギブソンが言うように、物体や場所、生起する事象のアフォーダンスを知覚することと、それらに対してどのようにふるまったらよいのかを知覚することである[40]。そしてこれらの多くは、環境と身体との相互の結び付きの中で経験されるものである。音楽もまた私たちを取り巻く環境の一部という認識は一般的であろう。つまり、生態心理学的アプローチにおいては、音楽の学習は身体性を切り離しては考えられないのである。このアプローチによって、前述した「舞の唱歌」においても、動きと一体化した音楽のアフォーダンスの知覚と、このような音楽に特有の「ふるまい」の体感、お囃子とのコーディネーションの形成等を通じて、子どもの音楽的な「知覚システム」の働きを洗練させていく教材としての捉えができ、有効な音楽教育の対象となり得るのである。

このように、生態心理学的アプローチによって、伊野の指摘するような、これまで音楽教育の対象としてこなかった「身体との関係性を無視できな

い音楽[41]」についても音楽教育上の価値を見出すことが可能となる。このことはまた、日本の伝統的な音楽のみならず身体性を重視する他の音楽的環境に関しても同様に間口を広げることとなるのである。

このことは、様々な音楽的文化に対応できるような音楽科教育の内容の見直しへもつながる重要な示唆である。折しも、平成28年8月に文部科学省中央教育審議会の「教育課程企画特別部会」の「論点整理」において「人類の知的活動を通して蓄積され精査されてきた多様な思考の在り方を学び、その枠組みに触れること[42]」の重要性が指摘された。今後の芸術教科における思考活動の展開においては、「多様な芸術的文化」における多様な思考の在り方に触れるための教育活動の精査と充実が求められる。

人類がこれまでに残してきた芸術的文化の多様な思考の仕方に対して相互関係を結び、それを身体全体で受け入れたり、自分の思考の仕方や身体的な振る舞いに取り込んだりすることのできる能力の育成が今後の芸術表現教育におけるコンピテンシー育成の重要な鍵の一つとなっていくことは間違いないことであろう。そこでは、音楽を身体全体で捉え、それを自分の振る舞いに取り込んでいくための能力の育成が重要であると考える。そのような能力の育成のための音楽科教育の方向を見定めていくことが今後肝要となる。

◉注

1 福本謹一（2016）「グローバルな視野で活躍するために必要な資質・能力の育成」『初等教育資料』No.945, pp.2-5.
2 文部科学省ホームページ、http://www.mext.go.jp/b_menu/shingi/chukyo/chukyo3/016/siryo/06092005/002/001.htm（2016.10.23 ダウンロード）
3 文部科学省ホームページ、前掲2
4 伊野義博（2010）「日本の伝統音楽と〔共通事項〕」『季刊音楽鑑賞教育』vol.1, pp.42-43.
5 今田匡彦（2015）『哲学音楽論――音楽教育とサウンドスケープ』恒星社厚生閣、pp.13-15.
6 今田匡彦、前掲5, p.118.
7 文部科学省（2008）「小学校学習指導要領解説音楽編」教育芸術社、p.71.
8 文部科学省、前掲7, p.71, 下線は筆者による
9 境敦史、曾我重司、小松英海（2002）『ギブソン心理学の核心』、pp.20-21.
10 清水武（2005）「ダイナミックタッチによる知覚と探索の発達的研究」、早稲田大学大学院人間科学研究科博士論文、p.5.
11 佐々木正人ほか（2008）『アフォーダンスの視点から乳幼児の育ちを考察』小学館、p.11.
12 佐々木正人（2011）『アフォーダンス――新しい認知の理論』岩波書店、p.54.
13 ギブソン、J.J.（2000）『生態学的視覚論――ヒトの知覚世界を探る』古崎敬ほか訳、サイエンス社、p.238.
14 佐伯胖（2003）『学びを問い続けて――授業改革の原点』小学館、pp.349-361.
15 ギブソン、J.J.、前掲13, p.151.
16 ギブソン、J.J.、前掲13, p.137.
17 清水武、前掲10, p.5.
18 境敦史、曾我重司、小松英海、前掲9, pp. 28-34.
19 佐々木正人（2006）「アートの知覚を求めて」『アート／表現する身体――アフォーダンスの現場』東京大学出版会、p.18.
20 丸山慎（2006）「交響を知る身体――指揮者はいかにして音楽を現実にしているのか」『アート／表現する身体――アフォーダンスの現場』東京大学出版会、p.106.
21 佐々木正人、前掲12, p.80.
22 ギブソン、J.J.（2011）『生態学的知覚システム――感性をとらえなおす』佐々木正人ほか訳、東

京大学出版会、p.308.
23　佐々木正人、前掲12、p.81.
24　丸山慎、前掲20、p.106.
25　佐々木正人、前掲12、p.97
26　ベルンシュタイン、N.A.（2012）『デクステリティ——巧みさとその発達』佐々木正人監訳、金子書房、p.47.
27　丸山慎、前掲20、p.106.
28　佐伯胖（2005）「アクティブ・マインド——活動としての認知」佐伯胖・佐々木正人編『アクティブ・マインド——人間は動きの中で考える』東京大学出版会、p.13.
29　工藤和俊（2013）「協応する身体」佐々木正人編『知の生態学的転回Ⅰ　身体——環境とのエンカウンター』東京大学出版会、pp.115-131.
30　丸山慎、前掲20、p.106.
31　石黒広昭（2005）「『読む』ということ」佐伯胖・佐々木正人編『アクティブ・マインド——人間は動きの中で考える』東京大学出版会、p.241.
32　佐伯胖、前掲28、p.22.
33　佐伯胖、前掲28、p.21.
34　小山実雅恵（2011）「心をつなぐ音楽を届けたい——復興への祈りを込めて」『初等教育資料』No.880、東洋館出版社、p.50.
35　丸山慎ほか（2013）「身体・モノ・音、それってアフォーダンス？」『音楽教育学』第43巻、第2号、日本音楽教育学会、p.68.
36　佐々木正人、前掲12、p.68.
37　佐々木正人、前掲12、p.81.
38　津守真（2005）『子どもの世界をどうみるか——行為とその意味』日本放送協会出版、p.9.
39　伊野義博（2011）「なぜ日本の舞・踊りは音楽教育と結び付かないか——民俗芸能を切り口として」『音楽教育実践ジャーナル』Vol.8, no.2、日本音楽教育学会、pp.6-13.
40　ギブソン、E.J.（2005）「知覚の発達のための生態心理学者のプロレゴメナ——機能的アプローチ」堀口裕美訳、佐々木正人・三嶋博之編訳『生態心理学の構想——アフォーダンスのルーツと尖端』東京大学出版会、p.49.
41　伊野義博、前掲39、p.12.
42　文部科学省ホームページ「教育課程企画特別部会における論点整理について（報告）」、http://www.mext.go.jp/component/b_menu/shingi/toushin/__icsFiles/afieldfile/2015/12/11/1361110.pdf（2016.11.27 ダウンロード）

中学校美術科における表現と鑑賞を
一体化した単元モデルの構築

赤木 里香子／森 弥生

1　はじめに―問題の所在

　本稿は、中学校美術科における表現と鑑賞を一体化した単元モデル構築の基礎的な考え方と具体的な実践例を示し、その成果を明らかにすることを目的とする。

　中学校美術科の内容は現在、表現と鑑賞の二つの領域から構成されている。この二領域による構成は、小学校図画工作科や小中学校の音楽科とも共通し、教科内容のジャンルや系統性よりも、児童生徒の主体的な学びのあり方を重視して組織されたものといえよう。このような領域構成がいつから始まったのか、最初に確認しておきたい。

　昭和33年（1958）の学習指導要領改訂により、中学校「図画工作」科から生産的技術に関する内容が新設の「技術」科に移され、教科名が「図画工作」から「美術」に変更された。この時、小学校図画工作科の内容が系統的に整理されたのに対して、芸術性や創造性を重んじる中学校「美術」科の内容は「A表現」と「B鑑賞」から構成されることとなった。昭和44年（1969）の改訂では小学校図画工作科の内容と共通するよう、いったん「A絵画」「B彫塑」「Cデザイン」「D工芸」「E鑑賞」の五分野とされ、「E鑑賞」に充てる授業時数の標準は、中学校第1・2学年で10％、第3学年で20％と示された。これは、各学年に7時間、鑑賞の授業を配当する計算になる。

　次の昭和52年（1977）の改訂では、小中学校とも教科内容が「A表現」と「B鑑賞」の二領域に整理統合され、この時以来、配当時間の標準パーセントは示されなくなった。その一方で、指導計画の作成と内容の取扱いに関して配慮すべき事項として、必ず掲げられるようになったのは、小中学校を通して各学年の「A表現」と「B鑑賞」の相互の「関連を図る」ことである。

　さらに平成20年（2008）の改訂では、表現および鑑賞の学習の基盤となり、すべての学習活動において適切に位置付けて指導するものとして〔共通事項〕が新たに加えられた。形や色彩、材

料などの性質や、それらがもたらす感情を理解したり、対象のイメージをとらえたりする資質や能力は、表現および鑑賞において共通に必要となることが指摘され、両者をつなぐ可能性が改めて示されたといえよう。

しかし現実には、学習指導要領改訂のたびに図画工作・美術科の授業時数が漸減させられ内容の精選を迫られるうち、表現と鑑賞という二領域は、少ない時数を取り合う対立的なものとして意識されるに至っている。それは我々の個人的な印象にとどまるものではない。

平成27年（2015）に日本美術教育学会研究チームが実施した「中学校美術科における鑑賞学習指導についての全国調査」の報告[1]によれば、美術科担当教員が鑑賞学習指導を阻む要因の第一位に挙げるのは「授業時間数が少なくて鑑賞に充てる時間がとれない」ことである（「よくあてはまる」「ある程度あてはまる」の合計で71.1％）。鑑賞学習指導に「消極的である」「やや消極的である」と回答した教員に絞ってみると、「表現（制作）に取り組ませることで目一杯である」ことが最も高い阻害要因となる（「よくあてはまる」「ある程度あてはまる」の合計で88.5％）。このような訴えは、同学会が平成15年（2003）に実施した全国調査においても見られ、鑑賞学習に消極的な理由に対して「授業時数が少なくて鑑賞に充てる時間がとれない」という回答が群を抜いていた（88.2％）。過去10年以上にわたって中学校現場で、「表現（制作）活動も十分にできないのに、鑑賞学習まで時間をまわせない」という常套句が使われてきたことがわかる[2]。

平成元年（1989）版学習指導要領で鑑賞学習の充実が、平成10年（1998）版で美術館や地域の文化財の積極的な活用が図られてきたにもかかわらず、「鑑賞は評価が難しい」「近隣に美術館がない」といった理由によって鑑賞指導に消極的な態度を取り続ける教員は少なくない。また、鑑賞教育をいかに充実させるかが重大な課題とされるなかで、そうした傾向を表現の軽視とみなし抵抗を感じる向きがあることも否定できない。

だが鑑賞は、美術科の教育に新たに付け加わるものではないはずである。原点に戻って考えてみれば、まったく鑑賞を伴わない表現、良さや価値について感じとる、あるいは考えることのない表現など想定できない。造形によって何らかの表現をしようとすれば、必然的に対象をよく「見る」こと、あるいは現に自分が制作しているものをよく「見る」ことが求められる。表したいことが表せているかどうかの判断もまた、「見る」ことによって感じ取り、考える行為から成り立つ。〔共通事項〕が示す資質や能力も、身体的な感覚を総合して「見る」ことによって育まれるものであろう。鑑賞の能力を高めることで表現においても新たな境地が拓かれ、表現の能力を培うことで鑑賞においても初めて見えてくるものがあるのではないだろうか。この二領域を乖離させることなく、相即不離の関係に持ち込むことで、美術科において確かで豊かな学びを実現させたい。

我々はこれまで、上述のようなビジョンを明確にすることを目標に研究を進めてきた。本稿では、過去10年以上にわたる我々の授業実践を取り上げ、さまざまなタイプの実践的取り組みを紹介する。さらにその成果を検討することを通して、ばらばらに実施されてきた表現題材と鑑賞題材を、まとまりのあるひとつの「単元」へと組みかえる方法を提示したい。

2 鑑賞を軸として表現につなぐ単元化

(1) カリキュラムの基本方針と単元構成の基本的な考え方

　岡山大学教育学部附属中学校の美術科では、鑑賞の基礎的・基本的な能力や態度を育成するために、平成9年（1997）度から第1学年～第3学年の3か年にわたる教科カリキュラムを設計した。担当の森は、「見る」行為を視覚だけでなく全身的な感覚としてとらえ、見て感じたことを外部化してメタ認知するうえで「ことばによる方法」と「造形表現による方法」とを効果的に構成することを意図した。以下は教科カリキュラム編成の留意点である。

- 鑑賞の基本として、五感を働かせて対象を「よく見る」（触る・嗅ぐ・味わう・聴く）方法と態度を学習活動として仕組む。
- よく見て見つけたこと、感じたことをことばなどにして自己確認させ、どうして自分がそう感じたのかを追究する学習場面を作る。
- 感じたことを他の人に説明したり他の人の感じ方に接したりして、共通点や違いに気付く場面を設定する。
- 全ての造形物を鑑賞対象とし、生徒一人ひとりの作品に対する好みと自分なりの感じ方をベースにして活動できるよう授業を設計する。
- 表現活動を、よく見る力・感じ取る力を育てる、もう一つの鑑賞活動だと位置付け、独立した鑑賞単元の前後に行ったり、鑑賞と表現を一体化した総合単元のなかに積極的に位置付ける。

　こうした学習を継続的に指導することで身につけた鑑賞の能力や態度を生涯にわたって生かし続けるには、美術館に代表される社会資源を、例えば図書館と同じように日常的に活用できる場として認識する機会が与えられなければならない。そして美術館等で、学校の教室では出会い難い実作品の発信する造形的な情報を感受し、生徒が鑑賞の主体となって美を享受する喜びと新たなものの見方・考え方を獲得できるような授業をつくっていきたい。

　以上のような構想に基づいて、1年生では作品鑑賞のあり方や方法を理解し、教室で図版によって作品を見る、味わうという経験を積んだ後、2時間続きの授業としてクラス単位で近隣の岡山県立美術館へ出かけ、対話型[3]ギャラリートークで実作品を鑑賞する機会を設けた。美術館という非日常空間に出かけた緊張と新鮮さの中で、学芸員やボランティアなどから直接、美術館の役割や鑑賞の基本ポイント、公共のマナーなどを学ぶ場を設定し、鑑賞中も随時、対話形式で鑑賞を進めることができるようにした。

　1年生の終わりまでに育成しようとした資質・能力は以下のようにまとめられる。

1) 鑑賞を楽しむことのできる社会資源が地域にあることを知り、友人や教師などと対話しながら鑑賞を楽しむことができる。
2) 作品を鑑賞して、大きさや材質感を含め実作品が発信する情報を五感で感受する態度を身に付けることができる。
3) 美術館鑑賞の感動や楽しみを、何らかの方法で他者に伝えようとすることができる。

このような生徒を対象とする本単元の目的はさらなる鑑賞力向上にあり、その目的を達成するために生徒が主体的に取り組める題材を組み合わせて単元化することを試みた。

中学校美術科でよく単独で取り上げられる題材に「人物デッサンの練習」と「自画像」がある。これらの表現題材に要する時間を圧縮することなく、また到達目標も変えないままで、鑑賞の力を育成するという大きな目的達成に資する最適な位置づけとなるように組み立てることが求められる。そこで、鑑賞の授業としてやはり単独で行われがちな「比較鑑賞」や「美術館での鑑賞体験」、知識の獲得・活用とも関わる「作家・作品分析」とを組み合わせ、次のような総合単元に再構成した[4]。

(2)「美術を観る・美術を読む」（全8時間）の単元構成と学習活動の内容

2001年　岡山大学教育学部附属中学校2年生対象

- ①【表現】　人物デッサン（自画像）の練習　　　　　　　　　　　　　　1時間
- ②【鑑賞】　対話による比較鑑賞　　1時間
- ③【鑑賞】　岡山県立美術館特別展「中山巍展」鑑賞　　　　　　　　　　2時間
- ④【鑑賞】　画家○○の造形文法を読み解く　　　　　　　　　　　　　　1時間
- ⑤【表現】　自分にそっくり　画家○○にそっくり　　　　　　　　　　　2時間
- ⑥【鑑賞】　自己評価と「教室美術館」（美術室内での展示）　　　　　　1時間

①鏡を一人一枚ずつ用意して、副読本の資料などを参照しながら鉛筆デッサンで自分の顔を描く。この段階では納得のいくものは描けないが、課題意識が生まれる。②同じモチーフを描いた東洋と西洋の美術作品を比較鑑賞する。ターナーの作品を用いた対話型鑑賞を行い、鑑賞の基礎・基本を再確認する。③岡山出身の画家中山巍（たかし）（1893～1978年）の企画展について、担当学芸員から作家の作風の変化や独自の表現のヒントなどを事前レクチャーで聞く。美術館での校外学習では、画家独自の画風が形作られるまでの変遷をゲーム形式で謎解きをしながら鑑賞し、自分なりのものの見方や表現を追究する価値について意識する。④ゴッホやピカソなど馴染みのある作家の作品を取り上げ、なぜその作家の作品だと認識できるのか造形的な特徴を洗い出していくなかで、作家特有の造形文法の存在に気づく。⑤自分が好きな画家・作品の造形文法を分析し、作家の造形文法を駆使して自画像を描くことによって、自分がなぜその作家・作品が好きなのかを自覚するとともに自己認識を深める。⑥完成作品を教室に展示して相互に鑑賞し、自己評価票への記入を行う。

(3) 考察

生徒の好む作家・作品は多岐にわたり、地元の美術館で見られる著名な画家などから、社会科資料集のエジプト壁画、能面、ステンドグラス、浮世絵、好きな漫画やゲームキャラクターまで様々であったが、いずれも造形的な特徴を緻密に分析した結果、個性的な自画像となった（図1）。最後の「教室美術館」展示では、描いた当人に顔が似ているだけでなく、選んだ作家の技法が描いた当人の性格や態度の表現にぴったりとあてはまっていて皆を驚かせた。

どの授業でも用いている自己評価票で到達目標を明確にし、それに対する授業前後の自己成長をグラフ化させたところ、この単元ではほぼ全員がきわめて高い伸びを示し、鑑賞が鑑賞だけで終わ

図1 「自分にそっくり　画家○○にそっくり」生徒作品例

らず表現につながった実感の確かさ、さらに表現することで鑑賞が質的に変化したことが確かめられた。

3　美術館鑑賞を中心に表現と組み合わせる単元化

(1) 単元構成の基本的な考え方

同校の2、3年生では鑑賞を内面化し深化拡充することによって、造形美術の価値に気付き、美意識を育成するために美術館鑑賞を組み込んだ。鑑賞の基礎的基本的な能力・態度が形成されていることを前提に、分析的な鑑賞を行い、成果を自己確認できるように表現題材と緊密な関連を持たせて授業化することをめざし、以下の三つの資質・能力の育成を図った。

1) 作品を分析的に鑑賞し、作品の個性が何によって形成されているかを造形的に読み解くことができる。
2) 自身の造形的な好みを発見し、分析的鑑賞によって美的価値意識として自覚することができる。
3) 広範な造形作品から多様なよさ美しさを感じ取り、多様性を尊重することができる。

このようなカリキュラム設計の基本方針に基づいて、美術館での鑑賞という題材を、「よく見る力・感じ取る力を育てるもう一つの鑑賞活動」としての表現題材と組み合わせ、以下のような総合単元として積極的に位置付けた[5]。

(2)「倉敷デジタル美術散歩」（全10時間）の単元構成と学習活動の内容

2002年　岡山大学教育学部附属中学校2年生対象

① 【鑑賞】　美術館での鑑賞にむけた事前指導
　　　　　　　　　　　　　　　　　　　1時間
② 【表現】　デジタルカメラによる写真撮影
　　　　　　　　　　　　　　　　　　　1時間
③ 【表現】　美術館へ行く途中の写真撮影
　　　　　　　　　　　　　　　　　　　1時間
④ 【鑑賞】　大原美術館「モネ・光の小部屋」で対話型鑑賞ののち自由鑑賞　1時間
⑤ 【表現】　鑑賞後・帰る途中の写真撮影
　　　　　　　　　　　　　　　　　　　1時間
⑥ 【表現】　プレゼンテーションソフトによる「倉敷デジタル美術散歩」制作
　　　　　　　　　　　　　　　　　　　4時間

⑦【鑑賞】　カラープリントしたスライドを相互鑑賞　　　　　　　　　　　　　　１時間

①一年次の岡山県立美術館鑑賞を振り返り、大原美術館の作品図版を次々と見せながら対話型鑑賞を行って期待感を高めた。②４人班にデジタルカメラ１台を持たせ、操作に慣れさせると同時に、美術館鑑賞の前後に撮影した画像をもとに「美術館での鑑賞によって沸き起こる楽しさ」をテーマとするプレゼンテーションソフト（Microsoft 社 PowerPoint）によるスライドを制作するという課題を示した。

③④⑤は３時間続きの校外学習である。③学校を出て大原美術館到着まで、生徒は思い思いに撮影に興じた。④事前打ち合わせにより大原美術館での鑑賞は、館の成り立ちを知ることを目的とするレクチャーの後、特別展示「モネ　光の小部屋」での対話型ギャラリートーク、さらに自由鑑賞という流れとなった。この特別展示は一部屋の三方の壁面に一点ずつ、クロード・モネの『積みわら』２点と『睡蓮』１点がキャプションをつけずに展示され、三点それぞれの「光」の表現を比較しながら鑑賞するにも、一点ずつをじっくり眺めるにも効果的な空間が構成されていた。生徒には、モネについての美術史的知識を説明することは行わず、あくまで作品から情報を取り出すための支援と主体的な気づきのプロセスが大切にされた。⑤約１時間の美術館鑑賞後、10分程度でカメラ撮影のポイントを指導した。「対象の切り取り方（フレーミング）」「撮影アングル」「構図」について、ギャラリートークの際にさまざまな距離や角度から作品を見たことを振り返らせることで理解させた。美術館周辺で撮影時間を取った後、帰途でも撮影させた。

⑥事後授業では、２人に１台のノートPCのデスクトップに全クラスのフォルダを置き、全ての画像データを共有できるようにした。画像を選びながら絵コンテを描いてスライドを制作した。⑦完成作品をA3光沢紙にカラープリントし、教室に展示し相互鑑賞した。

(3) 事後授業における生徒作品の分析

最終的に、美術館鑑賞に参加できなかった５名を含む202名が作品を提出した。全作品の傾向をもっとも如実に示した作品例として挙げられるのが、美術館鑑賞当日の欠席者によるものである（図２、図３）。彼らは美術館鑑賞も写真撮影も体験できなかった。にもかかわらず、事後授業で共有フォルダの画像データを通覧し、美術館鑑賞によって同級生の撮影した画像にどのような変化がもたらされたかを認識することができた。

図２の２枚のスライドの１枚目には「倉」「敷」の２文字と３枚の画像が組み合わされている。選ばれた画像はいずれも何を撮ったのか判然としない抽象的なものであり、シンプルな画面に添えられた「みんなが大原美術館に行ってきた！！」というあっさりしたキャプションが、友達が撮ってきた画像に対する静かな驚きを伝えている。２枚目では淡く加工された画像を背景に「みんなの写真は行く前と行った後では全然違って見えた。みんなの視点が変わっていた。」と綴られている。美術館に行けなかった生徒の目にも、美術館鑑賞に"行く前"と"行った後"の画像に見られる変化は極めて顕著だったことがわかる。

美術館に行った生徒作品にも、"鑑賞体験 Before & After"といったタイトルで、画像を２グループに分類して劇的な変化をアピールしているものが多かった（図４）。"前"の画像は、興

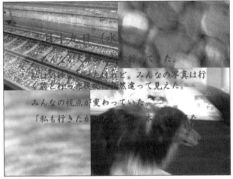

図2 「倉敷デジタル美術散歩」美術館鑑賞に行けなかった生徒作品 例1

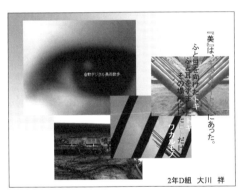

図3 「倉敷デジタル美術散歩」美術館鑑賞に行けなかった生徒作品 例2

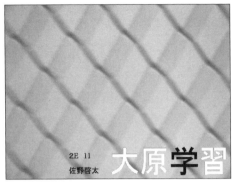

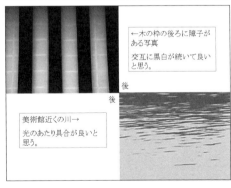

図4 「倉敷デジタル美術散歩」生徒作品例

味を引いた対象、例えば友達の表情や車窓の景色、駅周辺のモニュメント類、看板、広告等が中心である。撮影時の生徒たちからは、カメラを目の高さにしっかり構え、対象を正面から捉えて全体をフレームにおさめようとする姿勢がうかがえた。いっぽう"後"の画像として選ばれたのは、倉敷の街並みの特徴である海鼠壁や石垣を抽象的なパターンとして切り取ったもの、ゴミ箱の底や車などを真上から捉え意外な造形美を発見したもの、空の色や光の方向に着目したもの、水面や窓ガラスに写り込む人物や木立、建物を捉えたものなどである。撮影時には、撮りたいモチーフに近づいてしゃがんだり地面に這いつくばるなど極端に低いアングルから撮影したり、モチーフの真上あるいは真下から捉えようとするなど、カメラの角度を工夫する生徒たちの姿が見られた（図5）。画像のずれ、ぼけ、ぶれにも価値を認め、スライドに取り入れた作品も全体の 16.3％（実数 33 点）にのぼった。

これは、大原美術館で対話型ギャラリートークによってモネの《積みわら》と《睡蓮》の三点を順に見ていくというシークエンスから、ものの見方の意識化にある方向付けが与えられる可能性があるとして、美術館との打ち合わせ時点から想定していた変化である。つまり、画面の中の遠近感・距離感や光と影への注目だけでなく、平面性を強調した画面に関心を寄せる生徒が出現することが予想され、彼らが撮影する映像の質が大きく変化するという仮説を立てたことが、実証されたといえるだろう。

(4) 考察

生徒たちは事後授業で、共有フォルダ内の画像をもう一度、よく見ることを意識的に行った。美術館鑑賞を含めた授業全体の追体験を経て、どのような画像を選び、レイアウトし、コメントを添え、他者に何をどう伝えるかという編集作業は、ある種の価値判断を伴って自分なりのストーリーなりコンテキストなりを呈示する行為となる。ある生徒が選んだ画像に添えた「ただ美術館から出てきただけなのに…」というつぶやきは、逆に美術館の持つ機能への気づきを端的に示している。デジタル・イメージの編集は「見方が変わった」「視点が変わった」ことを外部化してメタ認知する方法の一つとして活かされ、生徒一人ひとりの記憶を紡ぐ作業となり得たといえよう。

大原美術館は極めて優れた地域資源であり、そのコレクション、知名度のいずれにおいても抜きんでている。そこに行くことだけで生徒たちは"非日常"的な状況に置かれ、企画コーナー「モネ　光の小部屋」での作品との稀有な出会いが対話型ギャラリートークによって強化され、ものの見方が変わる＝世界の見え方が変わることの驚きを味わうことができた。さらにはデジタルカメラを操作してPCで画像編集するという、生徒の好

図5　⑤美術館鑑賞"後"の写真撮影

奇心と遊び心を刺激する仕掛けが加わり、その成果を制作中から生徒自身がダイレクトに感じ取っていっそう工夫を重ねる姿が見られた。実際には美術館という施設に入って出てくるだけでこのような変化が起こるわけではない。美術館ならではの鑑賞体験とその前後に配したデジタルメディアによる表現や、生徒に到達目標を明確に示した単元構成の成果といってよいであろう。

4　鑑賞を意識した表現を中心とする単元化

(1) 単元構成の基本的な考え方

岡山市立岡北中学校では、平成16年度より第1学年を対象に、路線バスを利用して岡山県立美術館での校外学習を実施してきた。同年度より同校美術科を担当した森は、ボランティアによる対話型ギャラリートークの蓄積がある同美術館と連携する一方で、教室でも対話型鑑賞を恒常的に授業に組み込み、生涯にわたって美術と親しむための基礎的な力を育むことを意図してきた。

本実践は、2006年3月から4月にかけて岡山県立美術館で開催された国吉康雄（1889～1953年）の特別展を単元構想の契機としている。岡山市に生まれた国吉は1906年に渡米し、1910年代から画才を認められ、第2次世界大戦中から戦後にかけてニューヨークを拠点にアメリカを代表する画家として活躍した。

単元構成の主軸となったのは、生徒たちの立場を「見る」側から「見せる」側へ転換させることであった。教室や美術館での対話型鑑賞によって「見る」経験を積み、国吉の作品に親しんだ生徒たちは、主体的に「知る」場面を通じて作家の魅力に気づいていく。そこで「オリジナル美術館を創る」という課題を与え、他者に対して国吉康雄の作品をどのように「見せる」ことができるか、企画展のコンセプトを考えさせると同時に展示模型やパネルを造形的に「作る」うえでの目標を明確化させた[6]。

(2)「国吉康雄オリジナル美術館を創る」（全20時間）の単元構成と学習活動の内容

2006年　岡山市立岡北中学校2年生対象

No. 0-1【鑑賞】　国吉作品《カーテンを引く子供》鑑賞　0.5時間（1年次）

No. 0-2【表現】　中学生向けワークシート作成　1時間（1年次）

①【表現】　OPEN YOUR HEART　振り返りと制作　2時間

②【鑑賞】　国吉作品《鯉のぼり》による対話型鑑賞　2時間

③【鑑賞】　岡山県立美術館「国吉康雄展」鑑賞　3時間

④【鑑賞】　《鯉のぼり》と《夜明けが来る》比較鑑賞　1時間

⑤【鑑賞】　導入とチーム分け　1時間

⑥【鑑賞と表現】　テーマ展示演習　1時間

⑦【鑑賞】　テーマ決定と作品選定（グループごとに進行・2時間程度）

⑧【表現】　1/50の美術館模型制作（役割別に進行・5時間前後）

⑨【表現】　主旨説明用B全パネル制作（役割別に進行・5時間前後）

⑩【鑑賞】　鑑賞会・コンペティション・相互評価　2時間

本単元に入る前の1年生3学期末、国吉作品『カーテンを引く子供』の図版から、子供の姿

の部分を切り出してスチレンボードに貼りつけ、「くにちゃん」と名付けて対話型鑑賞を行った。その後も美術教室入口に立てておき、生徒が「くにちゃん」に馴染むようにした（№ 0-1）。続いて4人班で、国吉展を見に美術館を訪れる中学生向けのワークシートをデザインさせた。1年次の美術館鑑賞で対話型ギャラリートーク体験を楽しめたことに起因するのか、「くにちゃん」のイラストを案内役にして「何が起こっているのでしょう？」「どうして？」といった対話型のQ&Aを展開する構成が多く見られた（№ 0-2）。

ここまでを予備的実践とし、第2学年1学期冒頭の教科オリエンテーションから本単元に入り、夏休みを挟んで11月まで展開した。これまで学んだ造形表現と鑑賞に関わる能力をベースに、他教科の学びや道徳・特別活動で身につけた思考・倫理観・コミュニケーション能力などの活用を含めた総合単元として捉え、総時間数を20時間とした。

①1年前の新入学時に実施した「今の気持ちをハートの色と形で表現する」題材の振り返りから入る。授業の前半は、教師による画用紙を切り抜いたハート型の参考作品を見て、なぜ即座に心・心臓・恋愛と連想できるのか、青色のハートを見てなぜ失恋・絶望・哀しみと感じるのか、自分がそう感じた理由を対話型鑑賞形式で発表しながら、形のない感情や気分が色や形で表現されることを認識した。後半30分で生徒は予めハート型を印刷したA4画用紙に様々な感情を自由な材料・技法で描き、完成後「教室美術館」として相互鑑賞した。

②『国吉康雄展』鑑賞に備えて、ポスターサイズの図版で『鯉のぼり』の鑑賞を行った。この時点でオリジナル美術館を創ることを告げ、美術館鑑賞への期待感を高めると同時に展示の仕方やお土産グッズなど作品以外にも注目して鑑賞するようアドバイスした。③4月下旬、3時間続きの授業を組みクラスごとに美術館に引率した。小人数でボランティアによる対話型ギャラリートークを体験した後、自由鑑賞した。当日は小遣い持参を許可したところ、多くの生徒が絵はがきやお土産グッズを購入し、国吉康雄に対する関心の高まりを感じさせた。

④事後授業として、『鯉のぼり』『夜明けが来る』の時代による変化に気づかせる比較鑑賞をした。美術館で画家の生涯にわたる作品群を鑑賞したため、生徒たちは活発な話し合いによって劇的に色彩が変化した2作品の違いと共通点を読み解いていった。授業の最後に国吉の生涯に関する年表を配布して作品の制作年代を知らせたが、読み取ったこととの関連づけは各自に任せた。しかし話し合いの場面から、美術科での学びと社会科や国語科など美術科以外の学びが生徒たちの内面で自然につながっていく様子が見て取れた。

⑤美術館づくりの導入として、教科書の題材「展示に込められたメッセージ」（『美術2・3年下』、日本文教出版）の「田中一光展」のポスターを中心に展示した安藤忠雄の手になる会場風景と、先日訪れた国吉康雄展の展示とは、どこがどう違うのか、なぜ違うのかを対話型鑑賞方式で話し合い、作品展示には意図があることに気づかせた。生徒たちのモチベーションが十分に高まったと判断して、国吉康雄美術館を創るという学習目標を改めて提示し、課題達成に向けて協働可能な4～7名のチームを自発的に組ませた。2年生全体で男女混成の32チームができた。

⑥チームで最初の活動に取り組ませる。予め①で制作した2年生181名全員の作品を美術室の

壁にピンナップしておき、各チームで10分程度作品を見ながら展覧会のテーマを決めて紙に書き出す。テーマに合った作品を選んで壁から外して机上に並べ、15分程度で美術教室内にあるものを利用しながら展示する。テーマを書いた紙は裏返しておく。完成後、他のチームの展示を鑑賞して展覧会テーマを推理した後、紙を表にして確認した。

チームワークがよかったか、テーマにあった作品の選択ができたか、テーマを生かした展示ができたか等について相互評価し、優れたテーマ・展示だったと感じたチームについて理由を上げながら賞賛した。チームワークでの一連の表現と鑑賞によって、テーマと選出作品の関係、テーマを生かす展示効果などについて、一通りの練習とメンバーの相互理解が図られたと思われる。

⑦チームに展覧会図録を各1冊配布し、作品を見ながら話し合いテーマを決定する。他に資料として岡山県立美術館図録（2003年版）、『大原美術館の120選』『大原美術館Ⅰ　海外の絵画と彫刻―近代から現代まで―』を教室に置いて閲覧できるようにした。また、学校図書館司書と連携して授業中にレファレンスサービスを受けられるよう対応していただいた。美術室にもインターネットにつながるPC1台とカラープリンターを置き、検索やプリントアウトに利用できるようにした。

⑧美術館鑑賞体験から美術館・展覧会開催にはどのような仕事が必要か、クラス全体で話し合わせると、館長（渉外）、学芸員、インテリアデザイナー（大工）、広報、グラフィックデザイナー、グッズ・小物制作、教育普及等が挙がり、これらの役割をチームメンバーが分担することを確認した。見通しを持った学習活動を行うために、毎時間、館長役の生徒を集めて本時に到達すべき目標を伝え、メンバー全員がその時間に何をするかワークシートで確認しながら授業を進める方式をとった。

展示模型制作の基本的な材料として、岡山県立美術館の1/50平面図・立面図にあわせてカットしたスチロールボードでフロア、側壁、構造柱などをつくり、他は自由に発想・構想させた。生徒の要望に対応して、軽量粘土、針金、塩化ビニル板、ミラー加工したアクリルシート、木材、接着剤、色紙、カラーセロファンなども準備した。テーマ・作品選定ができたチームから活発な制作活動を展開し始め、32チームのうち6チームは夏休み中に時間を決めて集まるほど自主的自律的に学習が展開した。

⑨模型と並行して、展覧会の主旨が一目でわかるような展示パネルを作成することを指示した。展覧会ポスター、会場入口に掲示する展覧会主旨説明文、パンフレット、作品キャプション、ワークシートなどをB1パネルにレイアウトする。これによって模型制作と同時に、展覧会を「見せる」立場からより踏み込んだテーマの追求がなされた。例えば、子どもに楽しんでもらうというテーマのために分かりやすいワークシートを開発したり、遊具のある子ども向けコーナーを加えたり、「くにちゃん」をモチーフとしたミニ絵本づくりなど、多彩な造形活動が展開された。これまで展覧会を見せる側に欠けていた視点やあってほしいサービスなどについて、生徒たちは自発的に利用者の視点から考え始めたのである。

パンフレットやキャプションづくりにはPC教室を借りてワープロやプレゼンテーションソフトも利用させた。この段階になると当初の役割分担を超えてメンバーそれぞれが持っている得意分野

をうまく生かすようになり、新しい提案がどんどん生まれ、教科を超えた学びが必要な場面でつなぎ合わされて活用されていた。

⑩ 12月、2時間続きで5クラス一斉授業を組み、体育館で全体鑑賞会とコンペティションを行い校内に公開し、各クラス担任をはじめ多くの教員も参加した。2時間（100分）の流れは以下の通りである。

```
全体鑑賞会＆コンペティション（100分）
1  各チームで体育館に模型・パネルを搬入【15分】
2  本時の流れの説明【5分】
3  チームで模型・パネルを展示し、自己評価してワークシートを書く。【10分】
4  チームで他チームの作品を鑑賞して3つの観点から優れた作品を選び、投票する。【20分】
    ●テーマのすぐれているもの
    ●模型がテーマをよく表現しているもの
    ●解説パネルやグッズがテーマを引き立てているもの
   ※投票用紙はチーム用3色カード
5  個人で総合評価し、優れた作品にコメントを書いて投票する。【15分】
   ※投票用紙は個人用白色カード
6  全体で投票結果を集計し発表。部門別と総合グランプリチームを表彰。【10分】
7  チームでもう一度、自己評価ワークシートを書く。【10分】
8  全体でまとめを聞く。【5分】
9  撤収【10分】
```

生徒は互いの作品を熱心に見て回った。自分が展覧会を「見る側」であると同時に展覧会を企画した「見られる側」であることから、複眼的な鑑賞が成立していた。コンペでは、三つの観点に分けて評価・投票し、総合得点でグランプリを決定した。テーマと解説パネル部門では「国吉康雄の女の魅力」をテーマとしたチームが、圧倒的な物量とテーマを強くアピールする作品選択・解説・グッズなどの出来栄えで評価された。模型部門ではコーナーごとにくっきりとインテリアを変え、フェルトなどをうまく利用して屋上を付け加えたユニークなフロアプランのチームが選ばれた（図6）。しかし、総合グランプリは、国吉がよくモチーフに選んだ「牛」に徹底してこだわって展示模型を作り、お土産グッズとして牛のフィギュア付きストラップを30個作成し、不器用ながら一つ一つラッピングした男子チームだった。技術的には決して優れてはいないが、子どもにとって「こんな美術館や展覧会だったらいいなあ」と思わせる温かくて優しい雰囲気が高く評価された。最後にデジタルカメラで各チームの模型2ショット、解説パネルとメンバー紹介の各1ショットをメンバーの生徒に撮影させ、カラープリントにして長期にわたった単元学習の記念として配布した。

(3) 考察：生徒たちの学びの自覚についての検証

この総合単元の学習成果が生徒に実感されているかどうか、つまり学びが成立したかについて、最後の全体鑑賞会とコンペの前後でチームと生徒個々人がリフレクションしたワークシートのアンケート結果によって、検証してみよう。

①展覧会・美術館作りに大切だと感じたことの自己評価の変化（全員対象）

「展覧会を企画して実現するには何が大切で、どのくらいできたと思いますか？」という質問に、次の表の15項目を挙げて5段階で評価させた。

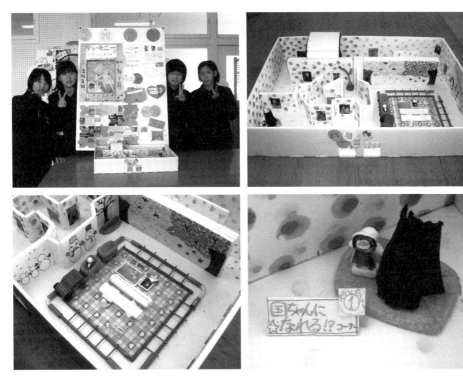

図6 「国吉康雄オリジナル美術館を創る」生徒作品例

No.	展覧会を企画して実現するには何が大切で、どのくらいできたと思いますか？
1	テーマが明確
2	見てほしい相手が明確
3	作品選定
4	作者や作品理解
5	つながりを考えた展示
6	テーマを生かすフロアプラン
7	効果的な内装(色や材質)や設備
8	観覧者を考えた設備
9	わかりやすいポスター・チラシ・解説
10	制作技術
11	楽しんでもらうための工夫
12	スタッフ同士のチームワーク
13	役割におけるリーダーシップ
14	責任感
15	追究・粘り強さ

コンペ後には、ほぼ全員に他チームの独創性を認める記述が多く見られるのに対し、自分たちが大切だと思ったのにできなかったことについての自己評価は厳しくなる傾向が見られた。逆に高い評価を与えたチームに対しては、それらが達成されていることを的確に鑑賞して賞賛していた。

②役割別に見た生徒の自己評価の変化

テーマに沿った作品選択や展示構成を担う「学芸員」の役割を任された生徒たちが顕著に問題意識を感じ、自己評価の平均値を下げたのは、項目 12（4.7 → 3.4）、13（4.5 → 3.2）、11（4.6 → 3.5）、10（4.0 → 3.0）、14（4.2 → 3.4）の順である。

展覧会構想を形に仕上げる制作技術の自己評価が相互鑑賞後に低下したのは、他のチームの作品を見て、もっと良くできたのではないかという反省と向上心の裏返しと考えてよいだろう。

テーマから派生した「展覧会グッズづくり」に携わった生徒の場合、項目2と8が不十分だったと感じている。「誰に買ってほしいのか？」「誰のために作っているのか？」というデザインの基本に気付いたといえよう。興味深いのは、項目12、5についてコンペ後の自己評価が全体の平均値と比較して上がっている点である（12は3.6に対し4.0、5は3.4に対し3.8）。手を動かしてお土産等を作る・描く活動に充実感があり、チームで掲げたテーマを意識して制作したことを自覚し、チームワークがこうしたデザインワークを支えたと意識化していると考えられる。

次に解説パネルや展覧会のポスター・チラシなどを担当した「広報」役の生徒の評価の変化を見ると、コンペ後の自己評価がもっとも高くなった。全体の平均値に対する「広報」役の平均値を示すと、項目14（3.9：4.2）、13（3.4：3.9）、10（3.5：3.9）、9（3.6：3.8）という差が現れる。鑑賞会で自分たちの制作物に自信を持ったこと、よいコメントカードをもらったりコンペで評価が高かったりしたことで自己肯定感が高まり、テーマを意識したデザイン・描画などに満足していることが読み取れよう。

③コンペ前後におけるグループ単位の自己評価の変化

コンペ前は他者評価の高低に対して自己評価はあまり乖離がない。項目10、13、14は4.0から4.5とほぼ同点である。しかしコンペ後の自己評価は、他者評価による下位チームにおいて顕著に下がっている。鑑賞会で他の31チーム作品を目の当たりにした結果やコメントカードの内容等から、自分たちに足りなかったこと・ものが明確に理解され、厳しい自己評価をせざるを得なくなったものと思われる。

興味深いのは他者評価による上位チーム群でコンペ前後で自己評価が下がった項目がある点で、項目2（4.1→3.5）、4（4.5→3.3）、13（4.5→3.8）で顕著である。高い評価やコメントをもらったものの、鑑賞会で他チームの取り組みを見て自分たちになかった視点に気づいたり自分たちの研究不足を感じ、チームでのリーダーシップやフォロワーシップをもっと発揮できていればよかったと感じているのである。彼らにもまた、自分たちに足りないこと・ものがあるという高次の自己理解がみられたといえよう。

最後に、この授業のなかで美術館づくりに役立った学習活動について調査した。総数では岡山県立美術館の国吉康雄展鑑賞が最も役だったとしているが、有効性の順位からみると、展覧会づくりのために資料にあたったり国吉以外の事項について調べたりする「主体的な学習活動」が最も役立ったとしている。図書館と連携してレファレンスサービスを受けたこともプラスに働いたと思われる。

次いで「テーマの話し合い」が上がっている。自主的に編成されたチームで「オリジナル美術館をつくる」という大目標に向かって、主体的にテーマを実現すべく、それぞれの力を組み合わせ協働しながらよりよいものにしようと追究し続けることが、学びの本質であることに気付いたのだといえよう。

コンペ中に再び「見る」側に立った生徒は、他

チームの設定したテーマの多様性や制作上の発想の豊かさを認め、価値づけようとすることができた。授業の過程で常に目標の明確化に取り組み、実現するには何をしたらよいのかを追究させてきた結果、かえって一通りではないアプローチの面白さや自由さに気づけたのではないだろうか。このことから、必修で美術科を学ぶ中学校のうちに、よりよく「見る」ための鑑賞の位置づけを確立させ、表現と鑑賞をいかに有機的に組織するかがますます重要となることが明らかとなった。

5　鑑賞の導入で表現を変換する単元化

(1) 単元構成の基本的な考え方

本単元は古典的とも見える表現基礎の題材を通して、対象をよく見る力とイメージを的確に再現する描画表現スキルを練習によって身につけた生徒が、よく見る力を駆使して自らの作品をいま一度、別の視点から鑑賞することによって新たな表現活動に取り組めるように構成した[7]。

対象学年を2年生前期としたのは、第一に写実的な表現を指向する発達段階の最後のピークであることが大きい。この時期は「見えているもの」と「見て描いたもの」との乖離が最も広がり、「イメージしたもの」と「イメージを表現したもの」とのずれに葛藤する。「表したいもの」を自分のイメージ通りに「表せる」ことはこの時期の主体的な学習に不可欠な要素であり、そうした学習体験とスキルは表現への新たな意欲を喚起するからである。

長く指導されてきた表現題材の目標と指導法を生かしつつ、単独の表現題材で完結させることなく、表現したものに新たな鑑賞からの切り口を導入し、単元として再構築することによって、表現作品自体を新しい素材として次の表現に変換していく視点を得ることができると考える。

(2) 「これはコップではない」（全8時間）単元構成と学習活動の内容

2007年　岡山市立岡北中学校2年生対象

① 【表現】　鉛筆でコップを描く　　0.5時間
② 【表現】　対象を見直し、もう一度描く
　　　　　　　　　　　　　　　　　1.5時間
③ 【表現】　問題解決のための描写技法トレーニング
　　　　　　コップをもう一度描く
　　　　　　　　　　　　　　　　　3時間
④ 【表現】　好きなモチーフを描く　表現
　　　　　　　　　　　　　　　　　2時間
⑤ 【鑑賞】　自作品をトリミングして見直す
　　　　　　　　　　　　　　　　　0.5時間
⑥ 【表現】　トリミングした作品を写真撮影する
　　　　　　　　　　　　　　　　　0.5時間

①から④が前半、⑤⑥が後半の、二部構成による単元である。

①教室を片光線にして、白無地の陶器のコップ（1班4人に1個）を明暗が強調される位置から、できるだけ再現的に描くよう指示する。生徒は意外に抵抗なく、短時間で描き上げる。この時描かれたコップは、輪郭のみの平面的なものから陰影をつけて立体的に描こうとするものまでさまざまである。

②次に、眼前のコップと自作品を並べて班で話し合い、形の描写、立体感の表現、厚み、明暗の階調等、各自が観察によって捉えた問題点を挙げる。そしてもう一度「よく見て」描くよう指示す

ると、教師が特に技法等を指導していないにもかかわらず、明らかに再現性が高まる。さらにコップと作品を相互に見比べながら「自分としては納得がいかない点」「見えているコップと違っている理由」をまずノートに書き出させ、班で話し合い、発表させた。ここで、今回の課題のベンチマークとして、副読本『岡山県版美術資料』p.10 に掲載された野田弘志の素描作品「消しゴム」を示す。「よく見て」描かれた作品の一つの類型であり、各自が問題点に気づくための手がかりである。話し合いで挙がってきた表現上の問題点を発表させ、分類しながら板書することで課題を確認し共有する。個々の生徒の課題は様々だが、「観察→自己評価→相互評価→共有」という過程を示すことで、自分が次に何を解決したらいいのかを明確にすることができるからである。

③各自の課題が明らかになったところで、副読本を活用して鉛筆の使い方やハッチングによる明暗の階調の表し方などを練習する。ここでも「まず描く→よく見る→問題点を発見する→もう一度描く」という過程をたどる。特に光と影の関係については、物理的な原理を板書で示しながら見え方を整理する。次に形の捉え方（対象を幾何図形に還元して説明する）、ハイライトの入れ方、厚みの表現を知り、三回目のコップを描きながら一つ一つ問題点をチェックして解決していく。今回は目の前の三次元の立体を、二次元の平面にできるだけ精密に再現することを目標としている。再現性は厚みが描けるかどうかで劇的に変わるため、全員に個別指導を行った。この段階になると、生徒たちの視線は対象の白いコップと自分の手元との間を自律的に往復しながら、鉛筆による階調の美しさや幾何図形に還元されたシンプルな形の美しさ、論理的に発生する明暗と反射などといった、画面上に出現する構成を納得の行く状態にまで仕上げるべく描画に没入していく。

④生徒にもう一度、野田弘志作品を鑑賞させ、モチーフの組み方や光の角度などを再確認してモチーフを組ませた。生徒の集中力や技能を勘案してＡ４のケント紙を用意し、モチーフもあまり大きなものや色が目立つものは避けて、形態と明暗が観察しやすい無地やガラス製品を多く用意した。生徒たちは各自の技量と組み合わせのイメージに合わせてモチーフを組み、画面構成を考えて取り組んだ。中学生は描くことに価値を見出していないと集中が持続しないが、本単元前半の最終段階に至った生徒たちは、モチーフを組むところから完成まで自立的に到達点を理解し、解決できない問題が生じた時だけ教師にアドバイスを求めた（図7）。

以上のような流れで鉛筆デッサンによる静物画が完成した。既存の表現題材であれば、ここで終わるところである。しかし本単元では最後の1時間に、描かれたものを「よく見る」ことでその意味を捉え直す活動と接続し、新たな表現題材へと組み替えることを試みた。

図7　④好きなモチーフを描く

⑤クラスの全作品を展示して鑑賞し、ワークシートに授業目標の到達度を自己評価させた。最初に描いたコップより確実に描画スキルが上がったのは確かだが、教師が「この作品は納得のいく出来ばえですか？」「自分自身が一番と思える作品はもっと他の表現だと思いますか？」と問うと、生徒の多くが「納得しているが、一番の作品は他の表現である。」と答えた。ここで、この授業の単元名を「これはコップではない」としていることを初めて明かし、なぜこのようなタイトルにしたと思うか尋ねると「絵の中のコップは、どんなにリアルに描かれていても本物ではないから。」という意見が出た。「対象の実体」と「描かれた画面の実体」との差異に、生徒たちの関心が移りつつあることが、この発言からうかがえる。

教師がコップをそれらしく描画したCG画面をスクリーンに示し、「これはコップですか？」と問うと、生徒たちは戸惑った。そう見えるように明暗のトーンを調整された画面にすぎないことに気付いているからである。次に、コップのふちだけトリミングした画像を90度回転させ「おーい、誰かいるかい？」とセリフをつけた画像を示す。対話型鑑賞の手法で、どのように見えるか尋ねると、コップのふちが何かの生き物の口元か拡声器のように見え、呼びかけているかのように感じられるとの反応であった。トリミングにより「新しい意味の発生」が起こることに気づいた生徒は、これまで描くために見つめ続けたコップが、トリミングによってまったく別のものに見えることに気づいた。またシュルレアリスムの画家北脇昇の作品《空港》を鑑賞して、その不思議な情景から想像したことについて発表した後、飛行機に見えるモチーフが楓の種子であることを知って驚いたりした。

図8　⑤自作品をトリミングして見直す

シュルレアリスムの表現は、生徒が使用している教科書でも紹介されている。思春期の生徒たちは、日常的な写実表現を追究する一方で、心の奥にある無意識の領域や日常世界とは異なる不思議な世界への興味が高まるため、発想の飛躍を導きやすく、受け入れやすい手法といえる。

②切り口を45°にカットした黒マット紙製のフレームを一人一枚用意して静物画の画面にあて、ある部分だけ切り取ってみる、つまりトリミングする。すると、先ほどまで確かにそこにあって観察し続けてきたモチーフとは別の「新しく美しい何か」が見えてくる。見つかったら、その画面をデジタルカメラで撮影する。班のメンバーに「これ○○に見える？」「見て。ちょっと不思議な画面になったよ。」など、発見の驚きを伝え合ったりしながら撮影を進めた（図8）。

トリミング例を2点撮影させ、それぞれに新たな題名を付けさせた。同時に①初めの素描作品では対象のどこに美しさを感じて描いたか？　②素描を描いてみて分かった・気づいた・感じた・発見したことは？　③なぜそのようにトリミング

したのか？ ④トリミング後の題名を、それぞれワークシートに記入させた。

その結果、①については「光と影」や金属やガラス表面の反映に注目が集まっていた。②では「明暗がわかり、表現できると立体的になり絵が美しくなる。」といった指摘がみられた。③についても、「作品を見た人が考えてくれるような、きれいで謎があるようにしたいと思ったから」といった、見る側を意識した回答がみられた。

(3) 考察

コップという身近な対象を再現的に描写する過程で、生徒たちは描こうとするものの形態の特徴や微妙な明暗を把握しようと試み、対象をよく見る、自作品を見る、再び対象を見る、という繰り返しを体験した。やがて見慣れた記号としてのコップは意味を失い、現象として見えるものだけに意識を集中する状態が生じたと考えられる。光と影の関係の美しさのみに注目していることがアンケートの文章からも読み取れ、それが単元前半の④で完成させた静物デッサンにも結実している。

最後に自作品をトリミングし、自分自身に対して別のものとして「見せる」ことを試みた時、生徒たちの意識は存在する画面そのものの質を見ることに向かった。既存の文脈からの離脱はフレーミング（枠によって対象をとらえること）によって容易に実現することができた（**図9**）。本実践における生徒たちは「描かれた画面の実体」に注目し、そこに実現された明暗の階調、線や面の広がり、奥行きを、別の何かに見立てるだけでなく「美しい」ものとして新たに価値づけることができたのである。

「海辺の工場」

「にやっと笑うお化け」

図9　静物デッサンとトリミングした写真　生徒作品例

「これはコップではない」という単元名は、ルネ・マグリットの作品名『これはパイプではない』を下敷きにしている。画用紙やクロッキー帖の平面上に鉛筆によって残されたものは、何らかの面や奥行きとしてみられることの可能な痕跡であり、「対象の実体」ではあり得ない。このような画面そのものの質を対象化して見るという体験を、本単元で提供できたことの意義は大きい。またそれを作品として枠付け、その作品を解釈する際にも、ひとつの文脈に沿っていく方法もあれば、それまでの文脈から切り離したところでの再解釈がありうるのだということに気付かせることができた。

6　単元モデルの意義―表現と鑑賞の往還に向けて

一般的に単元（unit）とは、一定の教育目的のもとで一定の学習順序により構成された学習内容のひとまとまりを指す。その学習計画においては、教材や学習内容の範囲があらかじめ設定される。まとまった学習をさせるためには、最初からまとまった教材ないし学習内容が準備されるべきと思われがちであるし、実際に教科によっては単元という呼び方で、教科書や問題集の項目ごとに、ひとまとまりに整理された学習内容が示されている。美術科でも資料集の内容はそうした構成になっている。身につけさせたい知識や技能を網羅させるには、そのほうが効率的であることも確かである。

しかし、我々がここで単元と呼ぶのは、学習の目標を中心として組織されていく学習経験の全体である。子どもに学習させたいことは何か、身につけさせたい力とはどのようなものかを第一に考え、子どもが取り組むべき課題を明確にし、つけさせたい力をつけるのに適した学習内容を多面的かつ重層的にとらえ、時には異質に見えるものを統合し、まとめていくことを通して、初めて単元としてのまとまりが授業に生まれてくるといったほうが現実的であろう。このような考え方の背景には言うまでもなく、アメリカで発達し第二次世界大戦後の我が国にも導入された単元学習とそれを支えたカリキュラム編成の理念がある。だが、それ以上に強調したいのは、新学習指導要領の「主体的・対話的で深い学びの実現」という課題や、社会とつながるカリキュラム・マネジメントという視点との親和性である。

本稿で取り上げた実践例の多くは、生徒に経験させたい学習内容を焦点化することから単元構成を始めている。ここで、これまでの種々の実践を整理しうるタイポロジーを設定し、我々が示そうとする単元モデルの意義を明確にしてみたい[8]。

美術教育の授業実践は、何をめざして「見ること」を設定するのかという問いによる分類軸を立てることで、いくつかのタイプに分けられる。まず、見ることをいかなる表現へ接続あるいは発展させるのかを問い、既存の美術ジャンルにおさまるような作品の制作活動に導くのか否かという軸を立てることができる。そして、何を見せるのか、見ることを通して何を確かめ、身につけさせたいのかを問うことで、もうひとつの軸が立てられる。すなわち、いわゆる名作を名作として、美術史的な知識に裏付けられた作品名や作家名、時代背景を知らせることを重んじて見せるのか、あるいは目の前にあるモノを「これは何でしょう」「どう見えますか」といった問いかけによって、自己の価値観に照らして見せるのか、という軸である。これら二つの軸を交差させた座標に、図10のような4つのタイプが浮かび上がる。

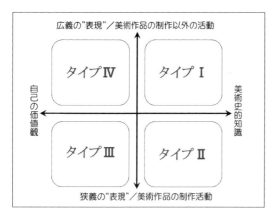

図10 美術教育の4タイプ

　ある実践を図10の座標にプロットするには、鑑賞メソッドとめざす活動とに着目すればよい。たとえば、生徒に見せる対象を、すでに価値付けられたものとして、いわゆる名画名作を選び出して提示する場合が考えられる。その作品に関する知識の習得を目標とし、特に作品の制作活動との関連を持たない型が想定される。これをタイプⅠとする。教師は作品の見るべきポイントを示し、作家名、作品名、技法、材料、制作に至る背景といった歴史的知識を提示する場合もあろう。

　「見せ方」のメソッドが同じであっても、作品の制作活動に誘うことを前提に作品を見せる場合は、タイプⅡとなる。美術としての価値が定まった作品の、見るべきポイントの提示はなされるが、結果として知識の定着度を測るのではなく、どのような作品が制作されるかが問われる。かつて美術学習の主要な方法であった模写や臨画も、その対象となる作品を学習者が「見る行為」が含まれている点では、このタイプに位置づけられる。これからのタイプⅡの実践のあり方は単元「美術を観る・美術を読む」のように、対象となる作品の分析を通して学習者が作家の表現方法についての理解を深め、自分自身の解釈の成果として制作活動を行うことを目標とするものとなろう。

　いっぽう、作品の制作活動を目標とする場合で、見る対象についての「自己の価値観」を重視させる単元「倉敷デジタル美術散歩」の表現のような実践は、タイプⅢとして設定できる。教師が生徒に見せようとする対象は、美術という範疇に入るか否かを前提とせず、生徒自身による「価値づける」行為に重きを置く。したがって、名画名作でもなく美術作品と認められないものですら、その対象とする場合があり得る。目の前にあるものをどう見るか、価値あるものとして新たに再発見できるかが問われることになる。学習者が自分にとって価値あるものを発見し、それを何らかのかたちで造形的に作品化することは、かねてより美術教育の主要な目標であった。「見ること」の再発見を行うという意味での表現活動には、自らにとっての「見ること」に立ち向かう鑑賞活動が含まれているはずである。

　残された象限であるタイプⅣには、見る対象についての「自分にとっての価値観」を重視させつつも、めざす活動が造形美術作品の制作に含まれない実践があてはまる。いわゆる名画名作を見る対象とする場合でも、その作品についての知識を得ること、あるいはその作品と同じ形式によって制作活動を行うこと（例えば絵を見て絵を描くこと）は目標とされない。逆に、対話型鑑賞を代表とする言語によるコミュニケーション、パフォーマンス、ダンス、作曲、詩や俳句の創作といった美術以外の表現活動、ドキュメント的なレポートの作成など他教科につながる活動が目標となる。注目すべきは、タイプⅣを発展させると他者への発信が課題として浮かび上がる点である。ある対

象を「あなたはどのように見るか」という問いかけは、学習者である生徒に投げかけられるだけでなく、そこからさらに他者へと投げ返されることになる。「これを見て欲しい」という強い願いは、学習者である生徒の側から発せられ、「見せ方」のメソッドも、彼らが何をどのように見せたいかによって選び取られる。生徒を「見せる」側に立たせる展示企画の単元や、フレーミングによる対象の再解釈を表現に介在させる単元の一部はタイプⅣに含まれ、生徒自身が美術の鑑賞・表現にどう関わるかを自覚させるきっかけとなろう。

これまでの美術科教育における表現と鑑賞の対立は、美術科の実践の多くがタイプⅠとタイプⅢに収斂しがちであったことに起因しているといえる。「表現と鑑賞」の相補性を強めていくためには、美術科の実践がタイプⅡとタイプⅣを含めたより広範な領域を持ちうることを、つねに意識しておくべきである。ただし総体としての美術教育はいずれかのタイプに限定されるべきではない。美術科教育の広がりは、つねに異なる4タイプの学習を往還していくプロセスのなかにこそ求められるのではないだろうか。

◉注

1 松岡宏明、赤木里香子、泉谷淑夫、大橋功、萱のり子、新関伸也、藤田雅也「中学校美術科における鑑賞学習指導についての全国調査報告」『美術教育』No.301、日本美術教育学会、2017年3月、p.72.

2 日本美術教育学会研究部『図画工作科・美術科における鑑賞学習指導についての調査報告──2003年度全国調査結果』、日本美術教育学会、2004年3月、p.5.

3 対話型の美術鑑賞教育については、上野行一監修『まなざしの共有──アメリア・アレナスの鑑賞教育に学ぶ』(淡交社、2001年)、アメリア・アレナス著、木下哲夫訳『みる・かんがえる・はなす──鑑賞教育へのヒント』(淡交社、2001年)ほか参照。関連するVTS (Visual Thinking Strategies) については、フィリップ・ヤノウィン著『学力をのばす美術鑑賞 ヴィジュアル・シンキング・ストラテジーズ：どこからそう思う？』(淡交社、2015年) 参照。

4 詳細については、『美術 2・3 下 美術の広がり：教師用指導書 指導編』(日本文教出版株式会社、2002年) pp.242〜243. および森弥生「Ⅰ-12 表現から鑑賞へ・鑑賞から表現へ：教室でできる3年間の鑑賞プログラム実践例」(ふじえみつる編『新版・造形教育実践全集 美術鑑賞の新しい試み』、(株)日本教育図書センター、2002年) pp.174-184. 参照。

5 詳細については、森弥生、赤木里香子「中学校美術科の支援資源としての美術館──〈倉敷デジタル美術散歩〉の実践から」(『美術教育学』第25号、美術科教育学会誌、2004年) pp.427-439. 参照。

6 詳細については、赤木里香子、森弥生「キュレーションがもたらす主体的な鑑賞と表現の生成──中学校美術科単元"国吉康雄 オリジナル美術館を創る"の実践から」、『岡山大学教育学部研究集録』、第137号、pp.49-57. 参照。

7 詳細については、森弥生、赤木里香子「キュレーションでつなぐ表現と鑑賞──単元"これはコップではない"の実践を通して」『美術教育』No.291、2008年、pp.56-65. 参照。

8 詳細については、赤木里香子、森弥生、山口健二「美術鑑賞教育のタイポロジー」『美術教育』No.289、2006年、pp.8-15. 参照。

ことば・音・動きによる表現を取り入れた音楽づくりの実践への一考察

自己表現力育成を目指して

西沢 久実

1　研究の目的と方法

1-1　研究の目的

　小学校学習指導要領の音楽科の目標について、西園は「音楽の活動を通じ『豊かな情操』を養うことによって教育の目的としての『人格の完成』の一端を担うもので、そのために音楽科の目標には、愛好する心情、音楽性、感性、情操等が位置づけられている」[1]としている。

　つまり、音楽科教育は、情操教育による人間形成に目的・目標があることを述べている。このことから、音楽科において人間形成に関わる要因の一つとして「自己表現力」に着目した。具体的には、「自分の思いや考えや感じたことを、ことば・音・動きなどで表す力」を育てたいと考えた。筆者は、修士論文「自己表現力を育む音楽劇の研究——『総合的な学習』に向けて」[2]において、自己表現力育成に求められる指導上の3つの視点を明確にしている。①児童自身が、選び決定する機会の導入、②一人一人の児童が、活躍できる場の設定、③児童の自由な表現活動の保障である。

　音楽会などの発表の場では、ことば・音・動きによる表現を取り入れた演目が披露されることもある。しかし、その多様性が原因しているためか、演じることだけに終わっているものや、児童の自主性を重んじるばかり、芸術性に欠けるものも多く見受けられる。曲種に応じた歌い方や曲想を捉えた体の動きなど、音楽科で育んでいくことが大切だと考えた。

　そこで、ことば・音・動きによる表現を取り入れた音楽づくりを実践することにした。自己を表現するためには、児童自身が心から「表現したい」という気持ちを抱くことが重要であり、そこに創造的な態度が伴うことが大切であると考えたからである。そのために、教材として自国のことばを出発点とするわらべうたを活用し、わらべうたで使われる音を用いた音楽づくりのプログラム開発を試みることにした。これが、児童の人間形

成に少しでも貢献することができることを願っている。

本研究では、先行研究で明らかになった自己表現力育成に求められる指導上の3つの視点に基づいた実践を音楽づくりの取り組みの中で行う。その結果から「ことば・音・動きによる表現」を取り入れることにより、児童の自己表現力がどのように変容するかを明らかにし、音楽づくりにおける自己表現力育成のため、これまで培ってきた視点を整理し直し、その新たなる指導上の有効性を検討したい。

1-2 研究の方法

本研究は、拙論「自己表現力を育む音楽劇の研究──『総合的な学習に向けて』」を援用し実践したものである。実践事例は、平成25年度全日本音楽教育研究会全国大会に於いて、筆者が公開した神戸市立広陵小学校3年生対象の授業「『まねっこ遊びのかるたうた』をつくろう」とその授業に向けて前年度から行った常時活動である。分析は、ビデオ記録、指導者及び観察者の所見、児童による相互評価を資料とした。次の実践的研究をとる。
①音楽科の理念及び音楽づくり、自己表現力について先行研究を調べ、本研究における自己表現力について定義する。
②ことば・音・動きによる表現を取り入れた常時活動と音楽づくりのプログラム案を作成し、実践する。
③実践において、3つの視点がどのように関わりながら、自己表現力が育成されたかを分析する。
④分析結果より、「自己表現力を育む音楽劇の研究──『総合的な学習』に向けて」の結果と比較して、音楽づくりにおける自己表現力育成の

ための指導上の視点を明らかにする。

2 音楽づくりと自己表現力育成との関係

2-1 音楽科の理念

西園は、「わが国の音楽科教育は『情操の教育』を担う教科である」[3]と考察している。そして、音楽科教育の理念を、次の4つに概括している。①個性的で豊かな心の育成、②自ら学ぶ意欲と社会の変化に主体的に対応できる能力（思考力・判断力・表現力）の育成、③基礎的・基本的な内容を重視し、個性を生かした指導をする、④国際社会の中で活躍し、文化的にも貢献できる人間の育成。つまり、音楽科は、「音楽科教育を通じ豊かな情操を養うことによって理想的人間の育成の一部を担うものであること」を主張している。

2-2 音楽づくり

筆者は、「音楽づくりは、教師が音楽的な約束事を通して児童に働きかけ、児童の資質や能力を育成する営みである」と考えている。前述の通り、音楽科教育には「豊かな情操を養う」という終極の目標があり、それは、児童の人間形成に関わるものである。音楽科の目標に基づき、音楽づくりの題材を吟味することにより、豊かな情操を養うことができるといえる。そこで、音楽づくりの過程において人間形成に関わる自己表現力の育成に焦点化することとした。指導にあたっては、音楽科の指導内容をよく吟味して、プログラムを作成することが重要である。

これらのことから、音楽づくりの活動に音楽科の指導内容を設定する視点を考えてみたい。こと

ば・音・動きが自然に融合し音楽が生まれる題材として、わらべうたが考えられる。児童は歌ったり動いたりすることにより、自分の身体と心を使って音楽に触れる。そして、みんなで創り上げたものを発表して伝える場をつくる。これらの活動に、指導者が適切に音楽科の指導内容を設定することが重要である。わらべうたの特性を生かして音楽づくりのプログラムを開発する授業構想は、次の通りである。

　導入は、音楽的な約束事を基に、児童が感じるままに声で表現することから始める。この時に、指導者が「模倣」という指導内容を設定していれば、形式的側面である音楽の仕組みに伴う表現をしている児童を取り上げることができる。そして、みんなで真似をし、それから感じたことをことばで発表し合う場をつくる。これにより、児童は、形式的側面を知覚し内容的側面を感受することができるのではないかと考える。次に、児童一人一人が表現したいイメージを持ち、歌い方や動きを工夫して友達に伝える場をつくる。そこでは、技能的側面が必要になってくる。また、一人一人の児童が音楽から感じ取ったことやイメージしたことを生かして共同で表現するためには、自分の思いや考えや感じたことをことばにして仲間に伝えることが必要となる。本研究では、これを自己表現の一側面と捉え、音楽科の指導内容の学習状況とともに評価していきたい。

2-3　自己表現力

　日本国語大辞典第二版編集委員会・小学館国語辞典編集部編（2001）『日本国語大辞典』（第二版）によると、自己表現とは「自分の性格、思想などを表現すること。」、自己とは「おのれ。われ。自分。自身。」、表現とは「①外にあらわれること。また、外にあらわすこと。②内面的、主観的なものを、表情、身振り、言語、音楽、絵画、造型など、外面的・感性的にとらえられる形式によって、伝達できるようにすること。表出。」と記載されている。

　また、『小学校学習指導要領解説 音楽編』の第3学年及び第4学年の目標の中では、「自己表現力」に関わる部分に「中学年の児童は、知的側面の成長に伴って理解する力が増してくる。また、音楽に対する想像力も豊かになり、自己表現の意欲も次第に高まってくる。そして、音楽表現を友達と協力して工夫するなど、集団で協力する活動を好む傾向が見られるようになる」[4]と記されている。

　そして、絵画の授業における自己表現力の定義としては、初田は、「子どもたちが失敗をおそれず自信をもって表したいと思うものを表すということ、つまりは伸びやかな自己表現を保障していく必要があると思います。（中略）楽しく自己表現しておればよいというのでもなく、よりよく自己を表現するための基礎的基本的な技術の取得が必要となってくることはいうまでもありません」[5]と主張している。

　音楽科の授業における自己表現力の定義としては、白川は、「自己表現力を育てる指導法の研究——音楽を楽しむ活動を通して」において、「自己表現とは、自分自身の内面的、主観的なものを外面的、感性的にとらえられる手段・形式によって伝達することである。すなわち、自分の内にある思いや考えや感じたことなどを、表情、身振り、動作、ことば、作品などで外に表すこと」[6]と定義している。

　これらの先行研究をもとに、本研究で目指す自己表現力とは、「自分の思いや考えや感じたこと

を、ことば・音・動きなどで表す力」と定義する。

3　実践概要

　本実践は、平成25年度全日本音楽教育研究会全国大会に於いて、筆者が授業公開した「『まねっこ遊びのかるたうた』をつくろう」と授業の冒頭に位置付けた常時活動である。常時活動については、平成24年度にさかのぼり本実践に関連するものを整理する。さらに活動を分類し、児童の活動と自己表現力育成に求められる指導上の3つの視点との関わりを具体的に示す。そして、【視点1】児童自身が、選び決定する機会の導入、【視点2】一人一人の児童が、活躍できる場の設定、【視点3】児童の自由な表現活動の保障、との関連により児童の自己表現力がどのように育成されたかを整理する。

3-1　本実践に関わる常時活動について

(1) 音楽室入室時の工夫

　音楽室入室時の工夫の一つとして、次のような活動がある。児童が音楽室に入る時間を見計らって音楽を流し始める。入口で、筆者が児童一人一人と挨拶をかわす。その後、児童は音楽に合わせて行進し、自分の場所につくと歌い始める。この活動のねらいは、次の通りである。

　音楽に合わせて行進をしながら音楽室に入るところから、学習が始まるように仕組む。児童は、流れる音に耳を傾け、その音楽を感じ取って拍に合わせて歩くのである【視点2】。指導者は、拍に合わせて元気に歩く姿や笑顔に対して、一人ずつにOKの合図をおくる【視点2】。もし、児童の心が音楽に浸っていなければ拍に合わせたり自主的に歌い始めたりすることはないのである。指

写真1　向かい合う隊形

導者が音楽室の入口で出迎える理由は、音楽室に入ってくる児童の状態を知るためでもある。「今日は様子がいつもと違うが何かあったかな」と気付いたり、児童から「今日は、風邪をひいていて、少し声がかれています」と告げられたりする。筆者は、「待っていたよ」という笑顔で児童を迎えたいと心がけている。そして、入場の時に用いる音楽は、常時活動として年間に数曲用意したものの中から題材のねらいに関連するものを選曲する。授業の導入から最後まで一貫性をもたせ、ねらいに向かって自然な授業の流れを仕組むためである。また、学習隊形も教師の働きかけの重要な一つである。椅子に番号をつけ、児童は自分の椅子の番号に座ることにしている。例えば、「模倣」をねらいとする場合は、あらかじめ向かい合う隊形（**写真1**）をとるように椅子を並べて置く。そうすることにより、動きを取り入れた模倣の活動のために隊形移動をすることなく、学習をつなぐことができるのである。

(2) ことば・音・動きによる表現を取り入れた即興的な活動の工夫

　常時活動の中から、本実践に関連する「こと

ば・音・動きによる表現」を取り入れた主な活動を8つに分類する。これらの活動は、授業の冒頭に2つ位を組み合わせて行ってきた。

①音楽を聴いて体を動かす活動

オルガン演奏は、楽譜通りから始まり、速さやリズムや高さや調を変化させる。児童はその音楽を聴いて感じたままに体で表現する。速くすれば駆け足、遅くすれば宇宙遊泳、付点にすればスキップというように体の動きを通して曲想を感じ取る経験をしている【視点3】。また、CDの楽曲を使用する場合は、音楽の仕組みを聴き取ったり感じ取ったりして、体で表す活動を取り入れている。例えば、一人が1フレーズの動きをつくり、みんなが真似をするというような活動である【視点2・3】。一人分を1フレーズとすることにより、音楽の仕組みを理解しやすくなる。また、児童が音楽に合わせた動きを即興的につくることは、その場で児童が音の強弱や速さ等を感じ取り、そのよさを体の動きに表して楽しむことを目的としている【視点3】。

②歌で挨拶

音楽室での挨拶は、アメリカ民謡「ハロー　ハロー」や、わらべうた「さよなら　あんころもち」、わらべうた風に「はじめましょう（ラララソラ）」「さようなら（ラララソラ）」等、いろいろなバリエーションがある。バリエーションの中から本時の学習に合うものを選択して、児童が挨拶から本時のねらいに向かうことができるように工夫している。例えば、歌唱教材を扱う時には、声の響きを求めて半音ずつ高くしていったり、わらべうた教材を扱う時には、わらべうたに使われる音を使ったりする。そして、最も大切にしていることは、「挨拶は気持ちを伝える」ということである。挨拶は、心のキャッチボールである。「もし、声が目に見えたら、みんなの声は友達に届いたかな」と問いかけ、挨拶にふさわしい姿勢や表情を児童自身が意識してつくれるようにしている【視点2】。そして、筆者が「見えないボール」を一人の児童に歌いながら投げ、キャッチした児童はパントマイムで声のボールを投げかえして、呼びかけにこたえるのである【視点2】。「見えないボール」をみんなで追いかける。時には、よそ見をしていてボールをキャッチできずに拾いに行く動きをする児童もいる。集中して授業を始めるためには、歌の最後のことばを「はじめましょうーーーー」のように長く伸ばして指揮に合わせて止めるとよい。指揮は、児童が行う場合もある【視点3】。挨拶だけでも児童が音楽に対する感性を働かせ、自己を表現する手立てがたくさん含まれているといえる。

③わらべうた遊び

わらべうたは、子供の遊びから生まれたものであり、その教材性は高く評価されている。また、音を媒体としたコミュニケーションとしても魅力的な教材である。わらべうたは、体を使った動きを伴うことも多く、十分に遊ぶ時間をもつことが大切だと考えている。学習のめあてにつながるわらべうたは数多くあり、筆者はその中に模倣を取り入れて遊んできた。例えば、一人一人の児童が、自分の考えをもって工夫して動きをつくる【視点2・3】。そして、互いに動きを真似る。児童は、この活動を通して、模倣について理解したり活用したりしながら表現する。遊びの中で模倣を自然に聴き取り感じ取ることができるのである。自分のつくった動きを友達が真似ることにより、自分

の表現が認められていると感じ、自己肯定感を生み出すことになる。また、みんなと違う動きを工夫してみる等、様々な発想をもって表現することにもつながる【視点2・3】。わらべうたは、西洋音楽に慣れ親しんでいる児童の聞きなれた音階とは異なり、言葉の抑揚を生かした旋律が多い。児童は授業が終わってもその延長で替え歌をしたり、口ずさんだりして楽しんでいた。また、歌い方も、合唱曲を頭声的に歌う時と違い、話し声に自然な抑揚をつけたような、本来の自分の声を基盤にした歌い方であった。一人一人の声は自分だけがもつ特有の個性であり、自己を表現するものである。笑顔にあふれて遊びを楽しんでいる時の声は、エネルギーに満ちている。それを基に声を合わせることを意識するように助言すると、自己の内面からの表現に近付くことができたと思う【視点3】。時には、遊びに夢中になって大声で叫んでしまってみんなと声を合わすことを意識できない場合もある。筆者はその場合、少し見守った後で歌詞の内容を想起させ、遊びの中でも歌い方を心がけるように助言している。

④手拍子回し

　手拍子回しは、約束事に基づいて一人ずつ手を打って全員の音をつなぐ活動である。音楽的な約束事は、等拍、なるべく速く回す、間を自由につくってつなぐ、打ち方を変えて音色を工夫する等、児童の思考を促すようなものにする。音楽は、つないだり重ねたりしてつくっていくものであるが、手拍子回しは、そのどちらも経験できる身近な音遊びである。等拍で回す時には、児童は自分の体のどこかで拍を感じ取りながら待っている。なるべく速く回す時には、全身で身構えて、集中して音を聴き反応する。間を自由につくってつなぐ時には、「はいどうぞ」という気持ちや動きを明確にして音を渡している。音色を工夫する時には、手の中に空気をいれてみたり、パーとグーで合わせてみたりして友達とは違う音色を工夫している【視点1・2・3】。これらの音を同時に回し始めると音が重なり面白い。手拍子だけで音楽をつくることができるのである。つくった音楽に間違いはなく、どんな手拍子も認められる雰囲気の中で進めたいと考えている【視点3】。

⑤リズムの模倣

　指導者と児童の模倣を経験した後は、児童同士の模倣を取り入れる。一人一人が経験を生かしてリズムを組み合わせてつくり【視点2・3】、みんなが模倣する。少しリズムがずれて複付点のリズムになる時もあるが、それも同じように真似をする。ここでも「つくったリズムはどれも正しい」というルールで真似をしていくのである。たとえ短いリズムであっても、一人一人の作品に対して価値付けをすることが重要である【視点3】。その際にオルガン内蔵のリズムに乗って、つくったリズムとまねっこをつないでいくと面白い。また、まねっこしないという約束事をつくり、一人がつくったリズムと違うリズムで応える場合もある。様々な音楽的な約束事を提示し、児童が考えをもって工夫して、表現できるようにすることが大切である。

⑥ことば遊び

　ことばの抑揚を生かした呼びかけに応えることば遊びである。「〇〇〇〇さん」（ラララソラ等）「はあい」（ラソラ）から始まり、日常生活を話題にして、生活の中の歌が生まれるように問いかける。児童は、話し声を基盤とした歌い方でこたえ

る。ことばが自然に歌になるので、無理がなく個性のある歌声になる【視点3】。自分の歌いやすい音域で話すように歌うのがこつである。このような活動を続けると一人で歌うことに慣れ、高学年になっても一人歌いを進んでするようになる。また、ことばを考える遊びは児童の思考を促し、ことばによる音楽づくりの入門になると考えている。例としては、教師「昨日　遊んだ人？」（ラソソソソソラ）数人「はあい」（ラソラ）、教師「だれと？」（ラソラ）A児「○○さんと」（ラソソソラ）、教師「どこで？」（ラソラ）A児「○○公園で」（ラララララソラ）、教師「何をして？」（ラソソソラ）A児「おにごっこ」（ラソララミ）、教師「何時まで？」（ラソソソラ）A児「5時まで」（ラソソラ）というように続いていく【視点3】。

⑦オノマトペで表す遊び

オノマトペで表す遊びは、実際に紙をやぶって一人一人が感じた通りに「ビリビリ」「バリバリ」、紙をまるめて「クシャクシャ」「シャシャッシャシャッ」などと表現する活動である【視点2・3】。それらの活動をした後に、体や手の動きに合わせてオノマトペをつくる活動も取り入れている。実際には聞こえない音を児童が感じた通りにことばで表すのである。例えば、気を付けの姿勢では、「シャキッ」「ピーン」、猫背では、「グニャー」「ニョロー」等である。また、手で空中に線を描き、それを見て「ビヨーーーン」等と表す。同じ動きでも児童により表現の仕方が違う。筆者の手の動きが止まると、児童は感じた通りに声に出して表現する。次に、つくったオノマトペを一人ずつ発表していく。同じ動きでも様々なオノマトペがあり面白い【視点2・3】。筆者は、「静かにしましょう」ということばを使わずに、聴く活動に興味をもつような場を設定することが音楽科の雰囲気づくりと考えている。耳を澄まして音を聴き、一人一人の児童が感じ取ったことをことばで表す活動は、自己を表現するために有効だが、自分で聴こえた通りに、感じたままに声で表現するためには、経験が必要である。これまで、低学年の間に十分にこのような活動を行った児童は、声だけでなく楽器の音色の違いにも気を配るようになった。例えば、マレットの違いにより音色が変わることに気付き、「この曲では、このマレットがいいな」という意見をもつようになる。また、生活の音を大切にして、風や雨の音に興味・関心をもったり、足音や戸を閉める音に気を配ったりするようになる。音楽の学習が、児童のこれからの生き方につながると感じる時である。

⑧体によるコミュニケーション

音楽の仕組みを生かした体の動きを工夫する学習である。例えば、体のどこかで輪を作り、順番に輪と輪をつないでいくという約束事を提示する。すると、1番目の児童が手で輪をつくる。次に、2番目の児童は、手で輪を作り、寝転んで足でも輪をつくる（**写真2**）。どのようにつなぐか

写真2　体によるコミュニケーション

についてコミュニケーションを図りながら輪をつなぐ。試行錯誤しながら表現する力を育むとともに体を通したコミュニケーション力も高まった【視点1・2・3】。入学時には、手をつなぐことに抵抗をもつ児童も少なくない。低学年の時から体によるコミュニケーションを図る遊びをすることにより、自然に手をつないだり体に触れたりすることができるようになる。

3-2　本実践のプログラム内容について

(1) 題材名　「まねっこ遊びのかるたうた」をつくろう
(2) 教材名　「らかんさん」「まねっこ遊びのかるたうた」
(3) 対象　小学校3年
(4) 題材のねらい　模倣の表現に興味・関心をもち、その面白さを感じ取りながら、音楽の仕組みを生かし、わらべうたの構成音による「まねっこ遊びのかるたうた」をつくる。
(5) 題材について

①児童の実態と目指す児童の姿は、次の通りである。本学年の児童は、授業の冒頭に位置付けている常時活動（音楽に合わせて体を動かす活動等）を通して、音楽を形づくっている要素の働きが生み出すよさや面白さを遊び感覚で学んできている。また、第1学年では、体を使った音遊びや簡単な旋律（音高と拍節は自由）をつくる活動をし、第2学年では、わらべうたの構成音（2音）を使って、まねっこ遊び（4拍）や簡単な旋律（8拍）をつくる活動をしてきた。そこで、本題材では、これまでの学習活動の発展として、わらべうたの構成音（3音）による旋律の動きを感じ取りながら、自分のフレーズをつくり、友達と模倣し合って、まとまりのある音楽をつくる活動に意欲的に取り組んでいる児童の姿を目指している。

②大切にしたい学びについては、4つの項目を柱としている。

1つ目は、「思いや意図をもつこと」である。一人の児童が、1フレーズ（4/4・3小節分）をつくる。そして、みんなが3小節目のオノマトペを模倣して次のフレーズにつなぐ。語感の面白さを生かしてつくったオノマトペの部分は、模倣することで、より面白いフレーズとなる。児童が語感や模倣を生かした表現を工夫し、どのような音楽をつくるかについての思いや意図をもってつくったり、友達の表現のよさや面白さを感じ取って模倣したりできるような指導を進めたい。

2つ目は、「人との関わり」である。一人一人が、友達が奏でるオスティナートを聴きながら自分のフレーズをつくり互いに音を合わせることにより、音楽を通して仲間と関わる。また、グループでリズムや旋律の動きを聴き合い、「はねるリズムにすると軽い感じがする」などの意見交換をしながら表現を高めていく。そして、クラス全員でまねっこ遊びをして音楽表現のよさや面白さを伝え合う。これらの活動を通して友達に受け入れられていると感じたり、相手を認めたりしながら音楽づくりを楽しめるようにしたい。

3つ目は「楽しく学ぶこと」である。模倣する活動そのものが楽しい学習である。授業の冒頭に位置付けている常時活動に、模倣表現を意識した活動内容を選んだりまねっこ遊びを取り入れたりして、楽しみながら本時のねらいにつながるようにする。本題材では、「らかんさん」の遊びを通して模倣の面白さを感じ取り、その仕組みを生かした自分たちの「まねっこ遊びのかるたうた」をつくるようにする。音楽的な約束事を示し、音楽

づくりの見通しをもつことができるようにして、児童全員が自ら音楽をつくりだす楽しさを感じ取れるようにしたい。

4つ目は、「付けたい力」である。わらべうたの構成音（3音）による旋律、及び模倣することに親しみ、それらの働きが生み出すよさや面白さを感じ取りながら、語感を生かしたリズムや旋律の動きを工夫して1フレーズをつくる力をはぐくむ。さらに、模倣する活動を通して友達のつくったフレーズのよさや面白さを感じ取り、「まねっこ遊びのかるたうた」をつくる学習に発展させる。一人一人が思いや意図を込めてつくったフレーズをつなぎ、模倣を楽しみながらグループでまとまりのある音楽をつくる力を育てたい。

(6) 教材について

歌唱教材「らかんさん」は、構成音が3音のわらべうたである。「らかんさんがそろたら　まわそじゃないか」（8拍）に続く「ヨイヤサノヨイヤサ」（4拍）の動きを回していく遊びうたである。本題材では、一人ずつリズムに合う体の動きをつくり、周りの児童が真似る方法をとる。体を動かす活動を通して、模倣に気付いたりその面白さを感じ取ったりすることができる教材である。

音楽づくり教材「まねっこ遊びのかるたうた」は、「らかんさん」のうたから発想を得てつくった音楽づくりのためのオリジナル教材である（**表1**）。全体の構成は、〔はじめの部分〕→〔一人一人がつくったフレーズとオノマトペを模倣す

表1　第3学年まねっこ遊びのかるたうたをつくろう「かきくけこのうた」の演奏例

はじめの部分（グループ全員）

レ					く	ー		こ	ー	ー	・				・
ド		き	ー				け	ー							
ラ	か	ー													

一人一人がつくったフレーズ（Aさんの例）　　　　　　　　　　　　　　　　　　模倣の部分

レ	か				る	ー		のっ				のっ			
ド		・	め	・	あ		く		そ	ー			そ	ー	
ラ											り				り

同様にBCDEさんがつくったフレーズを順番に演奏し、友達が模倣する。
Bさんは、「き」から始める。

⇩

おわりの部分（グループ全員）

レ					く	ー		こ	ー	ー	・		・	・	・
ド		き	ー				け	ー							
ラ	か	ー													

る部分〕→〔おわりの部分〕からなる。グループで50音の中から1行を選び、一人が1文字を担当する。そして、一人一人が4/4拍子の2小節分のことばと1小節分のオノマトペを考え、語感を生かしたリズムや旋律の動きを工夫する。オノマトペの部分を友達が模倣して、次のフレーズにつなぐ。はじめとおわりの部分のリズムや旋律の動きは決まっており、「あ〜わ」行の中からグループで選んだ1行をあてはめて演奏する。クラスでまねっこ遊びをする時は、模倣部分をクラス全員で演奏してつないでいく。ただし、このような音楽的な約束事は、児童の音楽表現に対する思いや意図があればそれに柔軟に対応する。

(7) 指導と評価について

指導と評価の計画について全4時間の内容は次の通りである。ことば・音・動きによる表現については、下線を引く。教師の働きかけは、【視点1】児童自身が、選び決定する機会の導入、【視点2】一人一人の児童が、活躍できる場の設定、【視点3】児童の自由な表現活動の保障、の3点の関連を示す（表2）。

4　結果と考察

本実践は、常時活動と音楽づくり「『まねっこ遊びのかるたうた』をつくろう」の2つで構成されている。それぞれが、【視点1】児童自身が、選び決定する機会の導入、【視点2】一人一人の児童が、活躍できる場の設定、【視点3】児童の自由な表現活動の保障、とどのように関わりながら児童の自己表現力を育成することができたかについて考察する。

4-1　常時活動についての結果と考察

児童が音楽室に入る行進について、平成25年度全日音研総合事務局長である長永憲和氏より、次のような指導助言を頂いた。「最初に行進していた協調運動はすごく大事だな、行進しながら子供たちが『おはようございます』『こんにちは』ということが、たぶん心の安定にすごくつながるのではないかな。（中略）そういうことを続けておられる、それが結局、高学年になって生きてくるのでは、と思います」。

このように、拍に合わせて行進することは、一人一人の行進という動きを認めながら、音楽の授業を導く手立てになっていると考えている【視点2】。また、教室に入る時に用いる曲は、本時のねらいに関連するものにし、授業の導入から最後まで一貫性をもたせたいと考えている。平成25年度全日音研公開授業では、「大きなうた」（中島光一作詞・作曲）を行進曲として用いた。行進も一人一人が活躍できる場と捉え、拍に合った動きや笑顔の表情をOKサインで励ますようにした。1番は、本来の歌詞で歌い、2番は、みんなで歌詞をつくり替えた。2番は、「みんなで（一人）みんなで（全員）、歌おう（一人）歌おう（全員）、この気持ち（一人）この気持ち（全員）、伝えよう（一人）伝えよう（全員）、フレーズ（一人）フレーズ（全員）、つないで（一人）つないで（全員）」というように一人が歌った後にみんなで真似をすることで、本時のめあてに向かうように仕組んだ。最後の部分は、「みんなでつくろう」と全員で歌って心をひとつにした。歌詞にめあてを盛り込んだことにより、歌っていると自然に思いや意図をもって表現しようとする気持ちが生まれてきたように感じられた。

表2 指導と評価の計画（全4時間）

次	時	○主な学習内容　・学習活動	◇教師の働きかけ　◆評価規準〈評価方法〉
第一次		〈ねらい〉リズムや旋律の動き、模倣を聴き取り、そのよさや面白さを感じ取って表現を工夫して歌う。	
第一次	第1時	○「らかんさん」のリズムや旋律の動き、模倣のよさや面白さを感じ取って歌う。 ・教師の範唱を聴いて、歌と遊び方を知る。 ・一人一人が「ヨイヤサノヨイヤサ」の体の動きを工夫してつくり、みんなが模倣して遊ぶ。 ・木琴で演奏しながら歌い、旋律の動きや構成音に気付く。 ・拡大楽譜を使って、模倣部分を色分けする。 ○「らかんさん」から発想を得た「自分たちの遊びうた」をみんなでつくる。 ・音楽的な約束事を確かめ合う。 ・50音の中から1行選び、例題をみんなでつくる。	◇拍の流れにのって歌えるように、木魚で拍打ちする。 ◇グループ活動後に、クラス全員で模倣して遊ぶ場を設定する【視点1・2・3】。 ◇はじまりの音を示す。 ◆リズムや旋律の動き、模倣を聴き取り、それらの働きが生み出すよさや面白さを感じ取りながら体の動きを工夫し、どのように歌うかについて思いや意図をもっている。【創―①歌唱】〈演奏の聴取〉〈発言内容〉 ◇拡大ワークシートを掲示する【視点1】。
第二次		〈ねらい〉語感や模倣を生かした表現を工夫し、グループでまとまりのある音楽をつくる。	
第二次	第2時	○語感を生かしたリズムや旋律を工夫して自分のフレーズをつくる。 ・木琴のオスティナートなどに合わせて、語感を生かしたリズムや旋律の動きを工夫しながらつくる。 ・手で旋律の動きを描いたり、木琴で音を確かめながらワークシートに記述する。 ・オノマトペの部分のリズムや旋律の動きを手や体の動きで表しながら歌い、互いに模倣し合う。	◇言葉を何度も唱えながら、歌にするように伝える【視点3】。 ◇互いの音をよく合わせるように声かけする。 ◇ワークシートで、音楽的な約束事を確認できるようにする【視点1】。 ◆言葉の語感や模倣を生かしたフレーズをつくっている。【技―①音楽づくり】 〈演奏の聴取〉〈ワークシートの記述〉
第二次	第3時（本時）	○語感や模倣を生かしたフレーズをつないで、グループでまとまりのある音楽をつくる。 ・グループ全員のフレーズをつないで歌う。 ・ペアグループと発表し合う。 ○グループの発表を聴き、表現のよさや面白さを伝え合う。 ・グループの表現のよさや面白さを伝え合い、気付いたことを発表し合う。 ・グループの「まねっこ遊びのかるたうた」の模倣の部分をクラス全員で歌う。	◇ワークシートで全体の構成を確かめるように伝える【視点1・2・3】。 ◇子どもの気付きをもとに、各グループの工夫を〔共通事項〕の内容に結び付けて共有できるようにする【視点2】。 ◆音楽の特徴を感じ取りながら、語感や模倣を生かした表現を工夫し、どのような音楽をつくるかについて思いや意図をもっている【創―②音楽づくり】 〈演奏の聴取〉〈発言内容〉
第二次	第4時	○「まねっこ遊びのかるたうた」を完成させる。 ・前時の学習を振り返り、グループで合わせる。 ・グループごとに発表して、模倣の部分をクラス全員で歌う。 ・他のグループの表現のよさや面白さについて、発表する。 ○「まねっこ遊びのかるたうた」の学習を振り返る。 ・自分や友達の表現のよさや面白さについての紹介文を書く。	◇前時に発表し合った内容（よさや面白さ、気付いたこと）を掲示し、表現に生かしていくように助言する【視点2・3】。 ◆語感や模倣を生かした表現を工夫し、グループでまとまりのある音楽をつくる学習に進んで取り組もうとしている。 【関―①音楽づくり】 〈行動の観察〉〈発言内容〉〈紹介文の記述〉 【視点1・2・3】

次に、音楽を聴いて、動きを模倣する活動では、クラス全員が円になり、みんなの動きが見える隊形をつくった。一人１フレーズの動きを即興的【視点3】につくり、それをクラス全員が真似て動く。即興的につくる児童を順番に交代していく（写真3）【視点2】。

常時活動の学習隊形は、動きを伴うため机を使わず円形にした。模倣をする時に誰の動きでもよく見えるようにするためである。また、グループとクラス全体の模倣の場合は対面式にした。２つに分かれると役割が明確になり、音楽の仕組みが捉えやすいと考えたからである。児童の思いや意図を伝えるためには、どのような学習隊形がよいかを考えていくことが重要である。これらの「人との関わり」について、長永憲和氏から、次のような指導助言をいただいた。「人と人との関わり【視点2】をすごく大事にされている。子供同士の関わりも音楽を通して仕組んでおられる。先生と児童との関わりもそういうことで、これはすごく大事なことだと思います」。

次に、ことば遊びの場面では、わらべうたの構成音を使って、次の活動を行った。

「どんな気持ち？」（レドラドレ）の問いかけに即興的に答える方法である【視点③】。

「どんな気持ち？」（レドラドレ）「ドキドキワクッ」（レレレレ　ドレ）そして、そのオノマトペを聴き取りみんなで真似た。大村は、「ことばの意味以上に、ことばの調子の中に、その人のほんとうの心というものは、ひびいているようです」[7]と述べている。オノマトペでこたえた児童のことばには、公開授業で大勢の方に見ていただく緊張感と楽しみな気持ちが詰まっていたように受けとれた。そして、みんなで模倣するとその気持ちが共有できるように感じた。

このように付けたい力を楽しみながら育むためには、常時活動のわらべうた遊びが有効であった。わらべうたは、生活の中から生まれたものである。日常のおしゃべりが自然にうたになる。前述のことば遊びで述べた通り、まるで会話をするようにうたが生まれる。子供たちは無理のない一人一人が歌いやすい声で会話する【視点3】。そして、わらべうたは遊びの状況に応じてその歌い方を変えるという即興性が面白いと感じる児童が多い【視点3】。遊びながら歌う、歌いながら遊ぶ、その中でうたが変化していく。このようなことから、わらべうた風の即興的な会話は、音楽づくりの導入に適していると考えている。

4-2 「『まねっこ遊びのかるたうた』をつくろう」についての結果と考察

常時活動に続いて行った「『まねっこ遊びのかるたうた』をつくろう」の実践ついて、３つの視点とどのように関わりながら児童の自己表現力が育成されたかを考察する。表3は、グループ作品「たちつてとのうた」である。一人が4/4拍子の3小節分をつくり、模倣によりつないで一つ

写真3　即興的な動き

の作品にしていく。今回の音楽づくりでは、【視点1・2・3】のすべてを意識してワークシートを開発した。

(1) ワークシート

ワークシートについては、第2学年の指導の時に「まねっこ遊びのうた」のワークシートを開発した。「まねっこ遊びのうた」でつくる旋律は、「ラとソ」の2音による構成で、一人分が4拍である。ワークシートを使わない即興表現では、音を限定せずに高低をつけて、オノマトペを表す活動も自由度が高く【視点3】面白かった。しかし、

表3　第3学年まねっこ遊びのかるたうたをつくろう「たちつてとのうた」

レ						つ	ー			と	ー	ー	·	👋	👋	👋	·
ド			ち	ー			て	ー									
ラ	た	ー															

レ										りっ	·	·	·	りっ	·	·	·
ド		ま							ぱ				ぱ				
ラ	た	ご	·	·	·	われる	·	·	·								

レ	チ				け				ろ	ー			ろ	ー		
ド	ー	ズ	·	と			と					と				
ラ					る	·			り						り	

レ		み	き	·	さ	ね			とん	·			とん	·		
ド	つ				か				とん				とん			
ラ						る	とん						とん			

レ	てる	てる	ぼう			れ		ぶ				ぶ			
ド				ず	ゆ				ら	ら	·		ら	ら	·	
ラ							る	·		ぶ				ぶ		

レ	とう	がら			ら			りっ	·	·	·	りっ	·	·	·
ド			し	·	か			ぴ				ぴ			
ラ					い	·									

レ						つ	ー			と	ー	ー	·	👋	·	·
ド			ち	ー			て	ー								
ラ	た	ー														

わらべうた風につくる時には、約束事である構成音（ラソ）や4拍分をつくることが書かれているワークシートを用いる方が、児童にとって音楽づくりの見通しがもちやすかったと考える【視点1】。第2学年のワークシートの活用については、1枚目は1人分の1小節だけを記す【視点2】。2枚目は、グループのみんなが模倣しながらつないでいく「まねっこ遊びのうた」全体の仕組みが記されている。だれが1番初めで、どのような順番でつなぐかを相談しながら決める。鍵盤ハーモニカ係や鉛筆係が、音を確かめながら音を記す学習も続けてきた（表4）。

鍵盤ハーモニカは、身近な楽器であり音を確認するのにはよかったが、鍵盤ハーモニカを演奏する児童が声を出しながら音を確かめることができない。この反省をふまえて、第3学年では、木琴を使うことにした。また、グループ活動では、鉛筆係がうたを記していったが、この活動こそが旋律の学習になると考え、第3学年ではグループ学習のときにも自分の担当箇所を一人一人が記すようにした【視点2】。

このようにワークシートに書くことにより音の高低を視覚的に捉え自分の音を確かめながらつくっていく活動を取り入れた。2年生の授業について実践発表した折に、音楽専科である山下明子教諭より、「グループ活動の中でも、鉛筆係とか鍵盤ハーモニカ係とか、そういう細かいところまで配慮されていて、子供たちの中で、『ちょっと音が違うよ』というふうに子供たち同士で育っていっているなとすごく感じました」と感想を頂いた。

3年生のワークシートは、2年生のワークシートの発展である。児童の発達段階としては、まだ音の高低がつかめない場合もある。、ワークシートで音を限定すると実音で歌わなければならないという制約がでてくる。それを解消する方法としては、開始音を自由に設定して児童の実態に合った抑揚を生かす音楽づくりができると考えられた。筆者は、これらの様々な方法を各クラスで試してみた。その中で、ワークシートに音の構成を明確に示した方がわらべうたの構成音を使った音楽づくりのめあてに即したうたになると考えた。ただし、児童は決められた音の中から選ぶ【視点1】が、児童の思いや意図を生かし、つくる過程において音の数が増えてもよいということにした【視点3】。この実践を踏まえてワークシートを作成した。筆者は、音楽を必ず五線で表さなくても、このようなワークシートや言葉の抑揚に合うように文字を使った書き方、図形など、題材のねらいと成長段階に合う記譜の仕方を開発していくべきだと考えている。

表4　第2学年「まねっこ遊びのうた」のワークシートを使って音を確かめる場面

児童D：鍵盤ハーモニカで、始まりの音（ラ）を弾く。 児童A：始まりの合図をする。手を打って速さを示す。 全員　：無伴奏で前時につくった部分まで歌う。 ♪まねっこあそび（ラララララソソ）〜♪ （児童Aがワークシートの記述と実際の歌い方との違いに気付き、どのようにするか試す） 児童A：まって、まって　ビリビリ、みんな、さ〜、 　　　　ビリビリ（ラソラソで歌う）になってる。ビリビリ（ラララで歌う）や。 　　　　ビリビリ（ラソラソで歌う）やったらラソラソ（音の高さの違いを手の動きで示す）。

筆者は、ワークシートを開発する際に、「限定した構成音では、どれも似たような作品になるのではないか」と危惧したが、実際には一人一人の児童の個性が表れた作品となった（**表3**）【視点1】。例えば、1拍を「たまご」と三連符で刻んだり、「ぴりっ」と大変短く切ったりして、面白いリズムが生まれた【視点3】。また、ワークシートに示すことにより、オノマトペの部分をみんなが模倣するという仕組みが明確になった。ワークシートの視覚的な援助があれば、音の高低、つくる長さが児童に理解しやすく、「どのような音楽をつくりたいか」という思いや意図をもつ手助けとなった【視点3】。また、音を出しながらワークシートを使って試行錯誤することにより、音楽を構成する活動を充実させることができたと考える。そのためには前述の通り、低学年からの系統立てたワークシートの活用が必要である。第2学年において構成音2音（ラソ）による1小節分をつくった経験を基に、第3学年では、構成音3音（ラドレ）による3小節分を書き込むようにした。本授業のようにわらべうた風に旋律をつくる時には、限定した構成音を示すためにワークシートを活用することが一つの有効な方法であると思われる。

(2) 動きを取り入れた活動

　3小節目のオノマトペの部分は、動きもつくって模倣するようにした。オノマトペの部分の動きは、常時活動で培った体の動きに合わせて声を出す遊びや音楽を聴いて感じ取ったことや想像したことを体で表す活動が支えとなっている。オノマトペの部分は、擬音語だけでなく擬態語の表現が数多くあった。これは筆者が、2年生向けに開発した音楽づくり教材「まねっこ遊びのうた」の経験を生かした表現であったといえる。例えば、「パリッ」は、たまごが割れる音である。動きは手をグーからパーにさっと広げる感じである。それに対してつみきの表現では、「とんとんとん」と高く積み上げる様子をだんだんと音を高くする声に合わせて手の高さを上げる動作もつけて表していた。オノマトペの部分をクラス全員で模倣している場面について、公開授業の指導助言をお願いした石上則子氏より「子どもの集中力を切らずに互いのよさを認め合う場をつくっている」[8]と評価を頂いた。『教育音楽』に掲載された写真が、**写真4**である。ここでの体の動きについては、一人一人の子供たちが自分のイメージを表す表現媒体としての動きであるとともに、音楽の諸要素を感じ取る手段としての動きともなっている。指導者である筆者も一緒に模倣の表現を楽しんだ。そして、「声が高くなるにつれて、手もだんだん高くした」という動きの工夫に対しても価値付けを行った【視点3】。

　また、「かきくけこのうた」では、「こおり　とける　シュー」とつくった児童は、高い音から低い音にグリッサンドして歌い、小さくかがむ動きを工夫した。本当に氷がとけて消えるような表現

写真4　動きを取り入れた発表の様子

に児童から称賛の声があがり、みんなが笑顔になった。このようなワークシートからはみでた独創的な表現【視点3】にも価値付けをすることを心がけている。

(3) オスティナートを取り入れた活動

本題材では、バス木琴によるオスティナートに合わせてうたをつくることにした。提示したのは、次のラとレの音である。

オスティナートをつけることにより、児童一人がつくる分の長さが明確になった。また、音の高さを確かめるために、オスティナートに合わせて何度もことばを繰り返し、唱えながら自分の音楽をつくっていくことができた。前述の通り、第2学年では、鍵盤ハーモニカを使用したが、歌いながら音を確かめるために、第3学年では木琴に変更した。友達の演奏するオスティナートに合わせて、自分のつくったうたを木琴で演奏しながら歌う活動は、自分の思いや意図を表すための手立てとして有効であった【視点3】。オスティナートが速さを示し、一人一人のつくった音楽をオスティナートが刻む拍にのってつなげることで、グループとしての音楽が完成する。オスティナートは、練習の過程で速さだけでなく、音も変化していった。例えば、単音の二分音符で（レーラー）と繰り返す等の工夫である。オスティナートを変更した理由は「1拍目をわかりやすくするため」ということであった。また、発表の段階では、オスティナートをどのようにつけるかはグループに任せた【視点3】。開始音の高さを確かめるために初めの4小節分だけオスティナートをつけて、後はアカペラでつなぐという方法をとったグループもある。しかし、大部分のグループは、木琴のオスティナートに乗ってうたをつないだ。何度も繰り返す過程で、グループ全員の歌声のピッチが合うようになった。木琴のオスティナートによって音が定められ、歌いやすいと感じる児童がほとんどであったためである。音楽づくりの場合は、オスティナートは、拍や音高を示すために有効であったといえる。

5　まとめ

常時活動と「『まねっこ遊びのかるたうた』をつくろう」の実践について、「自己表現力を育む音楽劇の研究」と比較して、自己表現力育成のための指導上の留意点を整理する。本論に示した通り【視点1】は、児童自身が、選び決定する機会の導入、【視点2】は、一人一人の児童が、活躍できる場の設定、【視点3】は、児童の自由な表現の保障である。

筆者は、常時活動において、ことば・音・動きによる表現を取り入れた即興的な活動の場を多様に設定してきた。公開授業においても、これまでの常時活動の中から、行進、音楽に合わせて体を動かす活動、ことば遊びなど、ねらいを意識して選んだ。

まず、児童が「大きなうた」に合わせて行進しながら音楽室に入る。クラスの全員が音を聴き、足並みをそろえる。これは、一人一人が活躍する場【視点2】であるとともに連帯感が生まれる場である。このように音楽室に入る時から音楽に向かう気持ちがもてるようにと願っている。続いて「大きなうた」の歌詞の内容を本時のねらいに合うように変えたものを歌う。歌詞は、「みんなで歌おう　この気持ち　伝えよう　フレーズつ

ないで みんなで つくろう」とした。交互唱することにより、まねっこの意識が高まる。初めに歌う一人歌いは、原則として毎時間、順番制にするとどの子供も一人歌いが当たり前になり、自分の声に自信がついてくる【視点2】。1フレーズずつを交互に歌う方法では、フレーズ感が育った。また、一人分が短いので消極的な児童でも「歌ってみよう」という気持ちになったところがよかったといえる。

次に、音楽を聴き、音楽を特徴付けている要素を感じ取りながら自由に動く活動である【視点3】。弱い音から始まる曲を選んだため、児童は自然と耳を澄ませて音を聴き取った。強弱や速さを知覚・感受した動きをしている児童を指名し、その動きを模倣するようにした。そして、だんだん強く速くなるにつれて躍動感にあふれ、模倣する児童も楽しみながら知覚・感受したように考える。

また、ことば遊びでは、大勢の大人に囲まれた公開授業の心境について「どんな気持ち?」(レドラドレ)と問いかけた。これは、本時の音楽づくりで使われる構成音である。一人の児童は、「ドキドキッ ワクッ」(レレレレ ドレ)とこたえた【視点3】。問いかけの音を聴き取ってわらべうた風の表現であった。心が声の響きをつくる。緊張感と楽しみな気持ちが表れていた。さらに、みんなで模倣することにより、一人の気持ちをみんなで共有して、本時の授業に自然な流れをつくった。

「『まねっこ遊びのかるたうた』をつくろう」のめあては、「音楽の仕組みを生かして、わらべうたの構成音による遊びうたをつくること」である。音楽づくりについては、これまで「音楽をつくる活動が、効果音、擬音づくりなどに偏っており、改善する必要がある」という意見もあった。これについて、津田正之文部科学省初等中等教育局教育課程課教科調査官は、「子供たちが、音を音楽に構成していくための手掛かりに気付き、活用するための指導が十分なされてこなかったことに一因がある」と述べている。

そこで、〔共通事項〕や「音楽の仕組み」を手掛かりに子どもが音楽を構造的にみる力を養い、仲間とともに表現する喜びを感じ取ることができる授業を組み立てることにした。指導内容である「模倣」に焦点をあてたプログラムの開発を試みたのである。まず、第2学年「まねっこ遊びのうたをつくろう」のプログラムを開発した。一人の子供が2音の構成音を使ってオノマトペによる1小節をつくり、他の子供たちが真似てつなぐというものである。音やリズムに対する一人一人の思いを大切にしながら音楽づくりに親しんだ【視点3】。

オルフは、音楽教育の理想を次のように語っている。

> エレメンタールな音楽とはなにか(Was ist weiterhin elementare Musik?)。エレメンタールな音楽は、決して音楽だけが単独ではなく、体の動きやダンス、ことばと結びついたものです。これはだれもがみずからすべきものであって、聴き手としてではなく、仲間として加わるような音楽です。(中略)小さな音形を順につないでいったり、オスティナートの組み合わせ、小さなロンドなどの形式をとるものです。エレメンタール音楽は大地に近く、自然で身体的な、そして誰にも覚えやすく感じ取りやすい、子どもにふさわしいものなのです。[9]

筆者は、オルフの音楽教育に対する考え方に共感する。そして、音楽づくりの活動の表現において、ことば・音・動きが自然に融合し音楽が生まれるというプログラムを開発したのである。児童は歌ったり動いたりすることにより、自分の身体と心を使って音楽に触れる。そして、みんなで創り上げたものを発表して伝える場がある。これらの活動に、指導者が音楽科の指導内容を適切に設定することが重要である。本実践の具体例をあげると、次のようになる。

　導入は、音楽づくりの約束事に従って、児童が感じるままに声で表現することから始める【視点3】。この時に、指導内容を「模倣」と設定したことで、形式的側面である音楽の仕組みに伴う表現をしている児童を取り上げることができた。そして、みんなで真似をし、それから感じたことを言葉で発表し合う場【視点2】をつくった。これにより、児童は、形式的側面を知覚し内容的側面を感受することができるのではないかと考える。次に、児童一人一人が表現したいイメージをもち【視点3】、歌い方や動きを工夫して友達に伝える場【視点2】をつくった。そこでは、技能的側面が必要になってきた。また、一人の児童が音楽から感じ取ったことやイメージしたことを生かして共同で表現するためには、自分の思いや考えや感じたことをことばにして伝えることが必要となった。本研究では、これを自己表現の一側面と捉え、音楽科の指導内容の学習状況とともに評価していったのである。

　活動には、ワークシートが重要な役割を果たした。このワークシートによって児童は、見通しをもって、音楽づくりの約束事に基づいた音楽をつくっていくことができたのである。また、何度も木琴で音を試しながら【視点1】ワークシートに記入したり、動きを工夫したりしていた。筆者は、ワークシートで対応できない音楽もあると考えている。今回は、オノマトペの部分だけにグリッサンドを使って、「シュー」と音を低くして氷が溶ける様子を表したものがあった。その児童は、ワークシートの3音の欄を波線でつないでいた【視点3】。体の動きも、氷がとけるように小さくかがみ、眠るような表情で消えしまうようであった。その「ことば・音・動き」の面白さをみんなで模倣して共有することができた。

　つまり、本実践「『まねっこ遊びのかるたうた』をつくろう」では、ワークシートの開発が自己表現力育成のための指導上の重要な役割を果たしたといえる。筆者が、児童の自己表現力が高まるようにという願いを込めて、音楽づくりの約束事を設定し、ワークシートに示したのである。ワークシートには、次の3点が組み込まれている。①一人がつくる部分としては、4/4拍子2小節分のことばと1小節分のオノマトペの部分である【視点1・2・3】。語感を生かしたリズムや旋律の動きをオスティナートに合わせてつくれるように、本実践で使う3音（ラドレ）の3段に区切ってことばを書けるようにしている【視点1】。②オノマトペの部分は、リズムや旋律の動きに合う体の動きを工夫し、みんなが模倣してつないで音楽にしていくことを示す【視点2】。③はじめの部分とおわりの部分も示し、おわりの部分は手拍子でまとまるようにした【視点2】。

　このワークシート活用にあたって、自己表現力育成のための3つの視点に留意した。まず、だれでもが参加できる音楽づくりにするために50音の中から1行を選び、その中から一人一人が、1文字を選ぶという段階をふんだこと【視点1】。

一人のつくる部分を4/4拍子2小節分のことばと1小節分のオノマトペの短いまとまりとしたこと。これは、第2学年の経験を生かしたものである。次に模倣の部分に動きを取り入れたこと。これにより、自分のイメージを体の動きを使って進化させることができたと考える。例えば、児童が「つみきかさねる　とんとんとん」とことばをつくる。そこに、積み木を重ねるイメージを体で表すことにより、手を上に重ねていくという動きが生まれる。そこで、「音をだんだん高くしていこう」という発想が生まれるのである【視点3】。その次にオノマトペの部分を模倣してつなぐという音楽の仕組みをワークシートに示したことである。これにより、一人一人の音楽を最後まで生かしながら、大きなまとまりのある音楽になっていくのである。模倣をすることにより、音楽がつながる。そして、音を媒体としたコミュニケーションが生まれるのである。このように教材を活用することを、長島は、次のように述べている。

> 音楽の学習の深化と発展は、教材となる楽曲の全体像をとらえ直していくことによって展開される。したがって、1時間の授業の中で、音楽のゲシュタルト像の分節化と音楽のイメージ洗練が実現されるような学習指導過程を工夫するためには、次のような点に留意することが必要となる。[10]

留意する点について、筆者なりに整理すると次のようになる。まず、「導入」で学習意欲の喚起を促す。これは、本実践の「常時活動」にあたる。「展開その1」は、前時の学習において形成された音楽のゲシュタル像と音楽のイメージが児童の心の内に復元するように復習を促すことを目的とする。これは、本実践においては、ワークシートの活用により、音楽的な約束事を想起し見通しをもつことである。つまり、前時に自分がつくった3小節と、グループでどのような音楽をつくるのかを想起することである。そして、「展開その2」は、本時の目標に直接関連する「図がら」と二次的刺激を提示し、音楽のゲシュタルト像の分節化と音楽のイメージの洗練を促すことを目的とする。これは本実践においては、ワークシートを活用して、一人一人がつくったフレーズを真似てつないで大きなまとまりの音楽にしていくことにあたる。オスティナートの音を工夫したり、友達のオノマトペと動きを真似たりしながら、どうすればうまくつないで大きなまとまりのある音楽になるか試行錯誤するのである。「まとめ」は、学習の成果を振り返り、次の学習への課題意識を喚起する。これは、他のグループの発表を聴き、互いの表現のよさを見付けて価値付けをし、自分たちのグループの表現にも生かしていくことである。

これらのことを整理すると「ことば・音・動きによる表現を取り入れた音楽づくりにおける自己表現力育成のための指導上の視点」は、次のように整理し直すことができたと考えられる。

Ⅰ 音楽的な約束事を適切に示し、児童が音楽づくりの見通しをもてるようにすること
Ⅱ 児童が試行錯誤を繰り返しながら自らつくる場を設定すること
Ⅲ 児童の自由な表現に価値付けをすること

Ⅰは、【視点1】の「児童自身が、選び決定する機会の導入」に密接に関連する。音楽づくりにおいて、児童自身が選び決定するためには、音楽

づくりのための音楽的な条件を示すことが重要である。これが、本実践の次に示す音楽的な約束事である。音楽の仕組みは、〔はじめの部分〕→〔一人一人がつくったフレーズとオノマトペを模倣する部分〕→〔おわりの部分〕である。1人ずつが、4/4拍子の2小節分のことばと1小節分のオノマトペを考え、語感を生かしたリズムや旋律の動きを工夫する。オノマトペの部分を友達が模倣して、次のフレーズにつなぐ。本実践では、ワークシートを開発して、音楽的な約束事をだれでもが理解できるように示し、見通しがもてるようにした。また、音楽的な約束事は、必ずしも指導者が設定するばかりではなく、児童が音楽づくりの経験を生かして設定していくことも可能である。

Ⅱは、【視点2】の「一人一人の児童が、活躍できる場の設定」に密接に関連する。音楽づくりとは、児童が自らの感性や創造性を発揮しながら自分にとって価値のある音や音楽をつくることである。これは、本実践における〔一人一人がつくったフレーズ〕になる。「どのように音をつなげようか」と考えながら木琴で実際に音を出して試してみたり、オスティナートに合わせて歌ってみたりしてワークシートに書き込む。そして、友達と聴きあう活動を通して、「音をもっと短く刻んだら面白いかな」と試行錯誤し、1拍の中に「たまご」と3文字を入れるなどの工夫をする場を十分に設定することが重要である。

Ⅲは、【視点3】の「児童の自由な表現活動の保障」に密接に関連する。児童が自分にとって価値のある音や音楽をつくることができるような教師の関わりが大切なのである。例えば、音楽的な約束事は、児童の音楽表現に対する思いや意図があればそれに柔軟に対応するということである。本実践であれば、「構成音3音」としたが、グリッサンドの音を使うことで氷が溶ける様子を見事に表現した児童がいたことである。ワークシートの3音を波線でつないだのである。体の動きもグリッサンドの動きを取り入れ、なめらかに小さくなっていった。オルフのいう「決して音楽だけが単独ではなく、体の動きやダンス、ことばと結びついたもの」が表現されていた。このように児童の表現に価値付けをすることにより、音楽づくりを楽しむことができるのではないかと考えている。

以上のような考察を通して視点ⅠⅡⅢを設定して検討していくことが本実践においても、そのプランニングや実践場面での児童理解に有効に機能することが明らかだということが検証されたのではないかと考える。

今後の課題としては、低学年から中学年におけることば・音・動きによる表現を取り入れた音楽づくりの授業構想を高学年まで系統立てて行うことである。その際に題材の設定に留意したい。時得の提唱する「総合表現型カリキュラム」[11]の中に、音楽づくりの題材として応用できる点が見受けられた。例えば、中学校の生徒が「ゲノムからみたヒトとしての人間を表現しよう」という題材の学習に於いて、「ヒトゲノムにあるDNAの配列は音符に似ていて音で表現できそう」だと考える場面である。科学的感性と情意面からの学びを通して芸術作品ができあがった過程を考えると、さまざまな教科・領域と関わる題材に、児童が「心から表現したい」と思える糸口が発見できるのではないかと考えている。

◉ 注 ───

1　西園芳信（2005）『小学校音楽科カリキュラム構成に関する教育実践学的研究』風間書房、p.112.
2　西沢久実（2001）「自己表現力を育む音楽劇の研究──『総合的な学習』に向けて」兵庫教育大学修士論文
3　西園芳信、前掲、pp.105-112.
4　文部科学省（2008）『小学校学習指導要領解説　音楽編』教育芸術社、p.35.
5　初田隆（2005）『自己表現のために基礎基本を育てる絵画の授業』明昌堂、p.3.
6　白川弘子（1999）「自己表現力を育てる指導法の研究──音楽を楽しむ活動を通して」『平成11年度教育論文・教育実践記録　大学受講研修収録』福岡市教育センター第2研修室、p.2.
7　大村はま（2002）『大村はまの日本語教室日本語を育てる』風濤社、p.11.
8　石上則子（2013）「まねっこしたくなる『すてきな授業』」『教育音楽　小学版』8月号、音楽之友社、p.34.
9　日本オルフ音楽教育研究会（2015）『オルフ・シューヴェルクの研究と実践』朝日出版社、p.16.
10　長島真人（2003）「音楽授業のための教材解釈の方法に関する原理的考察──S.K.ランガーのシンボルの哲学の倫理に基づいて」『日本教科教育学会』第26巻、第3号
11　時得紀子（2010）「総合表現型カリキュラムの実践への一考察」『教育実践学論集』第11号

芸術表現教育における打楽器の活用と展望

飯村 諭吉

1　問題の所在と目的

　学校教育における打楽器[1]に関する学習活動は、我が国の学習指導要領が初めて制定された昭和22年にはすでに取り入れられ、現在も多くの打楽器を用いて学習活動が展開されている。そして、今日の学校現場で扱われる音楽科教科書に至るまでには、昭和50年代後半のクラベス、マラカスといったラテン打楽器を用いた学習内容[1]や、平成のはじめに追加されたグロッケンやマリンバを含む鍵盤打楽器に関する指導項目[2]など、教科書改訂の実施によって、さまざまな打楽器が取り入れられた経緯が背景にある。

　また管見の限り、音楽科教科書における打楽器の学習内容に関する研究は、これまでの先行研究においては十分な検討がされておらず、これらの部分について、より詳細な研究を行うことが課題として残されている。しかし、数少ない先行研究として、沖（1996）[3]は平成3年検定済の教育芸術社の小学校音楽科教科書を対象として、タンブリンやスネアドラムなどの打楽器を取り上げ、音色に着目した打楽器指導について検討を行い、それぞれの打楽器の指導に当たっては、教師側に正しい知識がなければ指導することが難しいことを指摘していた。

　以上を踏まえ、本稿は現在使用されている小学校および中学校音楽科教科書（教育芸術社、教育出版）において、打楽器がどのように扱われているのかを各打楽器の掲載内容から検討し、今日の芸術表現教育における打楽器の活用の一端を明らかにすることを目的とする。本研究を進めるに当たって、各教科書会社によって各打楽器を示す名称が異なること、大太鼓がバスドラムあるいは長胴太鼓のように複数の意味を持つことから、文部科学省編『教育用音楽用語 最新版』[4]に準拠して名称を割り当てることとした。なお、ここでは採録されていない一部の打楽器[2]については、『新版 打楽器辞典』[5]に掲載された名称を採用して分類、整理を行った。

2 義務教育段階における音楽科教科書と打楽器

2-1 音楽科教科書における打楽器の取り扱い

　現行の音楽科教科書には、既述のようにさまざまな打楽器が掲載されている。例えば、楽器を擦って音を鳴らすギロ、楽器を振ることによって音を発生させるマラカス、スティックや演奏者自身の手の平を使って鼓面を打つバスドラムやボンゴなど、各打楽器に応じた演奏行為を加えることによって、楽器本来が持つ音色を奏でることが可能となる。

　一方、音楽科教科書にみる打楽器に関する学習活動は、小学校および中学校学習指導要領解説における歌唱、器楽、音楽づくりまたは創作、鑑賞の領域に即した学習内容が組み込まれているなど、単に打楽器を鳴らすだけではなく、各領域にわたって打楽器に関する学習活動が展開されていることが見て取れる。そこで本節においては、それらに関する学習活動の実態について、小学校および中学校音楽科教科書に掲載されている打楽器の種類と領域別の活動例から整理する。そのうち、音楽科教科書に掲載されている打楽器の種類においては、各学年毎に分析を行い、小学校の学習活動がどのように発展して中学校に引き継がれているかについても検討を加えることとする。

2-2 小学校音楽科教科書に掲載されている打楽器の種類と学習活動

　義務教育の出発点である初等教育において、どのような打楽器が取り入れられ、学習活動が展開されているのであろうか。表1は、平成26年検定済の教育芸術社および教育出版発行の音楽科教科書に掲載されている打楽器の種類と領域別の学習活動例を示したものである。また、「楽器名」は便宜のために和名の五十音順で配列し、「対象学年」は両教科書会社によって掲載されたものを○、片方のものを△として記入を行った。

　こうして見ると、小学校音楽科教科書における打楽器に関する学習活動とは、小学校低学年から高学年にかけて数多くの打楽器と出会い、歌唱、器楽、音楽づくり、鑑賞の全ての領域にわたって学習活動が展開されることが特徴のひとつとして挙げられる。そこで以下では、低学年から高学年で使用される音楽科教科書に掲載された打楽器の種類を踏まえた上で、学習活動の傾向を取りまとめる。

　まず、これらの学習活動の入り口となる小学校低学年で使用される第1および第2学年の音楽科教科書においては、カスタネット、タンブリン、すずといった片手を使ってリズムを鳴らす打楽器について、楽器の名称や持ち方、打ち方に関する学習活動が設定されている。さらに、これらの打楽器を用いて歌唱教材の旋律を感じながらリズム伴奏を行う活動、打楽器の打ち方に創意工夫を凝らして、星空の様子を表す音楽を創作する活動へと発展するなど、複数の領域にわたる形で打楽器に関する学習活動が組み込まれている。

　この点について深く掘り下げると、「しろくまのジェンカ」[6,7]においては、譜例1に示されるように、主旋律を歌いながら、四分音符と四分休符によるリズムパターンをカスタネットなどを用いて打っている。ここでは、四分音符には「たん」、四分休符には「うん」のように、それらを言葉によって区別することによって、打楽器を打

表 1 小学校音楽科教科書（平成 26 年検定済）に掲載されている打楽器の種類と領域別の活動例

No.	楽器名	対象学年						領域名	学習活動例
		Ⅰ	Ⅱ	Ⅲ	Ⅳ	Ⅴ	Ⅵ		
1	アゴゴー				△		△	歌唱	繰り返される旋律を感じて、リズム伴奏を行う。
								器楽	楽器を打つ位置や低い音と高い音の出し方を理解する。
								音楽づくり	楽器の特徴を生かしながら、4分4拍子で2小節のリズムを創作する。
2	ウッドブロック	○	○	△	△	○	△	歌唱	民謡の雰囲気を感じ取り、リズム伴奏を行う。
								器楽	楽器の持ち方や打つ場所を理解する。
								音楽づくり	楽器を組み合わせながら、動物の鳴き声を表現する。
								鑑賞	ウッドブロックの音を聴き取り、手を動かしながら表現する。
3	大太鼓[3]		△	△	△	△	○	歌唱	民謡の特徴を感じ取り、リズム伴奏を行う。
								器楽	太鼓のリズムと掛け声を組み合わせ、祭りのリズムを創作する。
								鑑賞	さまざまな地域の和太鼓の演奏形態を比べる。
4	大胴				△			鑑賞	貫井囃子で扱われる太鼓のひとつとして理解する。
5	カウベル			△		△	○	歌唱	鉦や太鼓の代用として、民謡の旋律の感じを生かしながらリズム伴奏を行う。
								器楽	主旋律に合わせてリズム伴奏を行う。
								音楽づくり	リズムの繰り返しや重ね方を工夫しながら、リズムアンサンブルを行う。
6	カスタネット	○	○	△	○	△	△	歌唱	楽曲のリズムに合わせてカスタネットを打つ。
								器楽	楽器の持ち方や打つ場所を理解する。
								音楽づくり	同じ材料で作られた楽器を組み合わせて、音楽を創作する。
								鑑賞	木質の打楽器の音色を聴き取る。
7	鉦[4]			△		△	△	歌唱	民謡の旋律の感じを生かしてリズム伴奏を行う。
								器楽	民謡の雰囲気を感じながら、リズム伴奏を行う。
								鑑賞	貫井囃子で用いる楽器として理解する。
8	ギロ		△	○	○	△		歌唱	打楽器の音色を感じ取りながら、リズム伴奏を行う。
								器楽	楽器の持ち方やビーターの擦り方を理解する。
								音楽づくり	同じ材料で作られた楽器や声などを組み合わせて、音楽を創作する。
9	クラベス[5]		○	△	○	△	△	歌唱	同じリズムを繰り返しながら伴奏を行う。
								器楽	楽器の持ち方や構え方を理解する。
								音楽づくり	強弱に変化を加えながら、リズムの応答を行う。
								鑑賞	打楽器の音色の違いを聴き取る。
10	こきりこ				△	△		歌唱	民謡の旋律に合わせて、リズム伴奏を行う。
11	小鼓					△		鑑賞	日本の伝統的に伝わる打楽器のひとつであり、手を使って音を鳴らすことを理解する。

No.	楽器名	対象学年						領域名	学習活動例
		I	II	III	IV	V	VI		
12	コンガ						△	音楽づくり	楽器同士を組み合わせたり、音を減らしていきながら、リズムアンサンブルを創作する。
13	ささら					△		歌唱	民謡の旋律に合わせて、リズム伴奏を行う。
14	シェーカー				△			歌唱	サンバの雰囲気を感じながら、リズム伴奏を行う。
								器楽	楽器の持ち方や腕の振り方を理解する。
15	締太鼓[6]			△	○		○	歌唱	民謡の旋律に合わせてリズム伴奏を行う。
								器楽	リズムパターンを演奏する手順を理解する。
								鑑賞	演奏方法に着目しながら、それぞれのお囃子の特徴を感じ取る。
16	シンバル			△	△	○	○	歌唱	金属で作られている楽器を組み合わせ、リズム伴奏を行う。
								器楽	片方のシンバルをスティックで打つなど、演奏方法を工夫する。
								音楽づくり	3つの楽器を選んで、リズムの繰り返し方や重ね方に留意しながら、リズムアンサンブルを行う。
								鑑賞	オーケストラに登場する楽器として理解する。
17	すず	○	○	○	○	○	△	歌唱	主旋律に合わせて楽器を打ち、休符を休むことを理解する。
								器楽	楽器の持ち方や打つ場所、振り方を理解する。
								音楽づくり	すずの振り方に留意しながら、星空の様子を表す音楽を創作する。
								鑑賞	細かく打つ動作に留意し、鑑賞教材の一部分をリズム伴奏する。
18	スネアドラム	△	○	○	○	△	○	器楽	スティックの持ち方や構え方を理解する。
								音楽づくり	ひびき線を外して、自分のイメージに合う音を見つける。
								鑑賞	鑑賞曲に合わせてリズム伴奏を行う。
19	たる				△		△	器楽	締太鼓の代用として、お囃子のリズムを演奏する。
20	タンブリン	○	○	○	○	○	△	歌唱	2拍子を感じながら、リズム伴奏を行う。
								器楽	拍に合わせて楽器を演奏する。
								音楽づくり	繰り返し方や重ね方を工夫しながら、リズムを組み合わせる。
								鑑賞	楽器を演奏する真似をしながら鑑賞する。
21	チャンゴ				△			鑑賞	サムルノリで扱われる打楽器であることを理解する。
22	吊しシンバル	△	△		△	△		歌唱	音の伸ばし方に留意し、主旋律の伴奏を行う。
								器楽	打つ場所による音の変化やスティックを当てる場所を理解する。
								音楽づくり	スティックやマレットを用いて、音の変化を感じ取る。
23	ティンパニ			△		△	○	鑑賞	繰り返し続く、リズムパターンを聴き取る。

No.	楽器名	対象学年						領域名	学習活動例
		Ⅰ	Ⅱ	Ⅲ	Ⅳ	Ⅴ	Ⅵ		
24	鉄琴[7]	○	○	○	○	○	○	歌唱	楽曲の主旋律(または伴奏部分)を演奏する。
								器楽	マレットの持ち方や打ち方を理解する。
								音楽づくり	楽器を組み合わせながら、虫の鳴き声を表現する。
								鑑賞	マレットの固さに留意しながら、鑑賞教材の一部分を演奏する。
25	銅拍子			△				鑑賞	楽器の音に注目しながら、お囃子の特徴を聴き取る。
26	トムトム				△			歌唱	繰り返される旋律に着目しながら、リズム伴奏を行う。
								器楽	ミュートの仕方や打つ場所を理解する。
27	トライアングル	○	○	○	○	△	△	歌唱	主旋律に合わせてリズム伴奏を行う。
								器楽	打ち方に変化を付けながら、音の長さや短さを見つける。
								音楽づくり	音の強さに変化を加えながら、星空の様子を表す音楽を創作する。
								鑑賞	時計のベルの音を聴き取り、手を振りながら表現する
28	バーチャイム			△				音楽づくり	響きの長さに留意して、魔法の音を創作する。
29	バスドラム	△	△	△	○	○	○	器楽	スネアドラムのリズムに留意しながら、リズム伴奏を行う。
								鑑賞	鑑賞曲の主旋律に合わせてリズム伴奏を行う。
30	ボンゴ				△		△	歌唱	3拍子の主旋律を感じながら、リズム伴奏を行う。
								器楽	主旋律に合わせてリズム伴奏を行う。
								音楽づくり	打楽器の音色を生かして、リズムアンサンブルを創作する。
31	マラカス		△	△	△			歌唱	主旋律に合わせてリズム伴奏を行う。
32	木琴[8]	△	○	○	○	○	○	歌唱	主旋律の伴奏を和音で演奏する。
								器楽	マレットの持ち方や打ち方を理解する。
								音楽づくり	音を自由に伸ばしながら、森の風景を表現する。
								鑑賞	マレットの固さに留意しながら、鑑賞教材の一部分を演奏する。

譜例1 「しろくまのジェンカ」（日本詞 平井多美子、作曲 ケン ウォール）におけるカスタネットのリズムパターン（『小学生のおんがく1』教育芸術社、pp.20-21 より）

つ部分と休む部分の違いを把握することを促している。また、「森のたんけんたい」[(8)]（作詞 東一陽、作曲 野木雄大）においては、主旋律とウッドブロックやクラベス、スネアドラムといった打楽器は、まったく同じリズムパターンをきざむようになっている。これによって、歌詞と打楽器のリズムのタイミングを合わせながら、「コンコンコン」「ココココ」といった歌詞の言葉が持つリズムを強調することを可能にしている。

一方、同時期に扱われる木琴や鉄琴といった鍵盤打楽器においても、マレットの持ち方や打ち方を学習した後、歌唱教材の主旋律を演奏する活動、虫の鳴き声を表現する活動といった音楽づくりの活動へと発展させている。それに伴い、教育出版発行の第2学年の音楽科教科書においては、木琴や鉄琴の仲間として、マリンバ、ヴァイブラフォーン、グロッケンを掲載していたことからも、小学校低学年の段階からさまざまな打楽器の種類の理解を促していたことが窺える。例えば、「アイアイ」[(9)]（作詞 相田裕美、作曲 宇野誠一郎、編曲 岡部栄彦）においては、冒頭の「アーイアイ」の部分を木琴と鉄琴によって応答させた後、「おさるさんだよ」の部分においては、木琴と鉄琴が主旋律と副次的な旋律に分かれている。このように、歌詞と同じ主旋律のみを演奏するだけではなく、主旋律とは異なる副次的な旋律を演奏することによって、旋律の重なりとその響きに着目しながら、歌唱活動を展開することができよう。

したがって、小学校低学年で使用される音楽科教科書においては、カスタネット、タンブリンといった片手を使って演奏する打楽器を中心に扱われながらも、学習項目が進むにつれて、スネアドラム、木琴といった両手を使って演奏する打楽器が徐々に増加する傾向が見られた。これにより、すべての学習活動の出発点となる小学校低学年の段階から、さまざまな演奏方法に触れながら、学習活動を展開することが重要になると考えられる。

次いで、小学校中学年で使用される第3および第4学年の音楽科教科書においては、シェーカーやボンゴ、締太鼓に関する項目が新たに追加されている。また、我が国の伝統楽器である締太鼓や鉦を用いて、お囃子の音楽を創作する活動などが追加されるなど、小学校中学年以降の学習活動においては、さまざまな打楽器を用いた学習活動が増えてきたと解釈することができる。

いくつか例を挙げると、シェーカーやボンゴといったラテン打楽器に関する学習活動については、カスタネット、タンブリンと同様に、楽器の名称や持ち方、打ち方を学習した後、歌唱教材の主旋律を演奏する活動、虫の鳴き声を表現する活動といった音楽づくりの活動が設定されている。そのひとつとして、「まほうのチャチャチャ」[(10)]（作詞 和田崇、作曲 ホリン、編曲 和田崇）においては、シェーカーやカウベルを用いてリズム伴奏を

行っている。中でも、既述した「しろくまのジェンカ」の学習活動と同様、シェーカーは「チュアチチ」、カウベルは「ウンカン」のように、各リズムパターンに言葉を対応させており、言葉によってリズムパターンの体得を目指していると考えられる。さらに、譜例2に示される「ラドレの音でせんりつづくり」[11]においては、大太鼓もしくはスナッピーを外したスネアドラムを用いて、「ドンコンドンカカ」のリズムパターンを打つ。それに伴い、右手は「ドン」、左手は「コン」、枠打ちは「カカ」のように、左右のばちの手順を言葉によって区分するなど、打楽器のリズムパターンを言葉によって表すことが重視されている。

一方、鑑賞領域に視点を移すと、同時期の小学校音楽科教科書においては、我が国の伝統音楽で扱われるこきりこ[12]に加え、韓国の伝統楽器であるチャンゴ[13]が紹介されている。ただ、これらの打楽器の共通点としては、打楽器そのものを演奏する目的として扱われるのではなく、あくまで鑑賞領域の学習活動として設定されるため、実物を手に取って鳴らす機会は想定されていない。そのため、絵図中に表記されている打楽器の形状や打ち方を映像で確認するといった、実際の打楽器に対するイメージを持たせる配慮が必要となる。

そして、小学校高学年で使用される第5および第6学年の音楽科教科書は、さまざまなリズム・パターンを習得し、楽曲全体を完成させるなど、これまで培ってきた演奏技術を生かした発展的な学習活動が展開されている。例えば、「さんぽ」[14]（作詞 中川李枝子、作曲 久石譲、編曲 吉田覚）のスネアドラムのリズムパターンにおいては、「あるこう、あるこう」という歌詞に合わせて付点音符や3連付によるリズムが採用されており、スティックをコントロールする手順に配慮することが要求される。さらに、譜例3の「エイトメロディーズ」[15]においては、小学校低学

譜例2　「ラドレの音でせんりつづくり」における大太鼓のリズムパターン
（『小学生のおんがく3』教育芸術社、pp.48-49 より）

譜例3　「エイトメロディーズ」（作曲 田中宏和）の演奏例（上：リコーダー、中：ヴァイブラフォーン、下：グロッケン）（『小学音楽 音楽のおくりもの5』教育出版、pp.64-65 より）

年で紹介されたヴァイブラフォーンやグロッケンを用いて、副次的な旋律を演奏するよう指示されるなど、これまでの学習活動より大きく発展したものとして受け止められる。それに伴い、スティック、マレットの持ち方[16]が資料として掲載された背景から、学習者自身の持ち方を再確認すること、演奏技術を高める前提としてスティック、マレットの持ち方を安定させることを促している。

また、小学校高学年において新たに掲載された打楽器としては、ラテン打楽器の一種であるコンガ、我が国の伝統音楽で扱われる鉦、小鼓のみであるように、新たに追加された打楽器の種類はあまり多くなく、これまでの既習の打楽器を組み合わせて学習活動を展開していることが窺える。その例として、打楽器のみを使用したリズムアンサンブルの学習活動[17]においては、数々の打楽器の中からグループで楽器を選択し、それらの組み合わせを生かしながらリズムパターンを演奏するなど、より多くの選択肢の中からその状況に応じた打楽器を選択することを重視している。

また、鑑賞教材に着目すると、両教科書会社ともオーケストラに登場する打楽器として、ティンパニやシンバル、バスドラム[18]を紹介している。しかし、これらの打楽器は既述のような、こきりこ、チャンゴとは異なり、ティンパニを除くものは、これまで器楽合奏などで扱われてきた打楽器のひとつである。そのため、絵図中に表記されている打楽器について理解する学習活動にとどまらず、実物の楽器を手に取りながら音色を確かめる過程を経て、鑑賞活動につなげていくことが必要である。

これまで論じてきたように、小学校音楽科教科書における打楽器の種類と学習活動については、歌唱、器楽、音楽づくり、鑑賞の全領域に関わっ て、打楽器に関する指導項目が盛り込まれている。中でも、各教材の目的に応じた打楽器が紹介されていることから、それぞれの打楽器の特性を生かした学習活動を展開することが可能となる。このように、小学校音楽科教科書における打楽器とは、打楽器そのものを演奏する活動が目的とされがちだが、さまざまなリズムパターンを体得し、より響く音や美しい音色を発見するなど、演奏技術の向上はもとより、それ以外の分野にも意識を向けさせることが期待される。

一方、これまで既述したカウベルやシェーカーなど、各教科書会社によって打楽器の種類に差異が生じたこと、また、教育出版はシンバルスタンドを使用するのに対し、教育芸術社は片方のシンバルを手に取って鳴らしていたことからも、教科書会社によって演奏方法が異なる点も示唆された。したがって、小学校音楽科教科書に掲載される打楽器に関する学習活動とは画一的なものではなく、各教科書会社の判断に委ねられているといえよう。

2-3　中学校音楽科教科書に掲載されている打楽器の種類と学習活動

これまで、小学校音楽科教科書に掲載されている打楽器の種類と学習活動について論じてきたが、初等教育の次の段階である中等教育においては、どのように展開されているのであろうか。次の**表2**は、教育芸術社および教育出版発行の中学校音楽科教科書に掲載されている打楽器の種類と領域別の学習活動例を示したものである。なお、小学校音楽科教科書と同様、「楽器名」は和名の五十音順で配列し、「対象学年」は両教科書会社によって掲載されたものを○、片方のものを△として記入を行った[9]。また、中学校音楽科教科書においては、第2学年および第3学年が上下巻

表2 中学校音楽科教科書(平成27年検定済)に掲載されている打楽器の種類と領域別の活動例

No.	楽器名	対象学年		領域別に抽出された学習活動例	
		Ⅰ	Ⅱ・Ⅲ	領域名	学習活動例
1	青銅琴	△	△	鑑賞	インドネシアに伝わる青銅製の打楽器であることを理解する。
2	アゴゴー	△	△	器楽	ベルによる音程差の違いやリズムパターンを理解する。
3	ウッドブロック	△	△	歌唱	三板の代用として、リズム伴奏を行う。
4	大太鼓	○	○	歌唱	主旋律の流れを感じ取りながら、リズム伴奏を行う。
				器楽	平置台、櫓台、斜め置き台を用いた場合の打ち方を理解する。
				鑑賞	日本に伝わる伝統楽器として理解する。
5	大鼓	○	○	鑑賞	囃子で扱われる楽器であることを理解する。
6	桶胴	△	△	器楽	田楽構え立ち方や鼓面の打ち方を理解する。
7	カウベル	△	△	器楽	楽器を打つ位置や鳴らし方を理解する。
8	カスタネット	△	△	器楽	楽器の持ち方や指を替えながら打つ奏法を理解する。
9	鞨鼓	△	△	鑑賞	リズムパターンの区切り目を示す役割であることを理解する。
10	鉦	○	○	鑑賞	日本に伝わる伝統楽器として理解する。
11	クラベス	△	△	器楽	楽器の持ち方や打つ位置を理解する。
12	こきりこ		△	歌唱	こきりこの打ち方を覚え、リズム伴奏を行う。
13	小鼓	○	○	鑑賞	さまざまな掛け声を発しながら演奏することを理解する。
14	コンガ	△	△	器楽	手のひらを当てる位置による音程差を理解する。
15	三板		△	歌唱	板同士の打ち方を理解し、リズム伴奏を行う。
16	三ノ鼓	△	△	鑑賞	右舞の高麗楽で用いられることを理解する。
17	シェーカー	△	△	器楽	主旋律のリズムの反復や音の高さの変化に注目しながら、リズム伴奏を行う。
18	締太鼓	○	○	歌唱	拍の流れの違いを理解し、リズム伴奏を行う。
				器楽	立ち台・座り台を用いた場合の打ち方を理解する。
				創作	地打ちのリズムを使って、太鼓のための音楽を創作する。
				鑑賞	日本に伝わる伝統楽器として理解する。
19	シヤオルオ	△		鑑賞	中国に伝わる伝統楽器として理解する。
20	鉦鼓	○	○	鑑賞	一定のリズムパターンを繰り返し、速度を決めたり、終わりの合図を出す役割であることを理解する。

No.	楽器名	対象学年		領域別に抽出された学習活動例	
		Ⅰ	Ⅱ・Ⅲ	領域名	学習活動例
21	シンバル	○	△	器楽	手皮の持ち方や残響の止め方を理解する。
				鑑賞	オーケストラに登場する楽器として理解する。
22	すず	△	△	器楽	手首のスナップの使い方や叩く位置を理解する。
23	スタンドシンバル	○	△	器楽	響きを止めて打つ奏法やシンバルを押さえる・離すことを生かしたリズムパターンを理解する。
24	スネアドラム	○	○	歌唱	締太鼓の代用として、リズム伴奏を行う。
				器楽	スティックを持つ位置や着脱スイッチの役割を理解する。
				鑑賞	スネアドラムで刻まれるボレロのリズムを聴き取る。
25	タブラー	○		鑑賞	カッワーリで扱われる楽器として理解する。
26	タンブリン	○	○	器楽	楽器の持ち方やトレモロ奏法の方法を理解する。
				創作	見つけた音を繰り返したり変化させたりしながら、場面に合う音楽を創作する。
27	チャンゴ	△		鑑賞	日本と朝鮮半島に伝わる楽器を聴き比べる。
28	釣太鼓[11]	○	○	鑑賞	雅楽で扱われる楽器であることを理解する。
29	ティンパニ	△	○	鑑賞	オーケストラに登場する楽器として理解する。
30	鉄琴	△	△	器楽	パートの役割と全体の響きとの関わりを考えながら演奏を行う。
31	ドラムセット	△	△	器楽	リズムの変化の効果を感じながら、エイトビートのリズム伴奏を行う。
32	パーヤ	△		鑑賞	インドに伝わる伝統楽器として理解する。
33	バスドラム	○	○	器楽	鼓面を打つ位置や残響の止め方を理解する。
				鑑賞	オーケストラや吹奏楽に登場する楽器として理解する。
34	バラフォン		△	鑑賞	西アフリカに伝わる木琴の種類として理解する。
35	ボンゴ	○	○	器楽	楽器の構え方やリズムパターンを理解する。
36	木琴		△	歌唱	三線の代用として、主旋律の伴奏を行う。
37	ヨンゴ	△		鑑賞	朝鮮半島に伝わる伝統楽器として理解する。

によるものであるため、第1学年および第2、第3学年に分類した[10]。

表2に示された学習活動について領域別に見ていくと、歌唱教材に扱われる打楽器の種類が減少し、器楽活動を中心に扱われる傾向が見て取れる。この背景として、中学校音楽科教科書においては、器楽を専門に取り扱った教科書[19, 20]が使用されており、小学校音楽科教科書とは異なる枠組みで学習活動が設定されている。

次に、器楽の教科書に掲載された学習活動について言及すると、譜例4に示される「打楽器のための小品」[21]のように、クラベス、カスタネット、タンブリン、スネアドラム、ボンゴ、コンガなどを用いて、リズムアンサンブルを行う活動が取り入れられている。しかも、小学校音楽科教科書に掲載されたリズムアンサンブルによる活動は、2人から3人の少人数による合奏が主とされたが、中学校音楽科教科書においては6人によって複数の打楽器を組み合わせて異なるリズムを演奏する活動が展開されている。

一方、譜例5に示される「千の海響 望の章」[22]においては、人数はさほど多くないものの、我が

譜例4 「打楽器のための小品」（作曲 黒澤吉徳）におけるリズムパターン
（『中学生の器楽』教育芸術社、pp.78-79 より）

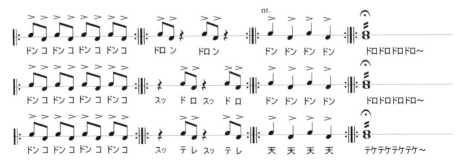

譜例5 「千の海響 望の章」（作曲・構成　林英哲）におけるリズムパターン
（上：太鼓1、中：太鼓2、下：締太鼓）（『中学器楽 音楽のおくりもの』教育出版、p.60-61 より）

国の伝統楽器である大太鼓や桶胴を用いて合奏を行う活動が掲載されていた。中でも、4小節目には両手で速く刻むように打つトレモロ奏法が扱われており、小学校音楽科教科書には取り上げられなかった演奏技術が紹介されている。また、「ドンコドンコ」「ドロドロドロドロ〜」のように、小学校音楽科教科書と同様、各リズムパターンと対応させた言葉が組み込まれていた。しかし、2小節目の「ドロン」と「スッテレ」、3小節目の「ドン」「天」のように、同族楽器によって違う言葉が組み込まれていることからも、互いの音と言葉の違いを理解した上で、そのリズムパターンを体得することが重視されている。

次に、各学年の学習活動に視点を移すと、第1学年の音楽科教科書においては、創作領域の学習活動の一環として、「太鼓のための音楽をつくろう」[23]という活動が設けられており、「地打ち」のリズムを基盤としながら、「い」から「ほ」のリズムを使って太鼓のための音楽を3人の奏者で創作する（**譜例6**）。また、ここで使用されるリズムに着目すると、「地打ち」、「い」から「ほ」によるリズムパターンは、新たに追加されたリズムパターンではなく、これまでの既習事項であるリズムを適宜活用して課題に取り組む形式がとられていた。その他、中学校第1学年で新たに追加された打楽器を挙げると、アジア諸民族の音楽を鑑賞する学習活動として北インドが起源とされるタブラーが紹介されている[24, 25]。それは、既述したこきりこやチャンゴの扱いと重なるように、打楽器そのものを演奏する目的として扱われるのではなく、あくまで鑑賞領域の学習活動として設定されており、打楽器が持つリズムや音色を手がかりとしながら、さまざまな国の音楽を比較聴取することに重点を置いていた。

また、第2、第3学年の音楽科教科書においては、**譜例7**の「越天楽を体験しよう」[26]のように、我が国の伝統音楽を打楽器を用いて再現する試みがなされている。この活動例は、「スッ」「タ

譜例6 「太鼓のための音楽をつくろう」におけるリズムパターン
(『中学音楽1 音楽のおくりもの』教育出版、pp.60-61 より)

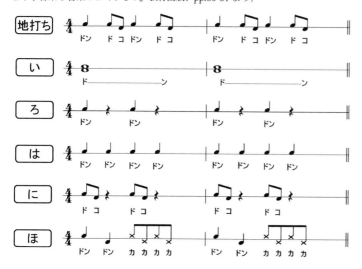

譜例7 「越天楽を体験しよう」（構成・編曲 伊野義博）におけるリズムパターン（上：大鼓、下：小鼓）
(『中学音楽2・3上 音楽のおくりもの』教育出版、pp.38-39 より)

ッ」「ポン」の唱歌を伴いながら打楽器を鳴らし、「ホーッ」「イヤーッ」といった掛け声についても同時に行うことが指示されている。このうち、大鼓、小鼓の代用としてウッドブロックとボンゴが採用されていた経緯から、実際の打楽器により近い音色を選択することが望ましいとされていた。それに関連して、沖縄民謡の「谷茶前」[27]（採譜・訳譜・編曲 宮里尚子）においては、三線の代用としてマリンバ、三板はウッドブロック、締太鼓はスネアドラム、大太鼓はバスドラムのように、民謡の伴奏をさまざまな打楽器を代用して伴奏を行うように指示がなされている。このことから、各教材に使用する打楽器を掲載すると同時に、代用品として活用可能な打楽器を取り上げることは、代用可能な打楽器から実際に必要とされる打楽器の音色に近づける意識のもとに、楽曲に応じた雰囲気を再現することが意図されていると考えられる。

これらのことから、中学校音楽科教科書における打楽器の種類と学習活動においては、小学校音楽科教科書同様、歌唱、器楽、創作（音楽づくり）、鑑賞の全領域に関わって、打楽器に関する指導項目が盛り込まれている。しかし、中学校第2・第3学年で新たに追加された打楽器としては、ウッドブロックやマリンバといった既習事項を除くと、鑑賞資料として掲載された西アフリカのバラフォン[28]のみであるように、大きな増加が見られなかった。

こうした背景から、中学校音楽科教科書においては、小学校音楽科教科書に掲載されている打楽器を基盤としながら、学習活動をより発展した内容に進めていることが確認された。その例として、先に示した譜例4の打楽器に限定したアンサンブルによる学習活動、譜例6の打楽器に限定した創作活動のように、異なるリズムパターンを複数の打楽器を用いて演奏する活動が掲載されていることからも、初等教育段階よりも演奏する人数が増え、これまでよりもお互いの音を聴き合い演奏表現を行うことが求められる。しかし、リズムパターンにおいては、小学校音楽科教科書に掲載されていたリズムを適宜活用していたことから、初等教育段階から学習活動の素地をつくりあげることが重要であろう。

また、小学校音楽科教科書と同様、これまで既述したマリンバのように、各教科書会社によって取り上げられた打楽器の種類が異なること、シンバル、ティンパニ[29, 30]といったオーケストラで使用される打楽器について、各教科書会社によって掲載される学年に差異が生じていたことが確認された。このことから、中学校音楽科教科書に掲載されている打楽器に関する学習活動においても画一的なものではなく、各教科書会社の特色が反映されたものとして受け止められる。

3 小中接続の視点からみた打楽器の役割

3-1 義務教育段階の音楽科教科書で使用される打楽器

ここでは、小学校および中学校音楽科教科書に掲載されている打楽器の種類を分析し、小中接続の視点からみた打楽器の役割と可能性ついて考察する。それには、**表1**および**表2**に示されるように、小学校音楽科教科書に掲載された打楽器の一部が中学校音楽科教科書に引き続き掲載されていたことから、小・中学校の9年間で行われる音楽教育の視点から検討を進めることが必要となる。

以下、**表3**は、小学校および中学校音楽科教科書に掲載されている打楽器の種類をまとめ、義務教育段階に使用される打楽器の一覧を示したものである。ここでは、ⅠからⅥまでを初等教育段階の6年間、中学校音楽科教科書においては、第2学年および第3学年が上下巻によるものであったため、ⅦからⅨまでを中等教育段階の3年間として示した。なお、これまでと同様、「楽器名」は和名の五十音順で配列し、「対象学年」は両教科書会社によって掲載されたものを〇、片方のものを△として記入を行った。

ここで示されるように、小学校および中学校音楽科教科書に掲載されている打楽器を整理すると、学年が上がるにつれて打楽器の種類が増加するのではなく、小学校第1学年から第4学年の間に急速に増加し、それ以後は緩やかであることが明らかとなった。その例として、各教科書会社で掲載頻度が異なるものの、小学校第2学年から第3学年にかけてギロ、クラベスといったラテン打楽器が登場し、第4学年においてはシェーカー、ボンゴが加えられる。同時に、大太鼓、締太鼓、鉦といった我が国の伝統楽器が学年が上がるにつれて増加するなど、小学校低学年からさまざまな打楽器に触れる機会を多く提供していることが強調できる。

次に、義務教育段階において出現回数が多い打楽器を整理すると、スネアドラム、タンブリン、すず、鉄琴などが挙げられた。これらの打楽器においては、小学校音楽科教科書の第1学年で取り上げられ、中学校音楽科教科書の第2・3学年まで継続的に掲載されている。しかし、出現回数が少ない打楽器としては、バーチャイム、トムトム、バラフォン、ヨンゴなどが挙げられるように、特定の学年に限定して掲載されている打楽器も見られた。

このように、小・中学校の9年間で行われる音楽教育においては、複数の打楽器が継続的に取り上げられている中、ある特定の時期にしか掲載されない打楽器も存在する。そのような状況を垣間見ると、出現回数が多い打楽器については、小学校低学年の段階から教科書に掲載されている基本的な演奏方法について習得し、学年が上がるにつれて学習者の演奏技術を高めていくことが、各教材に示されている目標を達成する上での糸口になると考えられる。

一方、出現回数が少ない打楽器については、これまでの既習事項を土台としながら、その他の打楽器の演奏方法に有機的に結びつけることが求められる。例えば、木琴、鉄琴などで使用する音階を滑らせるように演奏するグリッサンドはバーチャイムに応用でき、スネアドラムで習得するストローク奏法はトムトムへと演奏技術を発展させることが可能となる。また鑑賞教材においても、バ

表3 義務教育段階で使用される音楽科教科書（平成26年、27年検定済）に掲載されている打楽器の種類

No.	楽器名	対象学年							
		Ⅰ	Ⅱ	Ⅲ	Ⅳ	Ⅴ	Ⅵ	Ⅶ	Ⅷ・Ⅸ
1	青銅琴							△	△
2	アゴゴー				△		△	△	△
3	ウッドブロック	○	○	△	△	○	△	△	△
4	大太鼓		△	△	△	△	○	○	○
5	大鼓							△	○
6	桶胴							△	△
7	大胴				△				
8	カウベル			△		△	○	△	△
9	カスタネット	○	○	△	○	△	△	△	△
10	鞨鼓							△	○
11	鉦			△		△	△	○	○
12	ギロ		△	○	○	△			
13	クラベス		○	△	○	△	△	△	△
14	こきりこ				△	△			△
15	小鼓						△	○	○
16	コンガ						△	△	△
17	ささら					△			
18	三板								△
19	三ノ鼓							△	△
20	シェーカー				△			△	△
21	締太鼓			△	○		○	○	○
22	シヤオルオ							△	
23	鉦鼓							○	○
24	シンバル			△	△	○	○	○	△
25	すず	○	○	○	○	○	△	△	△
26	スネアドラム	△	○	○	○	△	○	○	○
27	たる				△		△	△	○
28	タブラー							○	
29	タンブリン	○	○	○	○	○	△		○
30	チャンゴ				△			△	
31	吊しシンバル	△	△		△	△		○	△
32	釣太鼓							○	○
33	ティンパニ			△		△	○	△	○
34	鉄琴	○	○	○	○	○	○	△	△
35	銅拍子			△					

No.	楽器名	対象学年							
		I	II	III	IV	V	VI	VII	VIII・IX
36	トムトム				△				
37	トライアングル	○	○	○	○	△	△		
38	ドラムセット							△	△
39	バーチャイム			△					
40	パーヤ							△	
41	バスドラム	△	△	△	○	○	○	○	○
42	バラフォン								△
43	ボンゴ				△		△	○	○
44	マラカス		△	△	△				
45	木琴	△	○	○	○	○	○		△
46	ヨンゴ							△	

ラフォンは木琴、ヨンゴはスネアドラムといったように、楽器の形状が比較的一致するものを比較対象として提示することによって、各打楽器の音色の違いや音楽ジャンルの違いを把握することが重要になると考えられる。

3-2 小中接続に対応する打楽器指導とその方向性

以上のように、義務教育段階で使用される音楽科教科書においては、さまざまな打楽器が取り扱われている中で、初等中等教育全般にわたって掲載されている打楽器も存在した。しかし、小中接続に対応する打楽器指導を行うには、音楽科教科書の指導項目のみならず、それらをアレンジして展開することが必要となる。そこで、ここでは小学校および中学校音楽科教科書の分析を行った結果を踏まえ、芸術表現教育の更なる発展を見据えた打楽器指導とその方向性として次の3点を示す。

(1) 各打楽器をめぐる演奏行為の捉え

冒頭でも述べたように、打楽器は打つ、擦る、振る、滑らせるといった演奏行為によって音を発生させる。しかし、表3に示されるように、小学校第1学年で扱われる全ての打楽器は手の平ないしはスティックを持って打つという演奏行為に限定される一方、小学校第2学年以降では、擦る、振る、滑らせるといった打楽器が登場する。

こうして見ると、小学校第1学年ではスネアドラム、タンブリンなどを打つ活動を通して、各打楽器の打ち方による音色の違いを把握し、多様なリズムの組み合わせを理解することが必要となろう。例えば、スネアドラムにおいては、スティックを振り上げる距離やそれを振り下ろす速さによって、打楽器そのものの音が変化する。こうし

た、鼓面に圧力を加える動作から、打つという演奏行為を捉え直すことによって、スネアドラムの打ち方による音色の違いを把握することが可能となる。さらに、スネアドラムによって多様なリズムを演奏する際には、意識的、無意識的に関わらず、そのリズムが演奏しやすいように、スティックを振り上げる距離をコントロールすることが求められる。これらのことから、小太鼓演奏時にストロークの距離を調節することは、多様なリズムを演奏する上での手がかりになるとともに、演奏者の理想とする音色に近づける上でも重要な視点になり得るであろう。また、こうしたスネアドラムの音色の変化は他の打楽器においても当てはまる。例えば、ギロのビーターを擦る距離をコントロールし、マラカスは腕を振り下ろす速さによって音が変化するなど、各打楽器が持つ演奏行為について改めて着目させることは、音色への理解の深まりを重視した音楽科授業の視点に成りうると考えられる。

すなわち、小学校第1学年の音楽科授業で打楽器を打つという演奏行為を学習し、擦る、振る、滑らせるといった演奏行為を段階的に派生させていくことは、これまで習得した演奏行為と照らし合わせながら、新たな視点から音を発生させる仕組みを模索することにつながるものとして考えられる。それに応じた手立てとしては、手の平ないしはスティックを用いてリズムを奏でる活動に留まるのではなく、打つという演奏行為に学習者なりの工夫を加えつつ、打楽器が持つさまざまな音色を発見することが重要となる。その上で、音楽科教科書に掲載されているリズムの仕組みを学習し、そのリズムに合った演奏行為を工夫することが、打楽器本来が持つ多彩な音色を感じ取り、より高度な演奏表現を具現化させるための基盤とな

るであろう。

(2) 打楽器演奏時における身体動作の意識

ここでは、上記で述べた各打楽器をめぐる演奏行為を踏まえた上で、それらの演奏技術を習得する過程において重要な役割を担う身体動作の意識について述べていく。

各打楽器の演奏方法を指導する機会においては、教科書に掲載されている知識のみを教え込むのではなく、各打楽器に用いられる身体動作を意識した上で、自然な形で演奏方法に結び付けていくことが重要となる。例えば、先ほど例として示したスネアドラムにおいては、歌唱教材の伴奏からリズムアンサンブルの中心として使用されるなど、広範囲にわたる領域の教材で使用されるため、各教材に応じた演奏方法を模索することが求められる。

これに応じた手立てとしては、指導者は「強く」「弱く」といった打楽器そのものの音量を指示するのではなく、アンサンブルの様子を録音し、学習者自身が演奏した音声を振り返る機会を提供する。その後、学習者同士の意見交換から相応しい音色を想起し、スティックを振り降ろし音を発生させるまでのストロークの距離に着目させることが、スネアドラムが持つ音色を自由自在に調節する上で必要となる。

また、小学校および中学校音楽科教科書を並べてみると、学年が上がるにつれてリズムの種類が増加していることが確認された。同時に、小学校高学年以降の音楽科教科書においては、前述の「さんぽ」のように付点音符や三連符のリズムが組み込まれている。このことからも、スティックを振る距離に着目させることはもとより、スティックを振る動作の根本となる手首の使い方に意

識を向けることが、複雑なリズムを正確に演奏するための大きな手がかりとなろう。ちなみに、ストロークの距離の調節によって音色を調節する打楽器はスネアドラムだけではなく、トライアングルで使用されるビーターや鉄琴木琴で使用されるマレットなども、同じ範疇に含まれるものである。一方、タンブリン、ボンゴといった手の平によって演奏する打楽器においても、スティックが手の平に変わっただけであるからこそ、スティックのストロークと同様、手首の使い方に意識を向けながら演奏方法を体得することが重要である。

（3）打楽器指導と音色選択の機会

これまで、打楽器の演奏行為と身体動作をいかにして演奏方法と結び付けるかについて述べてきたが、ここでは、さまざまな音色の響きを生み出していく点において重要となる音色選択の機会の意義について言及したい。

これまで述べてきたように、打楽器はスティックやマレットなどの撥類などを用いて音を発生させる場合がある。しかし、一般的に使用される撥類は機能に応じて材質や固さが異なり、多彩な音色を奏でることが可能となる。その例として、木琴鉄琴で使用されるマレットにおいては、ゴムに毛糸や木綿を巻きつけたものをはじめ、黒檀、真鍮で作られたものなど、さまざまな素材によって作られたものが存在するため、学習者自身が各マレットの響きを確かめながら演奏に移行することが望ましいと考える。この点に関して深く掘り下げると、使用する打楽器ないしは演奏する教材に応じたマレットを選定し、楽器が持つ音色に変化を加えることは、マレットによる音色の差を実感させるとともに、学習者自身が持つ教材に応じた音のイメージを具現化する手段として機能するといっても過言ではないであろう。

しかし、ここで述べたような点は打楽器を叩く撥類に限定したものではない。例えば、ベラ・バルトークの「2台のピアノと打楽器のためのソナタ」[(31)]においては、シンバルの表面を爪またはナイフで演奏するように指示された例がある[12]。その他、シンバルの表面を硬貨で擦るように、日常生活で使用されるものを利用した例が存在することからも、従来の演奏方法から離れて新たな視点から音を発生させることについても想定しておくことが望ましい。

一方、これらの知見を小学校および中学校音楽科教科書と対応付けるならば、先ほど示した星空の様子を表す音楽を創作する活動のように、小学校低学年の段階から用途に応じて、さまざまな音色を見出す複数の選択肢を提示することが、学習者自身の発想の転換を促すものとして期待される。また、小学校低学年の段階から限りない選択肢を与えるのではなく、それぞれの選択肢を学年が上がるにつれて徐々に提示し、既習事項と照らし合わせて比較検討を行うことも視野に入れることが必要であると考える。

4　まとめと今後の課題

本稿では、義務教育段階に使用されている小学校および中学校音楽科教科書において、打楽器がどのように扱われているのかを各打楽器の掲載内容から検討し、今日の芸術表現教育における打楽器の活用の一端を明らかにするとともに、今後の展望を示すことを目的として研究を進めた。その結果、得られた知見をまとめると以下の通りである。

まず、小学校および中学校音楽科教科書に掲載

されている打楽器の種類においては、各教科書会社で掲載頻度が異なるものの、学年が上がるにつれて打楽器の種類が増加するのではなく、小学校第1学年から第4学年の間に急速に増加し、それ以後は緩やかであることが明らかとなった。このうち、義務教育段階において出現回数が多い打楽器を整理すると、スネアドラム、タンブリン、すず、鉄琴が小学校音楽科教科書の第1学年から中学校音楽科教科書の第2・3学年まで継続的に掲載されている。また、小学校第1学年ではスネアドラム、タンブリンなど打つ演奏行為による打楽器を扱っていたが、小学校第2学年以降においては、ギロを擦る、マラカスを振る、バーチャイム滑らせるといった演奏行為によって奏でられる打楽器が登場していた。つまり、義務教育段階全体を通して打楽器の種類が増えつつあることは、多種多様な音色を聴取する機会になり得るとともに、打楽器に用いられる演奏行為についても増加することを意味している。

次に、小学校および中学校音楽科教科書に掲載されている打楽器の学習内容においては、歌唱、器楽、音楽づくり、鑑賞の全領域に関わって、打楽器に関する指導項目が盛り込まれていたことから、学年毎に打楽器に関する学習活動が大きく移り変わっていることが確認された。中でも、複数の打楽器を使用したリズムアンサンブルによる活動は、小学校音楽科教科書では2人から3人の少人数による演奏形態であったのに対して、中学校音楽科教科書においては最大6人によるものが掲載されており、学年が上がるにつれて演奏する人数が増えていく傾向が見られた。一方、これらの共通する点としては、シェーカーは「チュアチチ」、カウベルは「ウンカン」、和太鼓を「ドンコドンコ」「ドロドロドロドロ〜」のように、各打楽器のリズムを言葉に当てはめる学習内容が多く見られたことから、リズムと言葉を連動させた学習内容を提示することで、学習者にリズムを体得するための手がかりを与えていることが示唆された。

さらに、本研究で明らかとなった2点を踏まえ、小中接続に対応する打楽器指導とその方向性について検討を行い、芸術表現教育の更なる発展に連なるものとして示した。

第1に、各打楽器をめぐる演奏行為の捉えに関しては、小学校第1学年の音楽科授業で打楽器を打つという演奏行為を学習し、擦る、振る、滑らせるといった演奏行為が増加傾向にあることが明らかとなった。こうした結果を打楽器指導に反映させる手立てとして、各打楽器の演奏行為毎に切り離して演奏方法を体得するのではなく、これまで習得した演奏行為と照らし合わせながら工夫を加えることにより、各打楽器の打ち方による音色の違いを把握させると同時に、新たな視点から音を発生させる仕組みを模索することにつながるものとして期待できる。

第2に、打楽器演奏時における身体動作に関しては、打楽器を演奏するために必要とされる手首の使い方に意識を向けるといった、各打楽器に求められる身体動作を意識することに重点を置くことの重要性を論じた。ここでは、各打楽器の演奏技術を習得する過程において、それらの演奏方法を教え込むのではなく、各打楽器に用いられる身体動作を意識させながら、自然な形で演奏方法に結び付けていくことが重要であると考えた。またそれらの意識を持つことが、打楽器そのものが持つ音色を自由自在に調節する上で必要であること、複雑なリズムを正確に演奏するための手がかりになるものとして捉えられる。

第3に、打楽器指導と音色選択の機会に関して、学習者が使用する打楽器ないしは演奏する教材に応じた撥類を選定することが、打楽器が持つ音色に変化を加え、学習者自身が持つ音のイメージを具現化する手段として機能する。併せて、シンバルの表面を硬貨やワイヤーブラシで擦ったり、ビーターを用いて演奏するなど、従来の演奏方法から離れて新たな視点から音を発生させることによる可能性を示した。しかし、小学校低学年の段階から限りない選択肢を与えるのではなく、それぞれの選択肢を学年が上がるにつれて徐々に提示し、既習事項と照らし合わせて比較検討を行うことも視野に入れることが必要であると結論付けた。

以上の点を総合して、残された課題を以下の2点にまとめる。

まず、本研究では義務教育段階で使用されている打楽器の種類を中心に取りまとめたものであるため、各打楽器が掲載された教材数については検討していない。中でも、小学校音楽科教科書に掲載された打楽器の一部が中学校音楽科教科書に引き続き掲載された結果から、使用頻度が高い打楽器を中心に教材数を抽出し、それらと打楽器指導の関連性を探ることが重要となる。

次に、本研究においては義務教育段階で使用される音楽科教科書に限定しており、その他の校種については検討していない。おそらく、打楽器に触れる機会がある幼稚園、保育所もしくは高等学校においては、発達段階に応じた打楽器が使用されている可能性があるため、より詳細な研究を行うことが必要となる。そこで、今後は各校種と打楽器指導の共通点および相違点を明らかにすることによって、発達段階の違いを踏まえた打楽器指導の役割を見出すことを課題としたい。

◉ 注

1 本稿における打楽器とは、打つ、擦る、振る、滑らせるといった演奏行為によって音を発生させる楽器を対象とする。
2 大胴、シェーカー、吊しシンバル、たる、ヨンゴを指す。
3 長胴太鼓、鋲打太鼓を含む。
4 当り鉦を含む。
5 ひょうし木を含む。
6 附太鼓を含む。
7 グロッケン、ヴァイブラフォンを含む。
8 マリンバを含む。
9 中学校音楽科教科書においては、「音楽づくり」は「創作」として位置づけられる。
10 中学校で使用される器楽の教科書は、学年区分が設けられていないため、全学年で使用されるものとしてカウントした。
11 楽太鼓を含む。
12 第2楽章の410小節以降において、「with the fingernail, or the blade of a pocketknife, on the very edge」と明記されている。

◉ 参考文献

(1) 池内友次郎他（1982）『改訂 小学音楽4』教育出版
(2) 三善晃他（1991）『新版 音楽4』教育出版
(3) 沖公智（1996）「教科書に見る打楽器指導の一考察」『三重大学教育学部研究紀要』第47巻、pp.68-69.
(4) 文部科学省編（2002）『教育用音楽用語（平成6年8月）』教育芸術社
(5) 網代景介・岡田知之（1994）『新版 打楽器辞典』音楽之友社
(6) 小原光一他（2014）『小学生のおんがく1』教育芸術社、pp.20-21.
(7) 新実徳英他（2014）『小学音楽 音楽のおくりもの1』教育出版、pp.20-21.
(8) 新実徳英他（2014）『小学音楽 音楽のおくりもの2』教育出版、pp.32-33.
(9) 小原光一他（2014）『小学生のおんがく2』教育芸術社、pp.70-71.
(10) 新実徳英他（2014）『小学音楽 音楽のおくりもの3』教育出版、pp.24-25.
(11) 小原光一他（2014）『小学生のおんがく3』教育芸術社、pp.48-49.

(12) 小原光一他（2014）『小学生のおんがく4』教育芸術社、pp.46-47.
(13) 新実徳英他（2014）『小学音楽 音楽のおくりもの4』教育出版、p.40.
(14) 新実徳英他（2014）『小学音楽 音楽のおくりもの6』教育出版、p.70-71.
(15) 新実徳英他（2014）『小学音楽 音楽のおくりもの5』教育出版、pp.64-65.
(16) 新実徳英他、前掲書15、p.77.
(17) 小原光一他（2014）『小学生のおんがく5』教育芸術社、pp.20-21.
(18) 小原光一他（2014）『小学生のおんがく6』教育芸術社、p.69.
(19) 小原光一他（2015）『中学生の器楽』教育芸術社
(20) 新実徳英他（2015）『中学器楽 音楽のおくりもの』教育出版
(21) 小原光一他、前掲書19、pp.78-79.
(22) 新実徳英他、前掲書20、pp.60-61.
(23) 新実徳英他（2015）『中学音楽1 音楽のおくりもの』教育出版、pp.60-61.
(24) 小原光一他（2015）『中学生のおんがく1』教育芸術社、p.50.
(25) 新実徳英他、前掲書23、pp.46-47.
(26) 新実徳英他（2015）『中学音楽2・3上 音楽のおくりもの』教育出版、pp.38-39.
(27) 新実徳英他（2015）『中学音楽2・3下 音楽のおくりもの』教育出版、p.19.
(28) 小原光一他（2015）『中学生のおんがく2・3下』教育芸術社、p.45.
(29) 新実徳英他、前掲書23、pp50-51.
(30) 小原光一他（2015）『中学生のおんがく2・3上』教育芸術社、p.87.
(31) Bartok Bela (1942) *Sonata for two pianos and percussion*, Boosey & Hawkes

創作学習の有効性
声によるふしづくりの実践から

桐山 由香

1　はじめに

現在の学校教育では、音楽科教育以外の学習の必要性が注目され、1年間の音楽科の授業時数が減る傾向にあるのが現状である。学校教育における音楽科教育の役割は、C・A・バーマイスターによると「(a) 芸術的成長、(b) 余暇の善用、(c) 感情の発達、の三面である」[1]になる。この芸術的成長を培うことは音楽科や美術科教育の特質であるが、音楽科教育で子どもたちの芸術的成長を導いていくということは、F・マックマレーによると「音のパターンを経験の世界における美的要素として、より深く意識できるように助けること」[2]になる。J・マーセルも「子どもにどのような力を発達させるのかという観点から音楽教育を考えると音楽の実態を把握する力を発達させる、という一言に尽きる」[3]と述べているように、音楽の実態を把握する力、すなわち「音とリズムのパターンを知覚し、想像し、考える力と、それによって表される感情内容に対する感受性」の発達が音楽的成長（芸術的成長）であり、音楽科教育における役割の一つである[4]。

授業者は子どもたちが音楽的に成長していくためにより効果的な授業を模索していく事が必要である。そのことを踏まえて授業開発をしていく中、表現活動である創作学習の授業において子どもが主体的に取り組み創意工夫された表現が生み出される様子から音楽的成長が顕著にみられた[5]。音楽あそびから音楽づくり、そして旋律創作につながるカリキュラムを系統的に組み立てることによって、子どもの音楽づくりの変容と音楽を知覚し、感受し、技能を洗練させる能力の高まりの実際を確認し、音楽的成長からさらに人間形成をめざした音楽科の授業実践のあり方を明らかにしていくことに意義がある。そこで、子どもの音楽的成長のために創作学習がいかに有効であるかを、授業での子どもの様子や作品・ワークシートを通して明らかにするために、小学校におけるふしづくりの実践を行った。

2　創作学習の変遷

　創作学習は昭和22年6月の「学習指導要領＝音楽編（試案）」において6つの目標の1つに"音楽における創造力を養う（旋律や曲を作ること）"[6]と明記された。戦前までは歌唱の表現活動が中心であった音楽科教育であるが、はじめて創造的な表現活動が取り入れられた。

　昭和43年度の小学校学習指導要領（音楽）では「即興的に音楽表現する。旋律創作、編曲する基礎技能を伸ばす」と具体的に旋律創作することが明記された。また、昭和52年度の小学校学習指導要領（音楽）では「即興的にリズムや旋律を工夫して表現すること」となり、リズム創作も加わった[7]。

　次の平成元年度、10年度、15年度の小学校学習指導要領（音楽）では、「音楽をつくって表現できるようにする。」という表現にかわった。平成元年度では即興的に音さがしをしたり、音を選んだり、自由な発想で表現することが加わり、創造的な音楽学習が重視されるようになった。また、平成10年度はリズム遊びやふしあそびからリズム創作へという道筋も明記された[8]。

　平成28年度における現行の小学校学習指導要領（音楽）では、低・中・高学年とも「音楽づくりの活動を通して（中略）音の仕組みを生かした音楽づくり」と音楽づくりという言葉が明記された[9]。

　このように小学校指導要領では創作学習が旋律創作からもっと広義の音楽づくりへと代わってきた。時代とともにグローバル化する社会の中での異文化理解や日本音楽の伝統や文化を継承する事に加え、表現活動における創作学習の多様性や重

表1　小学校学習指導要領の変遷

―創作学習から音づくりへ―
- 創造力を養う…旋律や曲を作る。（昭和22年）
↓
- 即興的に音楽表現する、旋律創作、編曲する基礎技能を伸ばす。（昭和43年度）
↓
- 即興的にリズムや旋律を工夫して表現すること。（昭和52年度）
↓
- 音楽をつくって表現できるようにする。（平成元年度、平成10年度、平成15年度）
↓
- 音楽づくりの活動を通して次の事項を指導する。（平成20年度）
　　（低学年）・声や身の回りの音の面白さに気付いて音遊びをする。
　　　　　　・音を音楽に生かしていくことを楽しみながら、音楽の仕組みを生かし、思いをもって簡単な音楽をつくること。
　　（中学年）・いろいろな音の響きやその組み合わせを楽しみ、様々な発想をもって即興的に表現すること。
　　　　　　・音を音楽に構成する過程を大切にしながら、音楽の仕組みを生かし、思いや意図を持って音楽をつくること。
　　（高学年）・いろいろな音楽表現を生かし、様々な発想をもって即興的に表現すること。
　　　　　　・音を音楽に構成する過程を大切にしながら、音楽の仕組みを生かし、見通しを持って音楽をつくること。

要性がクローズアップされてきた（表1）。

3　ふしづくりの先行研究や事例

　ふしづくりの先行研究には、山本弘による岐阜県での「ふしづくりによる音楽教育」とハンガリーのコダーイシステムによる音楽教育についての歴史的研究や実践的研究が多くみられる[10]。

　山本はふしづくりの音楽教育で育てるべき音楽能力について「拍反応力」、「摸奏唱力」、「即興力」、「抽出力」、「変奏力」、「記譜力」の6つの力を示している。山本は、この中の「拍反応力」を拍の流れに乗る力とも述べているが、この力を活動するための基礎と位置づけている[11]。

　山本は指導項目を25段階80ステップに細分し、その一覧表に基づいて繰り返し指導する方法を「音楽の指導法（パターン）」[12]と呼んでいる。さらに山本は、音楽能力指導段階表を作り、1メロディー、2リズム、3ハーモニー、4速度、5強弱、6音色、7唱奏法の項目をステップでわけ、子どもの力がどの段階にあるのか明らかにすることで、教師の次に行なうべき指導法を明確化した。

　山本のふしづくりの教育のカリキュラムとハンガリーのコダーイメソードによる音楽教育には共通点が見られる。ハンガリーの音楽教育では、まず2音（ソとミ）を使った音楽表現活動をする。ラが加わり3音となり、ソーラーソーミやミーソーラーソ等を繰り返し歌ったり演奏したりする。そこにド、レが加わり5音音階（ペンタトニック）となりこの音階を歌ったり演奏したりできるように指導する[13]。さらにファ、シが加わり長調風や短調風の旋律へと順次移行される。山本も子どもにふしづくりをさせるステップとして順に音数を増やしていく方法をとっている。

　ハンガリーの音楽教育で山本のふしづくりの教育に取り入れられていない方法として、ハンドサインの活用がある。ハンガリーの音楽教育ではハンドサインを用いて、感覚的に確実に音の高さを意識させることに重点がおかれる[14]。ハンドサインをしながら歌うことは、調性の記憶を早めることができ、ふしづくりの実践において有効的な活動である。

　もう1点大きな違いは固定ド唱法か移動ド唱法かということである。ハンガリーの音楽教育では移動ド唱法が取り入れられている。一方山本が各ステップで実践している階名唱はハ長調やイ短調の曲が多いとはいえ、固定ド唱法で指導している。

4　声によるふしづくり

　子どもの音楽的発達に沿った前述の2つのふしづくりの教育をもとに、大阪府A小学校において声によるふしづくりの実践を行った。

　声によるふしづくりとは、楽器を使わずに声を使った音楽づくりである。子どもの思いがふと口からこぼれつぶやきや言葉になり、その言葉を唱えていくうちに、言葉の抑揚から音の高さの違いが生まれ、簡単な旋律＝ふしが作られていく。

　この活動では、思いをあまり表出しない子どもや楽器が苦手な子供でも単語や短い文をつなげていき、それを唱えるだけでふしのようなものがうまれる。できあがった作品は、その言葉や音の動きから、子どもの思いが汲み取れる。

　また、個の活動や小集団の活動など、授業内容を工夫することにより、多様な活動ができ、子どもの意欲を持続させることのできる創作学習である。

5 　　声によるふしづくりの実践例

〈小学校低学年〉

・ことばあそび

「○○ちゃん」「はあい」といった名前呼びあそびからはじめ、果物や動物の名前に抑揚をつけて唱える。言葉の抑揚に関心を持たせ、ハンドサインを用いながら音の高さの違いを感じさせ、問答を楽しむ。

〈譜例〉
あーなーたーのーおなまえは・
ソーラーソーソーファソソソソ・

きーりーやーまーゆーーかです・
ファーソーソーソーソーーファソ・

・えかきうたあそび

既存のえかきうたで遊んだ後で、簡単なオリジナルのえかきうたをつくる。

絵をかきながら唱えることによって、即興的にうまれるふしを楽しむ（**作品例1**）。

〈かたつむりのえかきうた〉―聴き取りによる譜例―（1年生）

①ばななが｜いっぽん｜ありまし｜た
♪♪♪♪｜♪・♪♪｜♪♪♪♪｜♪
ソラソソ｜ソ・ソソ｜ソララソ｜ミ

②さくらんぼ｜ふたつ　｜ありまし｜た
♪♪♪♪｜♪♪♪・｜♪♪♪♪｜♪
ソララソ｜ソソソ・｜ソララソ｜ミ

③はなまる｜ひとつ　｜ありまし｜た
♪♪♪♪｜♪♪♪・｜♪♪♪♪｜♪
ソラソソ｜ソソソ・｜ソララソ｜ミ

④あっ　と｜いうまに｜かたつむ｜り
♪・・♪｜♪・♪♪｜♪♪♪♪｜♪
ラ・・ソ｜ソ・ソソ｜ソララソ｜ラ

・手まりうたづくり　part1

低学年の手まりうたづくりでは、まずまりつきあそびを十分に楽しませる。ボールをつくだけでなく、転がしたりパスをしたりする動作を入れてまりつきを楽しんだ後、かぞえうたをつくり、歌いながらまりつきをする（**写真1**）。

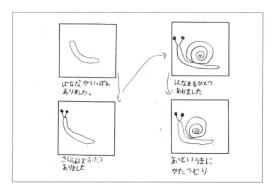

作品例1　〈かたつむりのえかきうた〉
―児童のワークシートより―（1年生）

写真1　―手まりうたづくり part1―

・おみせやさんごっこ

　おみせで売るものを決めて、それをお客さんに買ってもらうための売り言葉を考える。

　言葉の抑揚や声の強弱を工夫して、お客さんにインパクトのあるように売り言葉を唱える（**作品例2**）。

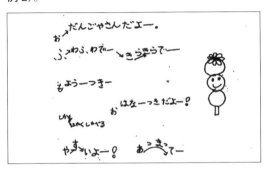

作品例2　〈おだんごやさん〉
―児童のワークシートより―（2年生）

〈おだんごやさん〉―聴き取りによる譜例―（2年生）

　おーだんごやさんだよー
　ドーソラララララララー

　ふーわふわでーえーーー
　ミーソラララーソーミー

　きーらきらでー
　ミーファソララー

　もようーつきー
　ミララーララ

　しかも（速くしゃべる）

　おはなーつきだよー
　ドソラーソラソラー

　やーすーいよー
　ドーラーソラー

　あつまってー
　ドミファソファレー

・行事の思い出のうたづくり

　宿泊行事の思い出を短文で表し、ふしをつけて歌う。最初は即興的に歌っていた子どもたちも、何度も歌っていくうちに、ふしが固定化されていった。

〈高学年〉

・友だちのうたづくり

　友達のおすすめポイントを一言で表し、短い紹介文を作り、唱えながら、歌にする。

　1人でなく2人、3人とグループを作り楽器伴奏をつけたり、カノン風に歌ったりして楽しむ姿が見られた。

・手まりうたづくり　part2

　低学年の実践を発展させ、かぞえうたやまりつきうたで遊んだあと、二人組でまりつきをしながら問答形式のふしづくりを行った（**写真2**）。

写真2　―手まりうたづくり part2―

- 川柳をつくってうたおう

　日頃から、自分が考えている事や身近な出来事、周りの風景や季節の移り変わりなど自然から感じ取られる様子を川柳にする。抑揚をつけ思いをこめて歌う。

- CMソングをつくろう

　商品セールスのためのうたをつくる。グループで短いコマーシャルソングをつくる活動をしていく中で、身体表現（演技）をしながら、テレビコマーシャルのような作品もうまれた。

- 物語のうたづくり

　音楽劇の挿入歌やBGM、効果音をつくる。台本から場面や登場人物の心情を想像し、音楽づくりを楽しむ姿がみられた。

6　子どもの姿から見た創作学習（ふしづくり）の有効性

　1年生の「えかきうたづくり」（95人、平成28年6月実施）と4年生の「ともだちのうたづくり」（99人、平成28年6月実施）の質問紙調査によると1年生では学習の満足度は、楽しい85人（89.5%）、普通3人（3.2%）、楽しくない7人（7.3%）であった（**図1**）。一方で学習に対する難易度は難しい39人（41.1%）、普通3人（3.1%）、簡単53人（55.8%）であった（**図2**）。しかし難易度での内訳は難しいでは楽しい35人（89.7%）、普通1人（2.6%）、楽しくない3人（7.7%）であった。また、普通での内訳は楽しい2人（67%）、普通1人（33%）、楽しくない0人（0%）。簡単での内訳は楽しい48人（90.5%）、普通1人（1.9%）、楽しくない4人（7.6%）で

あった（**図3**）。

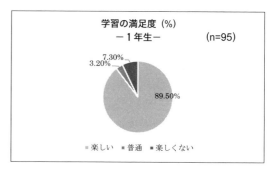

図1

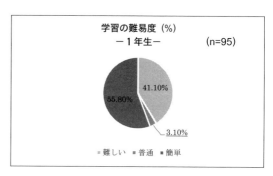

図2

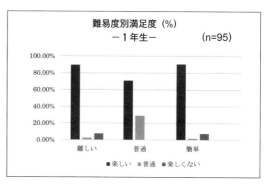

図3

　4年生では、学習の満足度は、楽しい50人（51%）、普通40人（40%）、その他9人（9%）であった（**図4**）。一方で学習に対する難易度は難しい57人（58%）、普通18人（18%）、簡単

24人（24％）であった（図5）。難易度での内訳は難しいでは楽しい27人（47％）、普通24人（42％）、その他6人（11％）であった。普通での内訳は楽しい12人（67％）、普通6人（33％）、その他0人（0％）。簡単での内訳は楽しい12人（50％）、普通9人（38％）、その他3人（12％）であった（図6）。

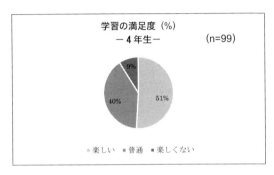

図4

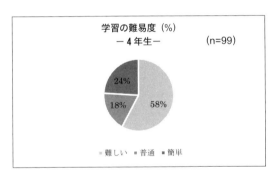

図5

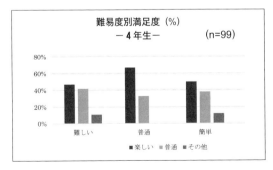

図6

次に活動内容の難易度をどのような点で感じられたのかという質問では、1年生では活動が難しく感じる点として言葉を考えること13人（33.3％）、どんな絵にするか考えることまたは絵をかくこと14人（35.9％）、決められたフレーズで歌をつくること3人（7.7％）言葉をリズミカルに歌うこと1人（2.6％）、その他8人（20.5％）であった（図7）。4年生では難しいと答えた子どもは音の高さの違いを聴き取ること22人（38％）、唱えながらつくること15人（26％）、言葉を考えること10人（18％）、唱えたふしを紙に記録すること10人（18％）という点で難しかったと答えている（図8）。

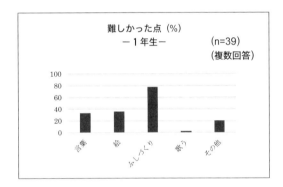

図7

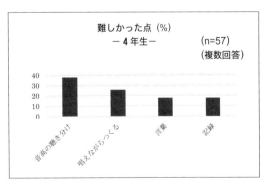

図8

1年生も4年生も創作活動が難しいと感じた点について音楽的なこと以外の項目もみられた。これらについては子どもの実態に合わせた授業の改善が必要であるが、全体の半数近くが難しいと感じている中で、楽しかった、または普通と答えた子どもがその90％前後であり、このことからも創作学習は魅力のある表現活動であることが明らかである。

7　まとめ

供田は創作活動の方法的原則として、「(1)音楽学習における"個性化"の場として重視すること (2) 単純かつ具体的であること (3) 創作学習を通じて、音楽の総合学習を企画することができる」[15]と述べている。従来の音楽科教育では、集団での斉唱や斉奏、合唱や合奏などといった全体のまとまりを目標とした学習活動が多くみられる。この形態の活動では音程やリズムを合わせようとする協調的な姿が求められる。子どもたちが個を表現することのできる場が少なく、他人と同じように表現しようとすることから集団の中に個性が埋没してしまい、このことが従来の一斉授業の欠点であった。

しかし、創作学習では子どもの音楽的成長のために"個性化"や"協調性"は学習の場の設定の工夫などにより共に育むことができ、子どもの音楽的成長も深く育成される。

また、創作学習は目標がわかりやすく、活動内容が具体的であることで、個々が得意とする分野で力が発揮できる。遊びから活動が始まり、自分でつくった音楽を歌ったり楽器で演奏したり、お互いに聴きあったりするといった総合的な音楽学習である。これらの創作学習の様々なアプローチから、前述の低学年、高学年のそれぞれの実践による子どもたちのワークシートや作品を分析していくと、子どもの興味関心の深まり、技能の高まりといった音楽的成長がみられた。声によるふしづくりの活動は、歌うことが好きな子どもにとってはもとより、歌が苦手な子どもでも活動の場の設定を工夫したり、興味・関心を沸き立たせる教材を織り込んだりすることで、意欲的に活動に取り組むことができた。これらのことからも、創作学習は子どもの音楽的成長において、有効的な表現活動であるといえる。

声によるふしづくりの実践は、楽器を使わずに自分の声だけを使った創作活動であったが、高学年では記譜や記録をするために子どもたちから楽器を使いたいとの要望があった。記譜のためだけでなく創作のイメージを広げ、子どもの表現を深めるために効果的な楽器を用いた音楽づくりや、さらにアクティブラーニングや、プログラミング的思考による音楽づくりなど、広がりのある活動を取り入れた授業開発をしていきたい。

●注
1　C・A・バーマイスター「一般教育における音楽の役割」ネルソン・B・ヘンリー編（1976）『音楽教育の基本的概念』美田節子訳、音楽之友社、p.286.
2　F・マックマレー「音楽教育におけるプラグマティズム」同上書、p.58、p.286.
3　ジェームス・マーセル（1975）『音楽的成長のための教育』美田節子訳、音楽之友社、p.12.
4　同上書、p.13.
5　桐山由香「コミュニケーション力を高める音楽科教育」日本学校音楽教育実践学会『学校音楽研究』vol.17、pp.192-193.
6　葛西英昭他（1986）『音楽科教育の研究』建帛社、p.33.

7 文部科学省ホームページ（http//www.mext.go.jp/a.menu/shotou/new.cs/index.htm）、（参照 2016-08-01）
8 文部科学省ホームページ、同上
9 文部科学省ホームページ、同上
10 島崎篤子（2012）「1960年代の学校教育における創作学習〜わらべうたとふしづくり教育に着目して〜」『文教大学教育学部紀要』46、pp.115-134. 松永洋介（2007）「『ふしづくり一本道』における指導段階表の系統性に関する検討」『学校音楽教育研究』日本学校音楽教育実践学会紀要11、pp.118-119. 三村真弓・吉富功修・北野幸子（2008）「ハンガリーにおける幼保小連携音楽カリキュラム」『音楽文化教育学研究紀要』広島大学大学院教育学研究科20、pp.1-12.
11 山本弘著、関根朋子編（2005）『ふしづくりで決まる音楽能力の基礎・基本』明治図書、p.169.
12 同上書、p.3.
13 志澤彰（2001）「ハンガリーの『音楽小学校』の音楽教育」『国士舘大学文学部人文学会紀要』134、p.66.
14 柏瀬愛子（1976）「ハンガリー音楽教育（コダーイ・メソード）の研究」『名古屋女子大学紀要』22、pp.215-222.
15 供田武嘉津（1986）『音楽教育学』音楽之友社、pp.167-169.

音楽の知覚と感受を呼び起こす器楽合奏指導の工夫

ワークシートによる言語活動を手立てとして

島田 郁子

1　はじめに

　徳島市論田小学校では毎年2月に保護者を招いた音楽会を開き、各学年や金管バンド部の演奏を披露している。そのための楽曲は12月半ばから音楽の授業で学習しているが、限られた時間で合唱や合奏をまとめていく必要上、これまで、授業者が要求したことに子どもが応えるといった一方的な指導に終始することが多かった。演奏後の感想文に、自分たちで作りあげた音楽についてよりも、「間違えずに演奏できてよかった」「家の人が喜んでくれてよかった」等、自分自身の頑張りや観客の反応についての記述が多いのは、主体的に楽曲を探究するという経験になっていなかったからであろう。そこで、この音楽会に向けての学習が、主体的な学習となるように指導の工夫を試みた。

　子どもたちが音楽と主体的にかかわることとして、『小学校学習指導要領 音楽』 第5学年及び第6学年の内容A表現（2）イ曲想を生かした表現を工夫し、思いや意図をもって演奏すること」について次のような解説がある[1]。

　ここでいう「曲想を生かした表現を工夫し」とは、楽曲の構造が曲想を醸し出していることを理解し、それを生かして表現を工夫することである。また、「思いや意図をもって演奏する」とは、表現に対する自分の明確な考えや願い、意図をもって演奏することを意味している。ここには、児童が自ら考え、試行錯誤し、主体的に器楽の活動に取り組んで欲しいという願いを込めている。このような活動を目指すことは、児童自らその感性や創造性を発揮しながら、自分にとって価値のある新しい器楽の表現をつくりだすことにつながるのである。

　つまり、子どもたちが主体的に音楽を探究するためには、「楽曲の構造が曲想を醸し出していることを理解」して「表現に対する自分の明確な考

えや願い、意図をもつ」ことが大切なのである。これは音楽の知覚と感受を呼び起こし、楽曲を深く理解することによって実現されるであろう。その手だてとして、ワークシートを活用し言語活動による支援によって合奏指導を工夫していきたい。

2　研究の目的

小学校高学年の器楽合奏指導において、子どもたち一人ひとりの音楽の知覚と感受がどのように呼び起こされ深化していくのか、ワークシートの記述を手がかりにその変容を確認する。また、子どもの記述を、言語による支援として取り入れ、音楽の表現活動にもたらす効果について探る。

3　研究の方法

小学校6年生を対象に、昨年度のNHK大河ドラマ「龍馬伝」のオープニングテーマ曲の合奏に取り組む。楽曲の特徴やよさをどのようにとらえたのか、それを演奏にどう生かしていったのか、子どもたちの思いや意図をワークシートの記述や授業観察を手がかりに考察する。

4　研究の内容

4-1　音楽科授業における知覚と感受

音楽は、子どもたちにどのように知覚・感受されるのであろうか。このことについて長島は次のように述べている[2]。

音楽の認識は、音楽の全体像を把握する知覚と、音楽が象徴している内容的な特性を個々の経験に基づいて想像する感受という二つの心的な作用によって成立する。この知覚と感受の働きによって、子どもたちの心には音楽のイメージが生成される。

音楽の知覚では、子どもたちは、何か特定の音楽の要素を窓口として強く意識しながら、楽音構造の全体像（ゲシュタルト像）を把握する。音楽の感受では、子どもたちは、音楽の知覚によってとらえられた楽音構造の全体像を根拠としながら、音楽の内容的な特性を想像する。

つまり、「何か特定の音楽の要素を窓口として強く意識しながら楽音構造の全体像を把握」する知覚と、「音楽の知覚によってとらえられた楽音構造の全体像を根拠としながら、音楽の内容的特性を想像」する感受によって、子どもたちの心には音楽のイメージが生成されているのである。また、長島は、この音楽のイメージが洗練されていく過程が音楽の学びが深まっていく過程であると述べている[3]。そこで、「何か特定の音楽の要素を窓口として強く意識」することが知覚と感受を呼び起こす最初の手がかりになるととらえ、言語活動を中心に指導の工夫を試みることにした。

4-2　単元の構想と計画

本校の6年生の子どもたちは、落ち着いて学習に取り組めるまじめな子が多い。音楽の授業場面においても、よく聴き、優しい発声で歌い、器楽の演奏を楽しむことができている。しかし、積極性に欠けるところがあり、「自分から、全力で」を音楽の時間の目標として4月から取り組んできた。つまり、自ら考えて、主体的に音楽表現することができるような子どもたちになって欲しいという願いを抱いてきた。

本単元「音楽会を成功させよう」―伝えるためにこだわる―は、楽曲「龍馬伝」で、自分たちが何を伝えたいのか、そのために自分は何にこだわって演奏するのか、ということを単元を通して探究して欲しいと考え構想したものである。

単元名「音楽会を成功させよう」―伝えるためにこだわる―

単元目標
(1) 演奏する曲の特徴をとらえ、その曲のよさが伝わるように、思いや意図をもった表現を工夫する。
(2) なかまと力を合わせて音楽を作り上げ、音楽会を成功させる。

単元を通して育ませたい力
楽曲を特徴づけている要素から音楽の仕組みをとらえ、それらの働きが生み出すよさ、面白さ、美しさを味わい、曲想を生かした主体的な表現を工夫する力。

教材となる楽曲について
楽曲「龍馬伝」は ABA' の三部形式の音楽で、テンポやダイナミクスの変化、転調を含む曲想の変化に富んだ楽曲である。このような楽曲を探究していくことは、子どもたちの知覚と感受を呼び起こすのに適当であると思われる。また、坂本龍馬の生きざまを手がかりに音楽のイメージを広げていくことも可能な楽曲である。

学習計画
授業（全12時間と2回の演奏会）の学習活動は、次に示すような4つの段階で計画した（表1）。

4-3　授業の実際

①知覚し感受した音楽の全体像を言葉で表す（ワークシート1　回答61人）

第1時に子どもたちは、「龍馬伝」の演奏をNHKの映像で視聴した。そのとき知覚し、感受したことをワークシートまとめることによって、子どもたちは思考を整えることができた。また、授業者は一人ひとりの知覚と感受の傾向について把握することができた。

〔1〕龍馬伝のテーマを聴いてこの曲はどんな特徴がある曲だと思いましたか。

例示してあった言葉のなかから記述に多く書かれていた言葉は次の6つであった。

迫力がある	37人	繰り返しがある	37人
激しい	16人	かっこいい	16人
なめらか	15人	強い	9人

表1　学習計画

1次			2次		3次	4次		
楽曲の全体を把握する			自分のパートを練習する		曲想を生かした表現を工夫する	観客に自分の思いを伝える		
初発の感想をもつ	リコーダーの旋律を練習し楽曲の全体像を把握する	各楽器の演奏について大まかに把握する	1人で練習する	同じパートや合わせやすいパートと一緒に練習する	いくつかの特定の音楽の要素を意識し、音楽のイメージを洗練させていく	校内リハーサル	友達の音を良く聴いてみんなで一つの音楽をつくる	音楽会

その他に次のような記述がみられた。

- 明るい感じや暗い感じがある
- 場面が変わる　急激に変わる
- 孤独な感じ
- 壮大な感じ
- 必死さ
- 繰り返しのメロディーは最後にいくにつれて大胆になっていくのがいい
- アクセントがよくわかる

これらの記述から、この音楽を「迫力がある音楽」とらえている傾向が明らかであるとともに、「激しい」と同時に「なめらか」という記述が多いことから、曲想の変化を感じている子どもが4分の1ほどいることがみてとれる。そこで、自分たちがとらえた曲想の変化には、根拠となる音楽の要素があること、そして、このことを強く意識することによって、この音楽のよさをもっと深く味わい、他の人に積極的に伝えることができるようになる、という学習の道筋を示した。

〔2〕龍馬伝のテーマを聴いて、どんな様子や景色が浮かびましたか。どのようなイメージをもちましたか。思いつくままに書いてみましょう。

ここには、次のような言葉が多く使われていた。

龍馬	94人	龍	14人
海	16人	波	9人
空	5人	飛ぶ	7人
戦う	5人	走る	3人

そして、音楽と龍馬の生き様を重ね合わせた次のような記述が10人にみられた。

- 水のトンネルの中を激しく走っている。水のトンネルが人生の色々な苦難で、その中を龍馬が負けずに走っていく。
- 龍馬が命をねらわれながら成し遂げた、数々の出来事が頭に浮かんできた。

この結果を参考にし、これらの言葉を、子どもたちの経験を連続させ音楽のイメージを広げる言葉として指導の中に効果的に使っていくことにした。

②特定の音楽の要素を窓口として強く意識し、音楽の全体像をとらえ直すために

楽曲の全体像を把握するために、全員でリコーダーのパートを練習した。

図1の旋律aと旋律bはテンポが2倍の関係になっている。旋律bの部分を「嵐」と感じている子どもがいるが、実際のリコーダーの演奏は、旋律bでテーマの拡大が起こっているため速度の変化はない。ここで、旋律bの部分に移ったところで味わわれた曲想の変化は、リコーダー以外の楽器の旋律の動きと8分音符で刻まれたリズムの動きを窓口として知覚していることが根拠となっていることを知らせた。また、ここでは旋律bのアウフタクトのリズムが弾んだ感じに変化したことが、龍馬が走り出したと想像した根拠の一つになっていることを示唆した。

その他、フレーズのまとまりや転調の効果によって特徴づけられる楽曲の構成について、子どもたちは、リコーダーパートの旋律に注意を傾けながら、その全体像を把握していった。

③子どもたちがパート練習に主体的に取り組むために

図1

図2

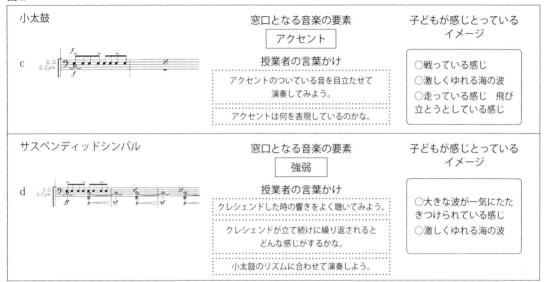

　第2次で子どもたちは、担当する楽器に分かれてそれぞれ練習を始めた。授業者は、各パートの音楽を特徴づけている特定の音楽の要素に注意を促し、知覚と感受を呼び起こすよう言葉かけをしていった。特に、子どもが把握した音楽のイメージに関する言葉を手だてとするよう心がけた（図2）。

④ワークシートによって音楽のイメージを反省的にとらえ直す（ワークシート2　回答58人）

　楽譜に記載されている練習記号BとCの部分は、バス・木琴・打楽器・ピアノにとっては楽譜が同じであるが、Cの部分では楽器編成が変化し、音楽が一層盛り上がるように仕掛けられている。したがって、アンサンブルをすると、子どもたちにも、その楽音構造の全体像の差異は知覚される。そこで、その差異を言語化することで、イメージの洗練を図った。

〔3〕あなたの楽器で練習記号BとCを演奏すると

き、どのようなイメージで演奏しようと思いますか。

	Bを演奏するときのイメージ	Cを演奏するときのイメージ
木琴演奏のAさん	海を渡っている感じ	あと少しで陸に着く感じ
ピアノ演奏のFさん	少し優しい演奏	迫力のある演奏
大太鼓演奏のR君	みんなに合わせる	歌の中心に入っていく感じ

⑤合奏における曲想を生かした表現の工夫

合奏においては、自分の担当しているパートやそれぞれの役割を意識してみんなで一つの音楽を作りあげていくことになる。まずは、音の重なり方を、小太鼓のリズムを拠り所として把握していった。ワークシートの記述によると、子どもたちは、今の自分の演奏について課題意識を持っていることが確認された。そこで、その課題が解決できるような言葉かけを工夫した（**図3**）。

図3

打楽器のアンサンブル

e

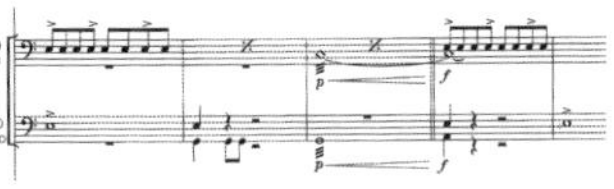

窓口となる音楽の要素

音の重なり

授業者の言葉かけ

小太鼓のリズムをたよりにタイミングを合わせてごらん

シンバルとティンパニーのクレシェンドと大太鼓の音が重なると、どんな様子がうかぶかな。

子どもが感じとっているイメージ

○もっと集中してみんなに合わせられるようにする。

○全体を盛り上げる演奏をしたい

f

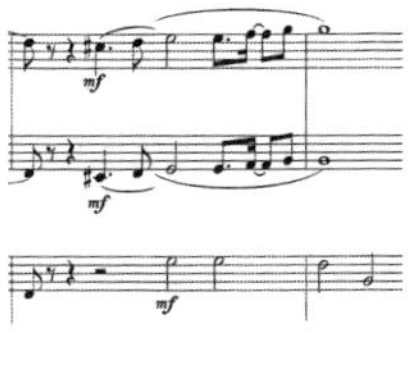

窓口となる音楽の要素

転調の効果

授業者の言葉かけ

全ての楽器に休符があるよ。そしてあざやかにに曲の雰囲気がわかるね。どんな様子が思い浮かぶかな。

広々とした感じになったのは、どうしてだろう。他のパートの音の動きにも注意してみよう。

子どもが感じとっているイメージ

○途中から一回曲がダンと止まってそれからは優雅になった。

○広いところの景色が浮かんだ

g

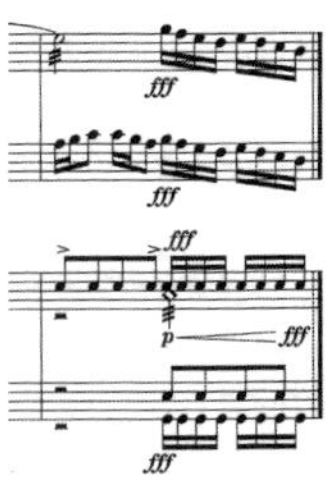

窓口となる音楽の要素

終わりの部分の音の重なり

授業者の言葉かけ

この激しく急な終わり方は、何を表しているのだろう。

最後のフォルテシモやクレシェンドにどんな思いをこめて演奏しますか

まず丁寧に縦の線を合わせてみよう。全部の音が重なったときどんな響きになるかな。

子どもが感じとっているイメージ

○龍馬が最期の日に、話しているとき後ろから剣で刺され倒れていやな雰囲気になった

○龍馬が命をねらわれながら、成し遂げた数々の出来事があたまに浮かんできた。

4-4　実践の成果と課題

①音楽会演奏後に記入したワークシート3の記述から（回答55人）

ここでは、音楽会が終わって、学習のふりかえりのワークシートに記述されたものを分析する。

〔1〕あなたが、この演奏で伝えたいと思ったことは何ですか。

ア　音楽に意識がむいている	坂本龍馬の生きざま 海や風のイメージ 楽器の音の重なり 迫力
	36人　音楽のすごさ　など
イ　自分や他者（観客）に意識がむいている	自分たちの成長 みんなの熱い思い 一体感
	19人　感謝の気持ち　など

伝えたいこととして、半数以上が音楽についての記述をしている。そのうち28人が楽曲のイメージに意識がむいていた。このことから、知覚と感受の働きによって生成された音楽のイメージが、学習の深まりとともに洗練されてきたことが明らかになった。そのイメージは、漠然ととらえたものではなく、特定の音楽の要素を窓口として強く意識しながら全体像を何回もとらえ直した結果生成されたものであり、伝えたい音楽が明確になってきたことがその記述に表れている（**表2**）。

〔2〕演奏でこだわったこと（練習や本番で気をつけたこと）は何ですか。

この欄の記述から、一人ひとりが自分のめあてをもって、表現を工夫しようとしている様子が確認された。子どもたちは、自分にとって価値のあ

表2　音楽会演奏後に記入したワークシート3の記述①

○鍵盤ハーモニカを演奏したH君の記述

伝えたかったこと	演奏でこだわったこと	響いた楽器	どんな感じ	心に残ったこと
演奏の中で、でこぼこな人生の中で生きてきてそして日本を変えた龍馬をイメージしてほしかった。	その部分部分できちんと龍馬のことをイメージしながらなめらかにしたり、強くしたりした。	大太鼓	小さいところからバーンと飛び出してきたい。	最後のファミレレミファファミレミからソファミレミまで、龍馬が歩んできたでこぼこな人生を表しているような気がした。

○オルガンを演奏したTさんの記述

伝えたかったこと	演奏でこだわったこと	響いた楽器	どんな感じ	心に残ったこと
龍馬が死んでしまうときの「まだやりのこしたことがあったのに」ということです。	いつも最後の「ソファミレミレドシ」の所をボリュームを最大にして弾いていました。その後、音が残ってしまわないようにも気をつけました。	鉄琴 木琴	Aの部分で鉄琴と木琴が龍馬が急いでいる感じの表現でした。私も難しいだろうなと思ったけど、すごくやりたかったです。	2分音符ばっかりなところがものすごく壮大な感じで、龍馬という人物が成し遂げたことは、今の日本にもつながってきているんだなと思いました。

る演奏をするために、主体的に音楽を探究してきたのである。

○トランペットを演奏したO君

曲想にふさわしい表現の工夫を探究している。音色やフレーズを強く意識していることがみてとれる。

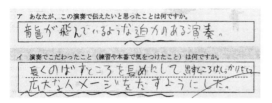

○アコーディオン（B）を演奏したSさん

自分の役割を「リコーダーなどの土台」と自覚して、表現の工夫を試みている。

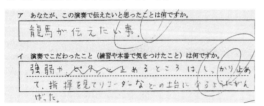

○アコーディオン（S）を演奏したKさん

伝えたい内容は「自分や他者に気持ちがむいている」が、こだわりは音の重なりやアンサンブルに向けられている。アコーディオンはソプラノとアルトで2拍ごとに旋律の受け渡しをしていたことから、メロディーラインをつなげることにこだわったのであろう。

〔3〕自分以外の楽器で心に響いてきた楽器と、どんな感じがしたか書きましょう。

ア	打楽器（ダイナミクス・リズム）	22人
	鍵盤打楽器	8人
イ	メロディー楽器（旋律）	19人
ウ	低音楽器　（音の重なり）	5人

合奏指導においては、音の重なりを強く意識させるために、いくつかのパートの重なりを確かめさせた。自分のパートの演奏でないとき、他のパートのダイナミクスやリズム、旋律の流れを聴いて、音楽の全体像を緻密にとらえ直していたことが、記述に表れている。響いてきた楽器については打楽器に集中しているのではないかと思われたが、旋律楽器の特徴を知覚している子どもが、予想外に多かった。ともすれば、その他大勢が演奏する地味な楽器と思われがちなリコーダーや鍵盤ハーモニカの演奏について、その役割や音楽の全体像を把握する記述が多くみられたことは、この音楽を深く何度もとらえ直すことができたことに裏付けられている。

自分の楽器	響いてきた楽器	どんな感じ
アコーディオンを演奏したSさん	リコーダー	主役であって、強弱も大変だし、途中ではなめらかに息継ぎをしなくてはならない。でもきれい。
リコーダーを演奏したY君	鍵盤ハーモニカ	龍馬と一緒に日本を変えようと思っている人たちを感じた。
グロッケンを演奏したUさん	ティンパニー	龍馬の「やりたかったことを果たせなかった」という悲しさが伝わってきた。
リコーダーを演奏したTさん	木琴	木琴の3人が一斉にタカタカと左から右にたたく音が、龍馬の迫力のある思いに聴こえたからです。

〔4〕龍馬伝を演奏して心に残ったことを書きましょう。

ア	音楽に関する記述	28人
イ	自分に関する記述	16人
ウ	他者（観客）に関する記述	10人

　本単元の学習のふりかえりについても、音楽に関する記述が多くみられた。また、自分に関する記述の内容も、自分が頑張って合奏を仕上げたことに対する満足感や自信について書かれており、「間違えずに演奏できて良かった」という消極的な記述は2名であった。

　このワークシート3の記述を横に並べてみると、一人ひとりの心に様々な角度から音楽の知覚と感受を呼び起こすことによって、音楽のイメージが洗練されていったことや、思いや意図をもった主体的な学習が実現していたことを読み取ることができる（表3）。

5　おわりに

　本実践では、子どもたちの主体的な学びは、音楽の知覚と感受を呼び起こし、楽曲を深く理解させることによって実現するのではないかと考え、ワークシートによる言語活動を手だてとして取り組んできた。

　子どもたちの学びは、次のような道筋であった。

①楽曲をきいて、自分の心に生成した音楽のイメージを言葉で表す。
②音楽のイメージが生成された根拠を探るために、音楽の仕組みの全体像をとらえる上で窓口として強く意識した特定の音楽の要素を確認し、自分が描いた音楽のイメージをより確かなものにする。
③窓口として強く意識した特定の音楽の要素と音楽のイメージとの関連に基づいて、自らの思いや意図が反映された表現の可能性を模索する。
④自分で実現することができた音楽表現について、反省的にとらえ直し、言葉でまとめることによって、学習の成果と課題を明確にする。

　この学びの道筋は、単元を通した大きな学びの道筋であると同時に、小さなユニットでくりかえされる道筋でもあった。そして、授業者は、子どもたちの演奏表現によって具体化された音楽の響きと、子どもたちが記述した言葉や発言した言葉を手がかりにして、問いかけや語りかけを臨機に行い、子どもたちの主体的な表現の工夫が実現されるように支援していった。子どもたちは、楽曲への理解が深まってくるにつれて、表現の工夫への意欲が高まっていった。つまり、子どもたちは、知覚と感受によって生成された音楽のイメージを明確にもつことによって、自らが発見した「何か」を伝えようとする主体的な表現を呼び起こすことになっていったのである。このように、ワークシートによる言語活動を指導場面で効果的に活用することによって、音楽の学びがより充実した主体的な学習になっていくことが明らかになった。今後さらに、子どもたちの音楽の学びに即した授業者の言葉による支援の効果について、研究を深めていきたい。

表3　音楽会演奏後に記入したワークシート3の記述②

○グロッケンを演奏したNさん（音楽に関する記述が中心）

伝えたかったこと	演奏でこだわったこと	楽器	どんな感じ	心に残ったこと
感謝の気持ち。卒業する別れの寂しさの気持ち。	フォルテやフォルテシモなど、<u>強さ加減を気にした</u>。その場その場のメロディーで、龍馬の一生の様子が浮かんできた。	低音楽器	「ドシッ」としたメロディーで、ものすごく迫力を感じた。	<u>最後の半音ずつ上がるところが「別れ」って感じがしました</u>。「G」の場面から「H」になるところのメロディーがとても龍馬らしかったです。

○ユーフォニウムを演奏したN君（音楽に関する記述が中心）

伝えたかったこと	演奏でこだわったこと	楽器	どんな感じ	心に残ったこと
龍馬が歩んだ道。	息づかいと他の音を聴いて<u>楽器の音の高さを合わせること</u>。	チューバ	<u>下で支えているチューバの音が太くて音を重ねやすかった</u>。	僕はユーフォニウムを担当して、ユーフォニウムもチューバもアコーディオンの低音も<u>どれも必要で、一つでも欠けると音の良さが下がることがわかりました</u>。

○ピアノを演奏したFさん（自分に関する記述が中心）

伝えたかったこと	演奏でこだわったこと	楽器	どんな感じ	心に残ったこと
龍馬伝の迫力。	こだわったことは、<u>途中の盛り上がる部分でペダルを踏んで、最初と最後は踏まなかったところ</u>。	鉄琴	鉄琴の音が半音ずつ上がるところが、これからという感じがする。	龍馬伝を演奏して、本番の時間違えずにできたし、最後のところが<u>かっこよくまとまって良かった</u>。迫力を出すこともできて良かった。

○リコーダーを演奏したFさん（他者に関する記述が中心）

伝えたかったこと	演奏でこだわったこと	楽器	どんな感じ	心に残ったこと
「こんなに成長したんだよ」ということ。	なめらかに演奏するところを<u>気持ちをこめてやった</u>。	木琴	かっこいい感じがした。音が響いてきれいだった。	自分より下の子たちが「すごい」といってくれたこと。本番が練習よりも上手にできたこと。いろんな人にほめてもらえて嬉しかった。

◉ 注

1 文部科学省（2008）『小学校学習指導要領解説 音楽編』教育芸術社、p.57.
2 長島真人（2011）「音楽の認識とイメージ」『学校音楽教育研究』第15巻、日本学校音楽教育実践学会、p.150.
3 長島真人、前掲、p.150. 長島は音楽のイメージの洗練について「音楽のイメージは、他者との対話や自己との対話を通して、反省的にとらえ直され、より綿密なイメージに洗練されていく」と述べている。

◉ 参考文献

文部科学省（2008）『小学校学習指導要領解説 音楽編』教育芸術社

長島真人（2011）「音楽の認識とイメージ」『学校音楽教育研究 第15巻』日本学校音楽教育実践学会、p.150.

長島真人（1994）「音楽授業における教材解釈の論理と教材提示の工夫に関する一考察（2）──音楽のゲシュタルト知覚を有効に促す学習指導過程の立案をめざして」『鳴門教育大学研究紀要』（教育科学編）第9巻、pp.1-13.

長島真人（2003）「音楽授業のための教材解釈の方法に関する原理的考察──S.K. ランガーのシンボルの哲学の論理に基づいて」日本教科教育学会誌、第26巻、第3号、pp.1-10.

使用楽譜
佐藤直紀作曲、本澤なおゆき編曲「NHK　大河ドラマ　龍馬伝」ミュージックエイト　ドレミファ器楽　器楽合奏用楽譜

音楽の探究を促す教師の言語活動

小学校6年器楽アンサンブルの実践を通して

島田 郁子

1　はじめに

　教師は言葉を使って授業を展開している。筆者は、風邪でのどを痛めて声が出なくなることがこれまでに幾度かあったが、その時の悔しい経験から痛切にそのことを感じる。毎日の授業では、予期せぬ出来事やトラブルを抱えながらも、子どもたちとの言葉のやりとりの中で授業展開の舵取りをしているのである。

　吉本均は、「授業はすべて教師が語ることから始まる」と述べ、語りかけ（説明・指示・助言）と問いかけ（発問）の重要性を説いている。語りかけは、「子どもたちの追究行為を呼び起こすもの」であり、問いかけについては、「答えを生み出すために、どれだけ意味のある思考活動や表現活動がなされたかが決定的に重要である」[1]と述べている。

　そこで、授業で使う言葉が、適切な語りかけや問いかけになっているかという観点で授業実践を分析することにした。

2　研究の目的

　本研究の目的は、教師の言語活動が音楽の探究を促すものになるために、その内容や使用において留意する点を明らかにすることである。

3　研究の方法

　研究の方法は、実践的方法をとる。6年生の授業において、楽曲「マルセリーノの歌」を主教材として、アンサンブル演奏によってこの楽曲の魅力を探究する単元を構想した。

　新しく学習する短調の音階やその響きを知り、短調と長調の転調による響きの変化を味わい、自分たちで工夫して表現するという学習活動を設定し、実践した。そして、ボイスレコーダーに記録された授業中の教師の言語活動を分析して、語りかけや問いかけの効果について検討していく。

4　　　研究の内容

4-1　　　教師の言語活動

　吉本均は、授業における教師のリーダーシップのあり方を「媒介的指導」として規定している。そして次のように述べている。

　　教科内容を子ども・集団に媒介していくところに「教える」ことの技術の使命が存在している。教えねばならないものは「教えてはならない」。教えねばならないものは技術に媒介されなければならない。技術に媒介されないと、子どもたちが能動的にとりくむ対象とはならないからである。[2]

　この媒介の技術である教師の働きかけの一つとして、語りかけと問いかけの過程を示している。授業において語りかけ（説明・指示・助言）を成立させる原則は、次の三点で示されている[3]。

①語りかけは、教師と子どもとの応答関係のなかで行われなければならない。
②語りかけは、こどもたちの「問いへの追求」をひきださねばならない。
③語りかけは、主要発問へと収れんさせる指導活動として位置づけなければならない。

　また、問いかけ（発問）についても、指導案を発問系列として構想していく場合の留意点を三点あげている[4]。

①発問は何をこそ思考するのか、その点へ向かって考えざるを得なくするような一点への明確な限定が必要である。
②一つの答えで終わるのではなくて、対立・分化した答や、多様な違ったイメージが子どもから出てくることをめざす。
③これらの対立・分化に対してきりかえし・からみ合いを構想しておく。

　大切なのは、説明・指示・助言・発問が、子どもが主体的に探究を深めるためのものであるということである。この考え方に即して、授業における筆者の言語活動を反省的に分析していく。

4-2　　　指導の実際

　対象となる６年生の子どもたちは、男女仲が良く、日頃から落ち着いて授業に取り組めている。音楽の授業において、自然な声で歌ったり、静かに楽曲を聴いたり、感じたことを発表したり、発表を聴き合ったりする等のいろいろな活動もまじめに取り組んでいる。ただ、間違いを恐れたり、正しい答えを待っているような少し消極的な傾向もみられる。そこで、グループ学習を中心にかかわり合って学ぶ場と、正解をもとめないオープンエンドの目標を設定した。

単元名「マルセリーノの歌」の魅力を伝えよう
単元目標
○長調や短調の響きの変化を感じ取って表現しよう。
○「マルセリーノの歌」の魅力を演奏で伝えよう。
単元を通して育ませたい力
　イ短調とハ長調の音階について理解し、違いを感じ取りながら演奏したり聴いたりする力。音が響き合う美しさや楽しさを味わい、グループで工

夫してよりよい演奏に高めようとする力。

学習計画

　授業（全8時間）の学習活動は、次に示す3つの段階で計画した（**表1**）。

教材となる楽曲

○「マルセリーノの歌」　作詞：間裕美／作曲：ソロサバル／編曲：乾康平／イ短調、4/4拍子、ABAの三部形式でBの前半部分でハ長調へ転調する

○「レット・イット・ゴー」　作詞・作曲：Kristen Anderson-Lopez/Robert Lopez ／日本語訳詞：高橋知伽江／ディズニー「アナと雪の女王」の劇中歌、ヘ短調から変イ長調への転調がある

単元の目標達成の評価規準

A	・自分たちの班の「マルセリーノの歌」のアンサンブルにおいて、短調と長調の響きについて工夫する発言や演奏、ワークシートの記述がみられる。 ・よりよいアンサンブルにするための積極的な働きかけが観察される。
B	・拍の流れに乗って、アンサンブルで自分のパートがしっかり演奏できる。 ・短調と長調に注目した発言や記述がみられる。
C	・Bの基準に満たない。

4-3　授業の実際

第1時

　今月の歌「レット・イット・ゴー」から授業を開始した。今月の歌は、毎時間授業開始時に歌っているが、この歌は子どもたちが大好きで、気持ちよく歌いあげている。この曲にも鮮やかな転調があり、学習が深まれば補助教材になると思われた。

　まず、「マルセリーノの歌」の範唱CDを聴き全員が感想を述べた。子どもたちからは、

> ・静か
> ・きれいな
> ・さみしそう
> ・少し怖い
> ・音が高い
> ・明るい所がある
> ・いつも聴いている音楽と違ってゆっくりしている
> ・一つ一つの音が長い
> ・メロディーがきれい
> ・途中で雰囲気が変わる
> ・不思議な感じがする
> ・途中で歌が二部になる

など、この曲の特徴や気分をとらえた発言がみられた。そして、この曲に興味を持ったようであっ

表1　学習計画

次	1次		2次				3次
ねらい	短調と長調について知る		4班に分かれて「マルセリーノの歌」の魅力を伝えるためのアンサンブル学習				4つの班の演奏会
時	1時	2〜3時	4時	5時	6時	7時	8時
教材	レット・イット・ゴー		マルセリーノの歌				
学習内容	旋律を把握し歌ったり演奏したりする。転調について知る。	ハ長調とイ短調の音階の構成音や主要三和音について知る。合奏のそれぞれのパートが演奏できるようにする。	班での相談（旋律、和声、低音の3パートの担当と使用楽器）	自分の演奏するパートについて、個人練習、ペア練習をする。	マルセリーノの魅力をどう表現するか相談し、班で学習する。	前奏を相談し、合奏をまとめる。自分たちの班のよさを伝える工夫をする。	班発表。互いの演奏を、どんな魅力が伝わってきたか、なぜそう感じたのか、分析しながら聴く。

た。そこで、この曲が映画「汚れなき悪戯」の主題歌であることや、そのあらすじについて説明し、旋律を歌やリコーダーで演奏した。リコーダーではgisの運指やサミングについて確認した。

第2時
　前時の復習として、旋律をリコーダーで演奏した。その後、黒板に書かれた楽譜を見ながらCDを聴き、曲の感じが変わったのはどこからか話しあった。初めはBの終わりの部分と感じる子が多かったが、「良く晴れた空が少し曇ってきたように感じるところはないかな」という問いに、もう一度聴くと、短調への入り口をみつけた子が数人いた。そこでピアノ伴奏を弾いて、低音に注目して聴かせると、子どもたちのほとんどがイ短調への入り口を確認したようであった。
　その後、ハ長調とイ短調の音階とカデンツについて学習した。

第3時
　旋律をリコーダーで演奏した後、Bの部分を2声部で演奏した。その後、前時の復習として、ハ長調とイ短調の音階とカデンツを確認し鍵盤ハーモニカで演奏した。
　続いて、ヘ音記号の読み方を確認して低音部をみんなで演奏した。鍵盤ハーモニカなので1オクターブ高くなるが、低音の旋律を把握し、CDに合わせて演奏した。また、リコーダーとも合わせて合奏した。
　そして、もう一つのパートである分散和音を教師が木琴で紹介し、次の時間からアンサンブル学習を始めることを伝えた。

第4時
　ハ長調とイ短調の音階とカデンツの鍵盤ハーモニカ演奏、「マルセリーノの歌」のリコーダーと低音部合奏を復習した後、アンサンブルの班に分かれてパートや楽器について話し合いをした。この時点で「マルセリーノの歌」の魅力を「音の重なりが美しい。ゆったり・ゆっくり・暗い悲しいところと明るい所がある・伴奏や和音の響きが美しい・不思議な感じ」という言葉で共有した。

第5時
　ハ長調とイ短調の音階とカデンツの鍵盤ハーモニカ演奏をした後、アンサンブル活動に入る。本時は、自分のパートの演奏ができることを目標にして、友だちと合わせたり教え合ったりした。楽器が決まらなくて色々試す子、相談する子、楽譜の読み方を確認する子、練習に没頭している子など、自由な中で自主的に探究する姿がみられた。

第6時
　本時は班で合わせることを目標に取り組んだ。しかし、まだ自分のパートが拍の流れに乗って演奏出来ない子もたくさんいたので、班の中で教え合うように支援した。途中でクラス全体でパート毎に確かめながら演奏するなどの一斉指導も取り入れた。自分たちでアンサンブル練習ができるように、楽器の配置やテンポの設定などアドバイスをしたことによって、少しずつ活動が進んでいった。終わりに班ごとの「ミニ発表」をして、自分たちの班の音色をたしかめた。

第7時
　「マルセリーノの歌」を自分たちの班はどう表現するのか、ということを意識させて本時の活動を始めた。途中で、「自分たちで前奏を考えよう」

という課題を出して、演奏を仕上げていった。本時も、自分たちの演奏について把握できるように、前奏を入れた演奏の「ミニ発表」をした。いつも音楽室中に音が溢れていて自分たちの演奏を静かな環境で聴くことができないので、自分たちの班の演奏のよさについて知る貴重な時間となり、また他の班からも演奏のヒントを得たようであった。

第8時

本時が最終であり、自分たちの演奏で「マルセリーノの歌」の魅力を伝えるという意識をもって練習をした。発表は授業の最後15分で行う。それまでに、各班のプレ発表をし、残りの時間で仕上げをした。

発表会は校長先生にきていただいた。子どもたちは、他の班の演奏を聴き、ワークシートに感想や分析を書いて学習のまとめをした。各班とも大きな拍手をもらい、どの子にも達成感や高揚感のある表情がみられた。

4-4　実践の成果と課題

ボイスレコーダーに記録された授業中の教師の言語活動を分析して、本実践の語りかけや問いかけの効果について検討していく。ボイスレコーダーは第6時、第7時、第8時を分析した。

1授業時間に発した教師の言葉（単位：回）

	説明	指示	助言	発問	質問	その他	合計
第6時	8	26	60	3	13	16	126
第7時	8	16	29	23	1	7	83
第8時	8	31	21	7	6	1	68

それぞれの言語活動について反省的に分析する。

【説明】

○説明は、回数が少ないが文が長いので3〜4分続くことがある。しかし、この部分は一時間の活動内容をしっかり把握させるために丁寧でなければならない。板書をしながら学習の方向性を共有したのは必要であり効果的であった。
○全体的に1文が長いので、適時句点を入れた話し方を心がけなければならない。話の途中に例をたくさん入れる傾向があり、主語と述語が対応しないときがある。わかり易い表現に努めなければならない。改善すべき点がいくつか明らかになった。
○転調への興味関心を高めるために、子どもたちが親しんでいた曲「レット・イット・ゴー」の解説を入れた。子どもたちはうなづきながら聞いていた。

【指示】

○第6時、第8時に指示が多いのは、場の設定（楽器運び、並べかた）に指示が必要であったからである。楽器を運ぶときは、安全性を確かめ班で協力するように意図して指示している。子どもが作業するときに出す指示は、子どもの様子をよく見て瞬時にはっきりと伝える必要がある。クラスの仲間づくり、学ぶ場の雰囲気作りにとって大切なことである（表1）。
○指示は、順序が大切である。つまり子どもの活動をシミュレーションしてから出すべきである。一度出した指示を撤回することは時間がかかる。授業はいつも時間が足りないので心して指示を出しているが、撤回が少なかったことは喜ばしい。
○授業者の傾向として、指示に「こ・そ・あ・ど言葉」が多い。内容が伝わりにくいので、改善していきたい。

表1 指導者（筆者）の言語活動の傾向

	説明	指示	助言	発問	質問・生徒指導
いつ	授業の始まり 活動が変わるとき	活動に入る前 作業の途中 緊急の時	音楽の探究活動の間 グループ活動がうまく進んでいないとき	授業開始時 CDを聴くとき 音楽の探究活動の間 ワークシートに記述時 発表を聴くとき ワークシート提出時	困っている様子がみられたとき 集中できていないとき もめ事が起きているとき
どこで	教室の前方 教室の中央	教室の前方 色々な場所	子どもの近くで	教室前方 子どもの近くで	色々な場所
誰に	全体に	全体に 班全体に 近くの子に 個人に	全体に 班全体に 個人に	全体に 班全体に 個人に	個人に
何を	活動の内容 活動の留意点 今の課題	作業内容 作業の手順 時間配分 効率的な方法 注意点 危険なこと	場所の設定 話し合い方 楽器の奏法 技術 人と合わせるコツ 工夫の選択肢	活動の目的 考え方の方向性 ・この曲の魅力は？ ・どうやって表現する？ ・自分の班のよさは？	使用楽器の確認等 迷っているわけ 今の状態のわけを聴く 行動への注意 雑談
どのように	ゆっくり 落ち着いて 全体を見渡して 大きな声で	短い言葉で 順序を考えて 子どもの動きをよく見て 大きな声で	頻繁に 短い言葉で 実際の実演を入れながら	問いかけるように 今の活動を認めながら	適時 臨機に厳しくまた、優しく 返事を待つ
指導者のくせ	○子どもたちの反応を見ている ○全体を見渡して丁寧に言っている ▲文が長い ▲同じことをくり返す傾向にある ▲話の途中に違う話が入ることがありわかりにくい ▲主語と述語が呼応しないときがある	○「はい、聞いてください」と子どもに注意を促している ○動きやすいように順番を考えて ○協力して活動ができるように ○なぜそれをするのか、理由を言う ▲こそあど言葉が多く、見ていないと分からない	○手短にはっきりと気が付いたその時点で ○気になっている子には何度も ○演奏が改善されたときはほめる ○友だちの協力が得やすいような助言 ○実演しながら、良い方法を提示する ▲慌ただしい ▲早口	○この曲の魅力の探究を促す問いの形である 「どんな」 「どのように」 「みつけて」 「どうしようか？」 「話しあってみて」 「その調子で」 「○○なのね」 「おもしろいね」 ▲発問がこれで良かったのか不安である	○質問は状況把握に努めるよう心がける ○注意は短くきっぱりと ○雑談で心がほぐれる時がある ▲時々質問が詰問になる ▲返事を待たずに聴きっぱなしの時がある

【助言】

○ 助言は第6時が多い。これはアンサンブル活動が始まったばかりで、まだ演奏する楽器や演奏方法を試行錯誤している最中だからである。授業者は教室中を見渡して声を掛けている。短い言葉であるが、早口で個別に話しかけていることが録音からうかがえた。助言することによって活動が推進していく様子から、音楽の探究を深めるためには、惜しみなく数多く助言する必要があることが確認された。

○ 毎時間終わりのワークシート提出時には、個別に全員と対話することができる。これが大きな助言になっていることが、今回のデーターで明らかになった。学習の進み具合を聞いたり、次時へのアドバイスをしたりできた。また、ワークシートに指導者が書くコメントは、子どもたちに学習の方向性を示す助言として効果が大きかった。

【発問】

○ 本単元での主となる発問を、「この曲の魅力を伝えるにはどうすればいいだろう」と捉えて授業を進めた。そのために、「この曲の魅力はどんなところにあるだろう」、「短調から長調にかわる感じをどのように伝えればいいかな」と、具体的な話し合いも行った。その結果、第8時を終えた子どもたちのワークシートには、他の班の演奏について「□□の魅力が伝わってきた。なぜならば△△という工夫があったから」という記述が多くみられることになった。これは、子どもたちの探究が「マルセリーノの歌の魅力」に焦点化されていたからといえよう。発問が探究を促す大切な言語活動であることは実感された（表2）。

○ 発問は第7時が一番多くなっているが、これは、ワークシート提出時の個別の声掛けでこの曲の魅力について対話したからである。この対話の

表2 第8時 演奏会後のワークシートより

この曲のどんな魅力が伝わってきましたか	なぜそう思いましたか
短調の所の暗さがどんどん増していっていました	グランドピアノの音色が暗さを出しているから
悲しいところ	全体の音がよくそろっていたから
リズムが伝わってきた	リズムに乗って楽しかったから
途中から長調に変わって明るい感じになっている	Fさんのグロッケンが最初と途中で音が変わったから
さみしいところから急に明るくなる感じ	ピアノとオルガンが長調の所で明るくなるから
短調から長調にかわるところ	鉄琴の人や木琴の人は和音の演奏からメロディーの演奏にかわったから
曲が深い感じがした	低音がよく響いていたから
暗い感じがしました。リコーダーがそろっていた。Yちゃんがたくさん音の調節をしていた	ピアノとオルガンのところ
楽器が良くハモっていた	鉄琴が良くハモっていて、後の楽器がついてきているから
長調のよさが伝わった	それぞれのパートの楽器編成をかえたから

後、ワークシートのコメントに具体的な演奏方法のヒントなどを朱書きした。この、ワークシートによる対話は、助言であり発問にもなった。

本研究で対象となった言語活動を、吉本均の定義に照らし合わせてみる。

①語りかけは、教師と子どもとの応答関係のなかで行われなければならない。

本実践では常に応答関係の中で言語活動が行われていた。クラス全体に共通理解する語りかけ、個別の要求に対応する語りかけによって、音楽の探究を深めていく様子がよく観察された。また、授業後のワークシート提出時に一人一人と対話する時間がより緻密な語りかけになることも明らかになった。

②語りかけは、こどもたちの「問いへの追求」をひきださねばならない。

説明、指示、助言とも「この曲の魅力を伝えよう」と発問に即して言葉を選んだ。その結果子どもたちは時間一杯、それぞれのペースで音楽の探究を深めていった。

③語りかけは、主要発問へと収れんさせる指導活動として位置づけなければならない。

「この曲の魅力を伝える」ための工夫や技術を示す語りかけを心がけた。「ミニ発表」では、音楽の始まり、終わりの合わせ方、など班全体の指導と合わせて、個別な演奏方法も助言し、そのことによってより深くこの曲の魅力を味わうことができた。今後、洗練された話し方を体得していかなければならないことも確認された。

難しいと感じたのは、発問である。単元の目標である「長調や短調の響きの変化を感じ取って表現する」ために、発問を工夫したが、もっと子どもの心を揺さぶる発問があるのではないかと思っている。

「その点へ向かって考えざるを得なくするような一点への明確な限定」「対立・分化した答や、多様な違ったイメージが子どもから出てくる」「対立・分化に対してきりかえし・からみ合いを構想」という点について、筆者自身まだ捉え方に確信が持てていない。よりよい発問を探し続けることは、授業者が常に心がけていなければならないことであろう。今後の研究として継続していきたい。

5　おわりに

教師は、まさに言語を使って授業を展開している。本研究をまとめながら、いかに多くの言葉で授業が展開されていくのか改めて実感した。そして、言葉の恐ろしさも目の当たりにした。

本実践の第5時の録画を見ていたとき「どうして○○するの！」という、質問形式の詰問を何回かしているのである。どうしてするかと言えば、よりよい方法に気づいていないからであって、それを気づかせることもしないで、いきなり大声で話すのである。この暴力的な言葉は授業者（筆者）の悪しき癖であると知り、その後言わないように心がけた。

言葉一つで、興味・関心を高めることができる。未知の世界へ子どもたちを誘うことができる。言葉の使い手の専門家として、今後とも研鑽していきたい。

◉ 注―――

1　吉本均（1986）「授業をつくる教授学キーワード」明治図書、pp.168-175.
2　吉本均、前掲、p.163.
3　吉本均、前掲、pp.168-171.
4　吉本均、前掲、pp.172-175.

◉ 参考文献―――

吉本均（1986）『授業をつくる教授学キーワード』明治図書
教育出版株式会社編集局（2011）『小学音楽　音楽のおくりもの6　教師用指導書研究編』教育出版

郷土の音楽を教材とした音楽学習の展開

5年単元「阿波踊りプロジェクトを成功させよう」

島田 郁子

1 はじめに

現行の学習指導要領改訂にあたっての音楽科の改善の基本方針には、郷土の音楽の指導の充実について示されている[1]。そこで、郷土の音楽を教材とした学習に取り組むことにした。

徳島県で郷土の音楽といえば、阿波踊りの音楽である。実際に本格的な阿波踊りの連（グループ）に所属して踊っている子どもたちも各学年に数人いる。また、お盆には徳島市中心部で開催されている踊りを見に行ったり一緒に踊ったりして、直接その音楽にふれて楽しんでる。しかし、本校徳島市論田小学校の子どもたちについていえば、実際の楽器の演奏経験や知識についてはほとんどないのが実状である。そこで、郷土の伝統音楽である阿波踊りについて学習することにした。

筆者は、前任校で、6年生の総合的な学習の時間の単元「阿波踊り」において、阿波踊りの鳴り物（伴奏となる楽団）の指導を担当し、25名くらいの児童で踊りやすい音楽になるようにアンサンブルをまとめた経験が何回かある。しかし今回、音楽の授業で阿波踊りを教材として扱うにあたって、この音楽のよさをどのようにとらえ、子どもたちに何を伝えるべきか、自分が明確につかんでいないことに気づいた。そこで、この郷土の音楽のよさを知り、愛着を持つことができるような音楽学習になるように、郷土の音楽の教材化を試みた。

2 研究の目的

郷土の音楽を教材化する場合の留意点と、郷土の音楽を教材として単元学習を展開する際に必要な観点を探る。

3 研究の方法

徳島県の音楽の中から、盆踊りとして親しまれている阿波踊りの鳴り物と唄「よしこの」、徳

島県西部の祖谷地方に伝わる「祖谷の粉ひき唄」を教材として取り扱い、小学校5年生を対象に、単元「郷土の音楽のよさを知ろう」—阿波踊りプロジェクトを成功させよう—を実践する。そして、ワークシートの記述や授業観察を手がかりに、教材化の適正と、音楽学習の展開について考察する。

4　研究の内容

4-1　郷土の音楽を教材とする観点

日本の伝統音楽の教材開発について、伊野は次のように述べている[2]。

　教材開発の課題は詰まるところ、「どのような教材を」「どのように捉え」「どのように用いればよいか」といった点につきるように思う。「何を」「どう考え」「どうするか」ということだ。従って、ただ単に民謡の○○を使って授業をしたというだけでは、教材を「開発」したとは言えまい。その民謡のどこにどのような価値を見出し、どのようにして具体的な実践へと導くのかが問われる。そうでないと、実際は単なる対象の体験で終わってしまう。

つまり、かつて総合的学習の時間で取り組んだ「阿波踊り」の鳴り物の演奏は、教材としての価値を明確に持ち意図的な指導ができていなかったという点から、「単なる対象の体験」だったといえる。では、教材としての価値をどのように見出せばよいのであろうか。このことについて、伊野は、郷土の音楽の持つ特性を、①音楽そのものの特性（音色、時間、旋律、言語、音楽構成）②パフォーマンス性（言語や物語性、身体性、視覚性、空間性）③文化的・社会的なかかわり（自然風土、歴史、宗教祭礼祭事娯楽生活、交通産業、交流共同体、感性美意識）④個別性（音楽そのものがもつ固有の性格、特性相互のかかわりから生まれる固有の性格、郷土意識が生み出す固有の性格）の4つの側面から捉え整理している[3]。これらの特性の捉え方を手がかりに、教材としての価値を見出していく。

4-2　阿波踊りの鳴り物、「よしこの」「祖谷の粉ひき唄」の教材としての価値

①阿波踊りの鳴り物について

阿波踊りの鳴り物には、大太鼓（平太鼓）、締太鼓、鉦、篠笛、三味線、竹太鼓、鼓などが用いられる。このうち、授業では大太鼓（平太鼓）、締太鼓、鉦、竹太鼓、篠笛、リコーダー、木琴を使用した。大太鼓、締太鼓、鉦はコミュニティーセンターから借り、竹太鼓は近くの山で切った竹を乾燥させてあったもの、篠笛はリコーダーと調が合うように八本調子のものを用意した。楽譜は筆者が以前に地域の方から聴き取ったものや、市販のものを子どもたちに合わせて使用した。

○大太鼓

図1の楽譜は、筆者が採譜したもので、子どもたちにも耳慣れている大人が演奏しているリズムである。子どもたちにとって演奏が容易であるのは、楽譜の15～22小節の繰り返しであろう[4]。しかし今回は、最初の休符が阿波踊りの躍動感のもととなっているのではないかという筆者の捉え方から、楽譜1をそのまま教材として使用することにした。また、打楽器の好きな男子が多いことからも、休符の緊張感を味わわせたいと考えた。

図1

○締太鼓

　阿波踊りは弱起2拍子であるといわれており[5]、締太鼓の弱起の部分の16分音符のリズムは鳴り物の演奏の中でひときわよく聞こえてくる。締太鼓は、乾いた甲高い音色と16分音符の軽やかなリズムが特徴だと捉えている。そこで、16分音符を軽やかに弾んで演奏する心地よさを感じとらせたい。

○鉦

　鉦は中央の凹部と側面を調子よく打って図1のような演奏をし、鳴り物全体の指揮者の役割を担っている。楽曲の始まり、終わり、テンポの変化などを阿波踊りの連全体に伝える力強い音色と、全体の動きを見てアイコンタクトが出せる視野の広さが必要である。鉦を担当する児童には、全体をまとめる醍醐味を味わってほしい。

○篠笛

　図2は篠笛パートの唱歌である。笛を演奏する人からいただいたもので、図3の運指表にも対応している。これは「正調」と呼ばれてどの連でも演奏されているふしである。まず、調子よく反復される覚えやすい唱歌を歌い、郷土の音楽が口伝えで残ってきたことを経験させたい。これをリコーダーで演奏すると、同じフレーズを反復することの心地よさを感じとることができるであろう。さらに、発展として1オクターブ上の音での演奏や、八本調子の篠笛にもチャレンジさせたい。

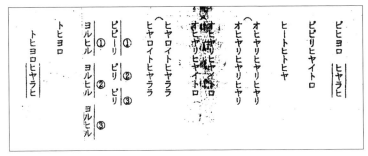

図2　　　　　　　　　　　　　　図3

篠笛の旋律にはもう一つ、変拍子が含まれているという特徴がある。**図4**の楽譜21小節は8分の9拍子で奇数拍となっている。このことによって、リピートで5小節に返ったときに、2拍子の1拍めが入れ替わる感覚に陥る。鉦の2拍子を感じて演奏するとなおさら強起のふしが弱起のふしに聞こえるのである。この感覚はリピートするたびに交互に起こる。有名連で篠笛を吹いている人が、「この感覚で何回繰り返したかがわかる」と言っているのを聞いたことがあるが、子どもたちはどう捉えるであろうか。教材用に書かれた楽譜には奇数拍はみられない[6]。この、ずれたり戻ったりする感覚が、伊野が示した郷土の音楽が持つ音楽そのものの特性のうち、時間的特性である「種々のリズムの混合」や「郷土に特有なリズム感」にあたるのかもしれない[7]。そこで、篠笛の演奏では、反復の心地よさと、ずれていく感覚を合奏の中で味わわせたいと考え、**図4**の楽譜をそのまま教材として提示することにした。

図4

○竹太鼓

　竹は高い音で、時として耳障りなほどよく響く。そこで、細かい音符を入れず、大太鼓の楽譜（**図1**）の5〜11小節を繰り返して演奏することにした。鉦と一緒に安定したビートを刻むこと、時々パフォーマンスを入れて盛り上げることを期待したい。

○三味線（木琴）

　三味線が刻む、ぞめきのリズム[8]は木琴で代替した。鉦の拍に合わせて、オスティナートのように跳ねのリズムを刻むことで阿波踊り全体を支えていることを自覚して演奏してほしいと考えている。

○鳴り物の合奏

　これまでの楽器の演奏を合わせて合奏する場合、先に述べた篠笛の演奏にみられるずれは大太鼓や締太鼓においても生じるであろう。なぜならば、大太鼓は22小節、締太鼓は15小節でリピートされるからである。そこで、子どもたちに、鉦と竹太鼓、木琴が拍を合わせて全体を支えるという合奏の捉え方を伝える必要がある。そして、このようなずれのある合奏にどのようなよさがあるのか、子どもたちが感じとれるように授業展開を工夫する必要がある。

② 「よしこの」について

　この曲は、明和〜寛政（1765〜1800）に流行した潮来節が母体であって、これが江戸にはいって「江戸都々逸」となり、関西に伝わって「よしこの」となったと伝えられている。七七七三のリズムをもっているが[9]、このような楽曲について

小泉は「馬子唄」を例に次のように述べている[10]。

歌詞の上では他の近代民謡と同じく、七七七三の音律をもち、七のそれぞれは三・四ないしは四・三に分けられ、よくまとまったリズム構造をもっている。ところがこれを歌うと、自由に引きのばして、それには全く拍節的意識がなくなってしまう。（中略）実際は自由に伸ばしているのではなく、はっきりした法則性があるのである。

(1) はじめは発音に主力がそそがれ、各単位の中では最初の文字が最も短く、次が少し長く、そのあとさらに長く引きのばされる。

(2) つまり、各単位の中程では音を長く引く要素が主力となるため、声が高くはり上げられ、歌らしく音を伸ばしてうたう。

(3) しかし、各単位の終わりには、声をふるわせ美しい節回しをきかせながら次第に下降するメリスマが現れ、これに主力が集中する。

（中略）つまり一見自由のように見える「馬子唄」でも、そこには厳格な回帰性が見られ、聴いている人にも漠然とそうしたリズム感が湧いてくる。

まさに「よしこの」の旋律には上記のような法則性がみられるのである。そこで、CDの演奏を手がかりに楽譜（**図5**）を作成し、CD演奏を模倣するという方法で「よしこの」を教材とすることにした。間やこぶしもよく聴いて真似ることで、上記のような特徴をもつこの楽曲のよさが味わえるのではないかと考えた。

③「祖谷の粉ひき唄」について

この楽曲には、4分の2拍子と4分の3拍子の

図5

変拍子でかかれた楽譜がある。しかし、その旋律ははっきりした拍節感のない音楽であると思われる。いくつか音源は手に入ったが、筆者がいつのまにか覚えていたこの楽曲ののどかでやさしい雰囲気と異なっていたので、口伝えで学習を展開することにした。「祖谷のかずら橋や　蜘蛛の巣（ゆ）の如く　風も吹かんのに　ゆらゆらと（後略）」という歌詞が表現する徳島の山の景色やさしい風、そこで暮らす人々の生活などをしみじみ感じて歌うことが、この楽曲を教材とする価値になると捉えている。

4-3　単元の構想と計画

今年の5年生は、個性豊かではあるが、落ち

着きやまとまりのない学年だとこれまでいわれてきた。ただ、表現力やパワーがあり、音楽の授業ではダイナミックな表現ができるよさをもっている。このような子どもたちには、2月に行われる音楽会では阿波踊りの演奏が適切であろうと考えた。本単元「郷土の音楽のよさを知ろう」－阿波踊りプロジェクトを成功させよう－は、自分たちで郷土の音楽を演奏・演出し、味わい、そしてこれらの音楽のよさについて単元を通して探究して欲しいと考え構想したものである。

単元名「郷土の音楽のよさを知ろう」－阿波踊りプロジェクトを成功させよう－
単元目標
(1) 郷土の音楽の特徴を知り、そのよさを味わって表現する。
(2) なかまと力を合わせて阿波踊りプロジェクトを成功させる。
単元を通して育ませたい力
　郷土の音楽の特徴やよさを知り、郷土の音楽に愛着を持つとともに、なかまと力を合わせて演奏し楽しむ力
学習計画
　授業（全12時間と2回の演奏会）の学習活動は、次に示すような4つの段階で計画した（表1）。

4-4　授業の実際

○「祖谷の粉ひき唄」

　前時で「子もり歌」の学習を終えた子どもたちに、徳島の民謡として「祖谷の粉ひき唄」の歌詞を提示した。祖谷のかずら橋には行ったことがあるが歌は知らないという子どもたちがほとんどであった。子どもたちは、教師の歌を聴いて全体像をつかみ、それからまとまりごとに区切って口伝えで節回しを覚えていった。ピアノも音源も使わず、教師が歌って子どもが真似ることを繰り返した静かな授業であった。ちょうど何人かの参観者がいたが、「歌だけで授業ができるんですね。ほのぼのとしたいい時間でした」という感想をいただいた。メリスマやこぶしは手を使ってニュアンスを伝えると、拍節感のないこの楽曲を1時間で呼吸を合わせて斉唱することができた。

○「よしこの」

　「よしこの」は、聴いて知っている子どもたちは多かったが、歌った経験がなかったので音源を聴いて全体像をつかみ、ピアノで節を確かめながら覚えていった。この楽曲はメリスマやこぶしを

表1　第8時　演奏会後のワークシートより

1次			2次				3次				4次	
楽曲の全体を把握する			それぞれの鳴り物が、鉦の拍にのって合わせられる				鳴り物の演奏を合わし、音楽会に向けて演技を構成する				郷土の音楽のよさを味わう	
1時	2時	3時	4時	5時	6時	7時	8時	9時	10時	11時	12時	
「よしこの」や「祖谷の粉ひき唄」を歌い郷土の音楽に親しむ		篠笛のふしをリコーダーで演奏する	篠笛の演奏に挑戦する	大太鼓のリズムに親しむ		自分が担当した楽器の演奏になれる	それぞれの楽器の音色やリズムの特性を聴き合いながら、ずれを意識しながらも鉦の拍に合わせて、阿波踊りの演技を完成させていく				校内リハーサル	みんなで一つの音楽をつくる	音楽会

表現することが容易ではないであろうと考えていたが、それよりも困難であったのは、旋律の把握であった。複数の音階が混在しているためであろう。この楽曲を無伴奏で歌うためにはいろいろな民謡の音階に慣れることが必要であり、そのためには指導方法に工夫が必要であると痛感した。

○鳴り物

まず、篠笛のパートをリコーダーで演奏できるようにした。これは冬休みの課題として家で練習するようにプリントを作成した。小さなフレーズの反復があること、奇数拍の小節があることを共通理解し旋律を覚えていった。その後、口唱歌をしたり、篠笛で吹いてみたりして、旋律の把握を深めていった。ところが、奇数拍の次の小節で既に2拍子の1拍めの入れ替えが起こっているのであるが、そのことを気づかせないまま、奇数拍の小節を3拍子で指揮して旋律を把握したので、鉦や太鼓と合奏したときに混乱してしまった。この教材は、ずれによる1拍めの移動に郷土の音楽独特のよさがあると確認していただけに、もっと指導を工夫するべきであった。

大太鼓、締太鼓、竹太鼓、鉦、木琴は、パート別の練習では問題なくリズムや旋律を把握し演奏することができていた。大太鼓は休符の後の（どん）に体重をのせて躍動感を強弱で表現することができるようになっていた。

自分が担当する楽器の演奏に慣れたころ、鉦に合わせて合奏をした。ところが、木琴の演奏のテンポがだんだん速くなり、拍を共有することができなかった。他の楽器のテンポを聴いて合わせるのが困難というよりは、誰のテンポに合わせるとよいか探っている状態であった。木琴は同じ音の連打を少なくして、友達と交代しながら余裕を持って演奏できるようにした。その後、鉦の位置や全体の配置を換えてアイコンタクトがとれるようにしたことや、全員がひざでテンポを感じるようにしたことによって、少しずつ合奏はまとまっていった。

○合奏と演出

音楽会前の9日間（全6時間）は、体育館で学年練習を行った。5年生の担任2名・特別支援学級の担任1名と筆者の合計4名で指導にあたった。プロジェクトの成功は指導者のチームワークにかかっているといっても過言ではない。踊り・太鼓・篠笛・フォーメーション・囃子ことば・高張り提灯づくりなど、それぞれ得意の分野で子どもたちの創意を引き出しながらステージを作りあげていった。なかなかまとまらない鳴り物について指導者間で話し合い、朝の会を使って歌ったり、篠笛の得意な先生が篠笛担当の子どもたちを昼休みに集めて練習したりしながら、短期間で仕上げていった。

今回は、やはり篠笛の旋律や太鼓の演奏がリピートするたびにずれるということが原因で、合奏することに大変苦労した。指導者が一緒に鉦や笛を演奏することによって、なんとか拍を合わせられるという状態が続いた。しかし、学年練習の4時間目のある瞬間に、子どもたちだけでみんなの音がひとつにまとまったのである。その時から、音の重なりがずれによって変化していくことから生まれる躍動感や、鉦の音にみんなが集中して演奏する一体感をあじわうことができるようになった。

演出は、「祖谷の粉ひき唄」の無伴奏の斉唱に始まり、笛と木琴と鉦と「よしこの」によるゆったりとしたテンポの演奏に合わせて踊り子6名

が踊る静の部分と、太鼓が入ってテンポを上げ、囃子ことばでみんなの気持ちを整えたあと、観客を誘っての乱舞へと一気に盛り上げる動の部分に分けた。ここで、鉦の児童3名が協力して全体の流れをつくることが重要であった。筆者は、音楽会当日いつでも助っ人に入れるように鉦を準備していたが、子どもたちだけで演出もやり遂げることができた。

4-5　実践の成果と課題

伊野による郷土の音楽の持つ特性に照らし合わせることで、教材となるそれぞれの楽曲について、自分なりに価値を見出すことができた。このことによって、指導に方向性をもたせることができたと感じている。ワークシートの記述をもとに実践の成果と課題について考察する。

①ワークシート2（第5時の学習を終えて実施）の回答を分析する

〔1〕阿波踊りの笛の旋律は、くりかえしの部分があることによって調子よく吹けることがわかりましたか。

よくわかった	48人
だいたいわかった	13人
あまりわからなかった	4人

〔2〕阿波踊りの笛の旋律で、1拍多い小節が一カ所あります。その部分を調子よく吹くことができましたか。

よくできた	22人
だいたいできた	31人
あまりできなかった	2人

〔3〕いままで阿波踊りの鳴り物の音楽を学習してきて、どんなところにこの鳴り物の良さをかんじますか。

・音色（たたき方によって音が変わる。音がきれい。）	14人
・リズムがよい。	11人
・楽しさ、ノリ	10人
・日本らしさ、徳島の伝統を感じる。	9人
・音の重なり（鉦や太鼓など色々な音が重なってかっこいい。）	5人
・和風のうたはこころが落ち着くのがいいと思いました。	

これらの回答から、笛の旋律の特徴を知覚できており、意識して表現しようとしている様子がみてとれる。この楽曲で何を伝えるかを明確にした授業展開ができていたといえよう。また、阿波踊りの良さとして、リズムやノリという答えが多いと予想していたが、音色や音の響きがきれいだと感じている記述も多く、郷土の楽器である太鼓や笛、鉦の音色を好もしく思っていることが明らかになった。

②ワークシート3（第11時の学習を終えて実施）の回答を分析する

〔1〕大太鼓と締太鼓のリズムがずれたり重なったりすることがわかりましたか。

よくわかった	38人
だいたいわかった	20人
あまりわからなかった	1人

〔2〕リコーダーの旋律が1拍ずれることによって、二通りにきこえることがわかりましたか。

よくわかった	25人
だいたいわかった	27人
あまりわからなかった	7人

〔3〕それぞれのパートで旋律やリズムがずれたり、

また重なったりしながら阿波踊りの音楽ができていますが、あなたは自分の楽器以外で何の音をよくきいて合わせていますか。

| 鉦 48人 | 太鼓 7人 | 笛 3人 | 木琴 1人 |

〔4〕音楽会では、どんな演奏になるといいと思いますか。そのために、あなたはどんなことに気をつけようと思いますか。

- 徳島の良さを全力で表現できるように、締太鼓を力いっぱいたたきます。
- ずれないように、鉦や太鼓やほかのリコーダーの音を聴いて集中します。
- 全体が楽しくなるような演奏になるといいと思います。そのためぼくは、リズムを一定に保ってずっと演奏できるように気をつけます。
- みんなで盛り上がる音楽会にしたいです。私は足でリズムをとるのをわすれないようにしたいです。

これらの回答から、音の重なりを意識した学習が進んでいることがみてとれる。そして、ずれを感じながら演奏するためには、よく響いて拍を示している鉦に合わせることが大切であることを感じとっている。また、なかなか拍が合わないが、合えば躍動感のある阿波踊りのぞめきが演奏できることを経験したことから、よい演奏になるようにそれぞれ工夫し、気持ちを高めていっている様子がみてとれた。

③ワークシート4（音楽会を終えて実施）の回答を分析する

〔1〕音楽会の演奏は楽しんでできましたか。

とても楽しかった	41人
楽しかった	17人
あまり楽しめなかった	1人

〔3〕「よしこの」や「祖谷の粉ひき唄」は、拍子がとれないうたです。これらの唄にはどのような「よさ」があると思いますか。

- なめらかで心が和む感じ。
- 枠にとらわれていない感じがいい。
- 「よしこの」は長くのばして高いところと低いところがあるのがいい。
- ゆったりして気持ちよくなるし、祖谷のかずら橋が風にふかれてゆらゆらしているところがが想像できる。
- 粉をひいている姿が思い浮かぶ。

〔4〕これまでの学習を終えて、あなたが味わった徳島の音楽のよさを書いてください。

- ノリのいい歌もあるし、ゆっくりした歌もあってどっちもいいと思った。
- 阿波踊りはずっと長時間踊っても飽きないところ。粉ひき歌やよしこのは難しいけれどしっかり合うときれいな歌声でとてもいい歌だと思う。
- 徳島の音楽はみんな楽しめて昔からやっている感があるので、伝統をまもっているんだなあと思えるところがいいです。
- 阿波踊りは、ずれたり戻ったりするから集中していないとできない、そこがいい。

音楽会はとても楽しんでできたようである。「楽しかった」「あまり楽しめなかった」を選んだ子の理由は緊張したというものがほとんどであり、一生懸命取り組めたこと、観客が楽しんでくれたこと、演奏や演技が成功したことによる達成感を感じている記述が多かった。これは、郷土の音楽を身近な人と共有しそのよさを味わうという経験ができたということであろう。それは〔3〕〔4〕の記述からもうかがえる。

これらの考察から次の2点について検討する。
第1は、郷土の音楽を教材化する場合の留意点である。まず、指導者がその楽曲の価値を、郷土の音楽が持つ特性等に照らし合わせて吟味し見出だすことが一番重要であるといえる。子どもたちはその価値にふれたときに郷土の音楽に愛着を持

つと思われるからである。次に、可能な限り郷土で使用している楽器を準備することである。子どもたちは楽器の音色や響きからも郷土の音楽の良さを感じていた。それから、口唱歌を用いたり、音の高低やメリスマ、こぶしなどを線で表現するなど、五線譜以外の郷土で用いられてきた伝承方法を知らせるべきであろう。音源は、市販のもの以外に地元の人の演奏や教師の演奏をどんどん取り入れ、より身近な音楽であること感じ取らせたい。阿波踊りのようにパフォーマンスのある場合はそれを真似てみることによって郷土の音楽をより深く味わうことができる。また、すぐには演奏できない楽曲であってもその良さを少しでも伝えることに意味があると感じた。「よしこの」はなかなか納得できる演奏にならなかったが、子どもたちは本物のよさに触れることができたといえよう。以上の留意点をまとめてみる。

①教材となる楽曲について、郷土の音楽の特性という観点から価値を見いだすこと。
②可能な限り郷土で使用している楽器を準備すること。
③口唱歌等、日本の伝承方法を取り入れること。
④音源は地元の人の演奏などを積極的に取り入れること。
⑤パフォーマンスを真似ること。
⑥難易度の高い演奏にもふれさせること。

第2は、郷土の音楽を教材として単元学習を展開する際に必要な観点である。一つは、教材研究を深め子どもたちへの教材の提示の仕方を工夫することであろう。楽譜や音源が揃っているとは限らないので自作のものを使用することも多いであろうが、その教材の価値が伝わると思われるのを吟味することが重要である。もう一つは、資料や楽器、協力してくれる人などについて事前に調べ、学習のどの時点で活用するのが適当であるか計画しておくことである。そのためには学習活動の効果的な配列を考えておかなければならない。つまり、単元を展開するまでの計画と準備が大切であるということである。

このように、時間と手間はかかるが、郷土の音楽のよさを知ることで、子どもも指導者も音楽観をひろげることができることは実証された。

5　おわりに

本実践で筆者が常に抱いていたのは、自分がとらえている価値は果たしてこの楽曲について適当なのであろうかという不安であった。指導書や解説書にあたるものがほとんどなく、教材となる楽曲についての資料も統一された内容ではないからである。本実践で使用した楽譜のいくつかは、20年も前に公民館で教えてもらったリズムをメモ書きにしていたものにすぎない。しかし、郷土の音楽を教材化するにあたってのこれまでの研究に出会えたことによって、拠り所をもって教材化に取り組めるようになった。そして、自分がとらえた価値であっても、自信をもって学習を進めていけばよいと思えるようになった。

子どもたちが自分の生まれ育った土地に伝わる音楽を学ぶことは、大切なことであると確信できた今、今後もさらに研究をすすめていきたいと思っている。

◉ 注

1. 文部科学省（2008）『小学校学習指導要領解説 音楽編』教育芸術社、p.3.
2. 伊野義博（2009）「郷土芸能や伝統音楽の教材開発」『学校音楽教育研究』第13巻、日本学校音楽教育実践学会、p.100.
3. 伊野義博（2003）「郷土の音楽——その特性と教材性」『学校音楽教育研究』第7巻、日本学校音楽教育実践学会、p.157.
4. 島崎篤子・加藤富美子（2001）『授業のための日本の音楽・世界の音楽』音楽之友社、p.51.
5. 林鼓浪（1951）『阿波踊り』玉村印刷、p.4.
6. 島崎篤子・加藤富美子、前掲、p.51.
7. 伊野義博、前掲、p.158.
8. 阿波踊りのタッタラッタと跳びはねるようなリズム　島崎篤子・加藤富美子、前掲、p.46.
9. 林鼓浪、前掲、p.46.
10. 小泉文夫（2011）「音楽の根源にあるもの」平凡社、pp.33-34.

◉ 参考文献

文部科学省（2008）『小学校学習指導要領解説 音楽編』教育芸術社

伊野義博（2009）「郷土芸能や伝統音楽の教材開発」『学校音楽教育研究 第13巻』日本学校音楽教育実践学会

伊野義博（2003）「郷土の音楽——その特性と教材性」『学校音楽教育研究 第7巻』日本学校音楽教育実践学会

島崎篤子・加藤富美子(2001)「授業のための日本の音楽・世界の音楽」音楽之友社

林鼓浪（1951）「阿波踊り」玉村印刷

小泉文夫（2011）「音楽の根源にあるもの」平凡社

再編教科「表現創造科」の取り組みについての再考

上越教育大学附属中学校のミュージカルづくりの実践から

遠藤 好子

1　はじめに

　筆者の前任校である上越教育大学附属中学校では、2004年度から2006年度までの3年間、文部科学省の開発研究学校の指定を受け、既存の教科と総合的な学習の時間とを再編した新たな教育課程の研究開発を行った。その中の一つとして新設された教科が「表現創造科」であり、創造的なコミュニケーション能力のうち、特に表現力や創造力の向上と豊かな感性の育成を目指すものとして、既存の音楽科・美術科・保健体育実技と総合的な学習の時間の学びを一体としたカリキュラムを実践した。芸術表現教育のコンピテンシー育成のプログラムとして、この取り組みは公立中学校においても取り組むことに資する試みであると捉えている。本稿はその意義に改めて着目しながら論考するものである。

　以下は表現創造科のさまざまな実践に際して、教科の枠を越えて筆者らが作成した理念である。

　既存の教科としての学びである「音楽」や「美術」は各教科として現在独立している。しかし私たちが生きる社会的な視点として見れば、いわゆる「表現」と呼ばれるもの、あるいは「芸術」として大衆を魅了しているもののなかには、さまざまな分野を総合化し、融合を図った事柄が存在する。むしろ、TVや映画、コンサートや演劇といった、視覚・聴覚といった感覚区分を問わない表現分野が融合したもののほうが、ふだんの生活で目や耳にする機会が多い分、「総合的な表現」として認知度は生徒にとって高いのではないかと考える。しかし、実際の授業場面としての学習の中では、ふだん見聞きし、慣れ親しんでいる表現であっても、それ自体を学ぶ機会は多くなく、また、音楽の合唱以外の場面では多人数による表現を実践する機会も少ないのが実態である。そこで、表現創造科ではさまざまな表現領域が総合された活動

に取り組むことを活動の核とし、音楽科・美術科・保健体育科における身体表現、そしてそれらの枠を越えた表現を追究し、創造的なコミュニケーションについて学んでいくこととする。

この新たな学習として設立された「表現創造科」のまさに核となる活動が、生徒による「ミュージカルづくり」である。上越教育大学附属中学校におけるミュージカルづくりは、1990年代後半からはじめられた活動であり、その後も長年に渡って続けられて、学校伝統文化としての位置付けがなされた。当初より少しずつその実践形態を変化させてきたが、最も大きな変化を遂げたのがこの「表現創造科」における取り組みとなっていた頃であり、その後に引き継がれるこの実践の基盤となった。

2　3年生表現創造科「体験！総合芸術 ―ミュージカルづくり」の実践について

2-1　ミュージカルは中学校表現活動の集大成である

学習活動のまとめとして3年生の2学期末に学級ごとの舞台発表を行う。目的は、義務教育の中で培ってきたさまざまな領域における表現力を駆使し、仲間とのコミュニケーションを図りながら、一つの表現として形にしていくことである。この要となる活動こそが「表現創造科」という教科設立の大きな理由であったといっても過言ではない。音楽、美術、保健体育、時には言語領域にも及び、それぞれの担当教員をはじめ、さまざまな専門分野の講師を招いてティームティーチングを行いながら、ひとつの舞台表現をつくりあげる。このように多角的に取り組む活動ゆえに、生徒に幅広い学びと大きな感動を提供してきたものと捉えている。

また、ミュージカルづくりの実践は表現創造科における「総合芸術的な表現活動」のまとめと位置付けられている。そのまとめに向けて、1、2年生次では基盤となる、音楽科と美術科の垣根を越えた表現活動を段階的に行い、ミュージカルの中では、歌唱・演奏・作曲といった音楽内容、背景や道具制作・照明・視覚的効果といった美術内容、ダンスをはじめとする身体表現、台詞・台本など言語表現などを生徒自らが創り出し練り上げる。そのため、ミュージカルでめざす内容は、広く音楽科や美術科などのねらいを網羅すると共に、自ずと総合的な学習の時間のねらいにも近付けていくものとなる。

学級の全員がそれぞれの役割を担い、参加・協力して一つの表現を創り上げていく活動は行事としての内容にも近い。学習指導要領における、音楽科、美術科の「感性の育成・基礎的能力の向上・情操の養い」、行事等の集団活動を通しての「心身の調和のとれた発達と個性の伸長」「自主的、実践的な態度の育成」、総合的な学習の時間の「各教科等で身に付けた知識や技能等を相互に関連付け、学習に生かし、総合的に働くようにする」、これらの内容が一連の活動「ミュージカルづくり」の中で融合しながら高められることが目指されるのである。

2-2　題材の流れ

ミュージカルづくりの学習は、4月から12月までの9ヶ月間の期間、総時数70時間以上をかけて行われる。活動の大まかな流れは**図1**のと

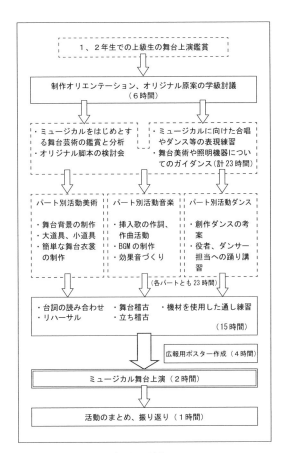

図1 ミュージカルづくりの流れ

おりであり、活動の鍵となる場面は以下の4場面である。

①テーマや内容、役割分担などを決定し検討を行う学級討議の場面
②全体を3つのグループ（音楽・美術・ダンス）に分けてそれぞれの創作部分を担当するパート別活動の場面
③実際の舞台を想定しながら練習する舞台稽古の場面
④上演フィナーレの場面

以下にこの4つの場面を中心にして、活動内容を紹介する。

①学級討議の場面でのコミュニケーション活動

　学級で取り組むミュージカルづくりのスタートは「話し合い」から始まる。見る側に何を伝えるか、自分たちの表現する舞台のテーマは何か、そのストーリーの展開はどうするか、とにかく真っ白な計画の上に少しずつ話をすることで学級全員の意見を摺り合わせていく。この時間に行われる内容こそ、表現創造科で大切にしたい「コミュニケーション活動」である。表現、あるいはそのねらいを自己目的だけに留まらせることなく、広く他者とかかわり合うために最も必要なことは、自分の思いを伝えることであり、同時に他者の思いに耳を傾けることである。また、導入段階で大切なことは、全員が意見を出したという事実、すなわち参加意識をつくり、そこから具体的な形となるテーマや脚本を生み出すことである。生徒への指導に携わることを重ねてこそ得ることができた気付きであるが、この導入段階が早くまとまれば、これ以降の表現活動に多くの時間をかけることができるものと捉えている。さらに、じっくりと時間をかけて積み上げていくことで、この先に生徒を待っている多くの活動にも広がりを持たせることができるのである。

②パート別活動の場面での創造活動

　学級討議を経て脚本が出来上がり、同時進行で行われた、ミュージカル上演に向けて表現力に磨きをかける活動を終えると、舞台に必要となる「表現内容をつくる活動」の段階へと進む。活動はミュージカルの舞台を構成する3つの部品（パ

ーツ）に大きく分けられる。ミュージカルとして必須の存在である、音楽パーツとダンスパーツ、そして舞台上の視覚的効果を担う美術パーツである。それぞれの学級を3グループに分割し、各領域のパーツをつくり上げるために、パート別活動がスタートする。

例えば、音楽パートでは、監督（伝統的に学級代表生徒が務める）の指示により、「オリジナル曲の作詞」「作曲」「譜面づくり」「BGM」「効果音」の分担に分かれ、ピアノやシンセサイザーのある音楽室や特別教室へ移動してそれぞれの創作活動に取り組む。脚本を読みながら、場面ごとに必要と思われる"音"による表現要素を考え、つくり出す活動は生徒個々の力が大きく発揮される時間である。

一方、ダンスパートは広いスペースを確保できる体育館や多目的教室へ移動し、踊りの振り付けを考案したり、実際にダンスの練習をしたりする。パート担当者はダンサーではなく、後に役者にダンス指導をするための役割である。そのため、レクチャー用に動きをビデオカメラで撮影したり、振付けを図で書いたりする指示テキスト作成もダンスパートの大切な仕事となっている。

美術パートは、美術室で大小さまざまな道具や特殊な衣装を用意したり、体育館下の広いピロティで巨大な舞台背景を制作したりする。また、脚本を読みながら場面毎の照明計画や役者の立ち位置や動き方を考えるのも美術パートの仕事である。美術パートは舞台上の視覚的表現について、実にさまざまな要素をつくり上げていく役割を担う。パートごとに分かれているそれぞれの活動場所には、各専門分野の担当教員が就く。ある時は用具準備、資料提供など、担当教員は生徒のイメージした舞台上の表現を可能な限り具現することに協力する。

③舞台稽古場面での表現活動

舞台背景や照明の計画、挿入されるオリジナル曲やダンスの振付けが出来上がると、役者・スタッフともに台本を片手に舞台練習に取り掛かる。公演会場となるステージは体育館を使用するため、体育実技の授業との兼ね合いから舞台稽古の時間は限られたものとなる。授業開始時間前から生徒は体育館に集まり、ステージ上のピアノを降ろし、照明機材の延長コードを手際よく配線する。せりふは基本的に肉声だが、劇中で歌唱をする役者は小型ワイヤレスマイクを使用するため、マイク機器やMDに録音したBGMや効果音を操作するためPA機材のセットを行う。そして、舞台背景などのセッティングでは、全員が協力し、黙々と準備作業を行う。学校の始業チャイムが鳴る頃には、ステージ下のフロアに学級全員が車座になり、生徒代表が務める「舞台監督」からの指示を待ち、舞台稽古の授業が始まる。

教師の支援としては、生徒がのめり込んで舞台稽古に取り組むことを補助するため、可能な限り本格的な舞台設備らしくすることが必要である。中でも各種機材が用意されていると、その使用方法を生徒が覚えていくだけで、活動に興味をそそられていく様子が見て取れる。代表的な機材として、照明機材と音響機材がある。ステージが備えられている公共の施設ではなく、体育館のステージでの上演を想定すると、照明機材は備え付けの照明以外に、スポットライト・フットライト・ホリゾントライトが必要となり、これらがそろって用意できると一気に舞台らしさが出るのだ。

音響機材は備え付けでCD／MD／マイク使用が可能なPAがあればよい。ピンマイクを使用

するのは、あくまでも"歌"を壊さないためのものであり、複数チャンネルを使用している。この他にも、演奏形態によるさまざまな楽器の設置や、背景・大道具なども、使用するステージで最大限の工夫をすることによって、生徒にとっての「舞台らしさ」を発揮することができるのである。この日常の学校生活とはかけ離れた場面を創造し、演出する、あるいは演出しているようにみせることが、ミュージカルづくりの活動における大きな魅力ではないかと筆者は考えている。

④上演フィナーレ場面での感動体験

　学級ミュージカル上演の最終場面は全員合唱と役者紹介で終わりを迎える。主役も脇役もスタッフも、監督から読み上げられる生徒の名前一人ひとりに観客席から大きな拍手が送られ、全員が手を取り合い、観客席に礼をした瞬間照明が落ちる。この瞬間、真っ暗になったステージ上からは悲鳴のような歓声が沸き起こる――この大きな感動体験こそミュージカルづくりを実践した生徒にとってかけがえのない大きな学びとなっていることが、舞台後の意識調査からも明らかとなっている。

3　まとめ

　学校教育現場においてミュージカルづくりを授業の中で実践していくことは、カリキュラムの運用の視点から課題が多い。担当する教員の持ち時間、実際の授業時間とその運用（時間割）、活動場所の確保など、さまざまな条件をクリアするためには、学校全体からのバックアップが不可欠である。指導する側としては非常に条件の厳しい中、なお、毎年活動内容を進歩させながら取り組みが続けられているのは、学校現場として第一に考えるべき「生徒の学び」の素晴らしさが生徒らに認められているからに他ならない。

　以下は、ミュージカルづくりのすべての過程を終えた生徒の感想文の一部である。

　　この活動を通し「みんなの意見をまとめる力」がついたと思います。それは「他者の意見を聞き、取り入れる力」でもあり、「自分の意見・意志を貫き通す力」でもあると思います。いずれにせよ、みんなで創り上げるミュージカルが、より良いものになるようにする力、つまり、「公の利を考える力」がついたのだと思います。その力は、これから先に続く高校生活や社会生活でも生かせるものだと思います。

　　また、「みんなでひとつのことを成し遂げる大切さと楽しさ」を学びました。（中略）舞台が終わって、暗転したときの歓声は、体育祭で優勝したときよりも、感動や喜びや達成感がつまっていたのだと思います。それは、一人ひとりが自分の仕事をきちんとこなし、頑張ってきた証の歓声だとも思います。みんながクラスの中で存在意義を見いだし、それをやり遂げ、クラスに貢献することはとても大切であるし、楽しいことだと思いました。

　　ミュージカルの活動を通して、表現創造科として多くの事を勉強し、仲間との協力の面でも多くの事を学ぶことができました。表現創造ではいままでさまざまな活動から、表現の一体化について学んできましたが、今回のミュージカルの活動は今までの活動をすべて生かし、他の要素もプラスしてみんなでつくるというとても難しい作業でした。（中略）でも、このミュージカルを通して、見る人に表現を伝えることを

身をもって実感できたように思います。仲間との協力の面でも、今までの活動の中で一番クラスのみんなの役割がはっきりしていて、全員でつくっているという感じがすごくしました。役者、照明、音響、どの場面でも誰一人欠けても成り立たない舞台だったと思います。テーマのひとつに「一致団結することでの達成感」がありましたが、私たちはそれを自分たちが体験して、伝えることができたと思います。クラスのみんなと一緒にミュージカルをつくることができて、すごく良い思い出になりました。

　学級全員がそれぞれの役割をもつ表現者となって、自己の表現を他者の表現とつなぎ、さらに次の高みへとつないでいく。仲間と合わせるものは、イメージ、メッセージ、呼吸や台詞や演技、ダンス、歌声、演奏、その他たくさんの要素で構成され、それらの全てが集大成されるかたちで一つの舞台が成り立ち、大きな感動と共に生徒らに深い学びを生み出す。
　このようにさまざまな表現を駆使しながら、壮大な活動を通して得られる感動体験が、芸術表現に触れながら社会文化的なコンピテンシーを育成することに有効であると捉えている。
　それゆえに、生徒が豊かな情操を養い、感性を育成し、生涯にわたって広く芸術的な活動に親しむ土台を育むことに資する、教科を越えたこうした芸術表現活動が、公立を含めた全国の多くの中学校においても取り組まれていくことを期待してやまない。

アクティブ・ラーニングの学習プロセスによる習得学習

今成 満

1　問題の所在

　中央教育審議会で指摘されているようにグローバル化の進展や人工知能の急速な進化など、社会で激しい変化が起こっている。未来を生きていく子どもたちは、受け身的に社会に対応するのではなく、よりよい人生やよりよい社会を自ら創り出していく必要がある。学校教育は、よりよい社会や人生を創造する資質や能力を子どもたちが獲得するために主体的・対話的で深い学びが求められるアクティブ・ラーニングの時代を迎えようとしている。

　アクティブ・ラーニングは、教師による一方向的な指導を改め、子どもたちが能動的に学習できるよう教授・学習方法の工夫を進める考え方だととらえることができる。

　音楽科の授業は合唱や器楽指導など、その形態的な特徴から全体指導や一斉指導を中心に進めがちな傾向がある。一方で音楽表現では、技能の獲得と表現の喜びは表裏一体である。どうしても技能の獲得に焦点を当てた個別指導も必要である。教師の音楽指導力が問われてきた背景はここにあるであろう。しかし、児童が上手に音楽を奏でていることと、児童が主体的で協働的な学びができていることとは同じではない。

　こうした状況を変えていくには、児童同士が共通の目標をもち、その解決には何が必要で、何をしたらよいか、一人でまたは、仲間同士で深く考え、協働していく課題解決的な学習が一層求められる。

2　研究の内容

　教師主導の受け身の学習ではない学習のプロセスを構成し、児童の満足度をあげていきたいと考えた。

　田中によれば、「アクティブ・ラーニングの基本となる習得学習は、基礎的・基本的な知識・技能を習得させることをねらいとしている。これは

アクティブ・ラーニングとしてはレベル1であり、児童の主体的な活動や協働的・創造的な活動が行われるがそれほど高くはない。（中略）また、教師が学習の課題の提示や学習内容・学習方法をほとんど決定するので、子どもの自己決定の裁量がそれほど多いわけではないが、主体的・協働的・創造的に学ぶことを奨励する授業である」[1]と述べている。

このことは、筆者の先行研究において述べた、「児童は優れた演奏ができた時だけではなく、仲間と楽しく創り上げた喜びが得られた時こそ、満足感に浸れる場合が多い。主体的に他者とのかかわり合いの中で音楽を作り上げる過程に楽しみを見出せた時、自己の学習結果に対する自己評価は高まる。この時、音楽科に特徴的な反復的な技術の獲得は、学習の評価対象ではなく、あくまで学習成立のために必要な道具のようなものであり、技能とは異なる」[2]と相似していると考える。

3　研究の方法

田中は、アクティブ・ラーニングによる授業の6つの活動段階[3]を提唱している。この考えにおける「習得学習の活動系統モデル」は、1単位時間のモデルであるが、音楽科では表現に必要な技能の獲得に相当の時間を要するので、このモデルを1題材時間に敷衍して指導計画を立てる。そして、その段階ごとにおける、児童の以下に挙げる学習の様子について、観察や児童の自己評価数値、自由記述等から検証し、研究の評価を行う。

・児童の学習意欲
・児童の不安や期待
・達成感
・技能
・表現の工夫　等

4　実践の結果(筆者が音楽を担当している)

（1）題材名
「自分たちの力でリコーダーアンサンブルをつくりあげよう」複式5・6年生

（2）教材
『ビルダーズ　オブ　トゥモロー（Builders of Tomorrow)』Geoffry Russell-Smith 作曲

（3）題材と児童
5年生9名、6年生8名、合計17名の複式学級（学級編成の特例措置による編成）。
児童は日頃からリコーダーに親しんでおり、意欲も技能も比較的高い。一方でこれまで演奏を中心にした授業だったため、音程のルビをふってもらったり、リズムを打ってもらったりしないと演奏できない。共通事項レベルのリズムフレーズや階名唱を身につけ、主体的に演奏を楽しんで欲しいと願っている。
教材曲は、大勢のリコーダーのための2部合奏曲である。ヘ長調で共通事項レベルの音符による容易なリズムとゆったりしたテンポ、美しい2声のハーモニーで構成されていて親しみやすい。途中には、2部アンサンブルによるソリも入って、やや高度な演奏ニーズにも応えられるようになっている。

（4）展開の構想
児童は音楽活動が好きだが、いつも受身的に表現活動を行なってきた。「聴いたことのない初め

ての曲を、自分たちの力だけで演奏してみよう」と投げかけ、問題解決的に学習を進めさせる。児童は、今まで受動的に感受・認知し、演奏してきた音楽を、自分たちで行うには、「階名唱」「リズム」「テンポ」「アインザッツ」など様々な要素について、主体的に感受・認知することになるため戸惑うことが予想される。

指導計画は、習得学習の活動系統モデルに則り、アクティブ・ラーニング的に主体的な児童の対話や協働によって進めていきたい。解決方法を支援しながら、課題解決に向かわせたい。

(5) 指導計画（全6時間　※発表は音楽朝会とする。）

段階	主な活動内容	留意事項
1　学習課題の提示 「自分たちの力で演奏しよう」	・自分たちの力だけで、リコーダーアンサンブルを演奏できる意欲や期待をもつ。 ・何が必要か考える。	・楽譜を読むことで、新しい曲に挑戦できる可能性が広がることを諭す。
2　解決の見通し 「何ができるようになれば、できるかな」	・音程がわかること。（ルビをふって良い。ただし自力原則。） ・簡単な音符の意味がわかり、曲に使われているリズムフレーズが打てること。	・階名読み裏技や基本リズムフレーズ打ちを楽しませる。 ・個別の支援が必要な児童には、仲間の助けを利用する。
3　自力解決 「一人でやってみよう」	・分かった要素に基づいて演奏する。	・個別の支援も行う。 ・教え合い活動も入れる。
4　協働解決 「仲間とやってみよう」	・ペアや小グループでのアンサンブルに挑戦する。 ・うまくいかない理由を考える。 ・演奏のスタートを合わせられる。 ・テンポを合わせられる。 ・できない仲間を助ける。	・個別の支援を行う。 ・課題に着眼できるようにヒントを与える。
5　一斉検証 「別のグループを聴いてみよう」	・二つのグループに分かれて、それぞれ発表し合う。 ・お互いにアドバイスし合う。	・うまくいっている（いない）ところはどこか。 ・解決にはどうすれば良いか、導く。
6　まとめと振り返り 「みんなに聴いてもらおう」	・下級生に聴いてもらおう。 ・家族に聴いてもらおう。	

5　成果と課題

(1) 各段階における、児童の自己評価と数値

段階	自己評価と数値（人数／17名）		
1　学習課題の提示	（肯定）	楽しそうだ、挑戦したい	8
	（中間）	難しそうだけどやってみたい 先生や友だちに助けてほしい	6
	（否定）	無理、やりたくない	3
2　解決の見通し	（肯定）	意外とわかる、やれそう	8
	（中間）	まあまあわかる、友だちと合わせたい	7
	（否定）	難しい、教えてほしい	2
3　自力解決	（強肯定）	ソロもやりたい	4
	（肯定）	できる、まあまあできる	2
	（中間）	だいたいできるけど途中でわからない、心配になる	7
	（否定）	できない、心配、教えてほしい	4
4　協働解決	（肯定）	楽しい、最後までやりたい 友だちに教えてもらった	10
	（中間）	間違わなくてよかった、時々間違う 迷うけど楽しい	6
	（否定）	間違う	1
5　一斉検証	（肯定）	上手だった、息が合っていた、意外と綺麗、真似したい	12
	（中間）	間違わなくてよかった ちょっと間違えたけどまあまあできた	5
	（否定）		0
6　まとめと振り返り	（肯定）	すごく静かに聴いてくれた ソロがよくできて楽しかった 家族が聴きにきてくれて嬉しかった できるとは思わなかった　等	15
	（中間）	間違わなくてよかった 間違ったけどよかった	2

・自力解決では、技能系を不安に思ったり、解決手段に迷ったりする児童が多い。
・協働解決で、上記が緩和される児童が多い。（学級の良好な人間関係等も影響されたと考えられる。）
・全体の演奏や発表では、それを楽しむ児童が多かった。

・この実践後、学級で担任の指導のもと音楽の素晴らしさを劇で表現したり、児童会行事で得意技として披露したり、施設訪問で演奏したりと、主体的に音楽の授業以外にも活用していることから、学習が一定の成果をもたらしたと考えている。

(2) 課題

　田中は、習得学習を基本として、活用学習に高めるには、単元レベルの時間設定が必要とし、活用学習の活動系列モデルを提起している。その中で音楽科では「創作」表現を行う学習に言及している。その場合、時数の問題も生じるが、アクティブ・ラーニングの理念が、現在課題とされている音楽づくりや創作の学習に活かされる可能性は高いと考えられる。

◉ 参考文献
1　田中博之（2016）『アクティブ・ラーニング実践の手引き』教育開発研究所
2　今成満（2016）「音楽表現をつくりあげる学習指導の方法――前倒し技術指導を取り入れた実践」『教育実践研究』第15集、上越教育大学学校教育総合研究センター
3　田中博之、前掲

中学校音楽科のマネジメント

「音楽の多様性に触れる」教材開発と
「生徒のこれからに生きる」授業づくりを目指して

小町谷 聖

はじめに

 筆者は、平成25年度、初めて中学校で音楽科を担当するために長野県飯田市立竜峡中学校（生徒数165名 6クラス）に赴任した。「中学校は、教科の時数が少なくて大変だ」という話は聞いていたが、いざ自分で受け持ってみるとその忙しさは予想以上だった。音楽科の時間は1年生が45時間、2、3年生が35時間、ほぼ週1時間である。4月に授業の決まりを確認し、1曲歌ったかと思えば、文化祭の準備で9月末まで合唱をし、10月からは器楽や、共通教材、鑑賞を1時間単位で行い、テストもして、3学期は卒業式に向けての歌や学習のまとめ、あっという間である。振り返ってみると、時数の半分以上を、文化祭や卒業式に向けた歌唱の授業が占めていた。

 1年目のこうした自分の授業を振り返って、一番感じたのは、「もったいない」ということであった。音楽はもっと多様である。ワールドミュージック、ポピュラー音楽、総合芸術、地域の伝統音楽、挙げればきりがない。私たちが授業で教えているのは、そんな音楽の氷山の一角に過ぎない。

 また、授業を受けている生徒たちは、実際「音楽」を学習することについてどう思っているのか、ということも気になった。中学校では、「音楽＝合唱」と捉えている生徒が多いように感じた。中学校において合唱の意義は大きいものがあるが、それだけではなく、もっと多様な音楽にふれる機会をつくり、生徒たちがより音楽に興味をもつことができる教科運営が必要だ。

 全員が音楽科の授業を受けるのは、中学校、つまり義務教育までである。生徒たちが中学生という時期に音楽の多様性を学んでおかなければ、一生、狭い視野で音楽と付き合っていく生徒もいるかもしれない。生徒たちが、いろいろな音楽の楽しさを味わうことができるその扉を開くことが、義務教育の音楽の学習として大切な使命であると感じている。

 そうした点から、平成26、27年、積極的な音

楽科の授業改善を図る実践をしてきた。教師の願い「生徒に、もっと音楽の多様性に触れてもらいたい」「生徒のこれからに生きる音楽学習でありたい」を軸に、実践を展開した。

1 音楽の多様性に触れる実践から

1-1 日本の音の文化に触れる

題材名「おもちゃでつくる日本の音風景」鑑賞・創作〈2年〉

学習指導要領に示されている内容でもっと大切にしたいこととして、「音楽文化についての理解」がある。日本音楽を積極的に扱うようにはなったが、例えば和楽器では箏の演奏技術に、わらべ歌等ではその音楽的な仕組みに論点が行ってしまい、「日本人の音に対する考え方」や「日本人の築いてきた音文化」に対する理解の学習が薄れているように感じる。日本人は、もともと音に対する鋭敏な感覚を持っていたこと、「音で遊ぶ」ことも多かったことを実践の軸とし、「日本人は古くから自然の音に喜びや感動をもって耳を傾け、独自の発音装置や発音玩具等を作り出すなど『音を大切にしてきた』ことを、鑑賞活動を通して理解することができる」、「日本の発音玩具(音の出る民芸おもちゃ)の音色や発音機能に着眼し、その特色を生かして自分たちがイメージする『日本の音風景』を創作することができる」を指導のねらいに、本題材をデザインし(**表1**)、実践を行った。

生徒たちは、発音玩具をとても楽しんで遊んでおり、1時間では時間が足りず、創作に入ってからもいろいろな音を出して遊びながらどんなふうに創作ができるか楽しんでいた。創作については、時間の目安を決めているだけで、各グループで選んだ玩具の音を重ね合わせる順番や、つくる音楽のイメージ等、音を出しながら話し合い、メモ

時間	内容
第1時	1 音を鳴らして楽しんだり、風情を感じたりするものが日本には多くあること等日本人が音を大切にしていることがわかるエピソードを紹介しながら"日本の音"クイズをする。CDで「鐘」「ししおどし」「風鈴・蝉時雨」「鈴虫」「ウグイス」の音や鳴き声を聴き、どんな音だったかを学習カードに書く。 2 日本の発音玩具(でんでん太鼓、水笛、ウグイス笛、機関銃、セミ、カタカタ等)の音を聴いたり、音を出したりして遊んでみる。 3 音具のためのエチュード(吉川和夫)、楽器のカタログ「おもちゃが奏でる十二月」(茂手木潔子)を鑑賞する。
第2・3時	1 第1時に触れた発音玩具の音を組み合わせて、2分程度の「日本の音風景」をグループで創作する。 　(1) テーマを決める 　(2) 玩具を選ぶ 　(3) 設計図(図形楽譜)を作りながら創作する。音の重なりを工夫して創作する。 2 グループで創作した「音風景」を発表し合い、感想を交流し、まとめる。

表1 「おもちゃでつくる日本の音風景」の題材の流れ

（図形楽譜）（**図1**）をもとに創作していった。

「夏祭り」の音風景をつくりたいと考えたグループの5名は、一人一つ持った発音玩具の音を順番に重ねていき、最後に入る笛の音と機関銃（竹をこすり合わせて音を出す発音玩具）の音で花火を表現したいと考えた。タイミングがうまく合わず何度も繰り返し試す中で、機関銃の音で、和太鼓のお囃子のようなリズムが出ることに気付いた5人は、花火のシーンから、機関銃で出すお囃子のリズムにのって祭り囃子を演奏するアイディアを考え、自信をもって発表していた。

「夏の夜」を表現したいと考えたグループの5名は、夏の夜から明け方にかけての音風景を笛と鈴とカタカタの音の組み合わせで表現しようと考えた。メモ（**図1**）に書いたおよその時間（秒）を目安にお互いのアイコンタクトや動作で、響きを合わせながら笑顔で創作を楽しみ、発表した。

振り返りでは、自分たちの音風景づくりや発表を聴いての各グループの音楽的な工夫にも触れながら、「いろいろな身近な音がおもちゃになっていてすごいと思った。出し方によって違う音が出てすごい」「同じおもちゃでも音の高さとかが少しずつ違っていて合わせてみるとおもしろいと思った」「大きい音ばかりではなく、澄んだ音も出していた」「木や竹だけなのにきれいでいろいろな種類の音が出せるのはすごいなと思った」「虫の声に似ている音が出てとてもおもしろい」「元の音とよく似ていてすごいと思った」「発明の力がすごい」等の日本の発音玩具、つまり音文化への驚嘆と、「日本人が音を大切にしているというのは、本当にそうだと思った。このような音を出すことを考えるのは日本人だけだと思った」「鐘や水の音、鳥の鳴き声などとてもしみじみとしたものと感じられるから大切にしていると思う」

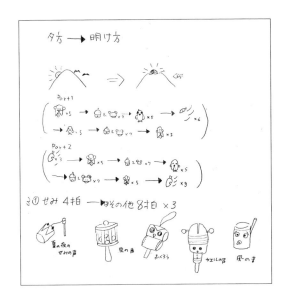

図1 音風景の創作メモ

「大切というより音が好きなのではないかと思った」という、日本人の音への関心の高さを再認識するものだった。改めて日本人の音に対する感性、音文化に対する理解ができたのではないかと思った。

また、この授業を行ったことにより、生徒が「創作の授業」に対して、抵抗感を持たなくなった。「身の回りの音で音楽をつくることができる」ということを身体で理解することができたからではないかと思われる。そして、グループで輪になってアイディアを出し合い、音を出して試しながら音楽をつくりあげていくという「学び合い」の学習に意欲的に取り組むようになった。

1-2　地域の音楽に親しむ

題材名「南信州の民俗芸能」鑑賞・器楽・創作〈2年〉

1-1で述べたように、「音楽文化」についてもっと理解を深めてほしいと考え、日本音楽の鑑賞

の題材をデザインした。しかしながら、日本各地の民俗音楽のDVDを見て終わるのではなく、自分たちの住む地域に伝わる音楽に目を向けてほしいと願った。そこで、飯田市に伝わる音楽の情報を集め、教材化を試みた。実践については2つ行った。一つは3-2で述べる「飯田に伝わる新民謡」、そして、本実践の「南信州の民俗芸能」である。

竜峡中学校がある長野県飯田市近辺、三遠南信を結ぶ国道151号線は「祭り街道」とも呼ばれ、下伊那郡阿南町と飯田市に「新野の盆踊り」「新野の雪祭り」「和合の念仏踊り」「霜月祭り」という無形重要文化財に指定されている祭りが4つもある。その「祭り」、民俗芸能を知り、祭りを彩っている音楽、音楽と式礼や舞との関連、さらには、こうした民俗芸能を取り巻く課題にも自ら気付くことができるように題材をデザインした（**表2**）。

「新野の盆踊り」は、鳴り物を一切使わず、音頭取りの「音頭出し」と、その下で踊る踊り子の「返し」の声だけで踊りが進められるという音楽的特徴がある。そしてその素朴な盆踊りが500年以上続いている。その映像を見て、盆踊りといえば、屋台を囲んで三味線や太鼓の音楽にのって回りながら踊ることをイメージしていた生徒達は非常に驚いていた（**図2**）。このような体験こそ「音楽に触れて心動かされる体験」「音楽の授業での発見」であり、大切にしたい姿だと感じた。さらに必ず冒頭に踊る盆踊り唄「すくいさ」を鑑賞していくうちに、楽器のない盆踊りの独特な雰囲気、静かな踊りが信仰に結びついていることを感じ取っていく姿が見られた。

「和合の念仏踊り」では、和合の人たちが東京のホールで演舞した時のDVDを鑑賞した。祭りの序破急をより鮮明に理解すると共に、どうして、民俗芸能をこのような大会で踊っているのか、という視点にも触れる生徒が出てきた。そこから、「伝統の継承」について考えることとなり、「新野の雪祭り」においては能や狂言の伝統芸能の原点という紹介に、納得している様子が窺えた。

「霜月祭り」では、その様子を鑑賞した後、教師がお囃子のメロディを採譜したもの（**譜例1**）を、リコーダーや和太鼓を使って合奏した。そしてそのメロディの特徴をそれぞれ学習カードにまとめた。拍子感の変化や日本独特の響きに着目する姿があった。それを、日本音階につなげ、日本独特の音階を紹介した後、その音階を使って、自分たちのオリジナルのお囃子を作って発表しあった。

4つの民俗芸能を鑑賞すると、改めて、南信州は豊かな音楽が土壌にある地だということを認識した。太鼓や鳴り物が入らない「新野の盆踊り」に対して他の3つの祭りの囃子は太鼓や鳴り物が囃子を引っ張ったり踊りをまとめたりする役割をもつ、はねるリズムの「和合の念仏踊り」に対して厳かなテンポで進められる霜月祭り等、音楽的比較聴取もでき、生徒たちも音楽の中での発見が多かったように感じる。また、阿南町役場のご厚意によって貸して下さった、関東ブロック大会の「和合の念仏踊り」の演舞の視聴を通して、1,500人いた和合集落の人口が現在230人程になっており、その少ない人数で国の重要無形文化財を伝えていくことの大変さ、難しさを肌身で感じているようであった。最後は、民俗芸能について書かれた新聞記事等も使って、「このような民俗芸能をどう継承していくのか」について考えをまとめた。価値のある音楽を鑑賞したときには、音楽という枠を越えた学びがあると感じた。

時間	内容
第1時	1 南信州に伝わる祭り、民俗芸能について知る。(鑑賞) 2「新野の盆踊り」の紹介DVDの視聴、盆踊り唄の鑑賞をし、気付いたことを学習カードにまとめ、交流する。(鑑賞)
第2時	1「和合の念仏踊り」の紹介DVD、東京都板橋区板橋文化会館で行われた「第56回関東ブロック民俗芸能大会」に出演し和合の人たちがステージで念仏踊りを披露したDVDを鑑賞し気付いたことをカードにまとめ、交流する。(鑑賞) 2「新野の雪まつり」の紹介DVDを視聴し、気付いたことをカードにまとめ、さらに、民俗芸能全体で疑問に思ったことや課題に感じたことを交流しあう。(鑑賞) ※映像は、阿南町教育委員会より借用したものを使用。
第3時	1「霜月祭り」の映像を視聴し、気付いたことをカードにまとめ、交流する。(鑑賞) 2「霜月祭り」のお囃子をリコーダーと太鼓で演奏し、音楽的な特徴をつかんだり、表現したりする。(器楽) 3 日本音階の特徴を知り、日本音階を使ってお囃子づくり(和の音楽づくり)をする。(創作)
第4時	1 創り上げたお囃子(和の音楽)の発表を行い、感想を交流しあう。 2 題材のまとめをする。

表2 「南信州の民俗芸能」の題材の流れ

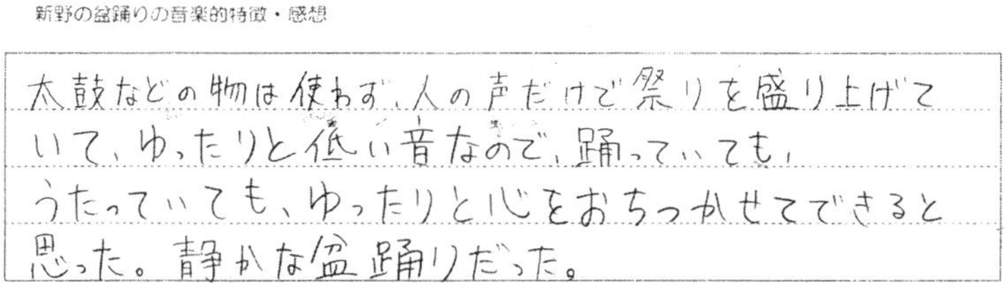

図2 新野の盆踊りの感想を記した学習カード

譜例1 霜月祭り(木沢)の囃子(筆者、採譜)

霜月祭りの囃子から日本の音階を見つけ、その音階で自分たちのお囃子をつくる活動についても、グループで試行錯誤を重ねながらつくりあげている姿が見られ、「学び合い」に有効な学習であることが感じられた。

1-3 生活に生きる学習を

題材名「イメージをもたらす音楽」鑑賞〈1年〉

もともと、私たちが音楽を音楽のみで聴くという機会は少ない。現在では、「音楽鑑賞」をする

よりもテレビやPCから出てくる映像と音楽の一体化を楽しむ機会の方が多い。そんな時、音楽は映像に対してどんな役割を担っているかを考える学習として、映画音楽をテーマに題材をデザインした（**表3**）。

巨大で獰猛なサメが平和な海水浴場に現れ、突如人を襲う様子を描いた映画『ジョーズ』のテーマ音楽は、映画にマッチした恐怖感を掻き立てる曲である。その『ジョーズ』を中心題材に、映画の中での音楽の役割を主体的に考察できるように考えた。

生徒たちは、音楽がある映画とない映画の印象の違い、どんな音楽を使っているかによって変わる印象の違いに驚き、「どうして」と疑問をもって、音楽を形づくっている要素を探し、どんな効果がもたらされているかを考えた。「ジョーズ」に関しては「暗い音色」、「すごく低い音から始まってだんだん高くなる音の使い方（音の高低）」、「最初は小さくクレッシェンドして近づいてくることを表す」、「最初ゆっくりでだんだん少しずつ速くなるテンポ」等、細かく考察することができた。ジョーズの絵も、楽しみながらのびのび描いた（**図3、4**）。

この学習は、冬休みに入る前に行っており、冬

時間	内容
第1時	1 映画『ジョーズ』のテーマ音楽を鑑賞し、初めて聴いた感想を書く。 2『ジョーズ』のテーマ音楽が映画の中で使われているシーンを （1）音を消して視聴する。 （2）音を出して視聴し、音楽があることによって、映画の印象がどうなっているか考察する。 ※映画の視聴は、音楽が鳴り、サメの尾ひれが大きくなっていく場面でカットする。第2時2の活動につなげるため。 3 映画『ET』でも同様の活動を行う。
第2時	1 映画『ジョーズ』のテーマ音楽のどの音楽要素がどのように恐怖感を醸し出していたかを考え、交流する。 2 どんなサメが出てきたか想像して絵を描いてみる。絵を交流しあう。 3 映画『ET』で1と同様の活動をする。 4 映画と音楽の関わりの深い映画を視聴する。
冬休みの課題	自分で一つ好きな映画を見て、その映画と音楽の関わりについて、考察してレポートを書いてくる。

表3　「イメージをもたらす音楽」の題材の流れ

まとめ（映画における音楽の役割　イメージが音楽のどんな特徴から生み出されてくるか）
すごく対称的な2種を聞いてみて、音楽ひとつでイメージが全く違うと思った。恐怖感を増したり、楽しく細やかな魔法のかんじをだしたり、楽器やリズム、音の細かさで、ここまで対称的になるのは驚いた。映画の中で、音楽はとても大切な役目だと分かった。

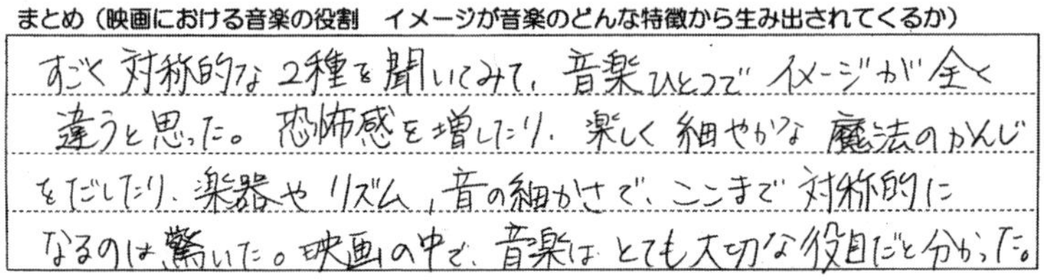

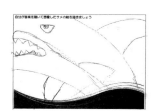

図3　感想を書いた学習カード

図4　生徒が想像して描いたサメの絵

休みには「映画を１本見て、その映画と音楽の関わりについて考察して作文を書く」課題を出している。皆、とても喜んで行っている。

こうした学習を行うことによって、メディアの中の音楽の役割について立ち止まって考えられるようになってくれたらと願っている。

1-4　先鋭的な音楽にも目を向けて

題材名「雨の音楽」鑑賞・創作〈3年〉

生徒たちのこれからの音楽との関わりを考えた時、音楽は必ずしも美しい調性、ハーモニー、拍子、メロディを持ったものばかりではなく、時には無調性、不協和音、変拍子等を伴って表現する音楽もあることに触れておきたいと考えた。そこで「現代音楽」といわれるジャンルの中でも比較的わかりやすく、共感しやすいだろうと考えられる『雨の樹～3人の打楽器奏者のための～』（武満徹作曲）をモチーフに、鑑賞と創作の題材をデザインした。（表4）

『雨の樹』は約15分ある大曲であるが、マリンバ、ヴィヴラフォン、アンティークシンバル（小さな音程のあるシンバル）の音色や、不規則なリズム等から、いろいろな雨の風景を想像しやすく、生徒たちも15分集中して聴き、いろいろな場面を想像していた。

その後、『雨の樹』の楽譜を提示し、楽譜30小節目には、ラ、ラのフラット、シ、ファのシャープ、シのフラット、ドの音を使って「Improvise with crotales softly and irregularly like raindrops falling from the leaves（葉から落ちる雨粒のように、やさしく、不規則にアンティークシンバルを即興演奏しなさい）」という指示に注目し、その意味を伝えた。そして、グループで、ヴィヴラフォンを使って、提示されてある6つの音、ラ（A3）、ファのシャープ（F#4）、ラのフラット（A♭4）、シのフラット（B♭4）、シ（B4）、ド（C5）を自由にたたいて、音を重ね合わせて演奏してみた（**写真1**）。それをVTRに録り、みんなで見返しながら各グループの即興演奏に雨にちなんだ題名をつけた。音色の柔らかさから「穏やかな雨」、強弱が分かりやすい音楽には「激しい雨」等題名がつけられた。

すると生徒たちから「今度は自分たちで考えてやってみたい」という声があり、今度は、グループでテーマを決め構想メモを書き、テーマに沿って考えた1分の雨の音楽を創作することになっ

時間	内容
第1時	1 『雨の樹』を鑑賞し、曲のどんな部分からどんな音楽を思い浮かべたかを学習カードに書き、交流しあう。 2 『雨の樹』の楽譜を見て、即興演奏部分に注目し、3つの違う演奏を聴いて印象を学習カードに書き、交流しあう。 3 『雨の樹』の即興演奏部分の音を使って即興的にグループで「雨の音楽」をつくる。
第2時	1 前時につくった各グループの「雨の音楽」をVTRで視聴し、雨の名前をつける。 2 グループで話し合って、およそ1分間の「雨の音楽」をつくる。
第3時	1 グループでつくった「雨の音楽」を発表しあい、まとめをする。

表4　「雨の音楽」の題材の流れ

写真1　活動の様子

写真2　実際に音を出しながら活動する様子

た（図5）。

　あるグループの5人は、テーマを「夕立」とし、「いきなり降ったり、いきなりやんだりする様子」を表そうと、強弱をつけて、途中で全員がたたかない沈黙となり、そこからまた急激に大きくするアイディアを、メモを見ながら打ち合わせて創作していた。

　また別のグループも「夕立」をテーマにし、雨がしとしと降り始め、突然土砂降りになる様子を音域も工夫しながら話し合い（**写真2**）、創作した。

　現代音楽は、当初生徒にとっては難しいかと思われた。しかし比較的親しみやすい楽曲やテーマを選び、曲の中にあるパターンを取り出して創作につなげたことで、生徒は生き生きと創作に取り組み、アイディアを出し、即興的に音を通して会話をしながら音楽をつくりあげることができた。「器楽」の立場から言えば、中学生になるととたんに扱う楽器が減ってしまう中で、ヴィブラフォ

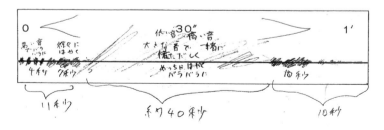
図5　構想メモ

写真3　ドラムサークルの様子

ンを使った学習が新鮮に感じられたようである。この3年生は、2年次に1-1の音文化における創作、日本音階による創作を経験しており、そこでの経験が積み重なって意欲的なグループ学習ができた。協力して一つの音楽をつくる楽しさを感じている姿も見られた。

1-5　将来の音楽生活に生きるように
～ワールドミュージック、ポピュラー音楽に親しむ～

題材名「ワンダフルリズム」器楽・創作〈3年〉

　ワールドミュージック、ポピュラー音楽等に触れていくにあたり、生徒が一番関心を持っていたのが「リズム」であった。いろいろな音楽を聴いて、一番違いがわかるのがリズムということであった。そこで、ワールドミュージック、ポピュラー音楽の授業の導入として1時間、リズムについて扱った。

　ワールドミュージック、ポピュラー音楽の各ジャンルによってリズムが特徴的なのは、おそらくアメリカ新大陸に奴隷として連れてこられたアフリカ人が労働の合間の息抜きや遊びで音楽を演奏する時に、楽器がないので身の回りのものでリズムを刻んだ、そのリズムが他国に逆輸入されたことがルーツではないかと言われている。竜峡中では、3年生が郡市連合音楽会で『We are the World』を歌うことに決めており、そのために、もっと遊びのあるフランクなリズムの刻み方を学習してほしいと考えていた。

　そこで、リズムに関する歴史を伝えた後、一人一つサウンドシェイプという平型の太鼓をもって輪をつくり、アフリカ人がリズムで遊んだかのように、即興でリズムをつくって、そのリズムを真似したり、つなげたりする活動（ドラムサークル）を行った（**写真3**）。一人一人この遊びを楽しんでいた。遊び、楽しむ中にも、友だちがたたくリズムをよく聴いて真似したり、友だちのつくったリズムにつなげるリズムをつくったりする等、創作活動が展開された。最後に『We are the World』の曲に合わせてリズムをたたいた。この活動は、ワールドミュージックやポピュラー音楽のリズムのおもしろさが認識できるだけでなく、合唱『We are the World』の学習にも生きる活動にもつながった。

題材名「ポピュラー音楽に親しもう　ロック・ジャズ編」鑑賞〈3年〉

　この実践は平成27年2～3月の実践である。義務教育を終える生徒たちが、卒業後も自分の好きな音楽を聴く時に、どこか「聴きどころ」を見つけてほしいと、ポピュラー音楽の仕組みについて考えたものである。教材は、ディープパープルの『スモーク・オン・ザ・ウォーター』（作詞作

曲イアン・ギラン、ロジャー・グローヴァー、リッチー・ブラックモア、ジョン・ロード、イアン・ペイス）を選び、「ロック史上有名なリフ」と言われた冒頭4小節のギターのリフとドラムが刻むビートについて考えることにした。

冒頭のフレーズが、楽曲中に何回出てくるか数えながら鑑賞し、16回出てくることを確認すると、「なぜ、16回も出てくるのか」を友だちと考える時間をとった。

「曲を印象付けるため」「この曲と言えばこのフレーズというように広まりやすい」等の意見が出た。さらに、イントロ（前奏）で6回繰り返されることにも注目し、ギターのみから、ドラム、ベースと入って響きが厚みを増し、メロディに向けて盛り上げる効果を出していることにも気づくことができた。このような楽曲を印象付けるための音楽のアイディアを「リフ」ということを伝えると、「J-POPにもリフがあるのかな」と考える生徒も出てきた。

次に、ドラムセットが出すビートをどのように聴けばロックを聴くのがおもしろくなるかを考えて構想した「ビート当てゲーム」を行った。『スモーク・オン・ザ・ウォーター』のドラムのリズムは、最初はハイハットシンバルが16分音符（シックスティーンビート）を刻み、メロディでは8分音符（エイトビート）、そしてサビでは4分音符（フォービート）を刻む。まず、生徒に、「4ビート」「8ビート」「16ビート」をドラムを演奏して聴かせ、『スモーク・オン・ザ・ウォーター』を聴く中でドラムがどのビートを刻んでいるかわかったらカードを上げるというゲームである（**写真4**）。生徒たちは、よく聴き、ほぼ正解のカードを挙げると「ビートは細かいほど激しくきこえる」「エイトビートは聴きやすいから歌に

写真4　ビート当てゲームの様子

合っている」といった感想を次々に出した。振り返りでは「ロックを聴く時はリフがあるのか、何ビートなのか注意して聴いてみたい」と自分たちが聴いている音楽の中でも発見できることがあるおもしろさを感じたようだった。

ジャズは、多くの音楽的特徴をもっているので、有名な『聖者の行進』を聴き、生徒が感じ取った音楽を形づくっている要素の中からいくつか取り出し授業をすることにした。生徒たちに、ジャズの特徴として特に印象に残ったものについて尋ねると「インプロヴィゼーション（演奏の中間部に挟まれる即興演奏）」を挙げた。インプロヴィゼーションは、コードやモード（旋法）にのって行っていることを伝えながら、生徒もよく知っているルパン三世のジャズバージョン（ルパン三世 '80）のライブビデオを見て確認した。「インプロヴィゼーションの仕組みが少し分かると、聴きやすくなった」と感想があった。

最後は、こうしたジャズが、現代の音楽に影響を与えているか、ジャズの要素が強いJ-POPやクラッシック音楽を鑑賞し、ジャズの多様性について触れた。最後は、和の雰囲気が漂う、妹尾美

穂作曲『ブライトチェリーブラッサム』を鑑賞した。この曲は、画家、東山魁夷の「花明り」という京都の円山公園の満月と枝垂れ桜を描いた絵画をイメージして作曲された曲である。生徒達に「月明かり」の絵を見せ、楽曲を聴き、自分の思い、心動かされたことを自由に書き、伝える時間をとった。この曲はジャズの要素をもちながら日本人の好きな「桜」が舞い散る様子がイメージしやすく、生徒たちは自分の「卒業」と重ね合わせて、あふれる思いをカードに書いていた。「言葉がないのに季節・情景が目に浮かんだ」「この曲を聴いて感動した。自分の好きなジャンルの曲だけじゃなくて、こんな曲を探して、聴けたらいいな」と感想が出た。生徒の思いとしては、ジャズの多様性を知ることによって、今後、自分たちも好きな曲ばかりではなく、幅広く音楽を聴いていきたいというものが多数だった。この授業が3年生にとって義務教育最後の授業になったのだが、「歌うことは苦手だったけど、聴くことがこんなに楽しいなんて知らなかった。卒業してもたくさんの音楽に触れていきたい」と思いを綴る生徒もおり、卒業前に何とか音楽の多様性に触れる、その扉を少し開けられたのではないかと感じた。

2 実践を支える仕組みづくり　〜教科運営のマネジメント〜

2-1 実践の成果と課題

第1節で述べてきた実践の積み重ねによる成果は以下のように考えられた。

(1) 音楽の多様性に触れるには、鑑賞、創作といった分野での教材提示が有効であった。ただ聴かせるだけでなく、鑑賞の中でのアクティブな活動や、創作活動でより生徒の心に留まる学習になっていく。

(2) 「鑑賞」を重視することで生徒たちが「いろいろな音楽を聴いてみたい」という意欲につなげられた。この意欲は卒業後にも生きるものであると考える。

(3) 合唱曲の音をとってとにかく歌う、教師主導の授業が多かった平成25年度と比べると、明らかに生徒たちが音楽を楽しみにするようになり、意欲的に活動するようになった。

それとともに、課題も感じられた。

(1) 授業の中で歌う機会が減っており、技能の低下が心配である。「鑑賞や創作で生徒の内面は充実してきたが、歌（や器楽）の技能が下がった」というのでは本末転倒である。

(2) 歌唱の時間の確保は行いたい。合唱は生徒にとって大きな魅力である。クラスでエネルギーを集めて、声を一つにそろえて合唱することで得られる連帯感、一つの大きな表現ができる喜び等は、中学生に是非味わわせたい学びである。

(3) 第1節の実践では、合唱や歌唱による活動がなかったが、歌においても音楽の多様性に触れることはできるのではないか。

時数は限られており、鑑賞や創作を重視すればおのずと、歌唱、器楽の時数は減ってしまう。特に歌唱においては、毎授業での繰り返しが成果を生むものであり、できる限り時間をとりたいものである。限られた時数の中で、表現・鑑賞どちらの領域も充実させるためには、工夫が必要である。

2-2 「学校音楽」で幅広く考え、授業で行ったことを学校生活に反映させられるように

竜峡中学校では、朝の学活には朝の歌を、午後、清掃終了後には学年で集まり合唱をしており、1日に歌う場面も多い。音楽の授業でも、導入には必ず合唱を行っている。また、生徒会主催の「歌声交流会」も1か月に1度行われており、学級同士ペアになり、お互いの歌声を聴き合い、批評しあう活動を行っている。そうした音楽の授業以外での「学校音楽」の時間を活用し、歌唱の授業は、そうした学校音楽を支える基盤になる事項を押さえるものにしていけばよいと考えた。

「学校音楽を支える基盤になる事項」をどう考えるか、筆者は「歌う意欲」、「表現しようとする意欲」であると考えた。そこで、歌唱の授業では、技能の学習では生徒自身が課題を見つけ出すことができるように、歌声を録音し、モニターする活動を取り入れたり、表現の工夫について、2つの異なる表現を比較しながら、自分たちの表現をつくりあげるような活動を行ったりした。

2-3 クラスレパートリー認定制度

今年度から始めたのが「クラスレパートリー認定制度」である。これは、授業や学級の時間に歌った歌を、生徒会の文化委員、正副級長、音楽係が認定者となり、全員で歌っているところをモニターする。認定者から一定の評価が得られれば、その曲をそのクラスのレパートリーとして認定する、というものである。各クラス認定したい曲があったら、音楽の授業の始めに行っている。認定されたクラスレパートリーは、生徒会行事の歌声交流会などで披露する。

評価ポイントは、最初は「声量が豊かである」「全員がよい表情で大きな口を開けて歌っている（自信をもって歌っている）」「勉強した表現が生かされている」であった。クラスの認定者がそのポイントの中の一つに言及し、認定の判断をし、認定するならカードを挙げる（**写真5**）。認定できない時は、その理由を明らかにする。一人でも認定できない認定者がいた時は、指摘された部分を修正し、次の時間にもう一度歌う。

認定者が、筆者の予想よりも厳しく評価しており、各クラスのレパートリーは全員がしっかり歌うことができ、歌声交流会においての歌の質も向上したように感じられた。また、認定されたクラスのレパートリーは音楽室に貼り出してあり、どのクラスもレパートリーが増えることで、「たくさんの歌が歌えるようになった」と積み重ねも実感でき、意欲が出るようである。各クラス、1年生で5〜7曲、2、3年生で10〜15曲ほどのレパートリーがある。

認定者が自分たちの合唱を批評することができるようになったのも成果である。現在は、認定しようとする曲の表現のポイント（強弱、ハーモニー等）を決め、そのポイントに関して批評し、認定する、認定者は全員交代で行う等の変更を行って続けている。

写真5 認定会の様子

2-4　音楽会のマネジメント

音楽科になくてはならない行事といえば、やはり文化祭の音楽会である。竜峡中学校では、コンクール形式をとっておらず、各クラス・学年・全校の合唱の発表が中心だ。コンクール形式ではないといっても、2年前は6月頃から選曲に入り、9月までの時数を費やして発表していた。楽曲においてもどちらかといえば難易度が高かった。

しかしながら、もっと「音楽科の学びが生きる」音楽会にするために、平成27年度は次のような指針を立て、指導を行った。

(1) 練習に入る前の6、7月は、学年に合わせた易しい楽曲を教材として扱い、自分たちで楽曲をつくりあげていく学習を行う。その学習を音楽会の曲の練習に生かせるようにする。
(2) 選曲は7月中旬、練習は2学期からにする。そのために、約1か月で仕上げることができる楽曲を選曲する。3年生でも難易度が高くない曲、生徒が意欲を持って取り組める曲を選曲する。
(3) 各クラスで選ぶ曲の中で共通のポイントを見つけ、そのポイントを中心に楽曲を仕上げていく。

6月から、音楽会のオリエンテーション的に各学年教科書にある合唱曲を使って、音とりやパート練習の仕方、録音によるモニター、モニターによって出された課題の修正、強弱表現、抑揚表現の仕方等をなるべく生徒主体でできるような授業を行った。この授業が有効であり、例年に比べ、曲の音とりもスムーズに生徒が主体的にでき、表現の工夫も、録音をモニターしながら、自分たちで考えていった。

各クラスで選ばれた曲は、ほとんどが「Aメロディ」→「Bメロディ」→「サビ」という構成をもったものであったので、各クラスに共通するポイントとして、「Aメロディ」「Bメロディ」「サビ」のそれぞれの場面の表現を工夫すること、それぞれの場面のつながりを意識して表現することを挙げ、生徒と共に表現のアイディアを出し合った。そうした学びを意識しながら音楽会に臨むことができ、どのクラスも、満足のいく合唱をすることができた（**図6**）。全校合唱には、ややハードルが高いかと思われたNHK全国学校音楽コン

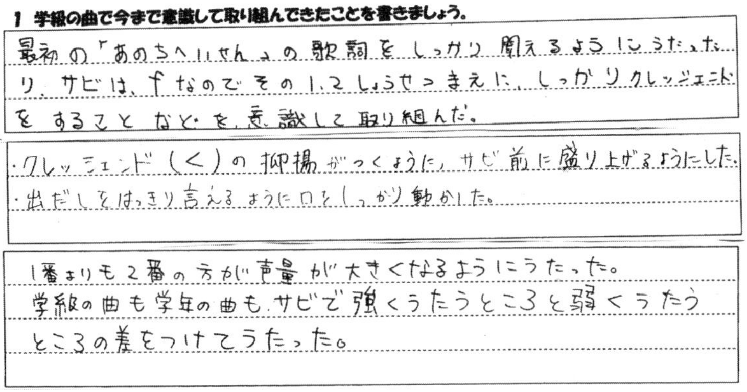
1　学級の曲で今まで意識して取り組んできたことを書きましょう。
最初の「あのちへいせん」の歌詞をしっかり聞こえるようにうたったり、サビは、f なので その1.2しょうせつまえに、しっかりクレッシェンドをすることなどを意識して取り組んだ。
・クレッシェンド（<）の抑揚がつくようにサビ前に盛り上げるようにした。
・出だしをはっきり言えるように口をしっかり動かした。
1番よりも2番の方が声量が大きくなるようにうたった。
学級の曲も学年の曲も、サビで強くうたうところと弱くうたうところの差をつけてうたった。

図6　生徒の音楽会の振り返りカード

クールの課題曲を選んだが、学級・学年の合唱同様にしっかり歌うことができた。今年度は、例年に比べて歌唱（合唱）の授業の時間が2〜5時間少ない。しかし、こうした取り組みの工夫で、生徒の自己評価「明るく響きあう歌声づくりができているか」の問いでは、1年生は100％、2年生は97％、3年生は95％の生徒が「そう思う」「概ねそう思う」と答えている。また、音楽会を中心に評価していると思われる保護者の同様のアンケートでは、昨年度は92％であったのに対し、今年度は97％の方が「そう思う」「概ねそう思う」と答えている。授業で歌唱を扱うことが少なくなっても、生徒の歌唱の質はキープできていると考えてよいと思う。

3 音楽の多様性に触れ、生徒のこれからに生きる授業づくりへの提言〜音楽アウトリーチの活用〜

最後に、本研究の目的である「音楽の多様性に触れ、生徒のこれからに生きる授業づくり」のために、今後取り入れていきたい活動について述べる。「音楽アウトリーチ」というのは、広義に音楽家と生徒が、双方向に関わりあいながら音楽を味わう活動のことを指す。いわゆる「音楽鑑賞会」や「技術指導」を行う外部講師ではなく、目的は音楽に関しての視野を広げる、音楽を味わうことにある。竜峡中学校では、今年度3年生と2年生でアウトリーチ活動を行い、3学期に1年生も行う予定である。

3-1 ブラック・ソウル・ミュージックの表現に触れる

題材名「ブラックミュージックに親しもう」歌唱〈3年〉

平成27年度の3年生は、郡市の音楽会では、「音楽の多様性に触れてほしい」という思いから、生徒が現在まであまり親しんでこなかったブラックミュージックの合唱に取り組んだ。曲は、1985年、アフリカの飢餓救済のためにアメリカのスター歌手45人が集まってレコーディングし、アメリカ国内だけでも750万枚も売れたマイケル・ジャクソン、ライオネル・リッチー作詞作曲の『We Are The World』を選んだ。当時のメイキングビデオを見て、刺激を受けて意欲的に歌っていた生徒たちだが、もっとブラックミュージックらしい表現をしたいと考えていた。そこで、アメリカの音楽大学ゴスペル科にも留学経験があり、現在オーガニック・ソウル・シンガーとして活躍されている湯澤かよこさんをお呼びし、アメリカ現地でのお話もお聴きしながら、ブラックミュージックの表現方法を学びたいと考えた。

湯澤さんは、最初に、自分の中学時代の話から、ゴスペルミュージックに惹かれてアメリカに留学したこと、現地で勇気を出してゴスペルチームに入り、素晴らしい経験になったことなどを話して下さり、生徒にとっては素晴らしいキャリア教育になった。その後、バックビートを意識しながら曲にのることから、ステップを踏みながら歌うパフォーマンスも教えて下さり（**写真6**）、生徒も夢中になって表現していた。後半には生徒の声も明るくなり、生き生きとした表現ができるようになり、自分たちの力の高まりを実感していた。

生徒の生活記録には「全員で一緒にリズムをとって歌うなど、技術以外にも楽しく歌うことを学んだ」「普通の音楽とは違うことをやってみんな前進した」「発声をよくするにはこうやって……

写真6 パフォーマンスを高めていく生徒の様子

と堅苦しい話ではなく、リズムにのって楽しくやることがいいんだなと感じた。2時間があっという間でした」等記されていた。

生徒たちはその自信から、音楽会本番でも、ステップを踏みながら生き生きとパフォーマンスし、終了後「思い出に残る『We Are The World』になった」と大きな達成感を感じていた。

3-2 民謡に込められた思いを理解する

題材名「地域の音楽を親しもう」歌唱・器楽・鑑賞〈2年〉

飯田市には、明治から大正時代に作曲された新民謡（作者がわかっている民謡）が多く存在し、中でも中山晋平が作曲した『龍峡小唄』が有名である。竜峡中学校では、特に扱ってこなかったが、現在の3年生が、「ボランティアで施設に行くとき龍峡小唄を踊ったらお年寄りの方が喜んでくれると思うのだけれど、全員が経験していないのでできない」と言っていたり、「竜峡地区の祭りでは、最後にみんなで輪になって『龍峡小唄』を踊っているので、地域の人間としてその輪の中に入れるように、踊りを教わりたい」と言っていたりする生徒の声もあり、以前から『龍峡小唄』を教材化してみたいと考えていた。

教材化をはじめ、『龍峡小唄』の踊りを伝える取り組みをしている北原郁先生に教わるという構想を練り、北原先生に連絡を取ると、「『伊那節』も教えてほしい」「『龍峡小唄』の太鼓をたたける人が少なくなっているので、太鼓の指導をしてほしい」と依頼を受け、龍峡小唄、伊那節を教材化した題材をデザインした（**表5**）。

北原先生のアウトリーチでは、最初に「『龍峡小唄』に込められた思い」のお話から始まった。手を上に翳すのはアルプスのイメージ、左右に流すのは天竜川の流れのイメージであることや、踊りの基本は「輪を縮める、大きくする、進行する」動きであることを教えて下さり、「振付を行った人の心を知った上で楽しく踊ってもらいた

時間	内容
第1時	1『龍峡小唄』について知っていることを交流し、1回鑑賞する。 2『龍峡小唄』の歌詞を見て、「飯田」「天龍峡」に関する言葉にラインを引く。 3『伊那節』でも同様の活動を行う。
第2時	1『龍峡小唄』を歌う頭声的発声で歌うのではなく「地声」で雰囲気を出して歌うことができるように意識する。 2『龍峡小唄』の太鼓のリズムを覚える。実際に太鼓をたたいてみる。
第3時	北原郁先生によるアウトリーチ 踊りを学ぶ

表5 「地域の音楽に親しもう」の題材の流れ

写真7　活動の様子

い」と話して下さった。生徒たちは体育館に大きな輪をつくり、繰り返し踊っていた（**写真7**）。「小学校の時は、何気なく踊っていたが踊りの意味が分かると、踊るのが楽しくなった」「細かい部分まで知って、この踊りに込められていることがよくわかった」等、地域遺産に対する関心がより高まったようであった。振り返りカードには「この飯田の龍江、川路地区に素晴らしい歌があることを誇りに思った」「なあなあと踊っているよりも本当の意味を知って踊ることに価値があると思うので、この学習は貴重で大切なものだったと思う」と書いてあった。また、和太鼓による音頭取りも全員が経験したが、ただ「和楽器に触れる」だけでなく、有用感をもった和楽器の学習ができた。

　「音楽の多様性に触れさせたい」と考えた時に、教師一人では限界がある。音楽を通しての人との出会いの中で、音楽に対して新しい発見をし、音楽を学んだことが忘れられない思い出になるのではないかと思う。その意味では、音楽家が生徒に対して一方通行になる鑑賞教室や技術指導以上に、音楽を双方向で味わうことができる音楽アウトリーチ活動は、今後重要な取り組みになるだろう。「これからは、コラボレーションできる教師に」。10年前に研修で聴いた言葉であるが、教師が多くの音楽家とアウトリーチ活動を企画できるようになっていくことが大切になると考える。

4　実践から示唆されたこと

4-1　「音楽の多様性に触れる」教材開発について

（1）地域の伝統音楽、ワールドミュージックやポピュラー音楽、現代音楽等を教材化する時、創作や鑑賞の活動にしていくことで学びが深まった。創作や鑑賞の活動は、歌唱や器楽に比べて実施が不十分だという声も聞くが、改めてその必要性を感じた。

（2）特に地域に伝わる音楽については、その地域に生きる者として知るべきであることを学ぶことができた学習になった。日本音楽については、全国版である教科書を使った学習よりも、大変でも地元に伝わる音楽を発掘、教材化して学習をデザインしていく方が生徒の学びも深いように思われる。また、地域の音楽を学ぶ際に地域の音楽指導者のアウトリーチを活用することで、地域への思いが深まる学習になるだろう。

（3）本実践では教師がいろいろな音楽を聴き、教材化していったが、さらにいろいろなワールドミュージック、能や狂言、歌舞伎などの伝統芸能も教材化していきたい。その際に、やはり音楽の時数が足りなくなってしまう。見通しを持った年間計画を立て、音楽の限られた時数をマネジメントしていくことが必要である。

（4）音楽の多様性に触れる教材開発に取り組み始めてから、共通教材やクラシック音楽の鑑賞でも、生徒の意欲が変わってきている。また、歌唱の授業の場面でも「もっと声を出そう」「も

っと体を使って」等、やる気を促したり、技能の指導をしたりすることが少なくなった。これは、生徒たちが音楽の多様性に触れることで、より音楽のおもしろさを感じ、音楽全般に対して意欲的になったからではないかと考えている。

4-2 「生徒のこれからに生きる」授業づくりについて

(1) 中学校は義務教育の出口であり、音楽の授業が音楽を学ぶ最後になる生徒のことを考えると、中学校での音楽体験が、その生徒の音楽との付き合い方を決めてしまうこともある。合唱や器楽等の表現活動に高校生になってからも取り組む生徒は一部であることを踏まえて、指導をしていかなければならない。その時「音楽を聴くことを続けるだけでも音楽と親しんでいくことにつながる」ことを伝えたい。そして、鑑賞において、生徒のこれからの音楽との付き合い方のヒントになるような授業づくりをしていきたいと感じた。

(2) 文化祭でみんなで心を一つにして歌って連帯感を感じたというような体験と共に、音楽の授業の中で「こんなことを学んだ、こんな音楽をつくった」「こんな人と音楽を通して触れ合った」というような思い出に残る授業をデザインしたい。それには、音楽から発見のある、音楽の多様性に触れる授業やアウトリーチ等は今後も深めていかなければならないと感じる。

4-3 音楽科のマネジメントについて

(1) 本実践は、「音楽の多様性に触れる実践」に焦点を当て、日本音楽やワールドミュージック、現代音楽等の実践を中心に綴っているが、年間のカリキュラムの中では、もちろん共通教材、クラシック音楽の鑑賞等も行っている。本実践を始めてから、生徒は共通教材やクラシック音楽の鑑賞等にも意欲的に取り組むようになった。歌ったり楽器を演奏したりする「表現」と、音楽のおもしろさ、奥深さを学ぶ「鑑賞」の学びは「音楽への意欲」という言葉でつながっている。音楽科においては、表現領域と鑑賞領域、歌唱・器楽・創作・鑑賞をバランスよく配分し、音楽のおもしろさや奥深さを伝えていくことが、結果として生徒を意欲的にし、主体的な表現者に育てていくことにつながることが明らかになった。歌声のクオリティを高めたいからと、何度も繰り返し同じ歌を歌わせたり、技能を繰り返し教え込んだりしても、目標にたどり着くには却って遠回りになる。指導事項のバランスの良い運用こそが、生き生きとした音楽を生み出すと思ってよい。

(2) 現行の音楽科の限られた時数の中で、どれだけの学習ができるのか運用を試みてきたが、やはり音楽の多様性を教えていくには時数が足りないというのが課題である。音楽の多様性を深く探求することを通して思考・判断・表現力やコミュニケーション能力を伸ばすことができる。また、音楽を通して自分の将来を豊かなものにしていこうとする態度も育てることができることを、本実践で少しずつ明らかにできたと思う。音楽科は、決して教え込み主体の教科ではない、思考力、判断力、表現力を伸ばすことのできる教科だということを、もっと発信していきたいと思う。

おわりに

実践に一区切りをつけ、改めて感じるのは、

「音を楽しむ」ことが大切だということである。本実践に出てきた様々な音・音楽を生徒たちが主体的に楽しんだことで、意欲が芽生え、学びが広がっていった。音楽科の「学力」は「楽力」ともいえる。その「楽力」をつけるための取り組みを、今後もさらに進めていきたいと思っている。

● **参考文献**
小町谷聖（2015）「音楽に触れて『心を動かされる』経験を積み上げていく鑑賞の授業を目指して」『季刊音楽鑑賞教育』Vol.22、通巻526号、（公財）音楽鑑賞教育振興財団、pp.30-35.
小町谷聖（2016）「授業にそのまま活用！　学習プリント」『教育音楽　中学・高校版』第60巻、11号
小町谷聖（2016）「授業にそのまま活用！　学習プリント」『教育音楽　中学・高校版』第60巻、12号
小町谷聖（2016）「授業にそのまま活用！　学習プリント」『教育音楽　中学・高校版』第60巻、13号
武満徹（1981）「雨の樹——3人の打楽器奏者のための」日本ショット社
茂手木潔子著・竹内敏信写真（1998）『おもちゃが奏でる日本の音』音楽之友社

子どもが造形活動の意味や価値に気付く授業づくり

個のよさを実感できる題材から

高橋 英理子

1　はじめに

　子どもの作品には、その子ども自身が表されているといわれる。子どものつくりたい思いや願いが、形や色といった造形要素を通して具現化されているものだからである。そこで今回、子どもの思いや願いをどのようにもたせ深めていくことができるのか、また「楽しかった」だけの作品づくりだけに終わるのではなく、その作品を試行錯誤してつくりあげた意味や価値を子どもに感じとらせることができないか、といった点から題材開発をおこなった。とくに6年生という思春期に入る子どもに焦点をあて、自己肯定感をもつことのできるような実践を目指し取り組んだ。

2　授業の実際

　今回、岡山大学教育学部附属小学校でおこなった実践は次のようなものである。

実施学年：第6学年　35名
実施時期：11月（全10時間）
題材名：「Hello! わたしのハロー（＝光背）」

2-1　題材開発の契機

　この題材は子ども達が修学旅行で京都の三十三間堂を訪れたことがきっかけとなっている。三十三間堂には1001体の観音像があり、それぞれ顔が異なっているといわれている。子ども達は事前学習をおこなっていたこともあり、興味深く観音像に見入っており、自分にそっくりな像を探す姿も見られた。クラス全員の集合写真に写った子ども達の姿が、私には観音像と重なって見えた。

　子ども達35名も観音像と同じようにそれぞれ顔も個性も異なる。個々が異なるよさや特徴をもっていることに観音像との共通点を感じ、題材につなげたいと考えた。それが「自分のよさや特徴を表した光背づくり」という題材開発の契機となった。

2-2　作品づくりまでの過程

　「自分のよさや特徴」を表すためには、いきなり作品づくりに取りかかることはできない。6年生なりに自分で自分を分析し、そこから光背のイメージをもつことが必要である。高学年の子どもはつくりたいものについて熟考し、思いを明確にもった上で、見通しをもち作品づくりに取り組むことができるようになる。そこで、実際に材料にかかわって作品をつくる前に次のような過程を踏んだ。

　まず課外で自分を知るための3つの活動をおこなった。

○自分アンケート
　「趣味・特技」「感動したこと」「好きな遊び」等50項目近い質問を教師が考え、子どもは素直な気もちで自分自身について記入していった。

○Xからの手紙
　10日間朝の会で毎日くじを引き、当たった友だちのよいところを見つけ、「Xからの手紙」として渡していく活動をおこなった。この活動を通して、「友だちが自分のよいところを見ていてくれている」という喜びにつなげることができた。また思春期に入っていく高学年の子どもは、たとえば自分のことを「優しい」と思っていても、なかなか自分から「私は優しい」とは言えない。しかし「優しいところがあるとみんなに思われているようだ」と、他者から評価されれば、堂々と周囲に伝えることもでき、自信につなげていきやすい。そういった利点から「友だちから見た自分」という視点を取り入れた。

○おうちの方にインタビュー
　「自分の名前の由来は何か」「どんな大人になってほしいか」といった質問を家族へインタビューする課題を出した。これにより保護者の思いを子どもが感じ取ることができ、生まれてきて12年間ずっと自分が愛され大事にされてきたことを実感することができるようにした。

　このような3つの活動をおこなうことで、子ども達は自己分析をおこない、3つの活動を終えた時点で「これらの活動にはどんな意味があったと思うか」と問うと、多くの子どもが「改めて自分のよさや特徴を知ることができた」という反応が返ってきた。3つの活動抜きでは、この題材は成立しなかったかもしれない。

　さて、自己分析ができたら、次に自分のよさや特徴をどのように光背に表していくか具体的にイメージしていかなければならない。

　この授業では、まず思考ツールの1つとしてイメージを広げていくためのウェビングから、自分についてのキーワードを抽出させた。その後、実際につくるものが明確にイメージしやすくなるようなアイデアスケッチの工夫を取り入れた。この2点については以下で詳しく紹介する。子どもが発想・構想していくためには自分に関するキーワードを見つけ出し、そこから形や色、質感に置き換えて表現していかなければならない。

○ウェビングの活用
　中心に自分を据えて、自分に関係する言葉や項目をどんどん枝のように付け足していった。その中で表したい自分のよさや特徴をキーワード化し、10点程度挙げてみる活動をおこなった。例えば

A児は「何事にも中心となる人物に育ってほしい」という意味で両親が用いた、名前の漢字の一部である「要」をキーワードにした。そして「光背の中心に自分の好きな赤色で、柱を1本まっすぐに立てることで、中心を意味させたい」というアイデアを得たようだ。このように、名前の由来や好きなスポーツ、将来の夢に関係するものなどを光背に取り入れながら、つくりたいという思いをそれぞれの子どもがもっていった。

○透明シートを使ったアイデアスケッチ

アイデアスケッチは、光背をより具体的にイメージさせるのに有効だった。光背は写真3のような骨組みに、段ボール紙や厚紙等を着色し、貼り付けてつくっていく（**写真1**）。

自分で背負う作品のため、なかなか自分の背負う姿をイメージしにくい。そこで、アイデアスケッチをワークシートに描いた上へ、子どもの全身が印刷された透明シートを重ねる手立てを考えた（**写真2**）。

透明シートは市販のもので、簡単にデジタルカメラで撮影した子どもの写真をプリンターで印刷することができる。この方法は、子どもが具体的にどのような大きさで作っていけばよいか視覚的にも明確化でき、見通しをもってつくりだしていく際に大変有効だった。

発想・構想の段階でこのような2点の工夫をおこなったことで、子どもが明確に自分のつくりたい光背をイメージすることができた。課外の3つの活動をおこなったときと同様、「これらの活動にはどんな意味があったと思うか」と子ども達に問うと、「つくりたいものをはっきりさせることができた」と答えた。6年生の子ども達にとって自分のよさや特徴をキーワード化させたことと、見通しをもってつくりだしていける透明シートを使ったアイデアスケッチはどちらも作品づくりへ有効に働いていきそうだと感じられた。国立教育政策研究所がおこなった平成24年度の「学習指導要領実施状況調査」では、約2割の子どもが「表したいことを思い付くこと」が苦手だということがわかっている。発想・構想の段階で、子どもがつくりたいものを考える時間を大切にし、その過程の中に教師も積極的にかかわっていきたい。

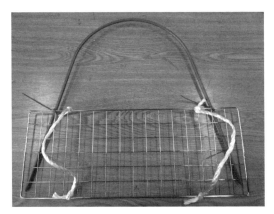

写真1　光背の骨組み
（金網＋園芸用支柱＋ロープ＋結束バンド）

写真2　透明シートを重ねたアイデアスケッチ

2-3　鑑賞の様子

　実際に光背づくりを始めるときには、6年生の子ども達が今までに扱ったことのある材料を教室にたくさん並べ、自由に選び取りながら活動できるようにした。写真1の骨組みに、主に段ボールや厚紙を貼りつけ着色し、さらにそこへ毛糸や綿で優しさを出そうとしたり、軽量紙粘土でつくった部品を釣り糸で結びつけて垂らしたりするなど、様々な工夫がみられた。こうした作品づくりは、黙々と続けるのではなく、途中で鑑賞の時間を数回取り入れている。本題材の導入段階での鑑賞も含め、紹介していきたい。

　まず導入では修学旅行の三十三間堂を想起させ、そこから様々な仏像の光背について鑑賞する時間をとった。光背は仏身から発する光明を象徴化させたものであり、優しさや強さなどの特徴を炎や円で表現している。様々な光背の種類を知り、子ども達は「自分だけの光背づくり」に興味をもつことができた。

　次にアイデアスケッチの段階で、どのような光背をつくっていくかを伝え合う鑑賞の時間をとった。

　この観賞は子ども達にとって「これでいいのかな？という不安が、友だちに説明していくことで解消された」「何の材料を使おうか悩んでいたがアドバイスをもらえ、決めることができた」「アイデアがいいねと褒められて自信がついた」といった感想の出る有意義な時間だった。これまで観賞はつくっている最中や完成後におこなうことが多かったが、アイデアスケッチの段階で鑑賞をおこなうことに子ども達は意味を感じていたようだった。

　次に、制作途中でも適宜必要に応じて鑑賞を取り入れた。子ども達が土台となる骨組みから部品をつくり始める段階、部品を組み合わせて光背に配置させ全体が概ね見えてきた段階、ある程度進み、作りかえたり深化させたりできる段階といった場面で、短時間でも周囲の友だちと交流できる時間を確保した。この際、友だちのよさを形・色・配置・質感といった造形要素ごとに記入し、アイデアスケッチに貼り付けるため付箋紙を使った。これは、高学年が自他の作品のよさを細かく造形要素の視点で見ることができるということと、

写真3　完成間近での鑑賞の様子

写真4　アイデアスケッチに貼りためた付箋紙

写真5 完成した光背を背負っての記念撮影

全体や部分等複数の見方で交流できるといった発達段階にあることから考えた。子ども達は友だちのよさを具体的に付箋紙へ書き、言葉で伝えながら渡していくことを繰り返した。友だちの工夫を参考に取り入れていく姿も多く発見でき、互いに学び合い、高め合っていける鑑賞の時間になっていることが見てとれた（**写真3,4**）。

2-4　振り返り

　光背が完成した際、この題材を総括しての振り返りをおこなった。毎時間簡単な振り返りはおこなっていたが、題材を通してどんなことを子どもが学び取ったかを最後に知りたかった。「楽しかった、面白かった」という感想レベルのものではなく、自分自身についた力や、何時間もかけて光背づくりに励んできたことへの意味を考えた振り返りを期待した。

　そのため、個々の活動の過程を撮りためた画像をそれぞれで見返し、自分についたと感じる力について文章で記述できるような場を設定した。

　子どもは「完成するまでに自分がやってきたことが全部つながっているなと感じた。自分アンケートも家族のインタビューも大事。アイデアスケッチもずっとそばに置いて何度も見た」「一生懸命つくっていたけど、途中で重くなって倒れたことがあった。それでもあきらめずに作り直した。それが満足する光背が完成したことにつながっていた」「いっぱい考えてつくった。何の材料をつかえばいいか、どんな大きさにすればいいか、たくさん悩んで試したから、いい光背ができた」「友だちとアドバイスし合うと、自分の光背がもっとよくなった」などの感想が子ども達から挙がった。

　これらの感想や、三十三間堂を真似て全員で最後に記念写真を撮影した際の誇らしげな様子から、造形活動で自分自身を表現していくことの喜びや価値を見いだしていくことができたのではないかと感じた（**写真5**）。

3　おわりに

　教室内に姿見を置いたところ、子どもが光背

を背負った自分をじっと見つめる姿が見られた（写真6）。

　これは自分自身を客観的に見ている姿であり、12歳の子どもが「現在」の自分としっかり向き合えている姿だととらえられた。完成した光背だけでなく、このような子どもの姿も大変印象に残っている。この光背づくりを通し、子どもが自分自身と向き合い、自己肯定感を高めることができたのではないかと感じている。また、自分が納得できるまでとことん作り込ませるといった造形活動を保障したことも大きかったのではないかと考えている。

　今回、改めて造形活動は、個のもつ思いを形や色といった造形要素を用いてどのように自分らしく表現するか、どのような学びとしての意味や価値を子どもにもたせることができるか、という点で題材開発・授業展開・効果的な指導法をおこなうことの大切さについて考えさせられた。自分自身と向き合わせる時間を大切にし、制作を通して子どもが達成感や満足感を味わえたからこそ、「つくって本当によかった」という光背づくりの意味や価値を感じ取ってくれたのではないかと考えている。この光背づくりを通し、子ども達が自己肯定感をもつことができたのならこれほど嬉しいことはない。

　今後も、発達段階に応じて個のよさや特徴を表していけるような題材を考えていきたい。そして作品と同じように子どもがつくりだす過程も大事にし、造形活動全体に意味や価値を感じながら取り組む姿をこれからも求めていきたい。

写真6　姿見で自分の姿を確かめる子ども

音楽科における社会に生きて働く思考力・判断力・表現力の育成を目指した授業の創造

上原 祥子

1　音楽科における社会に生きて働く思考力・判断力・表現力

　音楽科固有の思考力・判断力・表現力を学習指導要領に照らして整理すると、次のようになる。

○音や音楽を知覚し、そのよさや特質を感じ取る力
○音楽を形づくっている要素や構造の働きによって生み出されるイメージを想像する力
○音や音楽に対するイメージを膨らませたり自分なりの意図を持ち試行錯誤して音楽表現を工夫する力
○音楽に対する自分なりの意味付けをする力
○表現したいイメージや思いを言葉や音によって伝え合う力

　これらの力を育成するために、授業では、思考・判断し、表現する一連の過程を大切にした指導の展開が図られることや、生徒がイメージや感情を意識し、自己認識しながら表現活動を進めていくことが大切である。また、授業では協働的な営みの中で、生徒一人一人の音楽の美しさを探究する活動が必要である。

　音楽科における思考力等がどのように社会に生きて働く力へとなり得るのだろうか。長島は、学校教育における音楽の本来の目的について、次のように述べている[1]。

　　子どもたちを取り巻く今日の社会には、多様な音楽の愉しみ方が併存している。特に、メディアの発展によって、個人的な愉しみや慰みとして音楽に触れる場面が、昨今は多くなっている。しかし、学校教育で扱う音楽は、このような個人的なものではない。本来、音楽は、集団的な営みの中で、理想化された感情を分かち合うために創造されてきた。特に、宗教的な典礼や社会的な儀式の中では、音楽は必需品のように扱われてきた。学校教育で扱う音楽は、子ど

もたちが歌の気持ちや音楽の気持ちを想像し、分かち合うことによって、身の周りの世界を主観的に深く丁寧に見つめ、人の気持ちをも深く共感することができるように育んでいくことが本来の目的である。

長島が述べる音楽本来の目的である「身の周りの世界を主観的に深く丁寧に見つめ、人の気持ちをも深く共感することができる」力が、音楽科によって育まれる「社会に生きて働く力」であると考える。そしてこの力は、音楽の授業において、本来の音楽が、集団的な営みの中で理想化された感情を分かち合われる、つまり、協働的な活動の中で、思考・判断し、表現する一連の過程の中で、音楽科固有の思考力等が育成されることによって、獲得されるようになると考える。

2　研究の概要

鳴門教育大学附属中学校では、2015年より汎用的な能力の育成のために、各教科の固有の思考力等の育成を目指しつつ、各教科における取組の連携を図った指導の方策を提示した。その方策として、①各教科で共通の視点となる「思考・表現の要素」（表1）を明らかにし、②思考・表現過程の具体化を図るとともに、③それらを促す方法として、国立教育政策研究所「教育過程の編成に関する基礎的報告書5（平成25年3月）」において示されている「すべ」を用いることにした（表2）。

3　研究内容の具体

研究内容のポイントは主に次の3点である。

(1) 思考・表現の要素、すべの検討
(2) 思考・表現過程の具体化
(3) 学習課題設定の工夫

3-1　思考・表現の要素とすべについて

学習課題の解決を図ろうとする時、どのように思考・判断・表現すれば課題解決できるのか見通しを立てる必要が生じる。例えば、どうすれば「整理する」ことができるのかと考えるとき、こ

表1　思考・表現の要素

思考の要素	表現の要素
選択する	描写する
整理する	音読する
予想(推測)する	朗読する
仮説を立てる	記録する
構想する	説明する
解釈する	紹介する
鑑賞する	報告する
把握(理解)する	創作する
分析する	制作(製作)する
評価する	

表2　すべ（思考を促す方法）

比較する
分類する
関係付ける
条件を制御する
多面的に見る
規則性を見付ける

の「どうすれば」に示唆を与えるものが「すべ」である。具体的には、「多面的に見て、解釈し、説明する」のように、思考の要素で示された活動の前段階で用いると効果的なものであると捉えている（図1）。本校では、各教科の授業実践において、どの「すべ」を用いる必要があるのかを検討し、意図的・計画的にそれらを利用させる場面を設定している。

3-2 思考・表現過程の具体化

授業において、どのような思考・表現を目指しているのかについての共通理解をより深めるために、生徒の思考・表現過程の具体化を図った（図2）。さらに、思考・表現過程と「すべ」の関係を明確にするために、授業構造図（図3）を作成し、学習指導案に示した。

3-3 学習課題の工夫

学習課題については、学習過程を重視し、正答を求めることのみが目的ではなく、「すべ」を用いながら子供たちの多様な考えが引き出されるように次の2点に留意し、工夫を行った。

①日常生活や社会の諸問題について思考、判断、表現する課題設定。
②生徒の知的好奇心を満たし、主体的に取り組むことができる課題設定。

4 授業の実際

4-1 教科連携を図った授業実践と考察

(1) 題材名　音楽と楽曲の背景や絵画を
　　　　　　関わらせながら味わおう
　　　　　　　―追跡！組曲「展覧会の絵」―

図1　思考・表現の要素とすべ

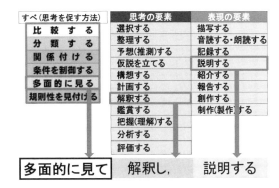

図2　思考・表現過程の具体化

（学習内容）について
（すべ）を用いて
（思考の要素）を通して
（表現の要素）。

図3　授業構造図

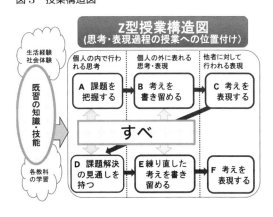

(2) 題材設定の理由

　本学級の生徒は、表現、鑑賞のどの学習内容においても、主体的、意欲的に取り組むことができている。これまで、〔共通事項〕を支えとし、表現領域（歌唱・器楽分野）と鑑賞領域を関わらせながら、音楽のよさや美しさを味わえる生徒の育成を目指してきた。さらに、協働的な学びの中で、多様なジャンルの音楽や様々な音楽活動の経験を重ねていくことによって、豊かな情操を養うという教科目標に迫っていきたいと考える。

　本題材は、学習指導要領B　鑑賞(1)「ア　音楽を形づくっている要素や構造と曲想とのかかわりを理解して聴き、根拠をもって批評するなどして、音楽のよさや美しさを味わうこと」「イ　音楽をその背景となる文化・歴史や他の芸術と関連付けて理解して、鑑賞すること」をねらいとしている。

　本題材で取り上げる組曲「展覧会の絵」は、ムソルグスキーが、友人でもあり同志でもあったガルトマンの死が動機となり、遺作展での作品に思いをめぐらせ作曲されたものである。原曲はピアノ曲であるが、後にラヴェルによって管弦楽曲として編曲され、楽器の絶妙な選択により、一層表現力豊かな曲となり、世界的に知られることになった曲である。絵画からイメージを受けた10曲の楽曲と、間奏の役割を果たす「プロムナード」によって楽曲は構成されている。その中から、「プロムナード」「第4曲　ビドロ」「第7曲　リモージュの市場」「第8曲　カタコンベ」「第10曲　キエフの大門」を取り扱う。「ビドロ」「リモージュの市場」については、特定される絵画は発見されていない。しかし、音楽に描かれている情景は、当時のロシアの情勢や民衆の暮らしが反映されたもので、旋律、強弱、リズム、速度などを窓口として、音楽を形づくっている要素の働きから、当時の背景を様々に想像することができる。一方、「カタコンベ」「キエフの大門」は絵画を忠実に音楽で描いた描写音楽である。音楽と絵画、そして作曲者の意図や思いを関わらせながら、音色、リズム、旋律、テクスチュア、構成などを窓口として、音楽を形づくっている要素の働きから、音楽を自分なりに多様に解釈し、聴き味わうことができる。このような楽曲の特徴からも、学習課題を「追跡！組曲『展覧会の絵』―時代背景や絵画からこの曲に隠された秘密を解いていこう―」と設定した。

　教師が聴くポイントや、視覚的な情報や資料を順を追って提示したり、共有する場面を多く設定したりすることによって、生徒の音楽の分節化が適切に図られ、音楽科における思考力、表現力、判断力の育成をねらう。また、これまでの既習曲や組曲の中の小曲を「比較する」、音楽と絵画を「関係付ける」、音楽を時代背景から「多面的に見る」、楽曲の中に特徴的な旋律の「規則性を見付ける」などのすべが効果的に用いられることによって、思考が促されることを想定する。

(3) 題材の目標

①組曲「展覧会の絵」の音楽を形づくっている要素を知覚し、それらの働きが生み出す特質や雰囲気を感受しながら、要素や構造と曲想との関わりを感じ取って聴き、主体的に解釈したり想像したりして、音楽のよさや美しさを味わう。

②組曲「展覧会の絵」の特徴を、その背景となるロシアの情勢や楽曲の動機となった絵画と関連付けたり、作曲者の思いを想像したりすることによって味わう。

(4) 題材の評価規準

音楽への関心・意欲・態度	鑑賞の能力
①楽曲を形づくっている音色・リズム・速度・旋律・テクスチュア・強弱・構成や構造と曲との関わりに関心をもって、鑑賞する学習に主体的に取り組もうとしている。 ②楽曲の音楽の特徴を、その背景となる当時の様子や絵画、作曲者の思いなどに関心をもち、鑑賞する学習に主体的に取り組もうとしている。	①楽曲を形づくっている要素(音色、リズム、速度、旋律、テクスチュア、強弱、構成)を知覚し、それらの働きが生み出す特質や雰囲気を感受しながら、音楽を形づくっている要素や構造との関わりを理解して、解釈し、根拠をもって批評して楽曲のよさを味わって聴いている。 ②楽曲を形づくっている要素(音色、リズム、速度、旋律、テクスチュア、強弱、構成)を知覚し、それの働きが生み出す特質や雰囲気を感受しながら、音楽をその背景となる当時の様子や絵画、作曲者の思いなどと関連付けて、解釈したり価値を考えたりして、鑑賞している。

(5) 指導と評価の計画（4時間）

時間	◆ねらい　○学習内容　・学習活動	評価規準・評価方法
1	◆組曲「展覧会の絵」の楽曲構成を理解し、プロムナードの特徴や役割を、音楽を形づくっている要素を知覚し、それらの働きが生み出す特質や雰囲気を感受している。 ○楽曲全体の構成を理解し、プロムナードの特徴や役割を、音楽を形づくっている要素（音色、リズム、旋律、テクスチュア、構成）を知覚し、それらの働きが生み出す特質や雰囲気を感受する。 ・プロムナードを音楽を形づくっている要素を知覚し、それらの働きが生み出す特質や雰囲気を感受する。 ・ペアで感じ取ったことについて話し合う。 ・楽曲の全体の構成や楽曲の成り立ちについてワークシートにまとめ理解する。 ・身体的表現活動を通して、プロムナードが変拍子であることに気付き、そのことからどんな感じがするか感受する。 ・楽譜で視覚的に楽曲を確認することによって、プロムナードのリズムや旋律、テクスチュア、構成について音楽の特徴を理解する。 ・4曲目と5曲目の間のプロムナードを比較鑑賞し、音楽を形づくっている要素を知覚し、それらの働きが生み出す特質や雰囲気を感受することによって、楽曲全体の中でのプロムナードの役割や作曲者の意図を感じ取る。	《音楽への関心・意欲・態度①》 楽曲を形づくっている音色・リズム・速度・旋律・テクスチュア・強弱・構成や構造と曲との関わりに関心をもって、鑑賞する学習に主体的に取り組もうとしている。 〈観察〉〈ワークシート〉
2	◆第4曲「ビドロ」第7曲「リモージュの市場」の音楽を形づくっている要素を知覚し、それらの働きが生み出す特質や雰囲気を感受しながら、音楽をその背景となる当時のロシアの様子や作曲者の思いと関連付けて、解釈したり価値を考えたりして、鑑賞する。 ○第4曲「ビドロ」第7曲「リモージュの市場」の音楽を形づくっている要素（旋律、強弱、リズム、音色、速度）を知覚し、それらの働きが生み出す特質や雰囲気を感受しながら、音楽を当時のロシアの情勢と結び付けたり、作曲者の思いを想像することによって、解釈する。 ・当時のロシアの様子について、写真やワークシートから知る。 ・作曲の背景を踏まえた上で、「ビドロ」を鑑賞し、どんな様子が表されているか音楽から想像し、意見交換を行う。 ・「リモージュの市場」を鑑賞し、どんな様子が表されているか音楽から想像し、副題を考え、意見交換を行う。	《音楽の関心・意欲・態度②》 楽曲の特徴を、その背景となる当時の様子や絵画、作曲者の思いなどに関心をもち、鑑賞する学習に主体的に取り組もうとしている。 〈観察〉〈ワークシート〉

時間	◆ねらい　○学習内容　・学習活動	評価規準・評価方法
	・対照的である2曲にどんなことが描かれているのか、題名や聴き取った音楽の特徴から話し合う。 ・本時のまとめとして、2曲を鑑賞し、音楽を形づくっている要素を知覚し、それらの働きが生み出す特質や雰囲気を感受しながら、当時のロシアの様子や作曲者の思いと関連付けて、自分なりの解釈で聴き味わい、短い解説文を書く。 ・音楽のイメージとなったとされる絵画を鑑賞する。	《鑑賞の能力②》 楽曲を形づくっている要素（音色、リズム、速度、旋律、テクスチュア、強弱、構成）を知覚し、それの働きが生み出す特質や雰囲気を感受しながら、音楽をその背景となる当時の様子や絵画、作曲者の思いなどと関連付けて、解釈したり価値を考たりして、鑑賞している。 〈ワークシート〉
3 ・ 4	◆第8曲「カタコンベ」と第10曲「キエフの大門」の音楽を形づくっている要素を知覚し、それの働きが生み出す特質や雰囲気を感受しながら、音楽を絵画や作曲者の思いと関わらせ、音楽を形づくっている要素や構造との関わりを理解して、解釈し、根拠をもって批評して楽曲のよさを味わって聴いている。	
	○第8曲「カタコンベ」の音楽を形づくっている要素（音色、旋律、テクスチュア、強弱、構成）を知覚し、それらの働きが生み出す特質や雰囲気を感受しながら、絵画や作曲者の思いと関わらせ、鑑賞する。 ・第8曲「カタコンベ」を鑑賞し、楽曲の雰囲気や特徴を捉え、意見交換する。 ・「カタコンベ」の絵画を鑑賞し、どんなことが描かれているか特徴を把握し、絵画から想像される内容をグループで話し合う。 ・楽曲の特徴と絵画の特徴や想像される内容を関連付けて楽曲を鑑賞し、解説文を書く。 ○第10曲「キエフの大門」の音楽を形づくっている要素（音色、旋律、テクスチュア、強弱、構成）を知覚し、それらの働きが生み出す特質や雰囲気を感受しながら、絵画や作曲者の思いと関わらせ、鑑賞する。 ・「キエフの大門」を、前時までの学習内容を生かしながら通して鑑賞し、楽曲の雰囲気や特徴を把握し、意見交換を行う。 ・主題とコラールが変化しながら繰り返される全体の流れを把握するために、付箋を用いて確認しながら鑑賞する。 ・「キエフの大門」の絵画を鑑賞し、何が描かれているかや絵のイメージをペアやグループで話し合う。 ・楽曲の後半部分を取り上げ鑑賞し、絵画と関わらせながら、作曲者の思いや意図をペアやグループで話し合い探究する。 ・楽曲の特徴と絵画の特徴や作曲者の思い、意図を関連付けて楽曲を鑑賞し、解説文を書く。	〈評価の場面Ⅰ〉 《鑑賞の能力①》 楽曲ををを形づくっている要素（音色、リズム、速度、旋律、テクスチュア、強弱構成）を知覚し、それらの働きが生み出す特質や雰囲気を感受しながら、音楽を形づくっている要素や構造との関わりを理解して、解釈し、根拠をもって批評して楽曲のよさを味わって聴いている。 〈ワークシート〉 〈評価の場面Ⅱ〉 《鑑賞の能力②》 楽曲を形づくっている要素（音色、リズム、速度、旋律、テクスチュア、強弱、構成）を知覚し、それの働きが生み出す特質や雰囲気を感受しながら、音楽をその背景となる当時の様子や絵画、作曲者の思いなどと関連付けて、解釈したり価値を考たりして、鑑賞している。 〈ワークシート〉

(6) 思考・表現過程の具体化

組曲「展覧会の絵」を作曲の背景や絵画と関わらせながら鑑賞し、よさや美しさを味わう
　　　　　　　　　　　　　　　　（学習内容）
ために、すべを選択し用いることを通して、音楽を形づくっている要素によって生み出さ
れる曲想を解釈（想像）し、紹介する。
　　　　　（思考の要素）（表現の要素）

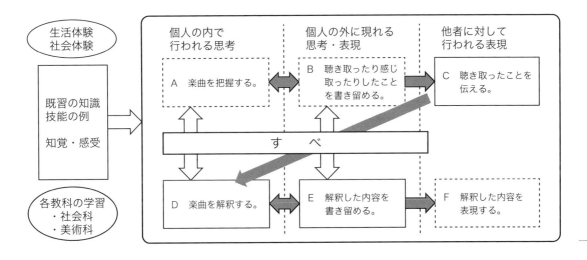

(7) ワークシートの記述による思考・表現過程の考察

　第4時における生徒のワークシートの記述内容から、思考・表現過程の変容や思考、判断の深まりについて考察する。変容については、「キエフの大門」を鑑賞し、本題材に入る前の鑑賞ノートに記録された記述内容と第4時の導入で鑑賞メモとして記録された記述内容と、第4時のまとめの活動で解説文として記録された記述内容を比較する。その際に、記述内容（記録された語彙）による思考力等の深まりについての考察は、M. テイトとP. ハックが提唱している音楽の経験を表す語彙としての「経験的語彙」に基づいて行う[2]。

【考察例　生徒A】

〈本題材に入る前の鑑賞ノートに記録された記述内容〉

長めの明るい音が光が差している感じを表している。静かな部分で一旦気持ちが落ち着くので、テーマが戻ってきても飽きない。スケールと共に強弱も変化しているので、だんだん盛り上がっていく感じがする。ハープが暗い音程を出しているので不安になるが、管楽器と鉄琴がだんだん明るくしていってくれて、テーマに戻ってきた時に三連符が使われているので、動きが出てきてより豪華になった上に、弦楽器の刻みと管楽器の高音がスケールと同じようにだんだん盛り上げ、シンバルと銅鑼がさらに盛り上げて終わる。

〈第4時（Z型授業構造B）鑑賞メモに記録された記述内容〉

> Aの主題
>   広がる・明るい・厳か・派手・日の出・金管楽器・打楽器・弦楽器
>   昼のイメージ
>
> Bの主題
>   暗い・静か・賛美歌・木管楽器・子守歌
>   夜のイメージ
>
> AとBは対照的で、交互に演奏。

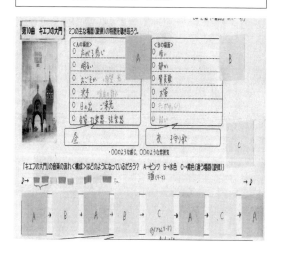

〈第4時（Z型授業構造E）解説文として記録された記述内容〉

> 10枚目、最後の絵に向かう作曲者の気持ちの高まりを表す最初のAの部分と、ガルトマンの死、そして祖国の衰退を悲しんだ次のBのメロディーが交互に演奏される。暗い場面から一転、曲はムソルグスキーの胸中へ。凱旋門の鐘が鳴り響き、人々が集まってきて辺りがにぎやかになる。ムソルグスキー自身も門の前をプロムナード（散歩）しており、芸術が残ればガルトマンの思いも自分の思いも未来へ届くだろうと思いを馳せているのではないだろうか。木管楽器の演奏するBは、哀愁こそ漂うものの、希望を全く捨てたわけではないという温かな響きを持っている。希望や光の訪れを感じさせるAが未来への期待をふくらませ、曲に幕を閉じさせた。

考察例として生徒Aの記述内容を取り上げると、本題材に入る前の「鑑賞ノート」では、自分なりに音楽を形づくっている要素の音色や旋律・強弱・テクスチュア・構成を特定の窓口として音楽全体の流れを聴き取っていることが確認できる。しかし、自分なりの解釈や音楽から想像される情景や感情に関する記録がほとんどない。

第4時の導入の鑑賞メモでは、短い言葉によって二つの主題や楽曲全体の構成を捉えさせたものであるが、音色や調性からそれぞれの主題の雰囲気を、「昼と夜」の具体的なイメージで捉えていることが確認できる。

第4時のまとめとしての解説文では、楽曲全体の流れを一つの文脈で捉え、作曲者や画家の思いを音楽を形づくっている要素の働きや要素同士の関わりから生み出される曲想をよりどころとしてイメージできていることが確認できる。それは、「作曲者の気持ちの高まりを表す最初のA（旋律）」「ガルトマンの死、そして祖国の衰退を悲しんだBのメロディー）」「木管楽器の演奏するBは哀愁こそ漂うものの、希望を全く捨てたわけでない温かな響き」「希望や光の訪れを感じさせるAが未来への期待をふくらませる」というように、音楽から想像された抽象的なイメージが生のアナロジーとして捉え直されて表現されていることが確

認できる。また、作曲者や画家の思い、時代背景を関連付けたり、ムソルグスキーを表すプロムナードが表れる旋律の規則性を見付けることによって、より音楽のイメージを膨らませることができている。

このように生徒Aは、音楽を形づくっている要素の働きや要素同士の関わりをよりどころとしながら、音楽のイメージが洗練されていった。つまり、音楽科固有の思考力等が育まれ、それによって音楽をより深く味わうことができたということである。

M. テイトとP. ハックが示す経験的語彙に基づいて他の生徒の記述から語彙を抽出すると次のような語彙がみられた。

表3　本題材に入る前の鑑賞ノートに記録された語彙

具象的なイメージ	隠喩	生のアナロジー
・豪華な・ファンファーレのよう・自然・ディズニー・草原・結婚・鐘・勇者・映画の最後・テーマパーク・海・お城・宮殿・春	光が差すような・不安・静寂さ・高貴な・不思議な・重厚感・ほめたたえられている・静か・何かを発見したような・フィナーレのよう・舞い上がっていくよう・悲しさ・切ない・不幸な・祝福・にぎやか・幻想的・堂々とした・新鮮な・落ち着く・壮大な飽きない・雄大な・迫力がある	希望感・前向きさ・過去の自分・平和・親近感・力強さ・目標に向けて努力をしはじめる・集大成・感情の高まり・幸せの絶頂・一丸となる・一歩ずつ踏みしめる・安定感

表4　第4時における鑑賞メモに記録された語彙　Z型構造図授業B

具象的なイメージ	隠喩	生のアナロジー
・日の出・風の音・足音・門が開いた感じ・馬や人の足音・門をくぐる・夜から朝へ・森・軍隊の行進・賛美歌・子守歌	・大勢の人が集まっている・象が歩くような・にぎやか・喜び・褒め称える・近づいてくるような・壮大な	・始まりの予感・高まる感動・気配・高揚感・緊張感から希望へ・強さ・自由・ダイナミック・存在感・がんばっている・何かが待ち受けている・再生・人生のストーリー・生き生きとしている・解放的

表5　第4時おける解説文に記録された語彙　Z型構造図授業F

具象的なイメージ	隠喩	生のアナロジー
光・凱旋門・観客・月・戦争・朝・舞踏会・パレード・鐘教会・人々がせわしなく動いている	悲しみ・誇大な・優雅な・ロシアの強さ・圧倒されるような・不思議な・明るく	・未来への期待・衰退・高揚感・達成感・尊さ・愛・意志・光の中の影・過去と未来・決意・感動・誇り・願い・希望・堂々とした・未来への道・力強さ・人々の思いや願い・人のつながり・力強さ・愛国心・栄光・臨場感・祈り・気持ちの変動のよう・揺れ動く心

「鑑賞ノート」（表3）や「鑑賞メモ」（表4）では、初期のイメージに特有な視覚的に描けるような事柄を表す具象的なイメージや具体的な人間感情のイメージである隠喩を表す語彙が多くみられたが、「解説文」（表5）では、それらを手がかりとしながら、より深いイメージである生のアナロジーを表す語彙へと変容していった生徒が多かった。また、生のアナロジーを表す語彙を「鑑賞ノート」と「解説文」で比較すると、「解説文」では、「展覧会の絵」の他の小曲と比較したり、絵画や時代背景との関連付けや、音楽を多面的に捉えたりすることによって生まれる、より洗練されたイメージへと変容したことも確認できる。

このように、生徒のイメージが洗練され、音楽をより深く味わうことができような音楽経験を繰り返し体験していくことで、身のまわりの世界を主観的に深く見つめることができるようになる。それは、人の気持ちを深く洞察することができることとなり、社会に生きて働く思考力等につながるものとなると考える。

4-2　教科連携を図った授業実践と考察

(1)　題材名　徳島駅の発車メロディーをつくろう

(2)　生徒の実態
　本学級の生徒は、音楽に対する関心が高い生徒も多く、どの領域においても主体的に取り組むことができている。しかし、創作分野に関しては、「楽譜を書くのは苦手」「作曲は難しい」などといった消極的な意見も目立つ。1年生の時には、題材「言葉による2声のリズムコンポジション」で、言葉がもつリズムを生かしたリズム創作を行った。中学校3年間で、系統的に、そしてスモールステップを大切にした創作活動を行うことで、創作分野の知識・技能を習得させたい。さらに、他領域との関連を図った題材構成によって、創作活動への苦手意識を少しでも払拭し、イメージを音や音楽へと構成していく楽しさを味わわせたいと考えた。

(3)　題材について
　本題材は、学習指導要領A　表現（3）「イ　表現したいイメージをもち、音素材の特徴を生かし、反復、変化、対照などの構成や全体のまとまりを工夫しながら音楽をつくること」をねらいとしている。

　修学旅行で利用した山手線の発車メロディーから、旋律の規則性を見付け、その規則性を活用し、徳島のイメージを盛り込んだ親しみのある発車メロディーを創作する。学習課題を徳島駅の発車メロディーと設定したのは、次のことを考慮したためである。

①4～6小節という短い旋律でありながら、音楽の構成が明確であり、学習指導要領に示されている「反復、変化、対照などの構成」というねらいを生徒が理解しやすい。
②生徒が社会や生活との関わりを意識できる。
③直前の題材であるベートーヴェン作曲「交響曲第5番」の学習内容であるモチーフ（動機）と関連付けた学習活動となる。

　旋律を構想する際の手がかりとして、ふるさと「徳島」をテーマとした国語科における「徳島のキャッチコピーを考えよう」と美術科における「徳島あわおどり空港の壁画をつくろう」で整理したイメージを参考にする。さらに地域の音楽という視点を加え、①創作の過程（思考・判断の流

れ）が明確になったワークシートの工夫、②活用カードの提示によって、主体的な取り組みと思考過程の可視化、③交流活動や練り直しの場面における作曲ソフトの活用によって技能の補充を図った授業展開を行った。また、完成した作品も重要であるが、思考・判断・表現の往来やグループでの交流活動による創作の過程を重視した授業展開に留意した。

(4) 教科連携を図った思考の要素

本題材は、生徒の生活や社会に即した課題からテーマを提示し創作する学習活動を展開する「創作・制作型」の題材構想である。「創作・制作型」の題材にいいては、「構想する」という思考の要素が教科連携のポイントになる。思考の要素「構想する」は、音楽科固有の思考力等の「音や音楽に対するイメージを膨らませたり自分なりの意図を持ち試行錯誤して音楽表現を工夫する力」の育成と関わることになる。

この「構想する」という思考の要素を鍛えるために、4つの教科のZ型授業構造を共通で考えた（**図4**）。構想する－創作する－紹介する－構想を練り直す－創作する－作品を紹介するという学習過程を辿ることで、生徒たちも思考過程を共通のものとして認識し、他教科の学習を関係付けたり、多面的に見たり、比較したり、分類したりといったすべを選択し用いることが意識され、思考が促されるようになる。それを国語科、英語科では言葉で表現し、音楽科においてはメロディーで、美術科ではアイデアスケッチで表現することになる。音楽科においては「旋律のイメージや構成を構想する」力の育成をねらいとしているが、それぞれの教科の学習課題に即した作品を創作・制作する過程で「構想する」という思考の要素が鍛えられ、

図4　Z型授業構造と思考の要素における連携

アイディアを生み出しまとめる力

	国語科	音楽科	美術科	英語科
	徳島県をPRするキャッチコピーを作ろう	徳島駅の発車メロディーを創作しよう	阿波おどり空港の壁画をデザインしよう	クリス先生に徳島を紹介しよう
構想する	イメージを持ち、思考を広げる。（ウェビング）	イメージにあった旋律を構想する。	イメージにあったアイディアを構想する。	イメージをもとに紹介文を構想する。
創作制作する	イメージを言葉に置き換える。	旋律を記譜したり、言葉で表したりする。	アイディアスケッチを制作する。	紹介文を作る。
他者に紹介する	根拠を明確にして話す。	イメージした旋律を紹介する。	アイディアスケッチを紹介する。	紹介文を発表する。
構想を練り直す	思考を上位項目と下位項目に整理する。（ロジックツリー）	イメージにあった旋律になるよう練り直す。	イメージにあうアイディアスケッチになるよう構想を練り直す。	わかりやすく、魅力が伝わる紹介文を考える。
創作制作する	下位項目の言葉を手がかりにキャッチコピーを作る。	イメージにあった旋律を創作する。	壁画のデザイン画を制作する。	適切な形容詞を選び、紹介文を作る。
作品を紹介する	完成したキャッチコピーを発表する。	完成した作品を紹介する。	完成した作品を紹介する。	完成した紹介文を発表する。

教科横断的な能力の育成につながると考えた。また、生徒が各教科の結び付きを意識することによって、学習意欲が喚起され、学習への主体的な取り組みが促されることや社会とのつながりを意識する動機になることも期待できる。

(5) 題材の目標

①徳島のイメージと音楽の特徴（モチーフの反復や変化などの構成）との関わりに関心をもち、それらを生かした徳島駅の発車メロディーをつくる学習に主体的に取り組む。

②音楽を特徴付けるモチーフや、モチーフの反復や変化などによる構成を知覚し、それらの働き

が生み出す特質や雰囲気を感じ取りながら、構成を工夫して、どのように発車メロディーをつくるかについて思いや意図をもつ。

③モチーフやモチーフの反復や変化などの構成を生かした発車メロディーをつくるために、必要な記譜の仕方を身に付ける。

(6) 題材の評価規準

楽への関心・意欲・態度	音楽表現の創意工夫	音楽表現の技能
① モチーフやモチーフの反復や変化などの構成に関心をもち、旋律をつくる学習に主体的に取り組もうとしている。 ② 音楽を特徴付けるモチーやモチーフの反復や変化などの構成を知覚し、それらの働きが生み出す特質や雰囲気を感じ取ろうとしている。	①音楽を特徴付けるモチーフや、モチーフの反復や変化などの構成を知覚し、それらの働きが生み出す特質や雰囲気を感じ取りながら、構成を工夫して、どのように旋律をつくるかについて思いや意図をもっている。	①モチーフやモチーフの反復や変化などの構成を生かした発車メロディーをつくるために、必要な記譜の仕方を身に付けている。

(7) 指導と評価の計画（6時間）

時間	◆ねらい　○学習内容　・学習活動	評価規準・評価方法
1	◆山手線の発車メロディーを聴き、音楽を形づくっている要素（旋律・リズム・音色・構成）やそれらの働きが生み出している雰囲気を感じ取る。 ○参考曲として、山手線の発車メロディーを聴き、音楽を形づくっている要素（旋律・リズム・音色・構成）やそれらの働きが生み出している雰囲気を感じ取る。 ・修学旅行で使用した山手線の発車メロディーを聴き、どのような特徴があるのか旋律、リズム、音色、構成を窓口として、捉える。 ・発車メロディーの特徴を楽譜を手がかりとして、旋律の規則性を見付けることで分析する。 ・モチーフを理解したり、記譜を行ったりするために、短いモチーフをつくる。	〈評価の場面Ⅰ〉 《音楽の関心・意欲・態度②》 音楽を特徴付けるモチーフやモチーフの反復や変化などの構成を知覚し、それらの働きが生み出す特質や雰囲気を感じ取ろうとしている。 〈観察〉〈ワークシート〉
2 3 4	◆徳島駅のイメージにあった発車メロディーを創作する。 ○徳島を象徴するものとして、自然・観光名所・特産物・伝統芸能の4つの視点から旋律のイメージを構想する。 ・国語科でまとめた徳島のイメージポートフォリオや、美術科でのあわ踊り空港の壁画の構想を参考にしながら、徳島駅にあった旋律についての構想を練る。 ○徳島のイメージと音楽のの構成を関わらせながら、徳島駅の発車メロディーの構成を考える。	〈評価の場面Ⅱ〉 《音楽の関心・意欲・態度①》 モチーフやモチーフの反復や変化などの構成に関心をもち、旋律をつくる学習に主体的に取り組もうとしている。 〈観察〉〈ワークシート〉 〈評価の場面Ⅲ〉 《音楽表現の技能①》 モチーフやモチーフの反復や変化などの構成を生かした発車メロディーをつくるために、必要な記譜の仕方を身に付けている。〈ワークシート〉

時間	◆ねらい ○学習内容 ・学習活動	評価規準・評価方法
5	○グループで発車メロディーの構想を紹介する。 ○グループでの意見交換をもとに、発車メロディーの構想を再考して旋律創作に生かし、作品を完成させる。	〈評価の場面Ⅳ〉 《音楽表現の創意工夫①》 音楽を特徴付けるモチーフや、モチーフの反復や変化などの構成を知覚し、それらの働きが生み出す特質や雰囲気を感じ取りながら、構成を工夫して、どのように旋律をつくるかについて思いや意図をもっている。 〈作品〉
6	○完成した作品を紹介する。	

(8) 思考・表現過程の具体化

> 徳島駅を象徴する発車メロディーを創作するために、すべを選択し用いることを通して徳島を
>   　　　　　　　　　　　　　　　　　　　　　　　(学習内容)
> イメージする伝統芸能や特産物、自然などと音楽を形づくっている要素（旋律・音色・リズム
> ・構成）を関わらせながら発車メロディーを構想し、創作する。
>   　　　　　　　　　　　　　　　　(思考の要素)　(表現の要素)

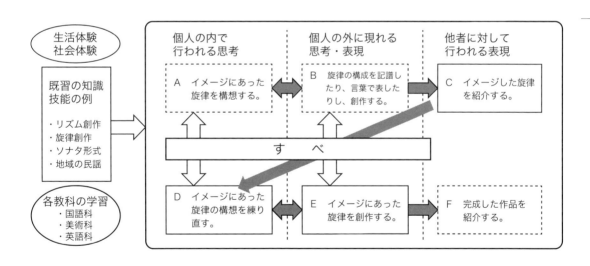

(9) 創作の過程
①第1時の学習活動〈題材の導入〉

題材の導入として、修学旅行で利用した山手線の発車メロディーを聴き、どんな感じがするか音楽についてのイメージや聴いたときの自分の気持ちを意見交換したり、発車メロディーにつけられているタイトルを予想するゲームを行ったりした。次に楽譜も参考にしながら、その「どんな感じ」や「聴いたときの気持ち」がどのような音楽の特徴によって生み出されているのか、旋律の特徴について規則性を見付けた。「同じ旋律が繰り返されている」「明るい」「比較的音が高い」「覚えやすい旋律になっている」等の意見があげられた。そういった山手線の旋律の特徴を参考にし、「徳島駅の発車メロディーをつくろう」という次時からの学習課題の予告を行った。

②第2～4時の学習活動〈学習課題の設定・創作〉

第2時では、まず具体的な自己課題を設定するために、まず徳島駅や徳島駅周辺の状況について、生徒が普段から感じていることや新聞記事（徳島新聞12月2日）から現状について話し合った。

```
        発車ベルの現状について
○シンプル              ▲地味
○合図の機能は果た      ▲特徴がない
  している            ▲感情がない
○素朴な感じ            ▲冷たい感じがする
```

```
        駅周辺の状況について
＊駅を中心としたイベントの増加により県外からの
  観光客の増加。
＊飲食チェーン店やドラッグストアなどの相次ぐ開
  店準備に伴い、県外からのビジネスマンの増加
＊ホテルの増・新築の増加
```

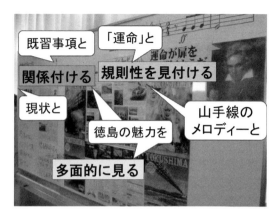

写真1 学習過程を示した板書

このような現状から、生徒がそれぞれに自己課題を設定し、どのような発車メロディーにしたいか、すればよいか旋律の構想を練った。この構想を練る際に、徳島の観光パンフレットやインターネットで情報を収集し、国語科や美術科で分類整理した地域のイメージや言葉やアイデアスケッチで表現するという考え方を参考にしながら発車メロディーのイメージをもち、どのような発車メロディーにしたいかという音楽のイメージと音楽の特徴を関係付けていった。音楽のイメージと特徴を関係付ける際に、音楽科ではさらに地域の音楽（阿波よしこのや第九、祖谷の粉ひき歌、徳島県民の歌）という視点を加え、山手線の発車メロディーから音楽全体の構成や既習事項であるベートーヴェンの「交響曲第5番」での動機（モチーフ）を手がかりに旋律の創作を行った（**写真1**）。第3時・第4時の創作する過程では、キーボードやリコーダーを用い、実際に音で表現しながら試行錯誤することを大切にした。記譜については、苦手意識を持つ生徒も少なくないため、五線譜に表す方法と、記録譜（リズムと階名）で表す方法

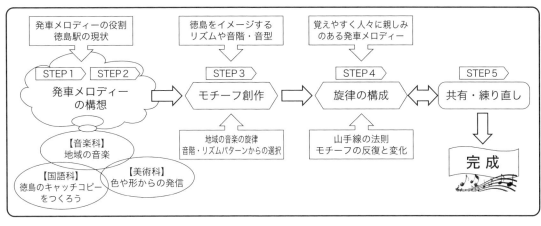

図5 生徒に示した題材（創作過程）の流れ

を選択させた。また、教師が聞き取りを行い、記譜を行った生徒もいた。2時間で生徒全員が作品を形にすることができた（**図5**）。

③第5時の学習活動〈作品の中間発表・練り直し〉

第5時は、4人の学習班で中間発表を行った。学習班については、構想のイメージが類似している生徒同士の4人班に教師がグループ分けを行った。中間発表については、作曲ソフトが入ったタブレットを用いながら、作品の紹介を行った（**写真2**）。1班に1台ずつであるため、生徒の作品をあらかじめグループごとに教師が作曲ソフトに入力しておき、それを生徒が再生し紹介し合った。演奏技能にも差があるため、作曲ソフトを用いることによって、自分が創った作品をスムーズに伝えることができた。また客観的に自分の作品を聴くことができるため、構想を練り直す際にも効果的に働いた。相互評価の形式についても美術科と連携し、バランスシートを活用して評価の可視化を図った（**図6**）。グループでの発表を

写真2 グループでの発表の様子

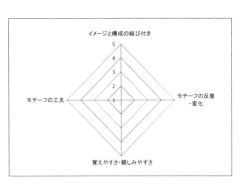

図6 相互評価のバランスシート

写真3 作品の再考の様子

終え、仲間からのアドバイスやバランスシートの観点を参考にしながら、タブレットやキーボードを用いて構想の練り直しを行ったが、修正を加えた生徒は、1/3程の生徒で、多くの生徒が音色や速度などさらに工夫を加えるという展開となった（**写真3**）。

④第6時の学習活動〈題材のまとめ〉

本題材のまとめとして、全体での共有を行った。タブレットを用い、修正や工夫を加えた完成した作品を紹介し合い、本題材の振り返りを行った。

(10) 考察

①評価規準による目標到達状況

本時の完成した作品を、評価規準に照らし合わせて評価を行うと次のようになった（表6）。

《音楽表現の創意工夫》音楽を特徴付ける構成を知覚し、それらの働きが生み出す特質や雰囲気を感じ取りながら構成を工夫する思いや意図をもっている。	A	28%
	B	72%
	C	0%

表6 評価規準に基づいた評価の割合

Aと判断した生徒作品の例

【作品①】「阿波の風景」

♩=96

【作品②】「徳島めぐり」

♩=96

【作品③】「徳島の和」

♩=100

②教科連携による思考の要素「構想する」の育成についての考察

生徒の思考・表現過程（ワークシートによる可視化）から、育成を目指す思考の要素「構想する」、「アイデアを生み出しまとめる力」について考察する。

【考察例】

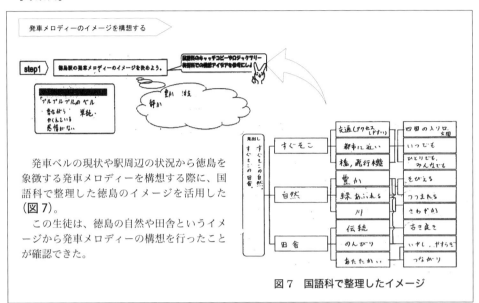

発車メロディーのイメージを構想する

発車ベルの現状や駅周辺の状況から徳島を象徴する発車メロディーを構想する際に、国語科で整理した徳島のイメージを活用した（図7）。

この生徒は、徳島の自然や田舎というイメージから発車メロディーの構想を行ったことが確認できた。

図7　国語科で整理したイメージ

そして、発車メロディーを「豊か」「静か」「活気」というイメージを持って、モチーフを構想した。その際に、活用カード（図8）を活用したり、徳島の地域の音楽を参考にしたりしながら、イメージを音へと構成していった。

この生徒は、「静か」というイメージからリズムを「なめらかな感じにしたい」、また「活気」というところから、跳躍進行を用いた。

図8　活用カード

2拍分のモチーフを、反復や変化という山手線の旋律の規則性を活用して、旋律全体の構成を組み立てた。

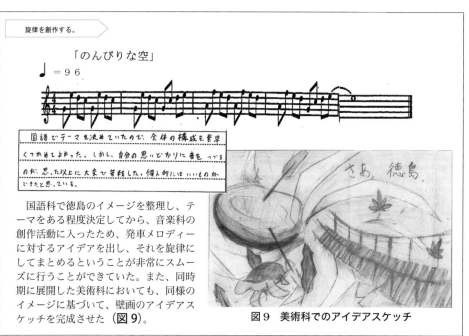

図9 美術科でのアイデアスケッチ

国語科で徳島のイメージを整理し、テーマをある程度決定してから、音楽科の創作活動に入ったため、発車メロディーに対するアイデアを出し、それを旋律にしてまとめるということが非常にスムーズに行うことができていた。また、同時期に展開した美術科においても、同様のイメージに基づいて、壁画のアイデアスケッチを完成させた（**図9**）。

5 成果と課題

5-1 成果

①思考の要素にポイントを置いた教科連携を行い、共通した学習過程によって授業展開を行うことで、生徒も思考・表現過程の流れを理解することが容易になり、ねらいとする力の育成を図ることができた。

②学習課題設定について、生徒の日常生活や社会の諸問題から教科共通で課題を取りあげたことによって、生徒の学習意欲が喚起され主体的に取り組めたとともに、必然的にすべを選択し用いられたことによって、思考が促された。

③ICT機器（作曲ソフト）を活用することによって、技能を補うことで、思考力等の育成にあたることができた。

5-2 課題

①本実践以外での教科連携の方策（連携の方法や連携可能な教科や題材等）について継続して検討する必要がある。

②連携したことによる生徒の能力の伸びを、評価する方法を検討する必要がある。

◉注

1　長島真人（2014）「音楽によって育まれる生きる力——音楽科教育の本質と可能性を問い直す」広島大学附属小学校教育研究会『学校教育』No.1165、9月号、p.6、下線は筆者による。

2　M. テイト・P. ハック（1991）『音楽教育の原理と方法』千成俊夫・竹内俊一・山田潤次訳、音楽之友社、pp.123-125。テイトとハックは、経験的語彙を、音の現象に対する個人個人の反応を記述する語彙であり、音楽の経験を内面化する過程として、具象的なイメージ、隠喩、アナロジーの3つの階層で捉え、語彙を列挙している。具象的イメージは、視覚的に描けるような事物や事柄を示すものであり、初期のイメージである。次の段階である隠喩に進むと、内面的になり、感情の動きや質を伴った具体的な人間感情のイメージになる。そして、アナロジーの段階に進むと、さらに抽象的な感情のイメージになり、展開する音の出来事に自分を重ね、生きることに関わるダイナミックスのイメージになる。テイトは、さらに、Tait, M. (1988)"Further Reflections on the Language Connection" *Music Educatin in the States*, The University of Aalabama Press において、さらに経験的語彙について省察し、詳細に述べている。

◉参考文献

音楽之友社編（1981）『最新名曲解説全集　16　独奏曲Ⅲ』音楽之友社

M. テイト・P. ハック（1991）『音楽教育の原理と方法』千成俊夫・竹内俊一・山田潤次訳、音楽之友社

一柳富美子（2007）『ムソルグスキー　展覧会の絵の真実』東洋書店

文部科学省（2008）『中学校学習指導用要領解説　音楽編』教育芸術社

国立教育政策研究所（2011）『評価規準の作成、評価方法等の工夫改善のための参考資料【中学校音楽】』教育出版

上原祥子（2013）『中等音楽科教育における言語の役割に着目した授業の構想と実践に関する研究』鳴門教育大学大学院　修士論文

長島真人（2014）「音楽によって育まれる生きる力——音楽科教育の本質と可能生を問い直す」広島大学附属小学校　教育研究会『学校教育』No.1165、9月号

松澤健（2015）『鉄のバイエル　鉄道発車メロディ楽譜集 JR東日本編』ダイヤモンド社

音楽鑑賞教育における音楽の視覚化の活用

小島 千か

はじめに

　音楽鑑賞の本質は音楽美の享受であり、それは個人的に行われるもので教えることができないため、音楽鑑賞教育では、学習者自身が美的享受できるような準備や下地をつくることが肝要であることは多く述べられてきた（浜野, 1973, p.171、渡邊, 2004, p.26）。そのためには、学習者が能動的に音楽に耳を傾け、鳴り響く音楽を通して音楽の諸要素や構造の特徴を聴き取り理解できるようにする指導が必要である。そこでは、学習者に聴き取ってほしいと教師が考える音楽の諸要素や構造に着目して指導することになる。しかし聴取行為はすべて学習者の内面的なものであるため、学習者がこの聴き取ってほしい部分に耳を傾けているかどうか分からないし、教師もそれを確認することは難しい。

　このような音楽鑑賞に至るための聴取活動において、学習者が音楽の特徴を視覚的に表現する活動を行うことは、効果的な指導方法の一つになると考えられる。筆者は、大学生の教養科目や教職科目の授業で、西洋音楽の聴取活動に音楽の視覚化を関わらせてきた。その授業実践を通して明らかとなったこの活動の利点と限界を提示することにより、音楽鑑賞教育に関する一視点を示したい。

1　音楽の諸要素および構造と造形要素および造形方法との関連

　筆者の考える音楽の視覚化は、例えばスメタナ作曲の《モルダウ》を聴いて川の情景を描くなど、標題的な音楽を聴いてその情景や雰囲気などを絵にするものではない。音楽の諸要素や構造を線、色、形などの造形要素で表すものである。音楽の諸要素と造形要素の関連は、多くの芸術家によって示されてきた。スクリャービンとリムスキー＝コルサコフは、各音階と色彩を結びつけている。例えば、スクリャービンはハ長調を赤として、リムスキー＝コルサコフは白として示してい

る（ハリソン, 2006, p.143）。またスクリャービンは、鍵盤を押すと色の光を放射するピアノをオーケストラ曲の中で用いており、色彩によって調を強調している。カンディンスキーは、色彩の特徴を楽器の音色に譬えている（カンディンスキー, 1958, pp.99-112）。これら音階や楽器の音色と色彩の関連は、個人的な譬えで普遍的なものではないが結びつけることが可能なものである。画家であるパウル・クレーは、ヴァイオリン演奏がプロ並みで音楽に造詣が深かったため、音楽の諸要素や構造が視覚化された作品が多数ある。リズムは線や形の反復として、旋律は線の動きとして、拍子は指揮棒の動きに譬えて特定の形の反復として示している。その他、ポリフォニーを「いくつかの独立したテーマの同時性」と定義し（ケーガン, 1990, p.51）、ポリフォニー音楽の構造の視覚化が試みられている。それは、色彩、面、色彩と素描、点描、線などの造形要素や手法の重なりで表現されている（小島, 2011b）。また音楽の特質である「時間」の視覚化も重なりで表現した[1]。ドローネーは動きや時間的なものを横長の画面で表した[2]。

以上のように、音楽の諸要素は造形要素で、ポリフォニーの構造や音楽の時間的な性質は重ねるという方法、動きやその時間的なものは画面の中で変化させるという方法で表現できる。このような視点から、音楽聴取に音楽の視覚化を関わらせることを行っている。

2 音楽の視覚化の利点と問題点

西洋音楽の聴取を中心とした教養科目の授業では、ほとんど毎回授業の最初に短い楽曲を3回程度聴き、その音楽の特徴を線、色、形などで視覚化する活動を行っている（小島 2006, 2011a）。また授業1時間全てを使い、交響曲の一部分を繰り返し聴きながらその一部分の特徴を視覚化する活動も行っている。このように、音楽聴取と聴取曲の特徴を視覚化する活動を多く行ってきた受講生に、この活動に対する意見聴取を目的として2013年度、2014年度、2015年度の最後の授業日にアンケートを行った[3]。質問項目は四つあり、問1は音楽を聴いて視覚的に描く活動を行ってきて、音楽の聴こえ方に変化があったかどうかを四つの選択肢（図1）から選び（複数選択可）「その他」として自由に記述してもらうものである。問2は、この活動について感じたことを七つの選択肢（図2）から選び（複数選択可）、「その他」として自由に記述してもらうものであ

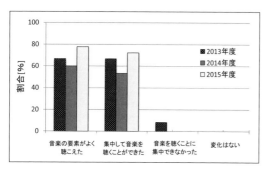

図1　音楽聴取に音楽の視覚化を関連させた効果

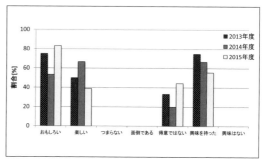

図2　音楽聴取と音楽の視覚化を関連させた活動に対する感想

る。問3は、授業で取り上げた楽曲を示し印象に残っているものをすべて選んでもらうもの、問4は、授業の感想を自由に記述してもらうものである。ここでは、問1、問2の結果からこの活動の利点と問題点について示す。

問1では、3年間で1名を除く全ての受講生がアンケートの選択肢「音楽の要素がよく聴こえた」もしくは「集中して音楽を聴くことができた」あるいはその両方を選択した。また、その他の意見としては、「主旋律だけでなく、他のパートや楽器などについても考えるようになった」「曲全体の構成を意識して聴くようになった」があった。

問2では、「おもしろい」「楽しい」「興味を持った」といった肯定的な回答に加えて「得意ではない」の回答が比較的多く示された。しかし、「得意ではない」の単独での回答は1名で、その他は肯定的な選択肢と組み合わせて回答されていた。その他の意見では、「数分間で表現したいことをまとめるのは少し難しかった」があった。

以上から、この活動が能動的な音楽聴取や音楽の諸要素や構造の聴き取りに対して、ある程度効果があるという利点が明らかとなった。一方で描く活動自体が好きではなく得意ではないと考えている場合は、必ずしも効果的な聴取活動になるとは限らない。しかし、この活動の利点は聴取時だけでなく、聴取後に完成した視覚的作品を活用することができることにもある。視覚的作品を通して、受講生が他者と聴取内容を共有したり、教師が受講生の聴取内容を把握したりする一助になる。また、教師が視覚的作品を通して、聴取曲の音楽の諸要素や構造を受講生に説明することもできる。音楽の視覚化が、能動的な音楽聴取や音楽の諸要素や構造の聴き取りを促す程度は、受講生によって異なる。しかし、完成した視覚的作品を指導に活用することは、全ての受講生に何らかの効果があると考えられる。なぜなら、音楽の構造や形式を把握するためには、それらを空間的・視覚的に意識することである（クック, 1992, pp.52-53）からである。

音楽の視覚化は、線、色、形などの造形要素で行うことを基本としたが、具体物等が思い浮かんだ場合は、それを表現してもよいこととしている。したがって、音楽の諸要素や構造に直結するような視覚的表現ばかりではない。しかし、受講生の理解の程度は定かではないが、受講生の作品の中に、音楽の諸要素や構造の特徴が視覚化されていると解釈できる作品が必ず存在する。そのような作品が指導に活用できると考えている。

3　音楽聴取と音楽の視覚化を関連させた活動

大学生を対象にした授業における活動の手順を示し、四つの活動例における聴取目標、聴取曲、聴取方法、視覚化の方法、および指導に活用できる作品例を示す。

活動の手順

1. 受講生は、聴取曲を聴く（聴く回数は、聴取曲の長さや視覚化の方法との関連で教師が予め決める）。視覚化の方法は、色鉛筆で描くか色紙の切り貼りである。色鉛筆の場合は、音楽の特徴を線、色、形で表すこと、色紙の切り貼りの場合は、音楽の特徴を色や形で表すことを指示する。最初の1回は聴くのみとし、2回目以降は聴きながら視覚化の活動を行う。
2. 受講生は、聴取曲と完成した視覚的作品の関連

についてのコメントを用紙に記述する。また、聴取曲と視覚的作品の関連を口述する（全員の前での発表、隣近所の受講生同士での話合いなど）。
3. 教師は、聴取目標の音楽の特徴が表現されていると解釈できる作品を例として挙げ、聴取目標とした聴取曲の特徴を中心に説明する。

次に四つの活動例として取り上げる内容は、西洋音楽の聴取と音楽の視覚化を行っている教養科目、芸術理論に関する教養科目、小学校教員を目指す学生の教職科目の三つの中で行ったものである。以下、西洋音楽の聴取と音楽の視覚化を行っている教養科目を「教養科目A」、芸術理論に関する教養科目を「教養科目B」、小学校の教員を目指す学生の教職科目を「教職科目A」として示す。

3-1　活動例1：明確な構造を捉える

ポリフォニー的な音楽を理解することは、西洋音楽の理解に欠かせないと考え様々な授業で扱っている。教職科目Aでは、カノンの鑑賞、演奏、創作を関わらせた授業を行い、その中でカノンの聴取とその特徴の視覚化を行っている。カノンは、同じ旋律をずらして追いかける形であるため、聴き取りやすく視覚化しやすいと考えられる。パウル・クレーは、バウハウスにおける造形理論の講義ノートにおいて、赤・黄・青の三原色が関わり合いながら移り変わっていく様子をカノンに譬え、同じ形をずらして反復する図で示している（クレー, 1988, pp.176-180）。J.S. バッハ作曲《音楽の捧げもの》より「4声のカノン」は、楽器指定はないが高さの異なる四つの楽器で一つのメロディーを模倣するため、カノンの構造が捉えやすい

と考えている。この楽曲は2分程度の長さであり、全曲を繰り返し聴取することが可能であるため聴取曲として用いている。

聴取目標：カノンの構造を捉えること
聴取曲：J.S. バッハ作曲《音楽の捧げもの》より「4声のカノン」
聴取方法：全曲を3回程度聴く
視覚化の方法：B5の用紙に色鉛筆で描く
作品例（2016年度の教職科目A）：目標であるカノンの構造を表現していると解釈できる作品は、異なる楽器で演奏される旋律が順番に重なることが視覚化されているものである。聴取に用いているCDは、ヴァイオリン、フルート、ヴィオラ、チェロの順でカノンが演奏されている。図3-1と図3-2は、線的な表現で4声部を順に色を変えて示している。最後のチェロの部分は、図3-1では青、図3-2では茶色といった他の声部を表した線より暗い色が用いられている点で共通している。このような点からは、これらの作品を用いて演奏楽器の順番やその音色についての説明ができる。本例も含めこれまでの実践では、音の重なりによるハーモニーや「暗い感じ」といった調に関わる

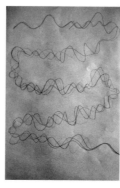

図3-1　カノンの聴取による作品　　図3-2　カノンの聴取による作品

特徴も視覚化されており（小島, 2008）、カノンの構造だけでなく音楽の諸要素の特徴について、視覚的作品を活用して説明ができる。

3-2 活動例2：特徴的な一部分の聴取から楽曲全体の鑑賞へつなげる

交響曲のような長大な楽曲では、聴取の目標として何を聴き取るかという設定が難しい。しかし、それぞれの楽章の形式やその中にある主題などを把握することは、その楽曲の理解にとって欠かせない。そこで交響曲を聴取曲として、その中で主題などの特徴的な一部分を繰り返し聴きながらその一部分の特徴を視覚化する活動を教養科目Aと教養科目Bで行っている。ベートーヴェン作曲《交響曲第9番》第4楽章の「歓喜の歌」は、小学校や中学校の音楽教科書で取り上げられてきたこともあり有名である。しかし、それ以外の部分はあまり知られていないと考えられる。そのようなあまり記憶されていないと考えられる主題をいくつか取り上げている。この曲は、土田（2003, p.9）が「音楽の百科事典」「音楽史の要約」と説明しているが、様々な音楽的特徴を含んでいる。土田は、この楽章は11の部分から成り、それらを大きく二つのまとまりに分けることができるとしている。前半は1〜7で後半は8〜11である。授業では、6の部分で器楽による急速なフガートの一部分、8の部分の前半で男声合唱による単旋律聖歌の部分、8の部分の後半でホモフォニックな「祈り」の合唱の部分を聴取曲として取り上げている。この3カ所は、ポリフォニー、モノフォニー、ホモフォニーといった音楽の構造の違いがある。これらの中から2カ所を1時間（90分）の中で聴取し視覚化を行っている（取り上げた2カ所は年度によって異なる）。このように一部分を繰り返し聴き視覚化することによりその部分を記憶し理解した上で、第4楽章全体を鑑賞することで受講生の鑑賞活動が深まると考えられる。以下取り上げている3カ所について示す。

（1）急速なフガートの部分

聴取目標：歓喜主題にもとづく急速な8分音符のフガート主題と鋭い付点音符のように聴こえる対位主題から成ることと、この二つの主題が様々な楽器で繰り返し演奏されることを捉え、ポリフォニー的な響きを感じ取ること

聴取曲：ベートーヴェン作曲《交響曲第9番》第4楽章より431小節〜462小節部分

聴取方法：20分程度繰り返し聴く

視覚化の方法：色紙の切り貼り

作品例（2016年度の教養科目A）：急速なフガート主題のイメージと考えられる細かく切った紙を貼付ける図4-1のような表現は多くの作品で見られた。この作品は、「旋律が2通りだったので、同系色を2通り集めた」「色系統ごとに形が違うのは、2通りの旋律が違ったから」とのコメントがあり、2つの旋律の特徴の違いが色と形で表現されている。それは、黄色・オレンジ系の正方形

図4-1　ポリフォニーの聴取による作品

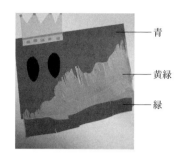

図4-2 ポリフォニーの
聴取による作品

の集まりと青系の長方形の集まりによるものである。

　具体物が表現された作品は、楽曲の説明時にはほとんど取り上げないが、この部分は例外である。土田（2003, p.10）は、この部分が行進曲であると説明している。これまでの実践では、この部分に対して行進に関連する具象的作品がつくられてきた。そのような作品を通して、この部分が8分の6拍子による行進曲であることが説明できる。図4-2は、「行進曲に聴こえ、青い空に草が生える土地をイメージした」と行進曲として捉え、具体物が表現されている。しかし、「弦楽器の細かい音の動きが草と結びついた」とのコメントもあり、フガート主題の特徴を捉えていることが分かる。このように、聴取目標以外の内容でも聴取曲の特徴に関わる視覚的作品を楽曲の説明に関連させることができる。

(2) 男声合唱による単旋律聖歌の部分

聴取目標：低音楽器（トロンボーン、チェロ、コントラバス）と男声合唱のユニゾンから成ることを捉え、モノフォニーの響きを感じ取ること

聴取曲：ベートーヴェン作曲《交響曲第9番》第4楽章より595小節～602小節部分

聴取方法：20分程度繰り返し聴く

視覚化の方法：色紙の切り貼り

作品例（2015年度の教養科目B）：**図5-1**は、「ユニゾンで動いていたので、似た切り口の形にしてそれを表した」とのコメントがあり、単旋律の重なりであることを捉え表現している。**図5-2**は、「人の声を低い音が包み込んでいる様子を表現した」とのコメントがあり、低音楽器と声の重なりを表している。**図5-3**は「音が重なって一つになっているように感じた」とのコメントがあった。これは、灰色を基調として大きさの異なる同様の形を4枚重ねたもので、シンプルな表現の中にモノフォニーの響きの特徴が感じられる作品である。**図5-2**と**図5-3**は、実際に単純な形の色紙を重ねることにより音の重なりが表されている。このように、いくつかの作品を通して聴取曲の特徴

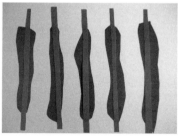

図5-1　モノフォニーの聴取による作品　　図5-2　モノフォニーの聴取による作品　　図5-3　モノフォニーの聴取による作品

を説明することができる。

(3)「祈り」の合唱の部分[4]
聴取目標：ホモフォニックな響きの変化を捉えること
聴取曲：ベートーヴェン作曲《交響曲第9番》第4楽章より627小節〜654小節部分
聴取方法：20分程度繰り返し聴く
視覚化の方法：色紙の切り貼り

作品例（2013年度の教養科目A）：図6-1は、「上から下へ時系列で表現した」とのコメントがあり、響きの変化を色彩の変化で捉えていると解釈できる。図6-2は、色に関しては「基本的に穏やかで静かな印象から暗い色と青を中心に配色した。紺色が多いのは、女声の高音に冷たさを感じたため。男声に温かみを感じたので、わずかに明るい暖色（ピンクやオレンジ）を入れた。しかし、男声に比べて女声が目立っていたわけではない」とのコメントがあり、声に着目されている。「緩やかなテンポから緩やかなカーブを基本としており、その中のシャープな形は、男声・女声の高音に結びついている」とのコメントからは、形の特徴がテンポや音高に関わっていることが分かる。

　図6-3は、図6-1とは逆に下から上に響きの変化を表している。最初の短調の響きを茶色で、徐々にクレッシェンドしていき、明るい響きの一撃が黄色である。その後、明るく柔らかでごく小さい響きが微妙に変化しながらクレッシェンドし頂点に達する部分がピンクの濃淡の部分である。最後の減7の和音による三連符の連続は不安な響きがあり、それを横棒の連続で表している。このように、調の変化による響きの変化、男声と女声の響きやその強弱などが配色や色の変化として表現されている。

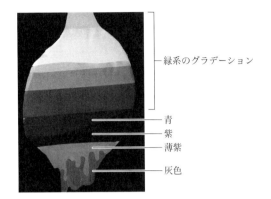
図6-1　ホモフォニーの聴取による作品

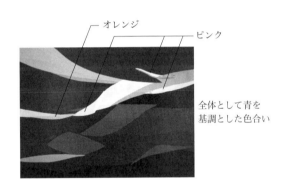
図6-2　ホモフォニーの聴取による作品

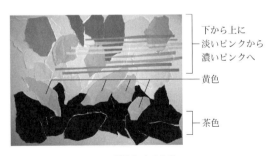
図6-3　ホモフォニーの聴取による作品

3-3　活動例3：旋律の特徴とその変化を捉える

音楽の変化を捉えることは音楽の理解に欠かせない。ABAで表される三部形式は、多くの場合AとBは性格の異なる主題であり、Aが再現されるため主題の旋律の特徴とその変化が捉えやすい。モーツァルト作曲《セレナード第12番》第3楽章は、Menuetto in Canone（カノンのメヌエット）と示されている。メヌエットの部分自体も三部形式で、オーボエとファゴットとクラリネットによる快活なカノンの主題の部分と中間部になめらかな旋律の部分がある。ホルンも響きに深みを加えている。中間部トリオは、オーボエとファゴットのみになり、流れるような主題による反行形のカノンである。このようにメヌエットとトリオの主題に明確な違いがあり、それらがカノンであることは視覚化に結びつきやすいのではないかと考えている。視覚化の方法は、主題の変化を表しやすくするために横長の帯状の用紙に色鉛筆で描く方法を用いている。

聴取目標：全体が三部形式であることと、メヌエットとトリオの旋律の特徴の違いを捉えること
聴取曲：モーツァルト作曲《セレナード第12番》第3楽章
聴取方法：2回通して聴く
視覚化の方法：横長の帯状の用紙に色鉛筆で描く

作品例（2012年度の教養科目A）：横長の帯状の用紙を用いたため、どの作品も楽譜と同様に音楽の移り変わりに合わせて左から右にその特徴の変化が表されていた。図7は、三部形式であることを縦線で区切って示している。メヌエット部分は、オーボエ、ファゴット、クラリネットの3種の楽器によるカノンであることを表しており、反復する長方形の中にオレンジ、青、茶色の三色が順に示されている。「リズムがはっきりしている」と記されており、長方形の連続からもその特徴が感じられる。またその右隣には、なめらかな旋律の部分も示されている。中間部トリオの部分における反行形のカノンは、ほとんどの受講生が気づかないが、この作品ではそれが明確に表されている。この部分は、2本のオーボエ同士と2本のファゴット同士が反行形のカノンを奏でているが、それを上下対称の2本一組の曲線を上下に2種描くことで示している。「2つ1組、やさしい」という記述もある。音楽の特徴が詳しく聴き取られ視覚化されている。

3-4　活動例4：モティーフの特徴と主題の変化を捉える

ベートーヴェン作曲《交響曲第5番》の冒頭の運命のモティーフは、知らない人はいないくらい有名である。このモティーフは少し姿を変えてはいるものの全楽章に渡って現れる。それらは、異なる拍子で音価やテンポも異なるため気づきに

図7　カノンと反行形のカノンによる三部形式の聴取による作品

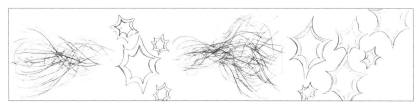

図 8-1　第 1 主題と運命のモティーフの変形による主題の変化

図 8-2　第 1 主題と運命のモティーフの変形による主題の変化

くいものもある。第 3 楽章では 4 分の 3 拍子の中で用いられており、三連符のように聴こえる。またこのモティーフは、マーラー作曲《交響曲第 5 番》の第 1 楽章でも三連符の形で用いられ、ベートーヴェンの《交響曲第 5 番》を意識してつくられたとされている。この 2 曲における同様のモティーフ「タ・タ・タ・タン」を聴き比べることにより、それらが似ていることに気づくことを目標とした。聴取部分は、2 曲とも同様のモティーフによる主題部分と、それとは性格の異なる主題が交互に現れる部分とした。これらの主題の移り変わりも聴き取ってほしいと考え帯状の用紙を用いた。また、「タ・タ・タ・タン」というリズムが視覚化に結びつきやすいのではなかと考えた。

(1) ベートーヴェン作曲《交響曲第 5 番》第 3 楽章

聴取目標：運命のモティーフの変形による主題と、それとは性格の異なる主題を捉え、二つの主題が交互に現れることに気づくこと

聴取曲：冒頭からスケルツォ主題の終わり（140 小節目でトリオの前）まで

聴取方法：20 分程度繰り返し聴く

視覚化の方法：横長の帯状の用紙に色鉛筆で描く

作品例（2016 年度の教養科目 B）：**図 8-1** は、なめらかな第 1 主題を線的な表現で、運命のモティーフの変形による主題（第 2 主題）を弾けるような六角形や七角形で示し、それらが繰り返し出てくることを表していると解釈できる。**図 8-2** は、「タ・タ・タ・タン」というリズムの特徴が三角形の連続で示されていると解釈できる。

(2) マーラー作曲《交響曲第 5 番》第 1 楽章

聴取目標：運命のモティーフの変形に似たモティーフ（以下、三連符モティーフと示す）による主題と、それとは性格の異なる主題を捉え、二つの主題が交互に現れることに気づくこと

聴取曲：冒頭から 87 小節目まで

聴取方法：20 分程度繰り返し聴く

図9　三連符モティーフの主題と悲しみの主題の変化

視覚化の方法：横長の帯状の用紙に色鉛筆で描く作品例（2016年度の教養科目B）：**図9**は、冒頭のトランペットのファンファーレが三連符モティーフを奏でる部分を黄色とオレンジの細かい縦線で示し、盛り上がって全楽器での演奏になる部分は、大きく広がった形で表されている。その後、弦楽器による厳かな悲しみの主題の部分が真中に線的な表現で描かれ、再び最初の三連符モティーフによる主題が現れることを表していると解釈できる。

4　考察

音楽聴取の指導に音楽の視覚化を関わらせるためには、聴取曲と聴取目標と視覚化の方法を関連させて考えることが重要である。

聴取曲は、音楽の諸要素や構造が明確で捉えやすいものが相応しい。音楽の要素や構造が分かりづらい場合は全体的な印象を表現したものになってしまい、その作品を聴取曲の特徴の説明に活用することが難しい。例えば、シェーンベルク作曲《3つのピアノ曲》は最初期の無調の曲であり、第1曲は、冒頭主題の中のモティーフやその音程が至るところに現れるとはいえ、明確な構造や特徴的で捉えやすい要素がない。そのため聴取に伴った視覚化では、**図10-1**、**図10-2**のような黒を基調とした表現になることが多かった[5]。これらは、この楽曲の特徴の説明には使えない。無調であることに気づくことは聴取目標の一つであったが、「無」を視覚的表現することは難しい。このように指導に活用できる作品がつくられることがあまり望めないものは、視覚化を行う聴取曲としては不向きである。

聴取目標については、活動例2のように音楽

　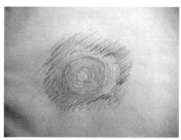

図10-1　無調の曲の聴取による作品　　図10-2　無調の曲の聴取による作品

の特徴的な構造を捉えることを目標とする場合は、より焦点化した聴取曲をつくる必要がある[6]。焦点化して短い音源にすればするほど、視覚的作品にもその特徴が表れやすい。しかし、あまり短い部分を繰り返し聴取することは、飽きや集中力低下につながる可能性があり、適当な長さを考える必要がある。

視覚化の方法は、音楽の一部の構造を捉えることを目標とするか、変化を捉えることを目標とするかで、用紙の形状や表現素材を考える必要がある。色紙の切り貼りは、作品を仕上げるのに時間がかかるが、音楽の重なりは、実際に紙を重ねることによって、音楽の動きは、折り曲げ浮き立たせるなどの立体的な表現で、力強さは画面をはみ出すような形としても表現できる[7]。

音楽の視覚化では、「どんな音楽の諸要素を聴き取り」と「どのように感じたか」を同時に示すことができる（小島、2008, p.147）。図5-1と図5-3は男性合唱と低音楽器の重なりを似た色合いで表しており、同様に図6-1と図6-2はハーモニーを似た色合いで表している。これらは音色やハーモニーに対して「どのように感じたか」が似ていると解釈できる。学習者が音楽の諸要素の特徴から聴き取り感じ取ったことや、把握した音楽の構造をより表現しやすい視覚化の方法を、教師は聴取曲に応じて考える必要がある。それには教師自身が音楽聴取に伴って視覚的表現を行い、どのような視覚化が可能なのかを試してみる必要もあると考える。それにより、学習者が聴取により表した作品から、どのような音楽の諸要素や構造を聴き取り感じ取ったのかを解釈し指導に活かす視点が深められると考える。図6-2はN教員が、図6-3は筆者が授業中に受講生と共につくったものである。当時、筆者は音楽を聴いた印象だけからつくり、後から楽譜や解説文を改めて見ることを通してこの部分の理解が深まった。

おわりに

音楽鑑賞に至るための音楽聴取活動において、音楽の特徴の視覚化を関連させる指導方法は、音楽の諸要素や構造が明確で捉えやすい聴取曲を用いて、聴取目標と視覚化の方法を関連させて考えることにより効果がある。しかし、学習者たちの鑑賞行為を支える聴取指導としては、限られた楽曲になってしまう。楽曲の特徴に応じた聴取指導の方法を考えていくことが、音楽鑑賞教育に求められる。

●注

1　クレーの日記のNo.871（1910年）で示している。
2　後藤（デュヒティング、2009, p.106）は、絵画における色彩運動を読み取る時間的な運動を横長の画面によって強調することをドローネーが試みていると述べている。
3　受講生は、2013年度が15名、2014年度が15名、2015年度が19名である。アンケートの回答者は、欠席者がいたため2013年度が12名、2014年度が15名、2015年度が18名である。
4　土田（2003, p.14）は、この部分を「最も神秘的」「想像力にあふれた和声進行が聴きどころ」と指摘している。
5　図10-1、図10-2は、2007年度の教養科目Aの授業でつくられたものである。
6　筆者は音楽制作ソフトのガレージバンドを用いて、必要な音楽の部分を切り出して聴取曲をつくっている。
7　これまでの実践では、立体的な作品や画面をはみ出す作品が必ずつくられた。

◉ 参考文献——————

カンディンスキー、ワシリー（1958）『抽象芸術論——芸術における精神的なもの』西田秀穂訳、美術出版社

クック、ニコラス（1992）『音楽・想像・文化』足立美比古訳、春秋社

クレー、パウル（1988）『パウル・クレー手稿 造形理論ノート』西田秀穂・松崎俊之訳、美術公論社

ケーガン、アンドリュー（1990）『パウル・クレー／絵画と音楽』西田秀穂・有川幾夫訳、音楽之友社

ケルステン、ヴォルフガング編（2009）『新版 クレーの日記』高橋文子訳、みすず書房

小島千か（2006）「共通科目『音楽の分析と表現』の今後の課題——音楽からイメージして表現された学生の作品分析を通して」『教育実践学研究』（山梨大学教育人間科学部附属教育実践総合センター研究紀要）No.11, pp.1-11.

小島千か（2008）「音楽鑑賞の指導と評価に関する実践的研究——西洋音楽における音楽の諸要素と視覚的イメージの関連に着目して」『音楽教育実践ジャーナル』vol.5 no.2, pp.142 -149.

小島千か（2011a）「大学の教養教育における『音楽』と『美術』の連携——音楽の視覚化を中心に」『音楽教育実践ジャーナル』vol.8 no.2, pp.62-69.

小島千か（2011b）「音楽鑑賞授業における音楽構造の理解——パウル・クレーの絵画的ポリフォニー作品との関連を通して」『教育実践研究』（山梨大学教育人間科学部附属教育実践総合センター研究紀要）No.16, pp.22-37.

土田英三郎（2003）小型スコア《ベートーヴェン交響曲第9番》解説 pp.2-15, 音楽之友社

デュヒティング、ハーヨ（2009）『パウル・クレー 絵画と音楽』後藤文子訳、岩波書店

浜野政雄（1973）『新版 音楽教育学概説』音楽之友社

ハリソン、ジョン（2006）『共感覚 もっとも奇妙な知覚世界』松尾香弥子訳、新曜社

渡邊學而（2004）『音楽鑑賞の指導法——子どもの可能性を引き出す』音楽之友社

◉ 謝辞——————

美術科教育の新野貴則准教授には、芸術理論に関する教養科目の授業をご提供いただき、筆者の授業でも受講生の作品の講評をいただき衷心より感謝申し上げます。

「総合的・領域横断的な芸術表現教育」の指導者養成に関する実証的研究

初田 隆／木下 千代

1　研究の概要

　現代芸術のフィールドでは、既存の芸術領域の越境と融合・総合化が多様に展開されてきており、旧来の領域区分はさほど意味をなさなくなってきている。また、教育においては、今日求められている主体的で対話的な深い学びに向けて、子どもたちの感性や情操をはぐくむうえでも、諸感覚を統合的に働かせ表現する活動が有効であると考える。そこで、現代芸術の総合性に対応するとともに、総合的な芸術教育の意義を踏まえた実践を行うことができる教員の養成が、今後ますます必要になってくると思われる。

　しかし、藤沢が「音をかく子どもたち」の実践を始めたのは1949年頃からであり、1960年の時点では、「どんどん現場で試みられるようになって、今では『音を絵に描く』とか『音楽を絵にする』ことは全く珍しいことでなくなってきている」[1]と述べているが、現在思いのほか教育現場には浸透していない。1995年に野波は、小中学校における芸術教科の総合芸術教育のあり方に関してアンケート調査を行っているが、現行の教科では推進できない理由に、教師の資質や経験の不足、教材や資料の不足を挙げ、各教科の内容及び方法の再考と教員養成大学における教育改善が課題であるとしているが[2]、現在の実態とさほど変わっていない。筆者のグループでも、2011年に、大学生・現職教員を対象としたアンケート調査を行ったが、多くの教員は、音をかくといった学習に対する意義や効果に批判的であるというわけではなく、教員自らが学んだり行ったりした経験が不足しているため教材内容や指導方法が十分に理解できていないということが明らかになった[3]。

　そこで、総合的・領域横断的な芸術教育の実践が可能な教員の育成を図るためには、①教員養成大学（院）での教育改善（合科的な授業展開、新科目の開講など）、②教員を対象とした研修会の実施、③総合的・領域横断的な芸術教育のテキスト（理論、指導法、題材例等）の出版が有効であ

ると考えた。

筆者のグループでは、2008年より「感覚をつないでひらく芸術教育を考える会」[4]を結成し、音楽と美術・造形を関連づけた表現（学習）や、言語活動や身体活動を取り入れた総合表現（学習）の研究を進めてきている。そして同年兵庫教育大学「平成20年度大学院カリキュラム改革プロジェクト」（学内資金に基づく研究）において「総合的な芸術表現プログラム」の開発及び試行実践を行ない[5]、その成果を踏まえて平成23年度より大学院修士課程科目「総合芸術表現演習」を開講し、実施してきている（上記①への対応）。

続く研究（上記②に対応）として、限られた時間で集中的に理論や指導法、表現実技の習得を図ることが可能な「教員研修プログラム」の開発を行ってきた（図1, ❶）。大学や大学院での学習経験はないが、総合芸術表現への関心が高い教員が、短時間の研修を通して指導力を高め、学校現場での実践ができるように考えた。プログラムは、勤務大学主催の「教員研修講座」で2015年に実施した（❷）。プログラムの終了後、3名の受講生に、それぞれの勤務校で授業実践を行ってもらい（❸）、授業記録や児童の作品、アンケートなどから授業分析し（④）、研修プログラムが受講生に及ぼした成果を検証した（⑤,⑥）。本論では「総合的・領域横断的な芸術教育プログラム」の開発手順と、実施状況、並びに成果の一端を述べる。

尚、本研究は「『総合的・領域横断的な芸術表現教育』の指導者養成に関する実証的研究」[H26-28年度科学研究費基盤研究（C）課題番号26381200]の研究経過をまとめたものである。また、上記③に挙げた『テキスト』については現在検討中である。

2　「教員研修プログラム」の開発[6]

総合的・領域横断的な芸術表現学習を構想するにあたり、まず構成要素間の関連を考え、図2

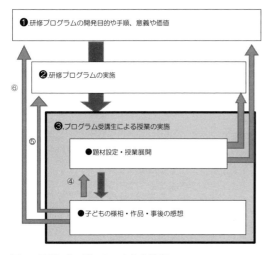

図1　研修プログラムの実施と評価

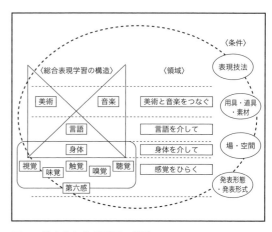

図2　総合的な表現学習の構造

のような構造を想定した。

美術表現（要素）と音楽表現（要素）を言語表現（要素）で結び、その基盤的要素として、身体、さらには感覚的・感性的な要素である五感及び第六感を置いた。

そして、この構造図に即して、「感覚をひらく」、「身体を介して」、「言語を介して」、「美術と音楽をつなぐ」という４つの領域を設定し、領域ごとに「活動類型」及び「基本的な活動」を導出した。続く手続きとしては、「表現技法」「表現用具」「学習（表現）形態」といった、活動を具体化するための条件を勘案し「具体的な活動」を設定することである（図3）。

図4に一例を示すが、「音を即興的に描く」という「基本的な活動」を具体化したもの（具体的な活動①）と「図形や絵のイメージを即興的に演奏する」を具体化したもの（具体的な活動②）を組み合わせ、「グループで即興的に図形譜を作って演奏しよう」というひとまとまりの「活動単位」を構成するのである。つまり、まとまりのある学習活動が行えるように「基本的な活動」の具体化を図り、いくつかの「具体的な活動」を組み合わせて「活動単位」に構成するということである。このようにして構成した「活動単位」を研修の目的や条件に応じて組み合わせ、研修プログラムを編成するのである。

次に、研修プログラムを展開していくうえでの留意事項や準備などを示す必要がある（図5）。

プログラムの展開は開始段階（オープニング）、展開段階（メインアクティビティ）、終末段階（クロージング）におよそ大別される[7]。

開始段階は、研修の目的や意義を説明し、受講者の目的意識と参加意欲を高める段階である。「研修カード」を活用することで、受講者自らが目的意識を鮮明化できるようにしたい。なお、表現が主となる研修であるため、受講者相互に自己表出がしやすいような親和的な場づくりをすることが重要となる。

続く展開段階では、前項で示した「活動単位」を逐次遂行していくことになるが、ステップアップが自覚できるような順序で、多様な活動を積み上げていく必要がある。活動中は、体験活動と知識が統合されるように配慮することと、例えば「自分が授業で行うとしたらどう指導するか」「子どもだったらどのような反応を示すだろうか」といったように、視点を転換させながら考察を深めるようにアドバイスする。また、受講者相互のコミュニケーションを活性化するとともに活動ごとにリフレクションを促すような働きかけが必要となる。

プログラムの終末段階では、通常ラップアップといわれる、これまでの活動をまとめ成果の自覚を促す活動と、今後この研修成果をどう生かしてゆくかというアクションメイキングを行う時間を取らねばならない。そのため、発表の場を設定し、表現の成果発表や意見交流、模擬授業等を行わせ、活動の振り返りと成果の自覚化を図り、達成感や自信を高めるようにするのである。

3　研修プログラムの実施[8]

2015年8月17日、「音楽＋図工＝？　総合的な表現活動を楽しもう」という題目で現職教員対象の研修講座を行った。10年研修の一環で参加した教員が11名、自主的参加が7名の計18名の受講者を得た。校種・専門は図画工作専科4名、音楽専科1名、大学教員1名（音楽）、特別支援2名、小学校全科10名である。研修の内容及び、

[領域と活動] [具体化の要素]

領域	活動類型	基本的な活動
美術（造形）・音楽をつなぐ	●音（音楽）からの造形表現 ●図形楽譜の制作・演奏 ●絵画・映像からの音楽表現 ●音楽表現と造形表現を同時に・相互に行う活動 ●音具・楽器の制作・演奏	○音（音楽）を即興的に描く ○音（音楽）のイメージを基に構想して描く（抽象／具象） ○図形や絵のイメージを即興的に演奏する ○ルール（カードの提示の仕方等）を工夫して演奏する ○絵や図、映像のイメージを即興的に演奏する ○絵や図、映像のイメージを基に構想して演奏する ○手に鈴をつける、テルミンを介する等の状態で絵を描く ○ペアで、描画と演奏を、互いに感応しながら行う ○音具を作り演奏する ○楽器を作り演奏する
言語を介して	●オノマトペと音楽・造形表現 ●詩と音楽・造形表現 ●文字と音楽・造形表現	○音（音楽）や絵をオノマトペで表す ○オノマトペを音（音楽）や絵で表す ○詩を基に音（音楽）や絵で表現する ○音（音楽）や絵を詩で表現する ○具体詩を基に音や絵を介在させて表現する ○文字のイメージを音（音楽）や絵で表現する ○音（音楽）や絵のイメージを文字で表現する
身体を介して	●音（音楽）を媒介にした身体表現 ●絵や映像を媒介にした身体表現 ●身辺材を媒介に動きをつくる ●身体活動からの音楽・造形表現	○音（音楽）に呼応して身体の動きを作る ○身体の動きに呼応して音（音楽）表現をする ○絵や図、映像に呼応して身体の動きを作る ○新聞紙や紙テープ、ビニール袋等の身辺材を使って動きを作る ○身体（手）の動きに応じてドローイングする ○身体（手）の動きに応じて演奏する
感覚をひらく	●音を感じる活動 ●色や形を感じる活動 ●諸感覚をひらき感じる活動 ●共感覚的な表現 ●味覚の表現 ●嗅覚の表現 ●触覚の表現 ●第六感の表現 ●自然（物）を媒介にした表現 ●自然現象（光や風）を媒介にした表現 ●身辺材を媒介にした表現	○耳を澄ませていろいろな音を聞く ○サウンドマップを作る ○絵や図形、自然物の色・形等を味わう ○五感を使って感じる。感じたことを共感覚的に表現する（味を色で表現する等） ○味を絵や音（音楽）で表現する ○においを絵や音（音楽）で表現する ○手触りを絵や音（音楽）で表現する ○表現された絵や音（音楽）の基になる感覚を想像する ○第六感を働かせて感じ表現する ○自然（物）から感じる・感じたことを基に絵や音（音楽）で表現する ○自然現象（光や風等）を味わう・自然現象を媒介にして表現する ○身辺材（新聞紙や紙テープ、ビニール袋等）を基に音（音楽）や絵で表現する

表現技法

[絵画]
○ドローイング
○ペインティング
○コラージュ
○モダンテクニック
　　　　　等

[音楽]
○楽器演奏
○ボディパーカッション
○音声表現
・スキャット
・オスティナート
・強弱をつける
・リズミカルに
・テンポを意識して

表現用具

[絵画]
・クレヨン
・コンテ
・鉛筆
・絵具
・色紙
・身辺材
　　　　　等

[音楽]
・楽器
・身体
・身辺材

学習（表現）形態

・個人
・ペア
・グループ
・全体

⇒ 具体的な活動

図3　活動の具体化を図るための要素一覧

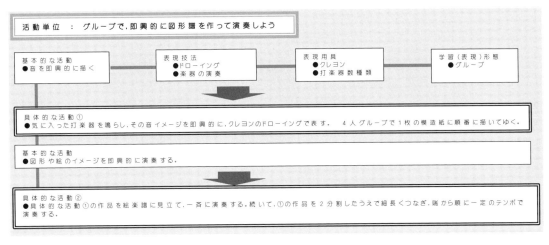

図4 活動単位の構成例

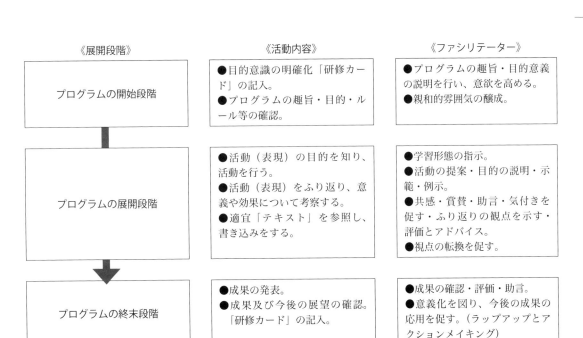

図5 プログラム展開とファシリテーターの役割

研修後のアンケートの記述から「好感度」と「想定される教育的価値」を数値化したものを表1に示す。

受講生の受講態度や制作・表現の様子は概ね良好で、研修カードの記述から見ても、プログラム内容への好感度は高く、教育的効果も期待されている。また、総合的な表現活動の経験が少なく具体的なイメージが持ちにくかったためか研修前の「期待値」の平均は2.8でさほど高くないが、研修後には「満足度」が4.7へと大きく上昇している。

受講者の、各活動への評価の基準は、即興性、総合性、ゲーム性、トレーニング性、協働性などに基づいてなされており、ゲーム性が強いものや、グループで総合的な表現活動（発表を含む）に取り組むタイプの活動には評価が高く、一方で即興表現への苦手意識がうかがえた。

研修カードの記述を見る限り、参加者の大半は、総合的な表現活動の意義や楽しさを体験的に知ることで、実践化への手ごたえを感じている。教員の経験不足が、教育現場における総合的な表現活動の活性化を阻んでいるのではないかという問題意識に基づき本研究を進めてきたわけだが、実際に体験することで、総合表現の楽しさや意義を実感しつつ、教育への応用可能性が理解できるということが明らかになった。

4　受講者による研究授業の実施[9]

各受講者が研修内容の実践化を図るためには、地域や学校の実情、子どもの実態（学年や既習の学習要素、興味・関心）等に応じて目標を設定、実施可能な活動を、相応しい形に再構成していく必要がある。研修終了後に3名の協力者を得、研修経験を踏まえた授業を構想、実施してもらった。それぞれの授業結果を分析することから、研修プログラムの効果を検証するためである。

3名の協力者（授業者）には予め「教材化の流れ」として、①「総合的な芸術表現学習」のねらいや価値（ワークショップでの経験を踏まえて）、②子どもの実態と、「総合的な芸術表現学習」で経験させたい価値、③題材構成（指導略案を含む）を簡潔に記述してもらった。授業には筆者が立ち会い、観察記録を作成し、後日、「教材化の流れ」及び、児童作品、児童の活動様相、事後アンケートなどを基に授業評価を行った。3名の教員の「研修カード」の記述、及び研究授業の内容は表2のとおりである。

●指導者A（図工専科）
「だれも聴いたことのない音を描こう」（6年）
全1時間

指導者Aは、「絵楽譜」や「オノマトペアンサンブル」（表1⑧）のように、感覚横断的な活動をもとに制作した作品を用い、更に次の表現活動へとつなげていくといったタイプの題材を想定し、そこに日頃の活動が活かされるだろうと考えている。そこで、はじめに「誰も聴いたことのない音を考える」活動を行い、次に自ら選んだ描画材で、「誰も聞いたことのない音」の絵を描く。最後に出来上がった作品をもとに音遊びを楽しむという授業を行った。

●指導者B（図工専科）
「絵楽譜を描いてみよう」（6年）2時間

指導者Bは芸術表現の総合性への回帰として、また、図工・音楽という教科枠組みへの問題提起として、そして表現の幅の拡張や技術の向上など

表1 教員研修プログラム

	テーマ	活動	好感度	教育的価値
①	ガイダンス	●個人研修カードに必要事項を記入		
②	出会いのワーク (ペアになって相手の感性を感じながら活動する。表現活動におけるコミュニケーションの意義を感じる)	●音のキャッチボール ・好きな楽器をもって輪になって並び、決めた相手に向けて音を送る。音をキャッチした者は、また別の人に音を送っていく。	4.3	4.3
		●3人でセッション ・輪になって並び、順に3人ずつが、即興で楽器を演奏していく。	4.2	4.2
		●グループで即興的に絵楽譜を作って演奏する ㋐順に楽器を鳴らし、音イメージを模造紙に描く。 ㋑模造紙を裁断したうえで長く繋ぎ、絵楽譜に見立て演奏する。	4.4 4.6	4.4 4.4
		●ペアを作る ・カードの図のイメージを演奏し、同じカードの相手を見つける。	4.7	4.6
		●手のひらで感じる ㋐手のひらの温かみを感じる ㋑相手の手のひらに文字を書く(交互に)。	4.0	4.2
		●他者紹介 ・相手の名前、性格、好きなアーティストや趣味などを聞き出したうえで、相手になりきって紹介する。	4.1	4.1
③	感覚を開くトレーニング (日常的な感覚の曖昧さに気づいたり、感覚を開くためのきっかけをつくる)	●積み木を積む ・ペアでできるだけ高く積む。	4.3	4.2
		●ペアで音楽に合わせて2人でドローイングする ㋐バッハ ・1曲目(「G線上のアリア」):片手、2曲目(「インヴェンション8番」):両手	4.0	4.1
		㋑サンサーンス「白鳥」:チェロパートとピアノパートを2人で聴き分けながら描く。	3.7	4.1
④	感覚横断的な活動を楽しむ (感覚間相互作用を意識して表現する。異感覚間の相互作用による表現の可能性と不可能性を考える)	●味覚を絵と音で表す ㋐フルーツの味が付いたグミ(オレンジ、レモン、白桃、グリーンアップル、マスカット、グレープ)の中から好きなものを3つ選ぶ。それぞれの味を絵で表す。	4.4	4.4
		㋑㋐で描いた3枚の絵を並べて、それらを絵楽譜に見立て、演奏する。	4.3	4.4
⑤	音を感じる・音を作る (音に意識を向け、音を感じるようにする。日常品とのかかわりの中から音楽を生成させる)	●聞こえない音を絵で表現する	4.5	4.6
		●紙で音をつくる・演奏する ㋐新聞(ペアで) ㋑コピー用紙(グループで)	4.0 4.1	4.1 4.2
		●日常品で演奏する ㋐個人で即興的に演奏する。 ㋑グループで曲をつくり発表する。	4.3 4.5	4.3 4.6
⑥	レクチャー	●総合芸術表現の意義や可能性、教材化などについてのミニレクチャー	4.5	4.5
⑦	音楽・美術をつなぐ即興表現 (音や音楽と美術表現を関連させたり、統合させながら即興表現を楽しむ)	●名画の音響効果をつくる ㋐空中画による名画の再現(ムンク) ㋑絵画の印象や特徴を記憶する(モンドリアン、ピカソ、ヤン・ファン・エイク) ㋒名画の効果音をつくる(上の3枚から選んだ1枚の絵に音楽をつける)。	4.6 4.7 4.7	4.4 4.6 4.8
⑧	言語活動を介した表現	●オノマトペアンサンブル ㋐絵「聞こえない音」の音をオノマトペで表現する。 ㋑グループでオノマトペ音楽作品をつくり、できた音楽を1回目は声で、2回目は楽器で表現する。 ㋒発表	4.8	4.9
⑨	教材開発演習	●教材開発を行う ㋐グループで短時間教材をつくる。 ㋑模擬授業を行う。	4.8	4.7
⑩	まとめ	●研修の振り返り、教員研修カードに記入する		
		全体平均	4.4	4.4

表2 3名の教員の「研修カード」の記述内容

	教職年数	校種	指導経験		研修種類	参加目的	教育現場における自己課題	成果	次の自己課題	期待値		評価	
			図工	音楽						前	後	好感度	教育的価値
A	25	図専	25	無	希望	題材開発のヒント	若手教員の資質向上のための研修のあり方	総合表現題材開発のヒントを得た	良いと思う題材をどう広めるか	2	4	4.2	4.4
B	27	図専	25	無	希望	表現方法の可能性	指導と評価の一体化／生きる力／美術の存在意義の共有化	指導者自身が心を解放させ楽しむことが重要	無回答	0	4	4.6	4.5
C	12	全	12	無	10年	図工の枠組み拡張	主体的に表現できる場の拡張	ペアのワークがよかった	教育現場での実践	4	5	4.6	5.0

を図ることを目的にして教材開発に取り組もうとしている。また、発想やイメージ化のトレーニングとしての意味合いや再現描写への苦手意識をもつ子への支援的な意味も含意させている。指導に当たっては、絵楽譜の例を多数紹介したり（導入時の資料提示）、趣の異なる2曲（1曲目は風景描写、2曲目は絵楽譜の作成を行う）を順に描かせたり（段階的に表現を深める授業展開）、自分で描いた絵を、曲に合わせて指でなぞらせる（身体活動を取り入れることで、表現の対象化を図る）などの工夫が見られた。

●指導者C（4年担任・研究教科は図工）
「音を描いて遊ぼう」（3、4年）全2時間

指導者Cは造形遊びの実践に熱心であり、そもそも音楽、図工といった教科の枠で表現が限定されていることに疑念を抱いている。日頃から造形遊びを主軸として子どもの主体性を重視した授業を展開してきているので、その延長線上に総合表現を位置付けたいと考えた実践である。1次では音を描く（遊ぶ）練習、2次（本時）では、6種の音（「電車」「カッコウ」「ジェット機」「ウシガエル」「風鈴」「嵐」）を描いた上で「神経衰弱ゲーム」（音を流し、どの絵が一致するかをあてる）で遊ぶという内容である。

子どもの作品や授業の様相を見ると、Aの授業では、等身大の子どもの表現が引き出されており、Bの授業では、研修会で示唆した表現に最も近い作品が多数みられた。Cの授業では、子どもたちは音を身体感覚で捉え、楽しく表現していた。いずれもこれまで経験したことがない感覚横断的な課題ではあったが、子どもたちは柔軟に対応しており、自分なりの描画方略を探りながら、楽しく活動できていたといえる。このように、子どもの表現を広げ深めていくうえでこれらは価値ある学習であったといえ、その意味では、本プログラムの開発（本研究の方向性）自体は妥当なものと考えられる。

一方、研修プログラムに組み込んだ総合表現の価値や意義への理解は一定なされていたと思われるが、授業化に向けての考え方は三者三様であ

る。Aは特に新規な教材という位置づけをせずに、日頃の図工授業の一環として取り入れている。Bは研修の意義を十分に踏まえ、子どもの表現を拡張させるための実験的な授業として位置付けている。Cは造形遊びの視点からあくまでも子どもの主体性を損なわずに遊びとして総合表現を楽しめるように考えている。

　受講者は、それぞれの教育観や指導観、参加目的をもって研修に臨んでいるため、プログラムの受け止め方も一人ひとり異なるのは当然であり、むしろ各受講者に応じて個性的で多様な授業が生み出されていくことが望ましい。別言すると教員研修は、参加者のそういった多様性に対応する柔軟性と強度を持たねばならないということである。今回の研修では、3名の受講者それぞれの課題意識に応じた形で、総合表現の意義や価値の共有化が図れたという点ではプログラムの成果を確認することができたといえる。

　ただし、子どもたちの作品の質や、子どもたちが何を学んだのかという点においては不十分さが拭えない。今後は教員の実技力の向上を図ること、総合的・領域横断的な学習で培う資質能力を、学習指導要領との関連において明確化すると同時に、教員研修の中で各教材のねらいや評価方法等を習得できるよう講習内容を充実させていく必要があるだろう。また、総合的な表現を促すための教師の指導法（パフォーマンス）についての研究、研修に用いるテキストの作成も課題となる。そして、受講者の教育観や指導観に応じてどのように授業化を進めるとよいのかをアドバイスできるようなシステムも検討していきたい。

◉注

1　藤沢典明（1973）『創りだすよろこび──私の造形教育論』造形社、p.183.
2　野波健彦・池上敏・福田隆真（1995）「教員養成課程における表現教育と芸術教科の役割」『山口大学教育学部附属教育実践研究紀要』、pp.201-208.
3　初田隆・井上朋子（2013）「音を描く活動の研究」『美術教育学』第34号、pp.407-418.
4　「感覚をつないでひらく芸術教育を考える会」http://kankaku.jimdo.com/
5　初田隆（2010）「『総合的な芸術教育プログラム』の開発」『美術教育学』第31号、pp.291-304.
6　プログラム開発の考え方や手順につては「総合的・領域横断的な芸術教育に関する教員研修プログラムの開発（1）」および（2）に詳述。いずれも『美術教育学』に掲載（2015、2016）。
7　中原淳（2014）『研修開発入門』ダイヤモンド社等を参照。
8　初田隆・井上朋子・木下千代（2017）「総合的・領域横断的な芸術教育に関する教員研修プログラムの開発（3）」『美術教育学』第38号（掲載予定）、に詳述。
9　初田隆・井上朋子・木下千代、前掲

初等教育における
身体表現活動を取り入れた実践の試み

上越及び兵庫教育大学附属小学校の事例から

時得 紀子

1 本研究の背景

(1) 現行学習指導要領「体育科」「音楽科」に見られる身体表現活動

近年、学校行事に位置付けられる全校集会や体育祭などの場で、ダンスを取り入れる動きがさらに活発化している。その動向は学習指導要領にも顕著に表れており[1]、例えば小学校体育科では、平成20年3月の学習指導要領改訂により、23年度から「表現リズム遊び」「表現運動」の領域において、リズム遊び・リズムダンスなどの活動が導入された。その中でも特筆すべきは、中学校保健体育科の学習指導要領解説書におけるダンスの項目で、実に16ページにも及んで多様な活動の展開が提示された[2]。そして高等学校でも、続く平成25年度から、保健体育科の「ダンス」の領域において、「現代的なリズムのダンス」など多様なダンスの活動の実践が示され、ダンスが必修化されるようになった[3]。

一方、平成21年4月の『小学校学習指導要領解説 音楽編』においては、表現活動そして鑑賞活動のいずれにも「音楽との一体感を味わい、想像力を働かせて音楽とかかわることができるよう、指導のねらいに即して体を動かす活動を取り入れること」が示されるなど[4]、幅広く体をつかった表現活動の探究が促され、身体感覚を通した活動がこれまで以上に重視される方向に転じている。

(2) 現代メディアにおける身体表現活動

現代の子どもたちはテレビなどのメディアを通じて、幼少時から多様なジャンルの音楽に親しむことができる環境にある。加えてインターネットの普及と共に、動画を通じて多様な音楽と幅広いジャンルのダンス映像に触れる機会が格段に増えた。その例として、若者に人気を博すJ-POPや諸外国のポピュラー音楽、フィギュアスケートの華麗な演技など、年を追う毎に進化したダンスパフォーマンスがメディアを通じて我々に届けられる。

折しも学校教育でのダンス必修化を受け、関心も一層高まる中、NHK教育テレビジョンでは2013年から現在まで、『Eダンスアカデミー』のシリーズが放映され続けている。番組ではダンス初心者に焦点を当て、子どもたちを対象にプロのダンサーが指導にあたるなど、わかり易い内容で構成される。

（3）国内外における音楽科の課題

本研究では、学校教育全般において音楽を活用した幅広い表現活動の機会そのものを増やし、ダンスパフォーマンスによってもたらされる有効性や課題について検討を進めることを目指している。これまで筆者らは、歌唱、器楽といった音楽学習にとどまらず、音楽を感受して身体で表現するダンスによる活動を積極的に取り入れる実践的研究を通じ、その成果を発信してきた[5]。これらを踏まえ、今日における小学校音楽科の課題は概ね次のように整理されるものと捉えられる。

そのひとつは、教科の統合が国際レベルで急速に進められている現状である。アジア諸国において音楽科が単独で存続するのは日本を含めマレーシアなど極めてわずかとなり、既存の教科の枠組みを超えて、教科再編・統合がさらに進展する方向にある[6]。国内においても、音楽科や図画工作科の学びを合わせた、上越市立大手町小学校の「創造・表現」領域群の試みなど[7]、新たな教科の枠組みが模索されている現状からも、音楽科の存続は今や危機的な状況に置かれている。

もうひとつの課題として、音楽科における授業時数の確保の現状が挙げられる。現行学習指導要領においては、小学校週平均1.3時間、中学校平均1時間という極めてわずかな授業時数が定められており、児童・生徒に幅広く表現を探求する機会を与えることは困難な状況にある。すなわち、音楽科の授業時数の確保が危機的な状況であることからも、時数の運用に創意工夫を加えることが求められ、音楽科と他教科・領域がかかわった取組が模索される必要がある。

これらの現状を踏まえ本研究では、兵庫教育大学連合大学院共同研究プロジェクトQ「芸術表現教育におけるコンピテンシー育成のためのプログラム開発に関する研究」の一環として、筆者らが属する連合大学院の上越教育大学および兵庫教育大学の二つの附属小学校を対象に、実践的な研究を試みた。なお、本実践にあたっては、プレリサーチの研究成果を基盤として[8]、さらに考察を進めるものである。

2　身体表現活動をめぐる教育実践の動向

（1）上越教育大学附属小学校「ストリートダンス」の実践から

上越教育大学附属小学校（以降、上越附属小とする）は、昭和54年度から異学年交流を重視した全校音楽集会を継続し、音楽やダンスといった表現活動を融合させた先進的な取組を実践してきた[9]。集会では、学級毎の創作ダンスや縦割り学年で構成されるグループ活動の随所に身体表現活動が導入されている。また、高学年が低学年を支え、児童自らが自発的に活動を展開することが促され、35年以上にわたって継続がなされてきた。

上越附属小では、学年単位ではなく、クラス単位で年間活動計画を構想し実践されている。その例として、6年1組の実践体育科では**表1**の年間活動構想表に示されるように、1年間に192モジュール（1モジュールは30分間で構成され

表1　上越教育大学附属小学校6年1組「年間活動構想表」より

実践体育科	
	M（モジュール数）
基本モジュール	135
余剰	57
総モジュール	192

月	活動名	M数	月	活動名	M数
4月	ストリートラン	10	10月～12月	ストリート道	26
5月	ストリートバスケ	10	1月	ストリートクロカン	10
7月	ストリートスイム	10	2月	ストリートスキー	10
9月	ストリートトラック	10	3月	ストリートスケート	15
10月	ストリートハイク	10	1月～3月	ストリートスノーシュー	15
11月	ストリートスポーツ	10	通年	ストリートダンス	51
				合計	192

表2　兵庫教育大学附属小学校の創作ミュージカルにおける3つの指標

	3年生	4・5年生	6年生
かかわる力	○ミュージカルのお話を理解すると共に、イメージされる世界にひたりながら夢中になって取り組む。	○イメージしたことをもとに、自他の表現のよさを生かしながら自分にできる表現を高めていく。	○自分たちならではのミュージカルをつくろうとオリジナルの表現を追求していく。
ささえる力	○同学年の仲間のよさやがんばりを認め、励まし合っていく。 ○上学年からの助言や励ましに応え、精一杯活動する。	○ミュージカルをともにつくっていく仲間のよさや頑張りを認め、自分に生かせることを見つけて活動する。 ○自分の思いを高めながら、仲間からの助言や励ましに応え、よりよい表現を追求する。	○難しい課題や局面を仲間と協力しながら乗り越えたり、他者との衝突や葛藤を解決したりできるよう活動する。 ○下学年のよさや頑張りを認め、賞賛や励ましを惜しまず、リーダーシップを発揮しながら活動する。
あらわす力	○お話や曲の感じから様々にイメージを広げ、想像の世界を楽しむ。 ○お話や曲の感じに合わせてポーズや動きをつくったり、衣装や造形物をつくったりすることを楽しむ。	○お話の内容や曲のイメージを感じ取り、そこから自分が表したりイメージを広げたり、よりよいものへ高めたりする。 ○ミュージカルへの思いやテーマを踏まえ、表現したいことを決めてお話や歌、衣装、造形物をつくったり、動きを工夫したりすることに精一杯取り組む。	○お話や曲の感じにぴったり合うイメージを求め、仲間とすり合わせながら新たなイメージを創造する。 ○表現しようとする内容や方法を吟味し、全体の構成を考えながら自分たちの思いやテーマを表現するミュージカルを創造する。

る)のうち、通年で51モジュールを「ストリートダンス」の活動に位置づけた教育活動を実施した[10]。また、実践体育科は実践教科活動や創造活動、実践道徳にも関連させており、教科横断的な視点から指導が展開されている[11]。6年1組の活動では、「ダンスをすることを通して、心と体をひらきながら、運動する楽しみや人と交流するよろこびをつくる」のねらいのもと、ダンスを鑑賞する、振り付けを考える、仲間と発表する、よりよい表現方法を探求するといった活動を積み重ねていった[12]。このように授業者の金子謙太郎教諭は「些細な人間の動きを観察し、そこにある面白さや込められた思いを感じることから振り付けを学んでいく」ことを意図して、他者とのかかわりを尊重しながら、表現全体を創り上げることを重視し、本実践に取り組んだ。

(2) 兵庫教育大学附属小学校「うれしのカーニバル」の実践から

兵庫教育大学附属小学校(以降、兵庫附属小とする)は、平成7年度から学校所在地の名である「嬉野」から命名された「うれしのカーニバル」を体育祭の中で発表し、20年にわたって継続してきた。また、平成27年度は「赤・黄・青―力あふれる表現力」というテーマのもと、全校600名が縦割り学年の赤組、黄組、青組の3グループに約200名毎にわかれ、グラウンド一杯を舞台に見立て創作ミュージカルを披露した。最高学年である6年生が下級生を支えながら、3グループの各々が独自のシナリオに基づいて音楽を選び、ダンスの振り付けに挑んだ。

そして、表2に示された「かかわる力」「ささえる力」「あらわす力」の3つの指標にも読み取れるように[13]、自らも楽しみながら探求し、他者に積極的に働きかけながら表現活動に取り組むことが掲げられている。また、「高学年の助言や励ましに応え、精一杯活動する」の文言からは、異学年交流による縦割り活動ならではの目標が示されている。一方、教科横断的な取組に焦点を当てると、国語科で学習した文章表現を活用する「お話」の紹介や「脚本」の制作、また体育科で学習したダンスやパントマイムを活用する場面を意識した身体表現活動が重視されている。さらには、音楽科や図画工作科で学習した創作や表現の手法を活用するなど、各教科で習得した知識技能をミュージカルに集大成させることも目指されている。何より、異学年交流の活動を通して、異なる集団の仲間と意思疎通をはかる体験を重ねながら、幅広いコミュニケーションの力が培われることが期待される。

(3) プロダンサーによるダンスワークショップと講演の実施に向けて

伝統的に学校行事として身体表現活動を継続してきている二校において、上越附属小、兵庫附属小の両校において、ダンスワークショップおよび講演会を企画、実施した(写真1～4)。講演者には、現在ニューヨークで話題を集めている観光型パフォーマンス"RIDE"に出演し[14]、ダンサー・振付家として活躍を続ける中澤利彦氏をゲストティーチャーとして招いた。本取組の概要を表3に示す。

また本実践では、両小学校側からの「キャリア教育」を含む講演内容を求める意向を受け、ゲストティーチャーがプロダンサーとして活躍するまでの経緯を語ってもらった。さらには、ニューヨーク・アポロ劇場で優勝した映像とともに、聴衆からブーイングを受けたエピソードを解説するな

表3 両小学校のダンスワークショップと講演の概要

学校名	上越附属小	兵庫附属小
日時	平成27年6月4日　14時開始	平成27年6月25日　10時開始
場所	上越附属小　体育館	兵庫附属小　体育館
対象	5学年2学級67名、及び6年生2学級64名 （男子62名、女子69名）	6年生3学級99名 （男子48名、女子51名）
講演題目	ダンサーとして生きる　―夢に向かって走り続ける―	
講演内容	・マイケル・ジャクソンなどを輩出した、ニューヨーク・アポロ劇場でのアマチュア・ナイトで何度も途中退場を余儀なくされた場面。その後諦めずにチャレンジを続け、全12回の出演において、2度の優勝を手にすることができた体験とその映像を上映した。 ・テレビのアマチュアダンスコンテストで審査員に独自性を評価され、優勝に輝いた体験とその映像。ゲストティーチャーはこれらの2つの場面の映像紹介によって、具体的に子どもたちに伝わる手法を工夫した。 ・ダンスの実演を4分間行い、このわずか4分間の音楽編集へのこだわりや、わずかな時間のパフォーマンスに、実に1000回以上の練習を繰り返して練り上げた背景があること。 ・聴衆にどう感じて欲しいのか？を自問自答した結果、楽しいと感じてもらえる、独自のダンスを追及した。 ・あまたのライバルの中で、テクニックで聴衆に上手、と思わせることは、自分には難しいと感じた。そこで、何で勝負するかを試行錯誤した。その結果、動きのおもしろさ、皆がまねできるダンスを探究し続け、現在のスタイルを確立した。	
講習内容	・ダンスワークショップでは、さまざまな表現方法を体験する目的として、ダンスの基本的なステップであるアップ・ダウン、ムーンウォークなどに取り組んだ後、J-POPのグループ、SEKAI NO OWARIによる楽曲"Dragon Night"をゲストティーチャーによる振り付けで踊った。	
備考	本ダンスワークショップ終了後に話し合い活動（約45分間）を行った。	

写真1　ダンサーによるダンスワークショップ
（上越附属小における実践から）

写真2　ダンサーとのディスカッション
（上越附属小における実践から）

写真3 ダンサーによるダンスワークショップ
（兵庫附属小における実践から）

写真4 ダンスワークショップ後のディスカッション
（兵庫附属小における実践から）

ど、ダンスに対する活動意欲を一層高める講演内容であった。

3 ダンスワークショップ受講後の意識に関する調査

(1) 上越附属小のアンケート調査結果と考察

平成27年6月4日、ゲストティーチャーのダンスワークショップを受講した上越附属小5年生2学級67名、及び6年生2学級64名（男子62名、女子69名）を対象に4つの調査項目からなるアンケート調査を実施した（**表4**）。また、後述する兵庫附属小6年生3学級99名（男子48名、女子51名）を対象とした調査では、児童の活動後に感想文の提出を求めた。なお、本調査においては、収集された言語データを意味のある文脈ごとに切片化し、KJ法[15]を用いてカテゴリーを抽出した（**表5, 6**）。また、1つの記述内に複数の内容を含む場合においては、意味のまとまりごとに分割し、複数のカテゴリーに分類した。

本アンケートの調査結果を項目別に見てみると、質問項目1においては、表5に示されるように、〈ダンスへの興味・関心〉〈ダンスに向き合う姿勢〉〈キャリア形成の視点〉が挙げられた。ここ

表4 ダンスワークショップに関するアンケート調査の質問項目

項目	質問内容
1	中澤さんのダンスパフォーマンスを見て、どのようなことを感じたり、考えたりしましたか。
2	中澤さんのお話から、ダンスに向き合う〈生き方〉について、どのようなことを感じたり、考えたりしましたか？
3	中澤さんのお話から印象にのこった〈ことば〉や〈考え方〉などをひとつ取り上げ、そのことばや考え方のどんなところに興味をもったのか、教えてください。
4	今日の講演から、新しい発想や考え方など学んだことがありますか。もしあれば、教えてください。

表5　ダンスワークショップに関するアンケートから抽出されたカテゴリーと回答例（上越附属小）

項目	カテゴリー	回答例
1	ダンスへの興味・関心	・ダンスに興味を持つことができ、自分自身も楽しむことができた。 ・色々な場所からのウェーブや体の柔らかさを使った技はすごいと思った。
1	ダンスに向き合う姿勢	・パフォーマンスを上手にするには、時間と努力と気持ちが大切なのだと思った。 ・先生のパフォーマンスに対する発想が面白いと思った。
1	キャリア形成の視点	・自分の人生は、自分なりに決めていかないといけないということがわかった。 ・先生がここにいるのは、ダンスというものに関心を持ち、険しい道を頑張って乗り越えた結果だと感じた。
2	キャリアプランの設定	・18歳から始めて世界の舞台に立つ生き方はすごいと思った。 ・プロになるためには、たくさんの時間をかけることが必要だと感じた。
2	困難との向き合い方	・一回何かが失敗しても、必ず違う何かは成功すると思った。 ・人生で色々な経験を積んで、今の自分に辿りついていると思った。
2	目標達成への過程	・好きなことだったら、短時間でも上達できるのだと思った。 ・目標のものに向かって、自分のできる精一杯を出しきることだと考えた。
3	ダンサーとしての生き方	・〈ダンスコンテストで2回優勝した〉話は、あきらめないでいれば大きな結果を生み出すことがわかった。 ・〈ダンスで人を幸せにする〉考え方は、あきらめない意識があるからだと思った。
3	挫折の乗り越え方	・〈辛いことがあっても、立ち直って、自分にできることをすぐ考える〉のことばはすごいと思った。 ・〈ブーイングを受けてもあきらめない〉のことばは、次のステージで成長するために必要だと思った。
3	努力の継続	・〈続けていれば一つの形になる〉ということばで、そのことについて深く知ることが夢につながると思った。 ・〈何でも挑戦することが大事〉のことばで、何度も挑戦すると必ず成功すると思った。
4	キャリア形成の土台	・あきらめず、努力すれば結果はついてくることがわかった。 ・自分も好きなこと、得意なことに集中し、積極的に取り組みたいと思った。
4	ダンス創作の経験	・自分で最初からダンスを創ってみるのも、自分の将来への力になると思った。 ・ダンスに向き合う生き方は、ダンス以外でも役立つ考え方だと思った。

では、プロダンサーであるゲストティーチャーのダンスパフォーマンスを見ることによって、「色々な場所からのウェーブや体の柔らかさを使った技はすごいと思った」「ダンスというものに関心を持ち、険しい道を頑張って乗り越えた結果だと感じた」と回答が得られたことから、ダンステクニックに対する興味、キャリア教育の視点にも拡げられた気付きを読み取ることができる。

質問項目2においては、〈キャリアプランの設定〉〈困難との向き合い方〉〈目標達成への過程〉に関する回答が挙げられた。ここでは、ゲストティーチャーがプロダンサーを目指すきっかけを始め、今日に至るまでの経歴に関して、自らのこれまでの生き方に照らし合わせる記述が多く見られた。特筆すべき点としては、「一回何かが失敗しても、必ず違う何かは成功すると思った」の回答のように、ニューヨークのアポロ劇場でブーイングを受けて途中退場を余儀なくされたエピソード

が児童の関心を強く引いていた。

また、質問項目3においては、〈ダンサーとしての生き方〉〈挫折の乗り越え方〉〈努力の継続〉に関する回答が挙げられた。そのひとつに、「ダンスコンテストで2回優勝した」「辛いことがあっても、立ち直って、自分にできることをすぐ考える」「続けていけば一つの形になる」といった回答から読み取れるように、ゲストティーチャーの講演全体から、努力を継続することの意義について考えるきっかけとなっていたことがうかがえる。さらに、「『ブーイングを受けてもあきらめない』のことばは、次のステージで成長するために必要だと思った」の記述からは、目標達成への過程で挫折を経験することを肯定的に受け止めていることが読み取れる。

さらに、質問項目4においては、これまでの質問項目の内容を踏まえ、本時で得られた学びを今後のキャリア形成に反映しようとする回答を得ることができた。例として、「自分も好きなこと、得意なことに集中し、積極的に取り組みたいと思った」「ダンスに向き合う生き方は、ダンス以外でも役立つ考え方だと思った」などに記され、困難や挫折を糧にして努力を継続する大切さに気付き、自らの生き方に結び付けようとする意識がうかがわれた。

(2) 兵庫附属小のアンケート調査結果と考察

平成27年6月25日、ゲストティーチャーのダンスワークショップを受講した兵庫附属小6年生3学級99名（男子48名、女子51名）を対象として、児童の活動後に感想文の提出を求め、収集された言語データからKJ法を用いてカテゴリーを抽出した。

その結果、表6に示されるように、〈身体表現

表6 ダンスワークショップに関するアンケートから抽出されたカテゴリーと回答例（兵庫附属小）

カテゴリー	回答例
身体表現の技能的な高まり	・ダンスは1つだけの動きでは格好良くないと思っていたが、アップやダウンを加えると、格好良い振り付けになったので驚いた。 ・今回の授業で大きな振りだけではなく、逆に細かな表現があることがわかった。 ・一つ一つの単純な動きにも、アレンジを加えるだけで、自分たちにも格好良いダンスが踊れることがわかった。
基礎技能の習得	・ダンスの基礎を学んでみて、ダンスは自分をより大きく見せたり、リズムをつかむことが大切だと思った。 ・私はダンスを4歳から習っていたが、基礎の動作ができなかった。授業でもう一度基礎を学んだことが嬉しかった。
学校行事とのつながり	・3〜5年生にフィナーレを教えるときには、まず自分が楽しんで教えたい。それは、自分が楽しんでいたら、見ている人も楽しい気持ちになれると思うからだ。 ・低学年にミュージカルのフィナーレを教えるときは、全員が覚えやすい工夫をすると良いことがわかった。
身体表現の考え方や意識の変化	・今回の授業で〈伝えること〉を学んだ。〈その時のお客さんに、何を伝えたいか〉ということを考え、〈そのためにどうするか〉を考えることが大切であった。 ・今回の授業で〈しっかり練習すれば何事でもなしとげることができる〉ということを学ぶことができた。 ・中澤先生から〈最初からあきらめてはいけない。まずチャレンジすることが大切〉ということを学んだ。

の技能的な高まり〉〈基礎技能の習得〉〈学校行事とのつながり〉〈身体表現の考え方や意識の変化〉の大きく4つのカテゴリーに分類された。まず、〈多様な表現方法の関心〉においては、「アップやダウンを加えると、格好良い振り付けになったので驚いた」「一つ一つの単純な動きにも、アレンジを加えるだけで、自分たちにも格好良いダンスが踊れることがわかった」などの記述を得た。これらから、大きな振りや細かな動きなど変化を加えることによって、身体表現の技能の体得と同時に、表現への意欲を掻き立てられたものと捉えられる。次に、〈基礎技能の習得〉においては、「ダンスの基礎を学んでみて、ダンスは自分をより大きく見せたり、リズムをつかむことが大切だと思った」の回答のように、ダンステクニックの核となる基礎基本を習得することは重要であるとの気付きが得られている。

さらに、ゲストティーチャーは、HIPHOP、JAZZ、Classic、Contemporaryといったさまざまな音楽ジャンルの違いをわかりやすくダンスの実演で披露した。これらの異なる音楽ジャンルによるリズムの違いを感じ取ることによって、児童にとっては多様な身体表現を体験できる好機になった。ゲストティーチャーはこれらの異なるジャンルの音楽によるダンスを基礎基本に忠実に表現し分けていた。これを受け、次のような感想が見られた。「私はダンスを4歳から習っていたが、基礎の動作ができなかった。授業でもう一度基礎を学んだことが嬉しかった」と述べている例からも、この活動を契機としてダンスの基礎技能の大切さを再認識する気付きが得られている。ダンスワークショップ参加直後に実施した6年1組のクラス討論会において、ある男子児童は「難易度の高い技を格好良く踊ってうれしのカーニバルで披露をしようと考えていたが、今回中澤さんから基礎をマスターしてきちんと踊ることが素晴らしいことだと学んだ。自分は正確な基本を披露するダンスをしたいと考えが変わった」と答えていた。記述による意識調査では、技能の上達に関心や意識が向いた回答が少なからず見受けられた。しかし、この男子児童は、ゲストティーチャーの華やかなパフォーマンスを真近に見ながらも、その土台を支える基礎基本の重要性とその価値に着目していたことがうかがわれる。

また、〈学校行事とのつながり〉においては、「3〜5年生にフィナーレを教えるときには、まず自分が楽しんで教えたい」のように、ゲストティーチャーの講演全体から得たものを次の行事の表現活動につなげようとしていた。その例として、「低学年にミュージカルのフィナーレを教えるときは、全員が覚えやすい工夫をすると良いことがわかった」と記されているように、高学年が低学年によりわかりやすい指導方法を工夫する姿が見て取れた。

そして、〈身体表現の考え方や意識の変化〉においては、「今回の講演会で『伝えること』を学んだ。『その時のお客さんに、何を伝えたいか』ということを考え、『そのためにどうするか』を考えることが大切だ」「『しっかり練習すれば何事でもなしとげることができる』ということを学ぶことができた」「『最初からあきらめてはいけない。チャレンジすることが大切』ということを学んだ」など、ゲストティーチャーから挫折との向き合い方に関するエピソードを聞くことによって、挫折を肯定的に捉える発想、チャレンジの重要性、聴衆を意識したパフォーマンス、その準備のあり方についてなど、実に多様な学びに導かれていた。

4 本研究のまとめと今後の課題

今回のワークショップによって、両小学校の児童らがプロダンサーの生き方に間近に触れることによって、さまざまな音楽のジャンルによる多様な身体表現の方法を知り、それらを積極的に身に付けようとする姿が見られた。同時に、ゲストティーチャーから生き方の発想を得るなど、キャリア教育の視点からもさまざまな気付きを得たことがうかがえる。

1) 異学年交流を重視したグループ活動

今回は、ゲストティーチャーによるワークショップを両小学校の学校行事を中心となって運営する、高学年児童を対象として実施した。両小学校の取組は発足当初から異学年交流を重視してきた経緯から、長年にわたる縦割り活動によって、高学年が低学年に指導・助言をする伝統が継続され、培われてきていたものと考えられる。さらに、両小学校におけるワークショップ後の児童の討論会やアンケート調査の結果からも、大半の高学年の児童が低学年に対する教え方について回答するなど、高学年の低学年に対する深い思いの表れが読み取れた。

異学年の交流によって幅広い表現活動に取り組むことにより、児童がそれまで培った感性、技能、知識を総動員しながら、仲間とともに課題解決に向けて働きかける状況が生み出された。さらに、経験値も異なり表現技能にもさまざまな差異がある集団のなかで、児童が互いに歩み寄り働きかけながら、ひとつの作品を創り出す姿を見ることができた。

2) 表現活動を通したキャリア教育の可能性

努力の末に世界的な舞台で活躍できるようになったダンサーの講演を聴く経験は、子ども一人ひとりの身体表現活動に対する技能や意識を高めさせるだけにとどまらず、これからの学習や生き方をも学ぶことにもつながったものと受け止められる。とりわけ、チャレンジを継続することの意味や意義、失敗を糧にする姿勢などは、これからを生きる子どもたちに人生のさまざまな場面で求められるだろう。

音楽科と体育科の学習に深くかかわった今回のワークショップによって、児童らは、様々なジャンルの音楽を注意深く、かつ集中して全身を駆使して模倣し、表現していた。こうした機会を通じ、表現技能、キャリア教育のみならず、学校行事における協働の活動においても児童らに様々な示唆を与えてくれたものと受け止めている。具体的には、両小学校が長年継続してきた表現活動への取り組み方について、多くの気づきを児童に与えることができた。また、低学年の段階から表現活動を積み重ね、高学年として作品全体を創り出す異学年交流による表現活動は、これまで培ってきた表現を基盤としながら、他者とともに練り上げ表現を実現しようとするなど、5・6年生は高学年として目前に迫った自分たちの本番の舞台パフォーマンスを成功させる上で、必要な力を培ったものと考えられる。

また冒頭でも述べたように、小学校音楽科の授業時数は縮減傾向であることからも、極めて限られた音楽科の学習と他の表現活動の機会とを関わらせて展開するカリキュラムの開発が今後一層強く求められる。本実践を通じて明らかとなった、児童の諸感覚に訴えることを可能にする、ダンスパフォーマンスをめぐって、今後も学校教育にお

いて多彩な展開が模索されることを期待してやまない。

● 注
1. 文部科学省（2008）『小学校学習指導要領解説 体育編』東洋館出版社、pp.74-76.
2. 文部科学省（2008）『中学校学習指導要領解説 保健体育編』東山書房、pp.116-131.
3. 文部科学省（2009）『高等学校学習指導要領解説 保健体育編・体育編』東山書房、pp.81-87.
4. 文部科学省（2008）『小学校学習指導要領解説 音楽編』教育芸術社、p.88.
5. Noriko Tokie (2014) "The Various Abilities Cultivated by Integrated Music Activities: Their Connection to Other Subjects in Elementary and Junior High Schools" ISME 2014 Brazil, Proceedings of the International Society for Music Education, 31st World Conference on Music Education, pp.349-355.
6. 奥忍（2012）「芸術関連諸教科の統合アプローチの健闘――ドイツと台湾の例を参照しながら」日本音楽教育学会、日本音楽教育学会 第43回大会プログラム冊子、p.106.
7. 上越市立大手町小学校「平成28年度 研究推進計画」http://www.ohtemachi.jorne.ed.jp/（最終アクセス、2016年07月02日）
8. 時得紀子、金子謙太郎、飯村諭吉（2016）「初等教育における身体表現活動をめぐる一考察――上越及び兵庫教育大学附属小学校の実践から」『上越教育大学研究紀要』35巻、pp.325-335.
9. 時得紀子、湯澤卓（2014）「初等教育における総合表現活動をめぐる一考察――上越教育大学附属小学校『音楽集会』の実践から」『上越教育大学研究紀要』34巻、pp.283-295.
10. 金子謙太郎（2015）「6年1組 年間活動構想表」
11. 金子謙太郎（2015）「実践体育科 活動案 ストリートダンス 2.活動設定の意図」
12. 金子謙太郎（2015）「実践体育科 活動案 ストリートダンス 4.本活動の特色」
13. 兵庫教育大学附属小学校（2015）「うれしの活動について」兵庫教育大学附属小学校 総合活動部 作成資料
14. "RIDE" は観光バスに乗車しながら、ニューヨークの街角でダンス、楽器演奏、歌唱などさまざまなライブパフォーマンスを鑑賞するエンターティンメントである。
15. 川喜田二郎（1986）『KJ法――混沌をして語らしめる』中央公論社

● 参考文献
上越教育大学学校教育学部附属小学校（1981）『わが校八十年の教育史』東京法令出版株式会社
上越教育大学学校教育学部附属小学校（2002）『Curriculum2002――学びが生成するカリキュラム』上越教育大学学校教育学部附属小学校
時得紀子（2002）「総合的な学習における音楽科のかかわり」日本学校音楽教育実践学会編『音楽科と他教科のかかわり』音楽之友社．pp. 19-23.
兵庫教育大学附属小学校（2007）『「学ぶこと」と「教えること」の共鳴（2年次）』、p.182.
遠藤好子・上雅次（2009）「再編教科 表現創造科における取組」時得紀子編著『総合表現活動の理論と実践』教育芸術社、pp.63-66.
兵庫教育大学附属小学校（2011）『提案要項・学習指導案集「自己を形づくる」学校の構築（2年次）』、pp.19-20.
上越教育大学附属小学校（2015）『今を生き明日をつくる子どもが育つ学校研究紀要』Vol.4、上越教育大学附属小学校

● 謝辞
本稿の調査研究にあたり、上越教育大学附属小学校5・6年生担任の先生方、金子謙太郎先生（現：上越市立新井小学校）、兵庫教育附属小学校の藤原典英先生始め、6年生担任の先生方、総合研究部の先生方にご協力をいただきました。皆様に心より感謝申し上げます。

芸術教育を取り巻く状況と今後の展望

時得 紀子

芸術教科の再編統合

　明治5年、わが国の学校教育における音楽教育が始められて以来、実に長きに渡り西洋機能和声を中心に据えた、技能習得に偏重した音楽教育が継続されてきた。しかし、21世紀型学力などが明示され、創造性、汎用的な能力の育成が一層重視される潮流の中で、音楽科教育にも大きな転換が見られ、この数年の間に全国の研究会の授業公開では「音楽づくり」「創作」の実践が必ず組み込まれるようになった。

　一方、美術教育も明治5年に始まる西洋模倣の図画教育から伝統的な毛筆使用への傾倒を経て、学校教育の教科としてのあり方を模索してきた。大正期には既に自由画教育が開始され、戦後には個性尊重の創造主義美術教育への関心が高まり、さらに造形遊びなどにより前衛的な芸術表現の手法も積極的に学校教育に導入してきた経緯がある。このように同じ芸術教科ながら、コンピテンシーの育成においては各々異なる方向性をもって今日まで歩みを育んできた。

　この音楽科と図画工作科・美術科が1990年代以降、教科再編統合の動きにさらされることになるのである。その発端として、1991年度に東京都千代田区立錦華小学校（現お茶の水小）において「表現科」の試みが始められ、「音楽と図画工作を始めとする芸術教科の枠を拡げ、児童の発達段階に即して総合的に表現活動に取り組む」[1]というねらいが掲げられた。1993年度には、香川大学附属高松小学校、福島大学附属小学校も時を同じくして「表現科」の設置を開始、中学校では、宮城教育大学附属中学校が音楽科、美術科、体育のダンスの領域を統合した「芸術科」を設けた。

　さらに大規模な再編統合も見られ、上越市立大手町小学校の「創造表現単元群」では、音楽、図画工作、体育や国語、技術家庭科の一部などの教科内容にまたがる新単元群が開発された[2]。1997年の公開研究会では、子どもたちによる創作舞踊、遊び歌の替え歌づくり、自由な絵画制作などが渾

然一体となった表現活動が体育館の随所に繰り広げられた。同校では現在も「創造・表現」を単元群として、初期の枠組を踏襲した実践を継続している。

折しも本書には、1996年に開始された上越教育大学附属中学校の創作ミュージカルの実践から、「表現創造科」の事例が紹介されている。この創作ミュージカルは、音楽科・美術科を核として、総合的な学習の時間、保健体育科のダンスなどほぼすべての教科・領域が関わり、生徒によって制作される総合表現活動である。実に20年以上にわたって継続されたため、同中学校では「学校伝統文化」と称している。

これらの特色ある実践が全国各地で展開される中、この四半世紀の間、「表現」という領域は、そのともし火が消されることなく全国の一部の研究先進校などで育まれ続けてきた。しかし、新学習指導要領の実施を目前に控え、再び大きく動き出そうとしている。2017年2月、筆者は福岡教育大学附属福岡小学校の公開研究会（文部科学省開発指定第2年次）を訪れ、領域「表現」の「音楽からつくりだそう」を参観する機会を得た。本授業では、児童らが聴取した音楽のイメージをグループ単位で造形作品に再現する、いわば音楽科と図画工作科の統合型カリキュラム[3]によって実践されていた。こうした再編統合によって新たな学びが広がっていくことは、もちろん望ましいことである。しかし、その成果に期待する一方で、音・音楽そのものに触れながら探求する活動である音楽づくり、器楽、歌唱、鑑賞の機会が失われ、音楽や図画工作・美術の本来の学びが空洞化してしまうことにつながっていくことが、大変危惧されるのである。

文化的なコンテクストの中で学びを育む授業づくり

本書の冒頭の「はじめに」でも述べたように、世界的な動向としてこれまでの学校教育がコンテンツ（内容）の習得を優先してきたことを改め、コンピテンシー（資質・能力）を軸としてカリキュラムを再編する方向へと大きく転換がはかられてきている。芸術教科に置き換えるならば、人類の遺産である芸術表現をその文化的なコンテクスト（文脈）の中で、子どもが自らの体験を通じて、共感、感動を伴いながら習得できるようなカリキュラム開発、授業づくりの工夫が求められてきている。

学校音楽に例を求めるならば、世界各地の諸民族の音楽の多くは本来、踊りも歌も一体化して育まれてきたにもかかわらず、楽譜、歌だけを切り取って取り上げ、踊りなどの身体表現をそぎ落としてきた傾向がある。これを改め、今後は舞踊も含めて人類が築いてきた芸術表現を丸ごと扱っていきたい。子どもたちが諸感覚を総動員して、自ら実感を伴って歌や動きを追体験したり、リズムの特徴、ステップの由来など、文化の中で独自の表現を育んできた人々に共感できるような授業の文脈づくり、教材設定の工夫などが望まれよう。

また、文化的なコンテクストの中で、難易度の高い表現であっても模倣や追体験を可能にしたり、作品鑑賞から創作、制作のプロセスを想像することができるなど、感覚、実感を伴う深い理解を得るためにも、音楽、図画工作・美術によってこそ習得が可能な、独自の基礎的な学習体験を育むことは欠かせない。その意味でも、表現技能に習熟することに費やす時間は、音楽、図画工作・美術

のいずれにおいても、学校教育の中で今後も子どもたちに十分に保証され続けていかなければならないと考える。

　新学習指導要領の実施を目前に控えたこの好機においてこそ、芸術教科の新たな目標に掲げられることとなる、生活や社会の中に息づく音や音楽、色や形、さらには音楽文化、美術文化と豊かに関わる資質・能力をどのように子どもに育成していくのか。さらには、安易な再編統合を回避していくためにも、音楽科、図画工作・美術科のオーセンティック（真性）な学びとは何かを改めて問い直しながら、芸術表現教育におけるコンピテンシー育成に資する多彩な授業づくりが、さまざまに模索されることを期待してやまない。

　本書が学校教育に携わる先生方、教員養成課程等に学ぶ学生の皆さんの授業づくりの一助となることを願いながら、本書のまとめとしたい。

◉ 参考文献
1　東京都千代田区立錦華小学校研究紀要『国際社会を豊かに生きる児童の育成』、1993
2　新潟県上越市立大手町小学校　研究紀要『子どもの明日を見つめて』、1997
3　時得紀子「総合表現型カリキュラムの実践への一考察」『教育実践学論集』第11号、兵庫教育大学大学院連合学校教育学研究科、pp.155-166、2010

おわりに

　本書は我が国の芸術教科が直面する今日的課題を受けて、音楽科及び図画工作科、美術科の公教育における芸術表現教育の視座から、コンピテンシー（資質・能力）の育成をめぐり、それぞれの執筆者の独自の取り組みを踏まえて、理論・実践の両輪から構成したものである。

　教育改革の学力観である「人間力」は総合的な学びを重視しており、その基盤となる世界標準学力である「キー・コンピテンシー」（鍵となる能力）においても、教科等の知識・技能の力を問題解決や、集団における理解や交流に活用することの重要性を指摘している。音楽、絵画、舞踊の創作、造形等の創造的な活動は、こうしたキー・コンピテンシーを育む土台となる極めて重要な力を培うものと筆者らは捉えている。

　昨今では21世紀型学力の育成において、汎用的な能力としての創造力の育成は急務であり、能動的な学習も一層叫ばれている。元より、図画工作・美術や音楽の学習は、アクティブ・ラーニングを基盤としてきており、それゆえに本書には多彩なオリジナリティーを有するアクティブ・ラーニングの実践が展開されている。例えば、生態心理学からのアプローチ、視覚芸術から音楽を捉えるアプローチ、音楽・美術・体育科のダンス・その他の教科がかかわる舞台制作など、本書には実にさまざまな角度から多様なコンピテンシーの育成を目指す実践が取り上げられている。

　本書は、平成26年度〜28年度 兵庫教育大学大学院連合学校教育学研究科 共同プロジェクト研究Q「芸術表現教育におけるコンピテンシー育成のためのプログラム開発に関する研究」への助成を得て出版されるものである。

　本書の他にも、大学での教員養成教育を視点とした研究として、「初等教員養成課程の音楽指導法をめぐる実践的考察 ―アクティブ・ラーニングによる身体表現活動に焦点を当てて」がプロジェクトメンバーの飯村・時得の共著によって、教育実践学論集 第18号 平成29年3月発行に掲載される。併せて一読いただければ幸いである。

　本書の趣旨にご賛同くださり、原稿をお寄せくださったプロジェクトメンバーである執

筆者の先生方に心から最大級の感謝の意をお伝えいたします。

　本プロジェクト研究が最終年度にさしかかった4月上旬、主要メンバーの鳴門教育大学の長島真人先生、岡山大学の赤木里香子先生と3名で打ち合わせ会を行い、時がたつのを忘れて、本書に向けたヴィジョンを語り合った。しかし程なく長島先生が病のため入院され、その後はご校務も極力控えられていた。ご快復を願いながら半年が経過した10月、先生がご逝去されたとの突然の訃報を受けた。大黒柱となって私達を支えてくださっていた矢先のことであった。

　プロジェクトに取り組む以前から、先生は芸術表現教育に携わる私たちメンバーに、自らのご経験を熱く語りながら、心に長く残る意義深いお話をたくさん伝授してくださっていた。それらのお言葉、教えは私たちの中に生きている。優しい眼差しで周囲を温かく包んでくださるお人柄、明るく爽やかなお声や柔らかな笑顔は、私たちの心の中に生き続けることだろう。

　構成四大学を軸として、音楽、図工・美術に携わる教員、小・中学校の先生方による、理論と実践の両輪による研究成果を本書に結実させることを目指す、という目標の礎は長島先生に築いていただいたものである。長島真人先生に感謝申し上げ、心よりご冥福をお祈りいたします。

2017年3月

時得 紀子

● **執筆者紹介**（掲載順）

〈理論編〉

平野 俊介（ひらの・しゅんすけ）上越教育大学教授

　武蔵野音楽大学器楽科ピアノ専攻卒業。同大学院修了。その後、文部科学省在外研究員として、ハンガリーのリスト音楽院にてピアノの演奏法研究を行う。
　東京、名古屋などでリサイタルを行い、N響団友オーケストラとこれまでにベートーヴェンの「皇帝」、グリーグ、モーツァルトの協奏曲を演奏。その他器楽、独唱、合唱などのピアノ伴奏多数。
　主著：「バルトーク《10のやさしいピアノ小品》における一考察」『日本ピアノ教育連盟紀要』第20号、2004、「ブラームスにおける変奏技法の原点を探って──《ハンガリーの歌による変奏曲 作品21-2》の作品研究を通して」『上越教育大学研究紀要』第32巻、2013。

清田 哲男（きよた・てつお）岡山大学大学院准教授

　神戸大学卒業、岡山大学大学院修了、兵庫教育大学大学院連合学校教育学研究科博士課程修了、博士（学校教育学）。大学卒業後、兵庫県内公立中学校・高等学校・教諭、川崎医療福祉大学医療福祉デザイン学科・専任講師を経て現職。
　ユニバーサルデザインの考え方を基盤にした美術教育での心の教育や、多感覚間相互作用による表現などのカリキュラム化の研究に取り組んでいる。第57回読売教育賞優秀賞など。
　主著：『わかる！できる！うれしい！3 STEPで変わる「魔法」の美術授業プラン』明治図書、2010、『子どもの笑顔をつくるゾ！みんなで満足「魔法」の絵画授業プラン』明治図書、2013。

永田 智子（ながた・ともこ）兵庫教育大学教授

　大阪大学大学院前期博士課程修了、後期博士課程退学、博士（人間科学）。兵庫教育大学助手、講師、准教授を経て現職。専門は教育工学および家庭科教育学。
　主著：永田智子・鈴木千春「小学校家庭科『家庭での実践』学習におけるタブレット端末活用の効果」『教育メディア研究』第21巻、第2号、2015。

小山 英恵（こやま・はなえ）鳴門教育大学准教授

　桐朋女子高等学校音楽科卒業後、スイス・シオン高等音楽院に留学、学習院大学文学部心理学科卒業、京都大学大学院教育学研究科博士課程修了、京都大学大学院在学中に日本学術振興会特別研究員（DC1）、京都大学博士（教育学）。
　主著：『フリッツ・イェーデの音楽教育──「生」と音楽の結びつくところ』京都大学学術出版会、2014年、「K.H.エーレンフォルトの『音楽の教授学的解釈』──対話的陶冶の概念がもたらす意義」『教育学研究』82（3）、2015、「音楽科・美術科アクティブ・ラーニング──パフォーマンス課題を活用した授業＆評価モデル」西岡加名恵編著『「資質・能力」を育てるパフォーマンス評価　アクティブ・ラーニングをどう充実させるか』明治図書、2016。

河邊 昭子（かわべ・あきこ）兵庫教育大学准教授

　島根大学教育学部特別教科（音楽）教員養成課程卒業。広島市内の公立小学校に在職中、広島大学大学院教育学研究科博士課程前期修了。修士（教育学）。その後、広島大学附属小学校教諭及び主幹を経て現職。
　専門は音楽科教育。現在、音楽科授業を通して子どもの音楽的感覚の育成を図るための教育プログラムの開発に取り組んでいる。
　主著：『学力の質的向上をめざす音楽科授業の創造』明治図書、2005。

小林 田鶴子（こばやし・たづこ）神戸女子大学教授

　大阪教育大学大学院修了（教育学修士、音楽教育専攻）。
　民間の教育機関で、小中学生の創造性を育む教育に携わる。その後音楽ソフトウェア会社の研究員や、静岡県の音のミュージアム「奥大井音戯の郷」の研究員として、音楽に多方面からアプローチし、子どもの教育に活かす方法を研究する。名古屋女子大学准教授、共栄大学教授を経て現職。
　主著：『みんなあつまれ！ まちの総合学習がはじまるよ！──「音の出る地図」をつくってみよう』ブンテックNPOグループ、2003（単著）、『この一冊でわかる　ピアノ実技と楽典　増補版──保育士、幼稚園・小学校教諭を目指す人のために』音楽之友社、2012（共著）。

内海 昭彦（うちみ・あきひこ）

新潟市立浜浦小学校教諭

赤木 里香子（あかぎ・りかこ）　　　　岡山大学教授

　鳥取大学卒業、横浜国立大学大学院修士課程教育学研究科修了、筑波大学大学院博士課程芸術学研究科修了（学術博士）。
　博士課程在学中より日本近代の美術教育史、特に図画教育史を中心とする研究に携わり、筑波大学助手を経て現職。岡山大学大学院教育学研究科所属。
　美術科教育と美術理論・美術史を担当し、19世紀から20世紀にかけての図画教育史に関する国際比較研究を進める一方で、鑑賞と表現を一体化した図画工作科・美術科単元モデルの構築、学校教育と美術館などの社会教育機関やさまざまな地域文化資源との連携について実践的な取り組みを続けている。
　主著：Rikako Akagi, Kenji Yamaguchi, "Drawing Education in the Late 19th Century : The Case of Japan", *Lernt Zeichnen! : Techniken zwischen Kunst und Wissenschaft 1525 – 1925*, Dietmar Klinger Verlag, Passau, Germany, 2015.

森 弥生（もり・やよい）　　　　関西福祉大学客員教授

　岡山大学大学院教育学研究科美術教育専攻修了。岡山大学教育学部附属中学校、岡山市立岡北中学校教諭（美術科）を経て、山陽学園短期大学、関西福祉大学、就実短期大学、岡山商科大学、岡山大学にて非常勤講師。「みるを楽しむ！アートナビ岡山」のメンバーとして対話による芸術鑑賞のナビゲーター活動を続けている。
　主著：『日本美術の授業――東京国立博物館の名品による鑑賞授業の手引き』日本文教出版、2006（共著）。

〈実践編〉

西沢 久実（にしざわ・くみ）

神戸市立神戸祇園小学校主幹教諭
兵庫教育大学大学院連合学校教育学研究科 教科教育実践学専攻 芸術系教育連合講座（博士課程）3年生

飯村 諭吉（いいむら・ゆきち）

兵庫教育大学大学院連合学校教育学研究科 教科教育実践学専攻 芸術系教育連合講座（博士課程）1年生

桐山 由香（きりやま・ゆか）

大阪教育大学附属池田小学校、梅花女子大学心理こども学部、大和大学保健医療学部非常勤講師。関西二期会所属。
兵庫教育大学大学院連合学校教育学研究科 教科教育実践学専攻 芸術系教育連合講座（博士課程）3年生

島田 郁子（しまだ・いくこ）

徳島市論田小学校教諭
兵庫教育大学大学院連合学校教育学研究科 教科教育実践学専攻 芸術系教育連合講座（博士課程）1年生

遠藤 好子（えんどう・よしこ）

上越市立雄志中学校教諭

今成 満（いまなり・みつる）

十日町市立貝野小学校教頭

小町谷 聖（こまちや・きよし）

長野県総合教育センター 教科教育部 音楽科 専門主事

高橋 英理子（たかはし・えりこ）

岡山大学教育学部附属小学校教諭

上原 祥子（うえはら・しょうこ）

鳴門教育大学附属中学校教諭

小島 千か（こじま・ちか）　　　　山梨大学准教授

　東京藝術大学音楽学部器楽科卒業。同大大学院修士課程修了。私立中学校・高等学校、公立中学校教諭を経て現職。その間、美術の教員免許を取得。
　音楽科教育を専門とし、造形活動や造形作品を関連させた音楽鑑賞や音楽づくりの指導法について実践を通して研究している。大学での専攻はチェロであり、小田原ジュニア弦楽合奏団で指導にあたっている。
　主著：「造形活動およびその作品を仲立ちとした音楽の理解――音楽聴取から音楽づくりへ」『音楽表現学』Vol. 14、2016。

初田 隆（はつだ・たかし）　　　兵庫教育大学教授

　神戸大学大学院修了、行動美術協会会員。
　主著：最近では以下の著書に示される研究領域に関心を寄せて取り組んでいる。「粘土造形と描画の発達段階の共通性等についての研究──立体の『クッキー表現』と描画の奥行き意識を手掛かりに」『美術教育学研究』第49号、2017（共著）、「感覚横断的な活動を通して感性的側面より環境意識を高めるための造形プログラムの開発に関する研究」『美術教育学研究』第49号、2017（共著）、「デス・エデュケーションとしての美術教育研究序説」『教科教育研究の可能性を求めて』風間書房、2017。

木下 千代（きのした・ちよ）　　　兵庫教育大学教授

　東京藝術大学大学院修了。専門はピアノ。日本ピアノ教育連盟関西支部運営委員、ショパン協会関西理事、日本音楽表現学会理事。数々のコンクールの審査員を務める。2016年文化庁芸術祭参加「木下千代ピアノリサイタル」をはじめ演奏活動を行う。大阪教育大学、武庫川女子大学非常勤講師。兵庫教育大学において初田隆氏と総合芸術教育の研究と授業を行っている。

時得 紀子（ときえ・のりこ）　　　上越教育大学教授

　東京学芸大学卒業、国立音楽大学大学院修了、米国コロンビア大学大学院音楽教育学科博士課程修了（教育学博士）。
　博士課程在学中、北米の学校音楽への参与観察を経て、ダルクローズ、オルフを導入した即興的な創作活動、Creative Music Makingの授業研究などに携わる。帰国後、慶應義塾湘南藤沢中・高等部音楽科教諭を経て現職。
　音楽科教育を担当し、音楽科と他教科・領域の学びが関わった、創作ミュージカルなどの総合表現活動、音楽づくり（小学校）、創作（中学校）におけるカリキュラム開発研究を重ねている。また、音楽、図工・美術、舞踊など幅広い領域に学習活動の可能性を探り、汎用的、創造的な力を培うことに資する芸術表現教育をめざしている。
　主著：Cultivation of Twenty-First-Century Skills Through Integrated Studies : Lessons from Case Studies in Japanese Schools. ISME 2016 World Conference publish. Glasgow, Scotland, 2016.

芸術表現教育の授業づくり
音楽、図工・美術におけるコンピテンシー育成のための研究と実践

発行日　2017年3月31日　初版第1刷

編　者　時得 紀子

発行所　株式会社 三元社
　　　　〒113-0033
　　　　東京都文京区本郷 1-28-36 鳳明ビル
　　　　電話　03-5803-4155　ファックス　03-5803-4156

印　刷　モリモト印刷 株式会社
製　本　株式会社 越後堂製本

JASRAC 出 1702627-701

© Tokie Noriko
ISBN978-4-88303-435-2
http://www.sangensha.co.jp